湘城访古录　湘城遗事记

[清] 陈运溶　纂
陈先枢　校点

湖湘文库编辑出版委员会
岳麓书社

湖湘文库
甲编

《湖湘文库》编辑出版领导小组

《湖湘文库》编辑出版领导小组办公室

《湖湘文库》编辑出版委员会

出版说明

湖湘文化源远流长，博大精深，是中华文化中独具地域特色的重要一脉。特别是近代以来，一批又一批三湘英杰，以其文韬武略，叱咤风云，谱写了辉煌灿烂的历史篇章，使湖湘文化更为绚丽多彩，影响深远。为弘扬湖湘文化、砥砺湖湘后人，中共湖南省委、湖南省人民政府决定编纂出版《湖湘文库》大型丛书。

《湖湘文库》编辑出版以“整理、传承、研究、创新”为基本方针，分甲、乙两编，其内容涵盖古今，编纂工作繁难复杂，兹将有关事宜略述如次：

一、甲编为湖湘文献，系前人著述。主要为湘籍人士著作和湖南地区的出土文献，同时酌收历代寓湘人物在湘作品，以及晚清至民国时期的部分报刊。

二、乙编为湖湘研究，系今人撰编。包括研究、介绍湖湘人物、历史、风物的学术著作和资料汇编等。

三、乙编中的通史、专题史，下限断至1949年。

四、甲编文献以点校后排印或据原本影印两种方式出版。

五、除少数图书以外，一律采用简体汉字横排。

六、每种图书均由今人撰写前言一篇。甲编图书前言，主要简述原作者生平、该书主要内容、学术文化价值及版本源流、所用底本、参校本等。乙编图书前言，则重在阐释该研究课题的研究视角和主要学术观点等。

七、对文献的整理，只据底本与参校本、参校资料等进行校勘标点，对底本文字的讹、夺、衍、倒作正、补、删、乙，有需要说明的问题，则作出校记，一般不作注释。

八、甲编民国文献中的用语、数字、标点等，除特殊情况外，一般不作改动。乙编图书中的标点、数字用法、参考文献著录规则等均按现行出版有关规定使用和处理。

《湖湘文库》卷帙浩繁，难免出现缺失疏漏，热望社会各界批评指正。

《湖湘文库》编辑出版委员会

前　言

陈运溶（1858—1918），字子安，号芸畦，湖南善化县（今长沙市）人，清末著名方志学家和地理学家。

陈运溶自幼聪颖，18岁入太学，授修职郎、江苏后补县丞。一生淡泊仕进，耽于著述，长年寓居长沙赵家坪（今肇嘉坪），毕生致力于著书、辑书和刻书，尤其对搜寻、辑录古地理、古艺文佚书倾心投入，不遗余力。其时陈家拥有长沙八角亭等多处地产，陈运溶"以商养文，以地养书"，利用其丰厚的地租收入，辑录、刊印大量的古地理佚书、方志和湖湘历史文献，一时声名鹊起，为士人所推崇。

陈运溶对搜集整理湖南地方文献有一种强烈的责任感和使命感，尝云："两汉寥落，三国权舆。晋、宋、齐、梁，灿然大备。降至陈、隋，流风又坠。自唐徂宋，典册流传，搜采宏富。玉简瑶编，书列百家，目逾千种。四大类书，千秋珍重，包罗万象，总括六朝。荆湘古籍，书卷名标已佚，复存零圭碎璧。赴宋以还，颇难寻绎。""荆湖秘笈……犹甚宝贵。坠典遗文，世资灌溉"，因而"收亡集佚，不越湖湘。业希编柳，念切维桑"。为此，陈运溶不惮劬劳，专心致志地投入古佚书和地方历史文献的辑录整理刊印工作。如辑《湘城访古录》，陈氏专心十载，五易其稿。"始自光绪十年（1884），迄于二十年（1894）乃蒇事焉。"其自叙云："所赖故称载籍流传，从编残简断之中，寻芳泽遗芬之迹。模山范水，特标一语之奇；咏物摅怀，广辑百家之说。但迹近于创，前无所因，始事为艰，成书恐陋。彼遗文之零落，莫可追寻；若中秘之储藏，无从浏览。余虽不敏，屡欲网罗。因而阅市借人过目者，经千余种，摊笺集字著录者约五百条，间有未见之书，以俟拾遗之作。”可谓殚精竭虑，艰苦备尝。

陈氏一生自辑、自撰、自刊的地理专著、志乘、古代佚文等多达数十种，现存的主要有：《湘城访古录》、《湘城遗事记》、《麓山精舍丛书》、《灵麓山人诗集》、《逸庐文集》等。其中，《麓山精舍丛书》已由“湖湘文库”影印出版。此次湖湘文库将《湘城访古录》和《湘城遗事记》合为一本点校出版，以期对有识之士深入研究湘城（长沙）的历代沿革、人文地理环境及其发展脉络，弘扬湖湘文化有所裨益。

《湘城访古录》成书于光绪十九年（1893），含地图13幅，图表2幅，类述14卷，共17卷，约38万字。卷一为长沙各朝疆域图，卷二为沿革表，卷三为街巷表，卷四至十七分别载记城邑、坊市、门名、书院、祠庙、宫观、寺院、山、水、往迹、第宅、园亭、冢墓和碑碣等。凡此种种，此前别无专载，有关方志也记载得十分简略，该书则于长沙历代关于建制沿革、政治风云、军事角逐、名流佚事，直至街衢闾巷，楼台亭榭，市廛苑囿，俚俗民风，无不“旁搜群籍，博采名家，穷厥源流，事俱典雅”。

该书对于湘城（长沙）的历史遗迹、名山大川均有翔实的记述。经过缜密细致地爬梳考订，共列616个条目，每个条目在概述之后则附录古今名人的有关诗词、游记和其他载记。有的条目后还附按语，以纠古文献中的讹误。书中收录的古诗文，有相当部分曾散佚民间，几至湮没，经陈运溶深入发掘，广泛搜集，使其重见天日，为后人留下了一份珍贵的文化遗产。

书中真实记录了古城长沙两千多年的变迁和发展。长沙西濒湘江，东临湘山，秦代长沙始设郡时，郡治即设于湘县（今长沙），汉代改临湘县，六朝时置湘州，长沙为其州治。自宋元符元年（1098）直至清末，长沙城分辖于长沙、善化两县。自秦代以来，长沙一直为湖湘首邑，故长沙又有湘城之称。书中收录了大量明代以前有关长沙的原始资料，大多翔实可靠，可补县府志之不载，亦足以纠明、清地方志之讹误。如明嘉靖以来关于湘西县的建制与演变，长沙府县志皆付阙如，而《湘诚访古录》则予以详细记载，填补了这一历史空白。

《湘城遗事记》于光绪二十一年（1895）刊行，全书分为9卷，分别为人物、游宦、诗话、书画、仙释、鬼神、怪异、方物和故实，共318个条目，约7万字，多从正史和各代名流笔记中辑出。《湘城遗事记》分别辑录了祝良、刘寿、虞授、虞悝、邓粲、欧阳颜、欧阳询、罗弘信、刘蜕、易元吉、胥偃等44位宋代以前长沙籍名流，以及明代以前101位流寓长沙的外籍官宦与名人的生平事迹与有关著述，其中不乏可供研究者参考的珍贵资料。

《湘城访古录》和《湘城遗事记》“上可供辅轩之采问，下可助词客之披吟。居人而得操土风，流寓而得知湘俗”。“惟是探源溯流，如读罗含湘中之记，岂仅陶情适性，只作宗炳卧游之篇哉”！然而晋代罗含所作《湘中记》早已亡佚，南朝宗炳卧游湖湘，曾留下许多游记，均已失散，《湘城访古录》、《湘城遗事记》将其辑录并传承下来，就更显得弥足珍贵了。

二书校勘底本采用清光绪长沙学院街萃文堂刻本，这是现存的惟一的原始底本。对于书中辑录的正史和各种笔记以及诗文词赋等，也尽可能比照原书作了校勘。

作为陈氏后裔，对于校勘整理叔高祖陈运溶遗著，责无旁贷，然学识谫陋，错误在所难免，谨请方家不吝指教。承蒙文史专家梁小进先生对全书进行复校，在此表示衷心的感谢。

陈先枢

公元2008年8月于湘城燕山楼

目　录

湘城访古录

附录

湘城访古录卷二：表

湘城访古录卷三：表

湘城访古录卷四：城邑类

湘城访古录卷五：坊市类

湘城访古录卷六：门名类

湘城访古录卷七：书院类

湘城访古录卷八：祠庙类

湘城访古录卷九：宫观类

湘城访古录卷十：寺院类

湘城访古录卷十一：山类

湘城访古录卷十二：水类

湘城访古录卷十三：往迹类

湘城访古录卷十四：第宅类

湘城访古录卷十五：园亭类

湘城访古录卷十六：冢墓类

湘城访古录卷十七：碑碣类

湘城遗事记

湘城遗事记卷二：游宦类

湘城遗事记卷三：诗话类

湘城遗事记卷四：书画类

湘城遗事记卷五：仙释类

湘城遗事记卷六：鬼神类

湘城遗事记卷七：怪异类

湘城遗事记卷八：方物类

湘城遗事记卷九：故实类

湘城访古录

自叙

尝慨地志疏舛而作斯录，稿经五易，岁将一纪，始自光绪十年，迄于廿年乃蒇事焉。因为叙曰：风雨一编，搜遐剔隐；云山百里，讨胜寻幽。纪曩哲之芳踪，摅我怀之景愫。溯自汉唐，地称名郡，麓山若屏，湘江如带，骚人迁客，靡不息兹奥区。当岁华春婉之时，极曾举淫游之乐。或顾盼形势，或流连景光，曾几何时，忽焉异世。右军云："俯仰之间，俱为陈迹，后之视今，犹今之视昔耳。"

嗟乎！江山不改，城郭都非，谁为华表之前身，足证此邦之风景。所赖故老称述，载籍流传，从编残简断之中，寻芳泽遗芬之迹。模山范水，特标一语之奇；咏物摅怀，广辑百家之说。但迹近于创，前无所因，始事为艰，成书恐陋。彼遗文之零落，莫可追寻；若中秘之储藏，无从浏览。余虽不敏，屡欲网罗。因而阅市借人过目者，经千馀种；摊笺集字著录者，约五百条。间有未见之书，以俟拾遗之作。然词皆述古，事可信今，虽未周详，略知义例。摩千年之铜狄，尽入奚囊；揽万古之烟霞，都归卷轴。庶几存文献于故国，惊知己于山川也。

韩昌黎云："愿借图经将入界，每逢佳处便开看。"则是编之作，上可供辅轩之采问，下可助词客之披吟。居人而得操土风，流寓而亦知湘俗。惟是探源溯流，如读罗含湘中之记，岂仅陶情适性，只作宗炳卧游之篇哉！凡为图十三，为表二，为类十四，共十有七卷，总廿馀万言，别次其目于左。

湘水之源，其来千里，径流长沙，都会攸止。爰考古县，自汉迄唐，宋元以降，未改封疆。作疆域图第一。

粤稽秦汉，始列郡县，屡封名王，分藩禹甸。岿然重镇，经二千年，川原离合，异代相沿。作沿革表第二。

长安古志，特述城坊，歧逵崇期，九达綦详。循彼成篇，分区别派，既考街衢，兼详官廨。作街巷表第三。

封邑虽改，城郭独存，隍池水绕，雉堞云屯。雄据南服，经营前代，邈矣故城，久随荒废。作城邑类第四。

坊名濯锦，市列暮云，人物辐辏，冠带纷纭。胜国两坊，峨峨高峙，故迹犹存，无嫌近市。作坊市类第五。

番君立国，城闉莫记，洎汉定王，靡闻建置。马楚作镇，门曰浏阳，今沿昔称，彳亍其傍。作门名类第六。

宋辟讲舍，士尽横经，名儒过化，南轩考亭。古说潇湘，可侔洙泗，缅彼精庐，庶几汉治。作书院类第七。

岁时秩祀，崇德报功，青黄饬荐，灵游九重。俎豆千秋，馨香百世，有造于民，祠之弗替。作祠庙类第八。

赤城蓬莱，仙灵窟宅，渊耀光明，成山远隔。群真既杳，丹诀空遗，祀莫知起，班史所讥。作宫观类第九。

如来西至，大法南来。禅丛曰辟，法苑云开。高筑浮图，庄严宝像，象教中流，金人已往。作寺院类第十。

长沙最奇，厥惟灵麓，磅礴尊崇，蜿蜒隐伏。罗洋鹅羊，铜官圭峰，形如列宿，万笏朝宗。作山类第十一。

湘江昭潭，千里一曲，橘洲中浮，平如带束。湖称碧浪，井号白沙，异出同源，泽及万家。作水类第十二。

远怀柑树，徒倚石床，摩挲铁械，慨想古樟。九鼎空存，六朝松杳，俯仰无端，超怀尘表。作往迹类第十三。

宅遗贾傅，殿纪吴王，寒林秋草，古巷夕阳。靡定所居，言寻其址，盼睐千年，有如逝水。作第宅类第十四。

蓼园而后，文昭会春，栋梁荆棘，金碧烟尘。忠孝所传，弥深仰止，定王台高，熊湘阁峙。作园亭类第十五。

吴黄冢荒，双女坟圮，慨彼石麟，忽焉转徙。怆怀断垄，极目荒阡，萧萧白杨，圹志空传。作冢墓类第十六。

岣嵝之碑，神禹所纪，刻石麓山，有宋何子。碑书北海，名勒襄阳，残碑拱璧，庋之宝章。作碑碣类第十七。

例言

一、长沙名胜向无纪载专书，其载之志乘又略，标名目语焉不详。今所录皆择其要者，并旁搜群籍，博采名家，穷厥源流，事俱典雅。凡所掌录断至明季，芳风藻川，为探奇者之助尔。

一、此书仿《江城名迹记》之例，专纪附郭二县掌故，又稍变其例，凡去城远者若在二县境，亦详加搜讨。

一、所分各类仿《续吴郡图经》例，但图经兼考典章，而此则专纪故迹，其分类之处，间有增损。

一、征引各书皆节录原文详标书目，然东翻西抹，不无字句颠倒。援据未确者，识者谅之。

一、艺文仿《吴兴备志日下旧闻》例，附载各条下无论序记诗词皆出原题。但古今名人著作浩如烟海，搜罗未广，遗弃实多，亦有以未中程度或系生存者，宁阙无滥。

一、是编意在征实，凡遗闻轶事仿《西湖游览志志馀》之例，另分门胪载标曰《遗事记》，实与此相辅而行。

星沙学院街萃文堂刊

引用书目 遗事记所引用亦附见于此

恭引

圣祖仁皇帝御定

全唐诗

渊鉴类函

广群芳谱

古今图书集成

高宗纯皇帝御定

通鉴辑览

大清一统志

四库全书总目提要

胜朝殉节诸臣录

仁宗睿皇帝御定

全唐文

正史类

史记汉司马迁

史记集解宋裴骃

史记索隐唐司马贞

史记正义唐张守节

汉书汉班固

后汉书宋范晔撰唐章怀太子注

续汉志晋司马彪

三国志晋陈寿撰宋裴松之注

晋书唐房乔等

宋书梁沈约

南齐书梁萧子显

梁书唐姚思廉

陈书唐姚思廉　隋书唐魏征等
南史唐李延寿　旧唐书唐刘昫
新唐书宋欧阳修宋祁　旧五代史宋薛居正
新五代史宋欧阳修　宋史元脱脱等
元史明宋濂　明史国朝张廷玉等

编年类

资治通鉴宋司马光　通鉴释文辨误元胡三省
宋季三朝正要

别史类

东观汉记　东都事略宋王偁
通志宋郑樵　大金国志宋宇文懋昭

杂史类

五代史补宋陶岳　钱塘遗事元刘一清

传记类

唐才子传元辛文房　楚宝明周圣楷
楚宝增辑国朝邓显鹤

载记类

华阳国志晋常璩　九国志宋路振
三楚新录宋周羽翀　十国春秋国朝吴任臣

地理类

水经注魏郦道元　元和郡县志唐李吉甫
元丰九域志宋王存　舆地广记宋欧阳忞
影宋本寰宇记江南西道
潭州部宋乐史　遵义黎庶昌刊
舆地纪胜宋王象之　方舆胜览宋祝穆
岳阳风土记宋范致明　南岳总胜集宋陈田夫

明一统志明李贤

广舆记明蔡方炳

岳麓志国朝赵宁陶之典

续岳麓志国朝丁善庆

城南书院志国朝余正焕

湖广通志国朝迈柱

乾隆府厅州县图志洪亮吉

乾隆长沙府志王文清张雄图

嘉庆湖南通志

光绪湖南通志

嘉庆长沙县志

同治长沙县志

嘉庆善化县志

光绪善化县志

光绪湘阴图志郭嵩焘

光绪湘潭县志王闿运

政书类

通典唐杜佑

建炎以来朝野杂记宋李心传

周书王会解补注宋王应麟

文献通考元马端临

目录类

衢本郡斋读书志宋晁公武

直斋书录解题宋陈振孙

集古录跋尾宋欧阳修

集古录目宋欧阳棐

金石录宋赵明诚

石刻补叙宋曾宏父

法帖谱系宋曹士冕

宝刻类编宋阙名

石墨镌华明赵崡

金石存国朝吴玉搢

金石文跋尾国朝钱大昕

金石萃编国朝王昶

授堂金石跋国朝武亿

平津馆读碑记国朝洪颐煊

寰宇访碑录国朝孙星衍邢澍

筠清馆金石记国朝吴荣光

金石文编国朝瞿中溶

金石补正国朝陆增祥

法家类

折狱龟鉴宋郑克

农家类

齐民要术后魏贾思勰

医家类

政和证类本草宋唐慎微

艺术类

图画见闻志宋郭若虚

画史宋米芾

书史宋米芾

宝章待访录宋米芾

宣和画谱

画继宋邓椿

图绘宝鉴元夏文彦

庚子销夏记国朝孙承泽

谱录类

砚史宋米芾

墨史元陆友

群芳谱明王象晋

湖南方物志国朝黄本骥

杂家类

淮南子汉高诱注

风俗通义汉应劭

容斋随笔宋洪迈

能改斋漫录宋吴曾

冷斋夜话宋释惠洪

曲洧旧闻宋朱弁

梦溪笔谈宋沈括

梁溪漫志宋费衮

寓简宋沈作喆

洞天清录宋赵希鹄

游宦纪闻宋张世南

鹤林玉露宋罗大经

齐东野语宋周密

格古要论明曹昭

日知录国朝顾炎武

池北偶谈国朝王士祯

香祖笔记同上

广阳杂记国朝刘献廷

义门读书记国朝何焯

潇湘听雨录国朝江昱

晓读书斋杂录国朝洪亮吉

嵰山甜雪国朝黄本骥

三蕉馀话国朝陶丙寿

类书类

艺文类聚唐欧阳询

北堂书钞唐虞世南

初学记唐徐坚

太平御览宋李昉

册府元龟宋王钦若

事类赋宋吴淑

合璧事类宋谢维新
续谈助宋阙名
玉海宋王应麟
天中记明陈耀文
山堂肆考明彭大翼
广博物志明董斯张

小说类

山海经晋郭璞注
搜神记晋干宝
异苑宋刘敬叔
世说新语宋刘义庆
续齐谐记梁吴均
西京杂记同上
述异记梁任昉
大唐新语唐刘肃
大业杂记唐杜宝
朝野佥载
云溪友议唐范摅
唐摭言五代王定保
开元天宝遗事五代王仁裕
北梦琐言宋孙光宪
稽神录宋徐铉
清异录宋陶穀
南部新书宋钱易
归田录宋欧阳修
渑水燕谈录宋王辟之
青箱杂记宋吴处厚
画墁录宋张舜民
续世说宋孔武仲
夷坚志宋洪迈
甲申杂记宋王巩
侯鲭录宋赵令畤
东轩笔录宋魏泰
铁围山丛谈宋蔡絛
唐语林宋王谠
过庭录宋范公偁
挥麈录宋王明清
清波杂志宋周辉
萤雪丛说宋俞成
孙公谈圃宋刘延世
独醒杂志宋曾敏行
异闻总录元阙名
何氏语林明何良俊
坚瓠集国朝褚人获
滦阳消夏录国朝纪昀

释家类

法苑珠林唐释道世
释氏稽古略元释觉岸

道家类

神仙传晋葛洪
云笈七签宋张君房

别集类

草堂诗笺唐杜甫撰宋蔡梦弼注
杜诗镜铨国朝杨伦注
昌黎诗注唐韩愈撰国朝顾嗣立注
义山诗集唐李商隐
李群玉集
韩内翰别集唐韩偓
唐风集唐杜荀鹤
白莲集唐释齐己
罗昭谏集唐罗隐
宛陵集宋梅尧臣
文恭集宋胡宿
忠肃集宋刘挚
清献集宋赵抃
文忠集宋欧阳修
东坡诗集宋苏轼
黄文节公文集宋黄庭坚
山谷内集同上
淮海集宋秦观
宝晋英光集宋米芾
画墁集宋张舜民
简斋集宋陈与义
浮溪集宋汪藻
茶山集宋曾几
南轩集宋张栻
石湖诗集宋范成大
止斋集宋陈傅良
西山集宋真德秀
雪矶丛稿宋乐雷发
文山集宋文天祥
吴文正集元吴澄
道园学古录元虞集
圭斋集元欧阳玄
怀麓堂集明李东阳
刘忠宣遗集明刘大夏
龙湖集明张治
庄学士集明庄天合
李文庄集明李腾芳
冯介烈集明冯一第
石村集明郭金台
姜斋诗集明王夫之
学馀堂诗集宣城施闰章
曝书亭集秀水朱彝尊
道荣堂近诗湘潭陈鹏年
涵村诗集湘潭秦文超
杨文敏集武陵杨超曾
恒斋诗文集善化李文炤
锄经诗文略宁乡王文清
退谷诗钞湘潭张九镒

李中丞诗集河阳李发甲
墨樵诗草善化孙良贵
蒙泉古文善化张九思
删馀诗文章衡山旷敏本
寻乐堂诗集善化韩乐
惜抱轩集桐城姚鼐
刘文恪集长沙刘权之
志古斋诗钞湘阴周锡渭
莫如楼诗集湘乡蒋湘墉
萸江诗存安化陶必铨
两当轩集武进黄景仁
经训堂诗集新化孙起楠
大沩山房遗稿宁乡黄湘南
桐叶山房集湘潭石承藻
三十六湾草庐稿宁乡黄本骐
来青堂集长沙柳廷方
蔡季举遗集监利蔡以偁
春星阁诗集宁远杨季鸾
雨福山房诗集善化郭祖翼
黄村草堂诗集湘阴徐受
愚村诗钞湘阴吴淮
曾文正公诗集湘乡曾国藩
绿绮堂文集湘潭罗汝怀
读书延年堂集长沙熊少牧
移芝室文集武陵杨彝珍
小仓山房诗集钱塘袁枚
罗洋集善化郭焌
枅芝诗集同上
存吾文稿诗集长沙余廷灿
笙雅堂集湘潭张九镡
潜研堂集嘉定钱大昕
南园诗钞昆明钱沣
赏雨茅屋诗集南城曾燠
陶山诗文集善化唐仲冕
东冈诗剩长沙周有声
陶文毅集安化陶澍
硐东诗钞新化欧阳辂原名绍洛
寄岳云斋初稿衡山聂铣敏
寒香馆诗草善化贺熙龄
三长物斋诗略宁乡黄本骥
筠心遗稿郴州陈起诗
麋园诗钞长沙毛国翰
古微堂诗钞邵阳魏源
玉池山樵诗集湘阴周燮祥
兰芬馆诗初钞善化凌玉垣
苍筤诗集善化孙鼎臣
养晦堂诗集湘乡刘蓉
柈湖诗录巴陵吴敏树
天岳山馆文集平江李元度
云卧山庄诗集湘阴郭崑焘

总集类

文选注唐李善

南宋群贤小集宋陈思

谷音集元杜本

濂洛风雅元金履祥

明诗综国朝朱彝尊

感旧集国朝王士祯

别裁诗集国朝沈德潜

宋诗纪事国朝厉鹗

南宋杂事诗国朝沈嘉辙等

湖海诗传国朝王昶

全五代诗国朝李调元

沅湘耆旧集国朝邓显鹤

正雅集国朝符葆森

湖南文征国朝罗汝怀

诗文评类

文心雕龙梁刘勰

全唐诗话宋尤延之

彦周诗话宋许顗

苕溪渔隐丛话宋胡仔

浩然斋雅谈宋周密

升庵诗话明杨慎

随园诗话国朝袁枚

词曲类

白石道人歌曲宋姜夔

绝妙好词笺宋周密国朝查为仁厉鹗笺

词海遗珠明劳堪

鼓棹集明王夫之

黄楼集国朝蔡以偁

湘城访古录卷一

长沙疆域论①

乾隆《长沙府志》疆域论曰：长沙枕冈面山，襟江带湖，此郡城之大势也。统全郡而指之，东则由醴陵而度萍乡抵袁州，由浏阳而越万载至吉安矣。西则左走滇、黔，右达荆襄者有益阳；镇瑶民通新化者有安化，接邵阳出武冈者有湘乡矣。南则洣、攸二水合入于湘，而源发于江右之安福，则茶陵与攸亦与江右为唇齿也。曰南桂岭过斗飞泷，曰分水岭以北，滔滔滚滚由全州达衡山，而湘潭实全汇之，则为交广之门户者，非湘潭耶。北则岳州之平江，崇山鸟道，石径天梯，千嶂万叠，而长沙实与接壤。洞庭八百，巨浪蹴天，顺风扬帆，不日而万艘毕集，维湘阴独障蔽焉。则北门锁钥，全在湘阴已。独善化、宁乡二邑包裹腹内，不与他省钩联。然于长沙、湘潭、益阳、安化诸邑固自犬牙相错。此又长沙十二邑形胜之大概也。

先事而筹，水陆各有要害焉。陆则如长沙之罗洋、智度，善化之岳麓、关山，湘潭之龙王、黄龙，湘乡之黄岩、黄巢，湘阴之玉笥、神鼎，宁乡之大沩、稽岘，益阳之五溪、白鹿，安化之浮青、芙蓉、移风、辰山四山，梅子、司徒二岭，黄罗一岩，桃

---

①标题为编者所加。

山一洞，浏阳之道吾、大光、大围三山，醴陵之太平、姜岭，攸县之司空，茶陵之云阳，此中险峻插天，则攻取者难拔；坳阿伏地，则啸聚者易藏。所谓陆地之要害者此也。水则如草市之汇茶攸，渌口之入醴陵，涝塘河之入长沙，昭潭、靳江河之抵湘潭。湘河口之扼湘乡与安化，乔口、陵子口之通益阳，亦通安化，靖港之入宁乡，下泥港、丁字湾之入长沙，铜官渚对岸之达善化，扁担筴、樟树港之通湘阴，达各乡之舟楫，通各处之咽喉，转输百货，搬运馃粮，此诚不可一日失守者也。

至郡四面，尤有当加意修治者。则南关外之醴陵坡、豹子岭、张公岭三处，地势高耸，宜造敌楼百尺，俯瞰长江，远窥山谷，此瞭望之宜备者也。大江在郡城西北，别无港汊，舟船难停，风涛猝起，每有覆溺之危。按城南有南湖港，城北有新开河，向为沙泥淤塞，现奉浚瀹所当，时加疏涤，则运粮输货有急，可资停泊，可避风涛。此津渡之宜备者也。

城下有水陆洲，上之又有兴马洲，古磉洲，长亘江心，舟楫出其两面。承平既久，往来者如处衽席之安，所当拨兵弁守汛，以扼其吭，以当其冲。此江中之宜备者也。

洞庭为长沙户牖，中有磊石山、琴岐望两处，高踞全湖，望周万顷。而铜盆、万石二汊，为湖中栖泊之处，南北往来，势属险要。今虽设立塘汛，然地广兵孤，稽察难周，似当拨武弁驻扎，以为藩篱之卫。此门户之宜备者也。

长沙善化合图

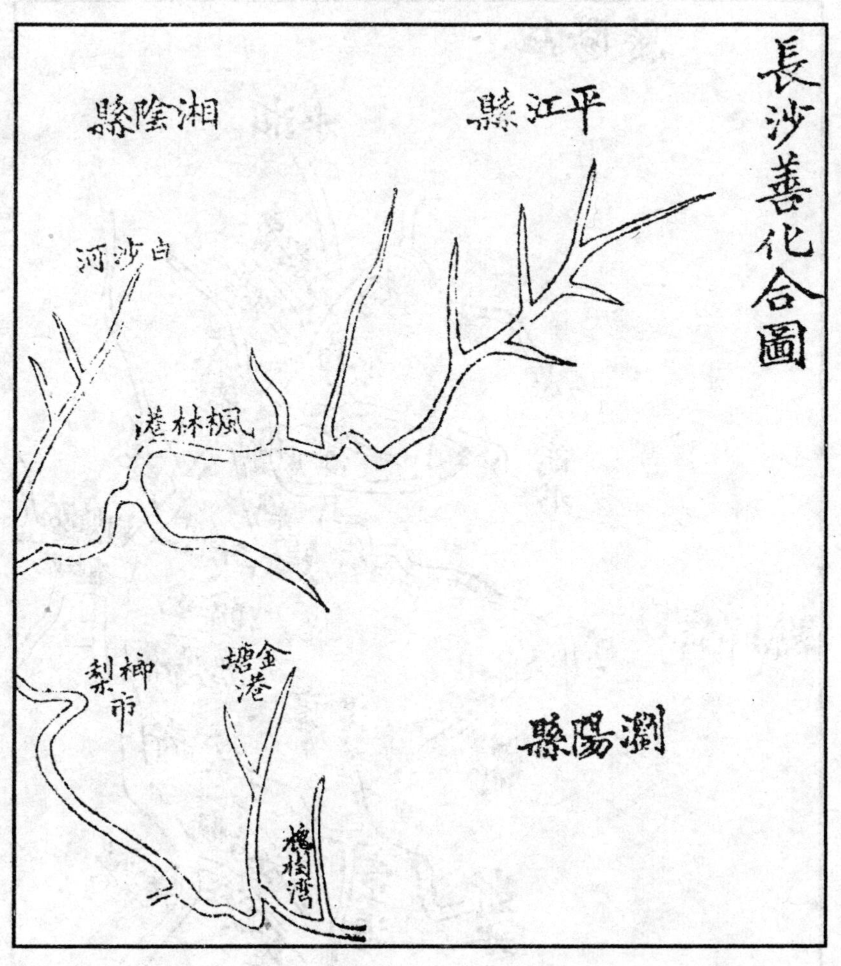

接上图

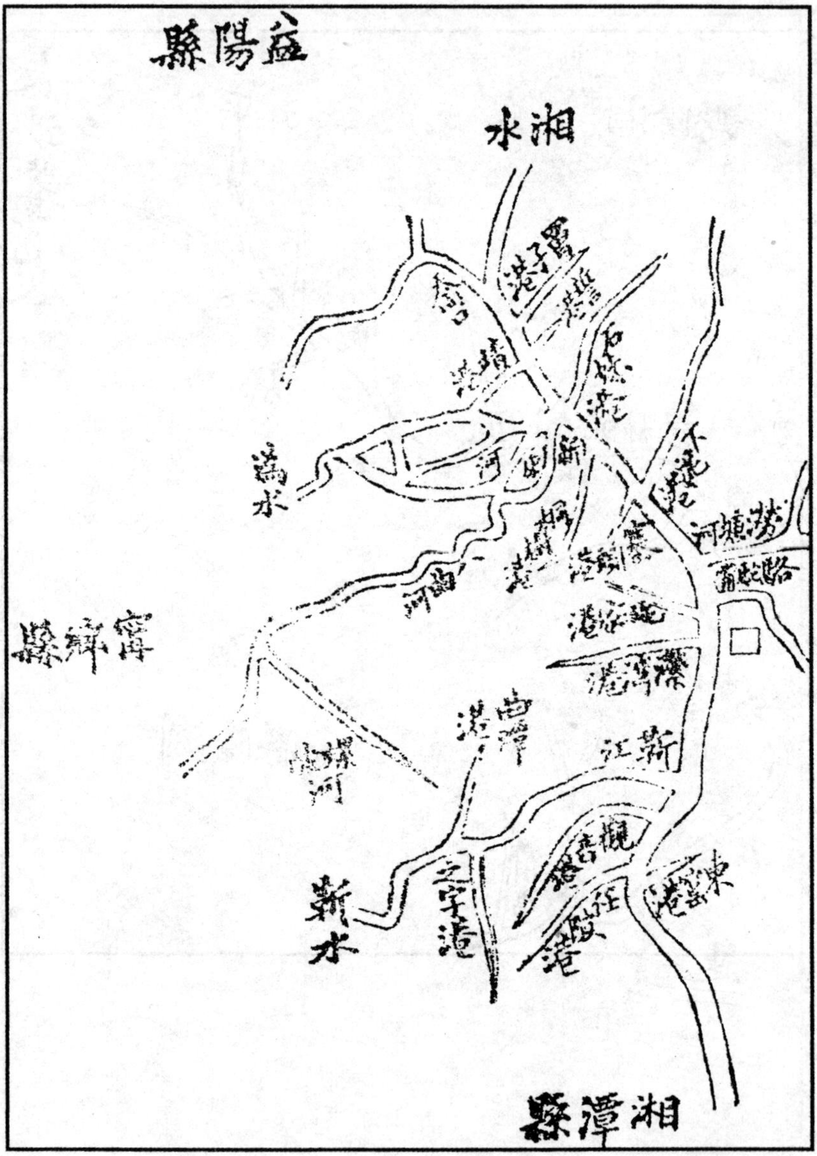

前汉临湘县图

前漢臨湘縣圖
水汨
陰令
地湘
水口高
沙令
地長
水潙
水撈
水瀏
山麓
陽令
地瀏
鄉令
地甯
水官瓦
化令
地善
潭令
地湘
陵令
地醴
口漣
水渌
水　湘

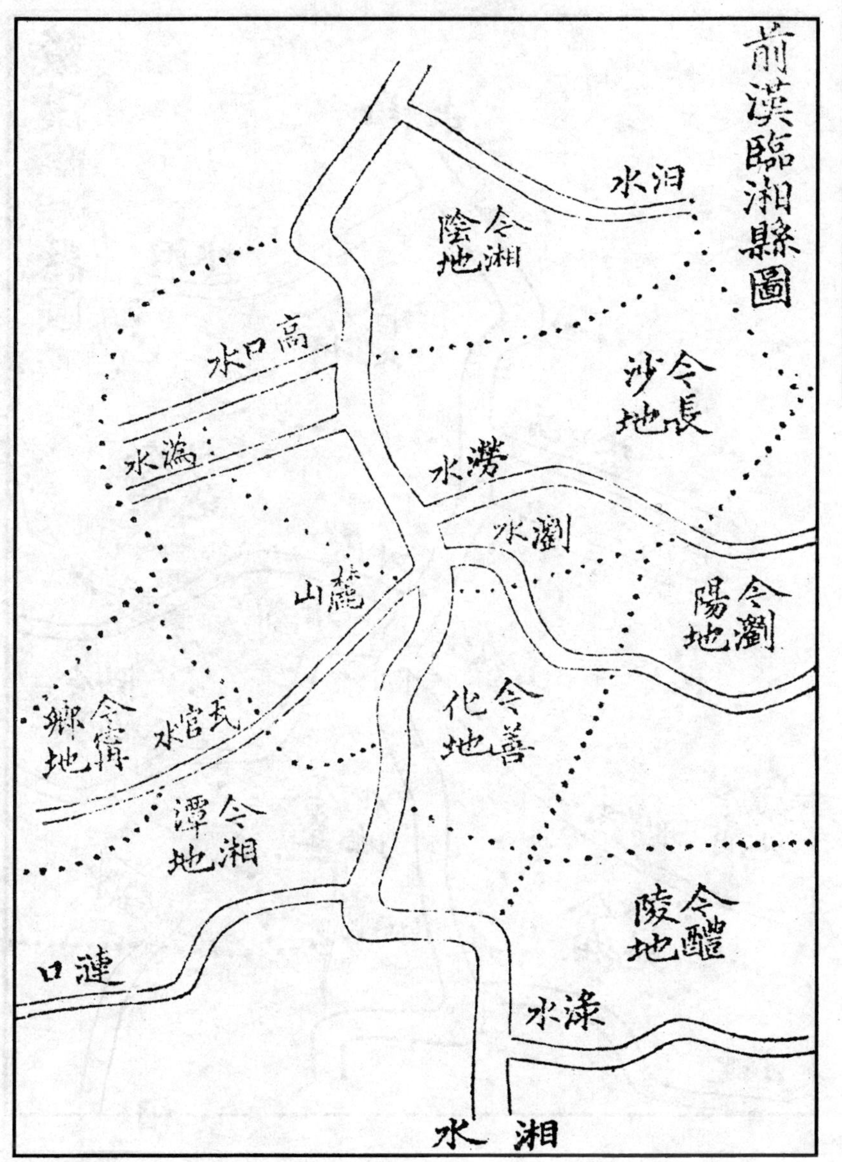

后汉临湘县图

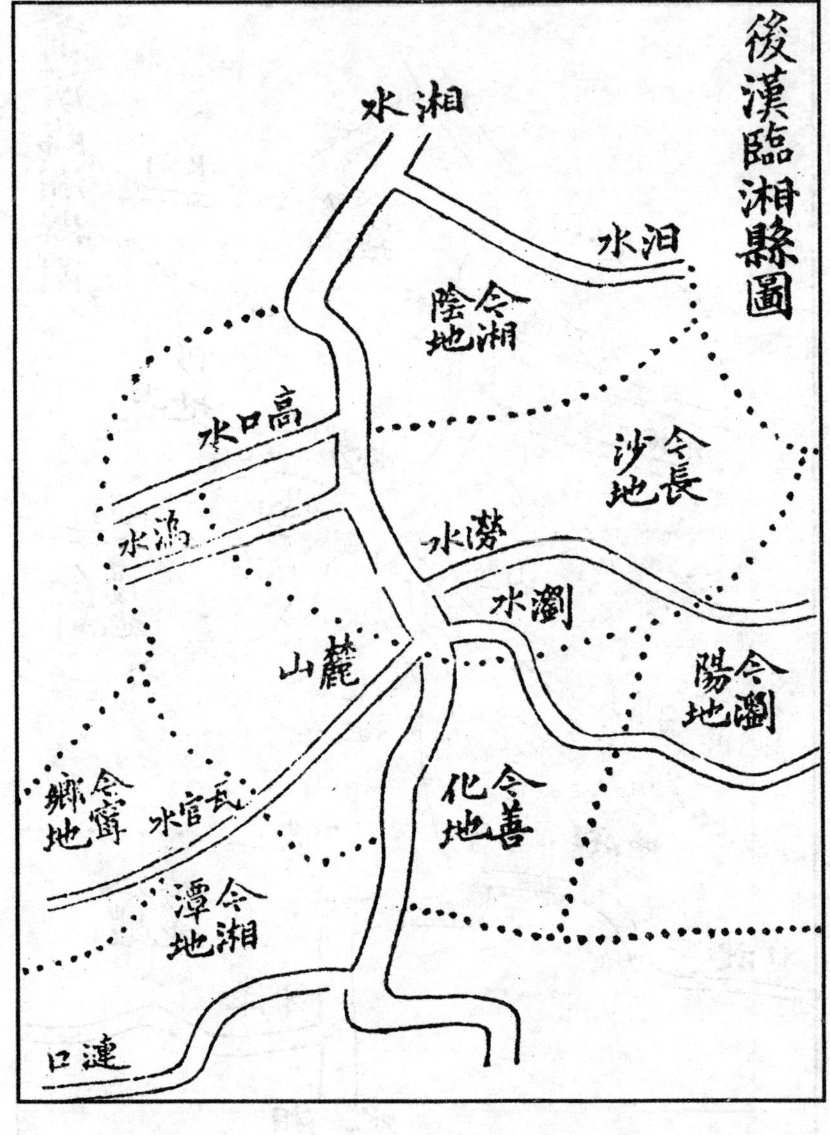

吴晋宋临湘县图

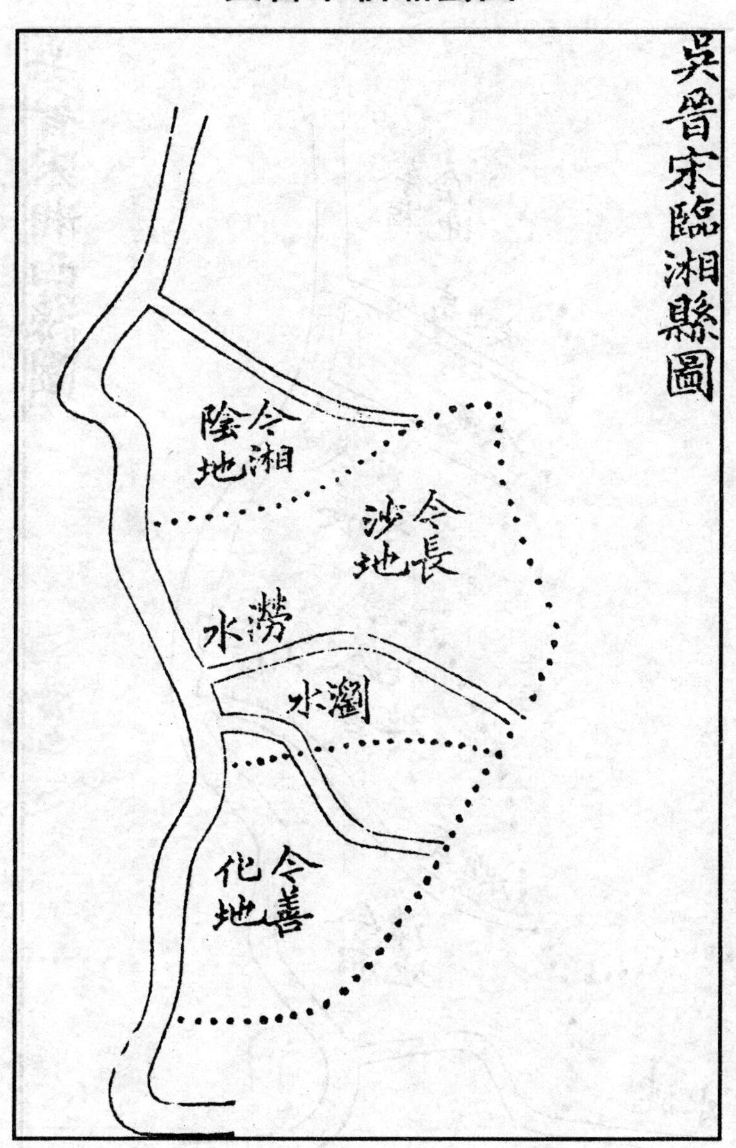

吴晋宋湘西县图

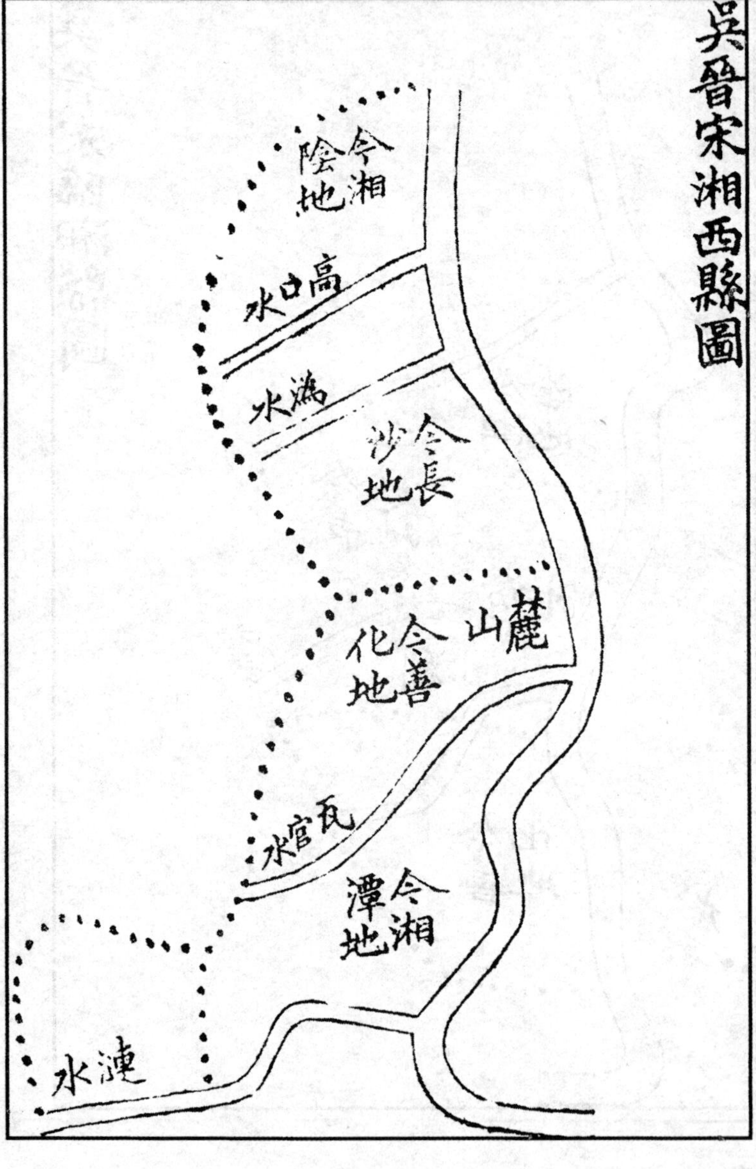

齐梁陈临湘县图

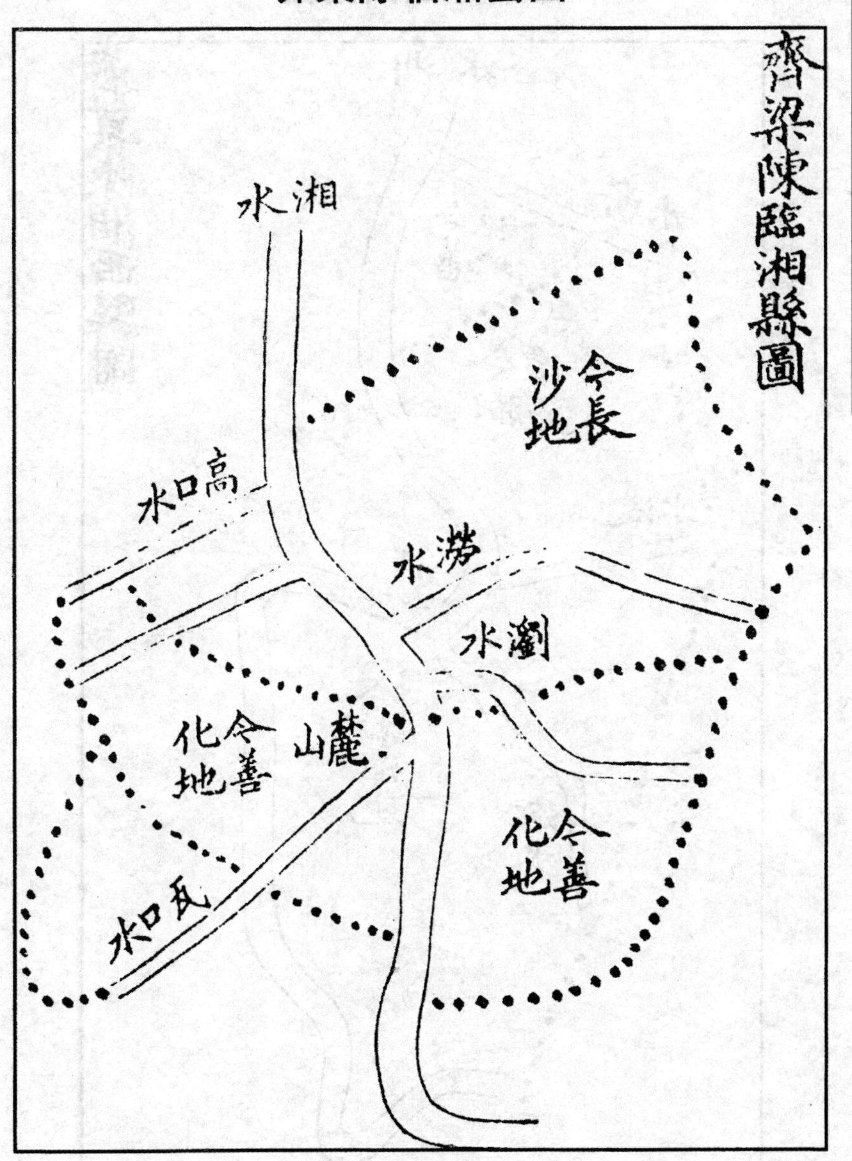

齐梁陈湘西县图

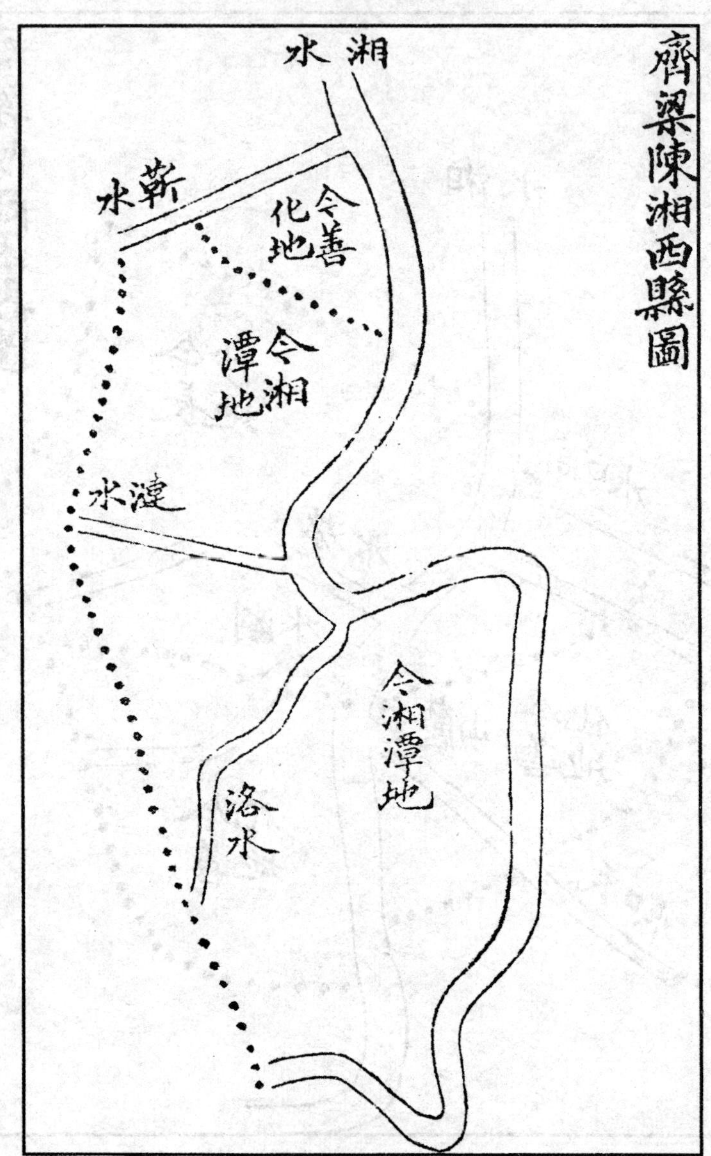

隋长沙县图

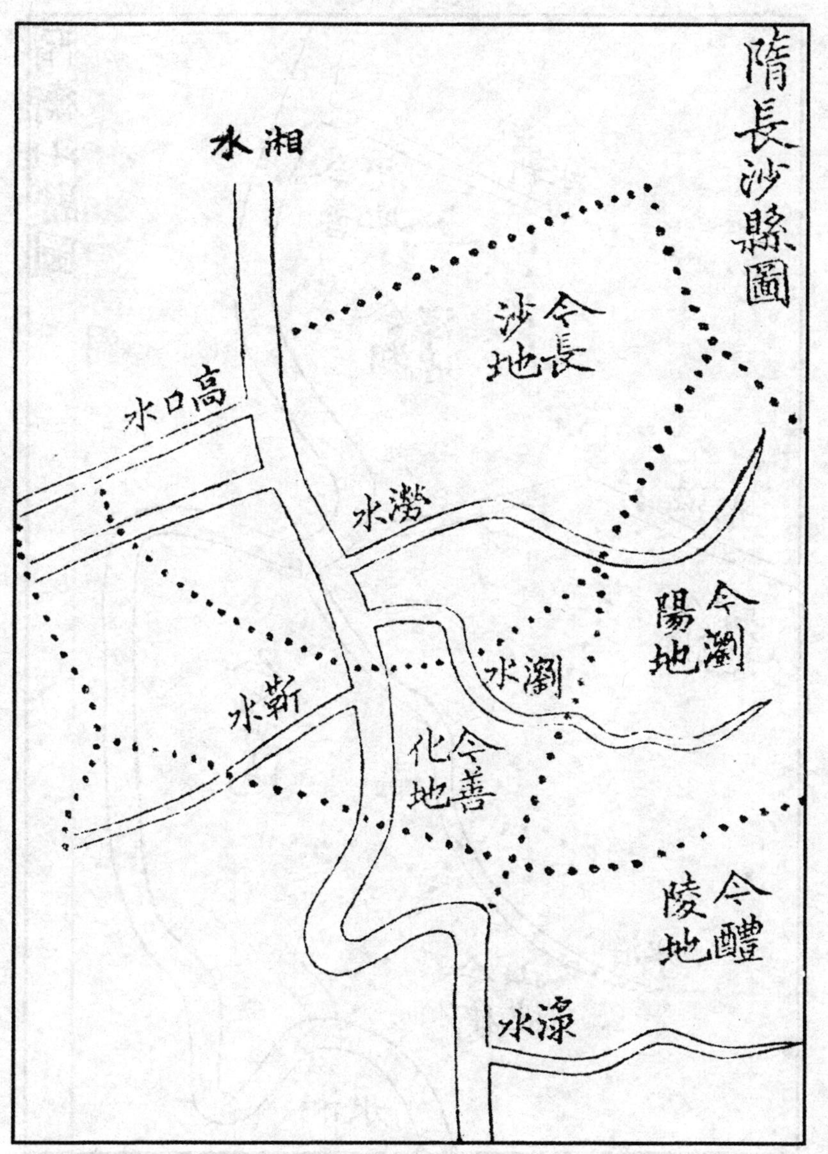

隋衡山县图

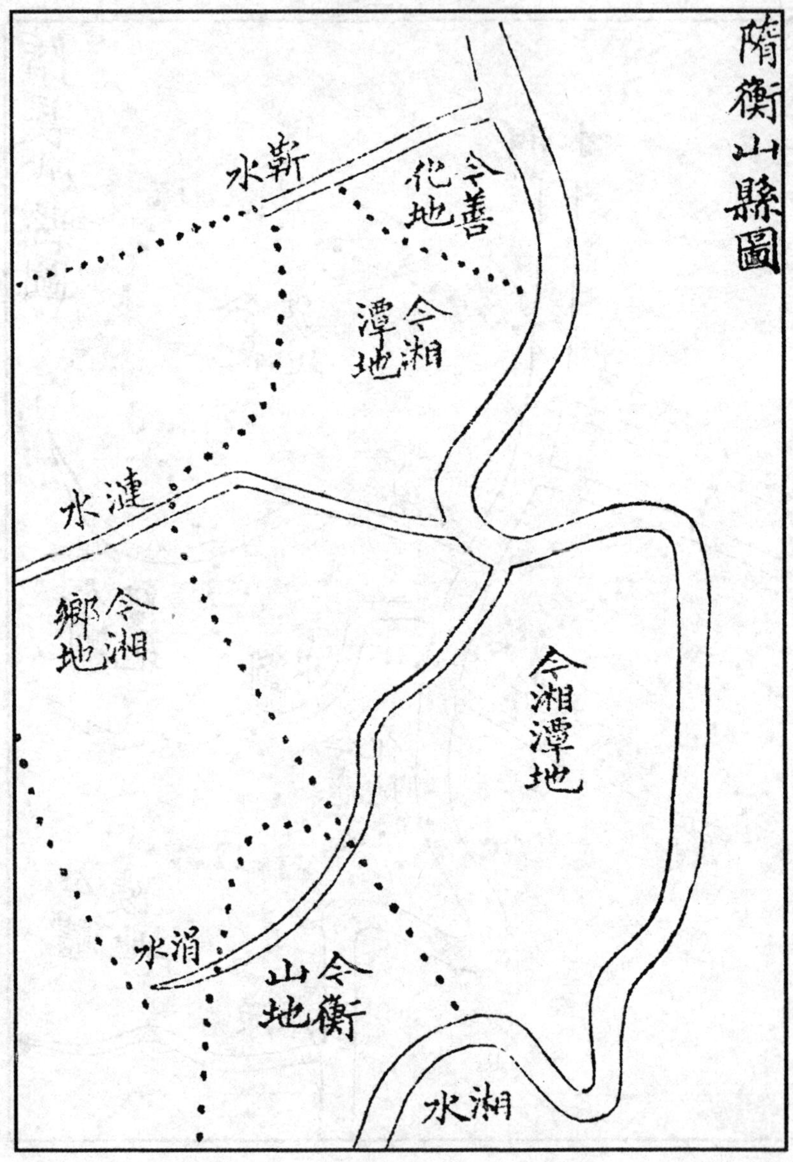

唐长沙县图

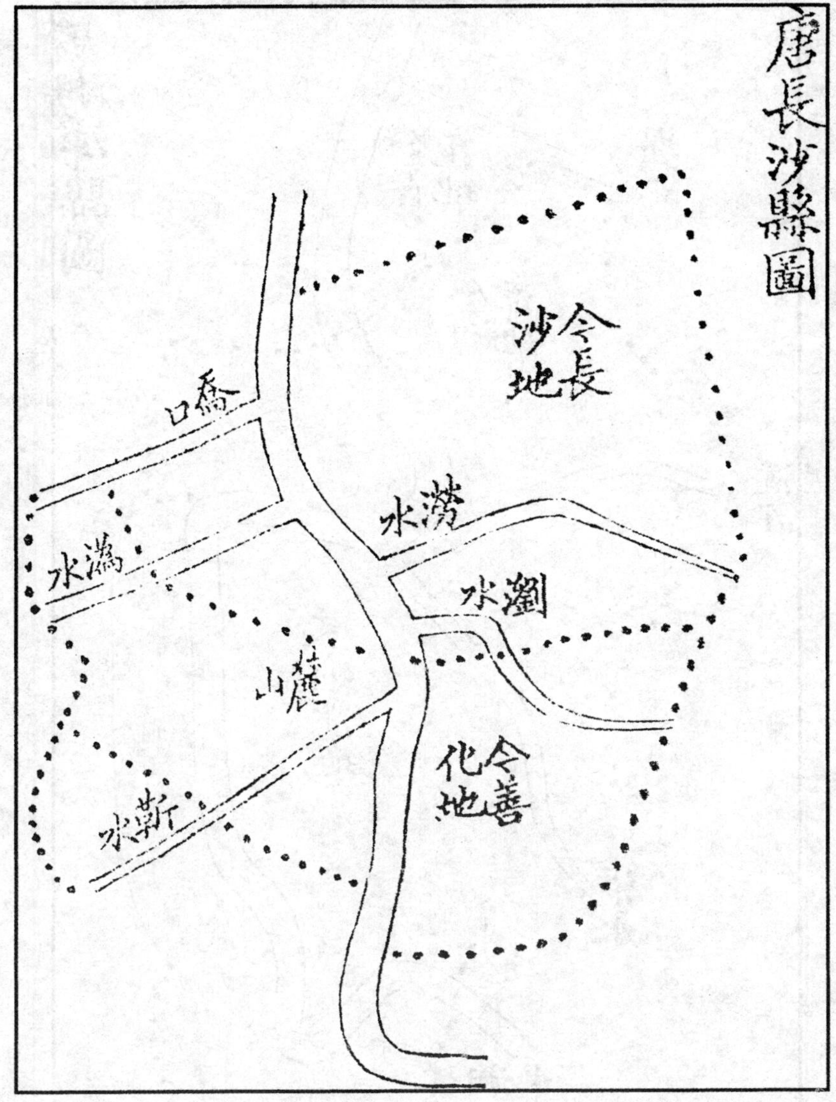

唐湘潭县图

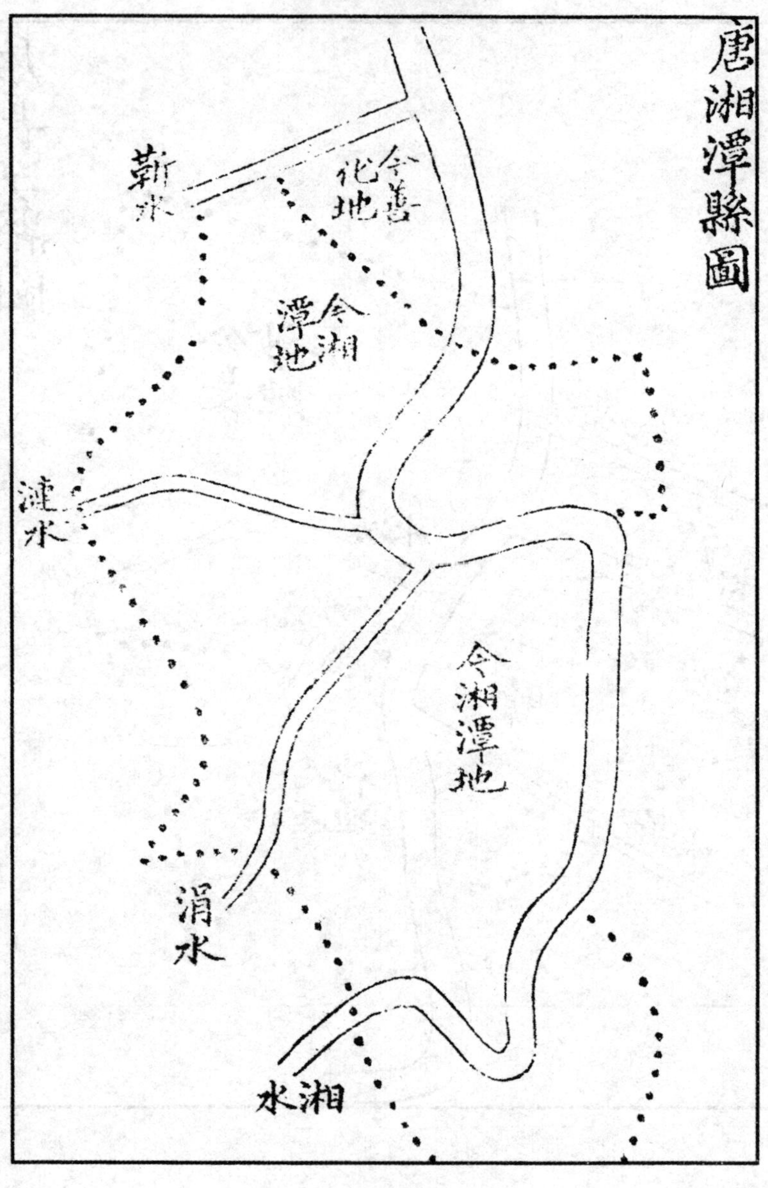

故城图

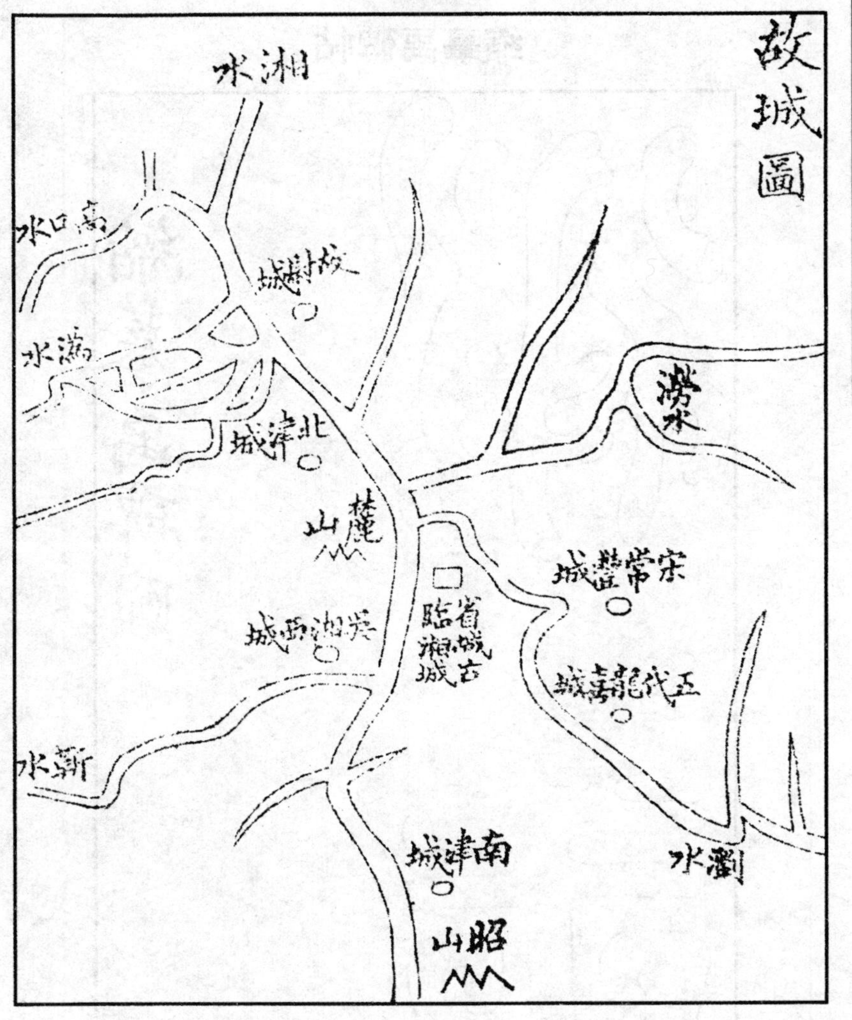

附录

缩摹禹碑帖

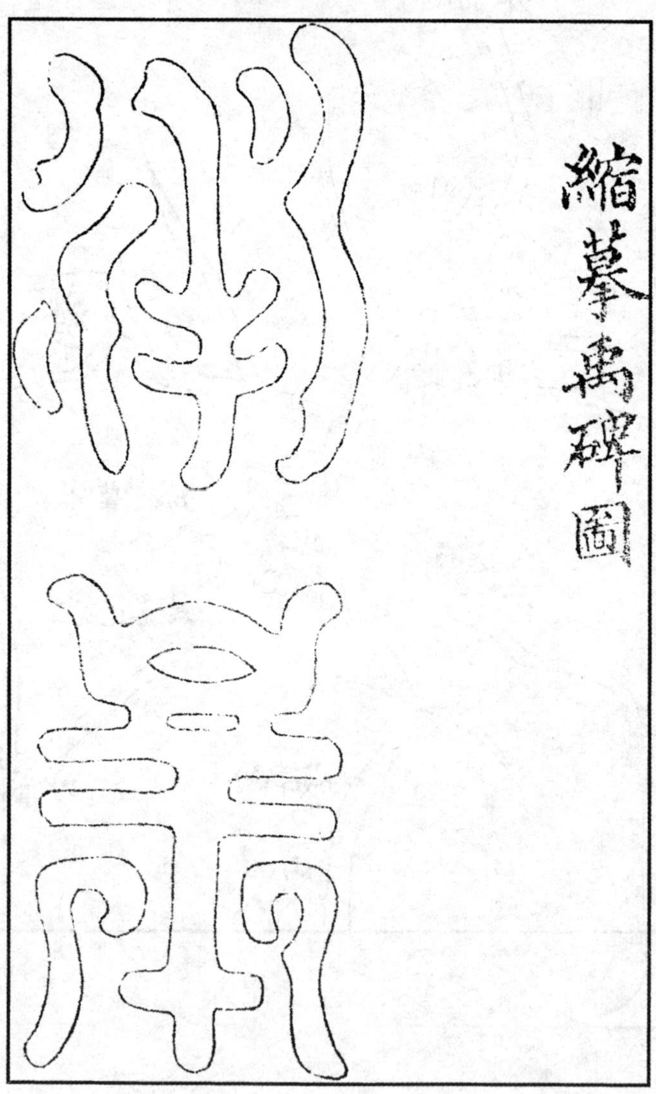

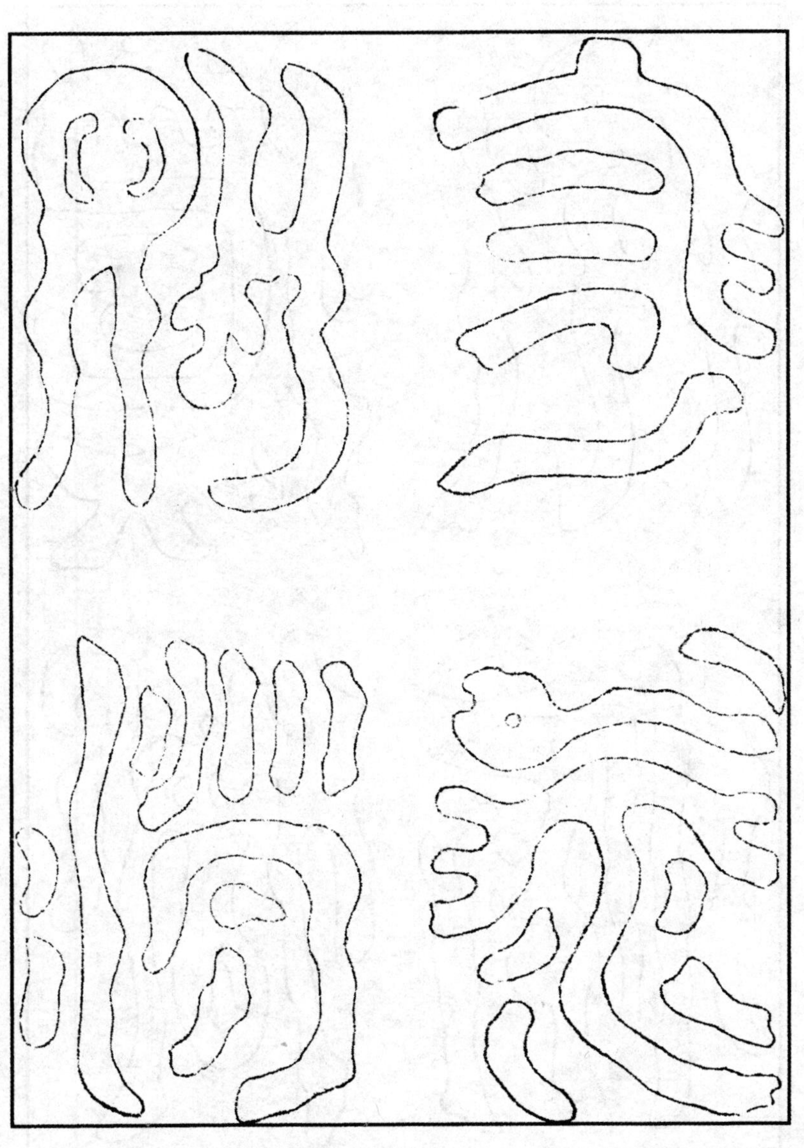

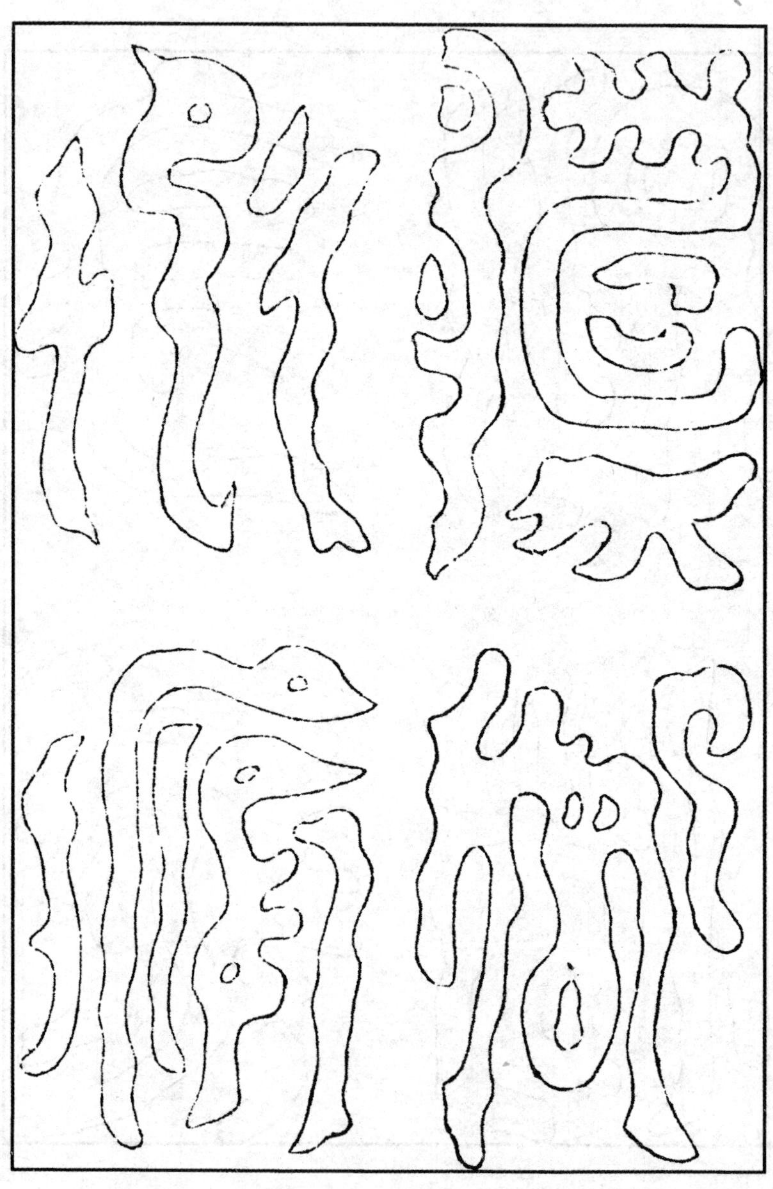

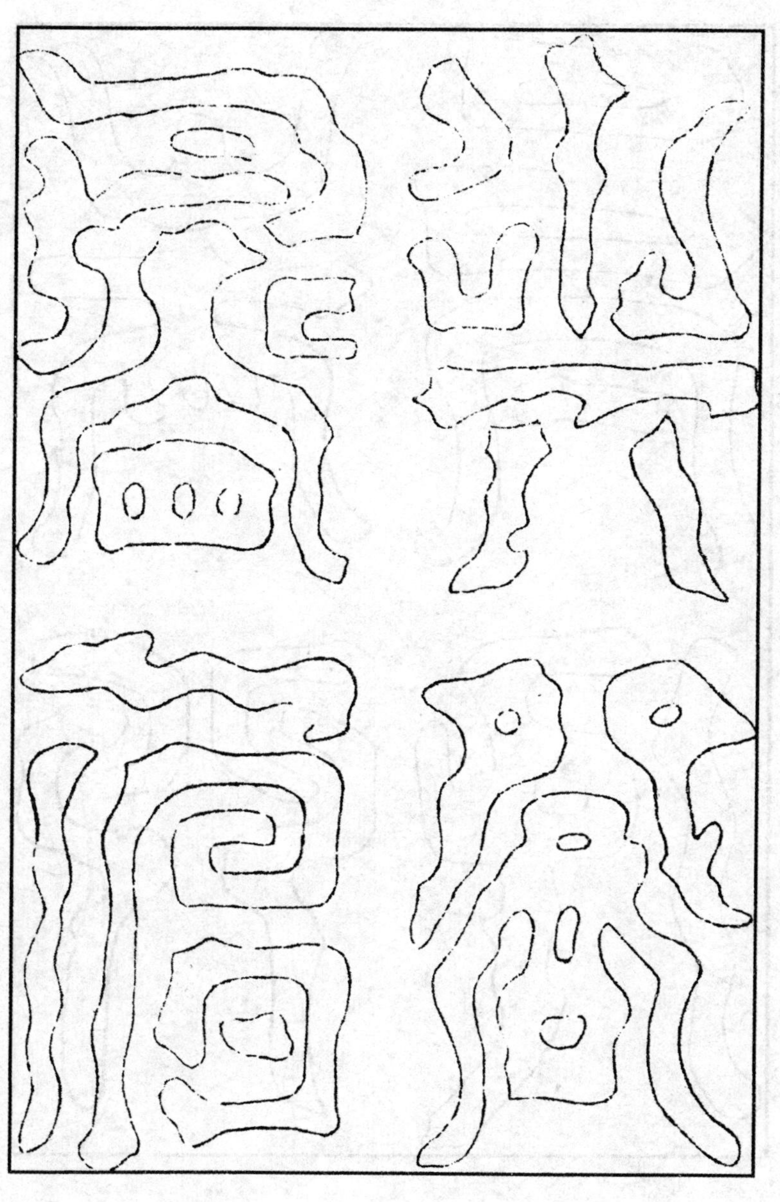

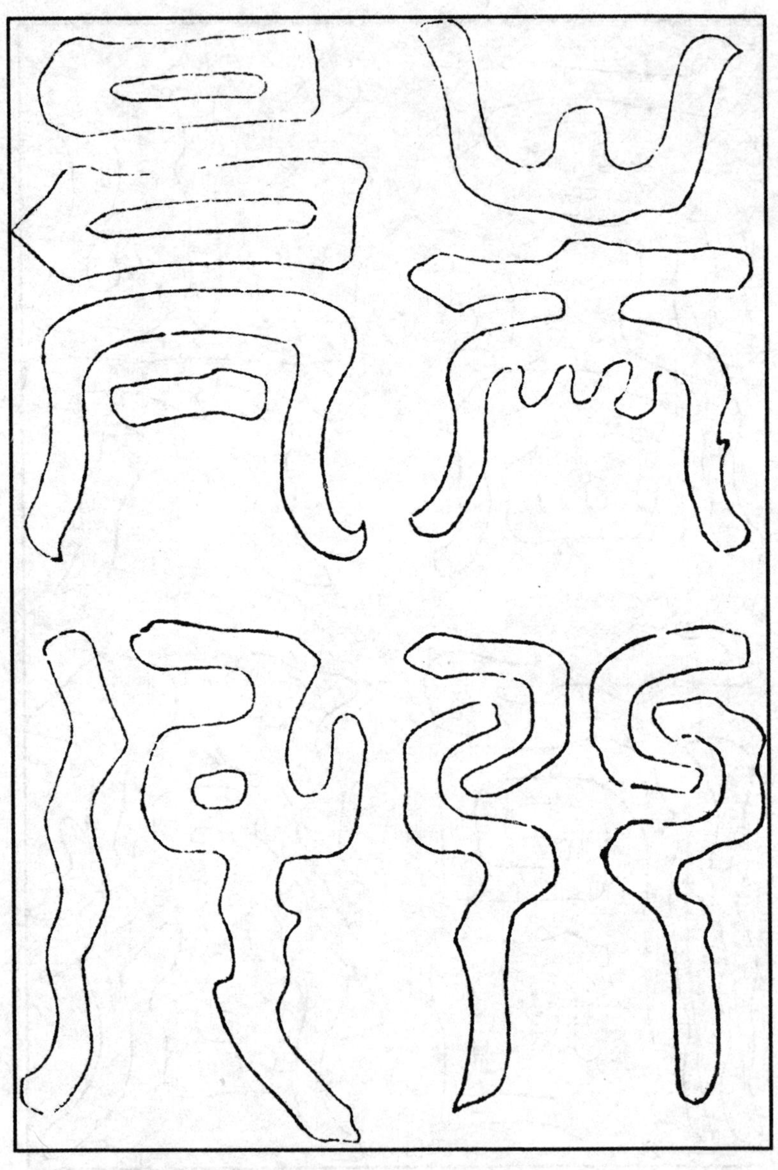

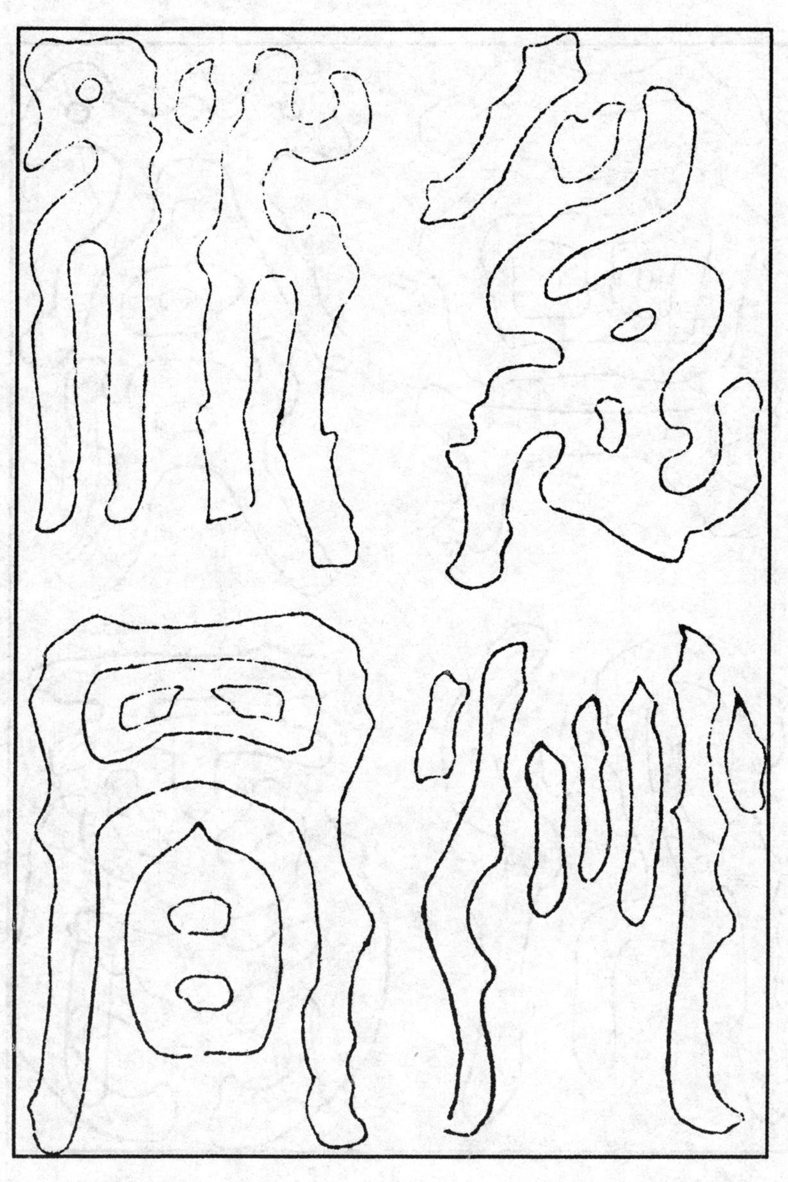

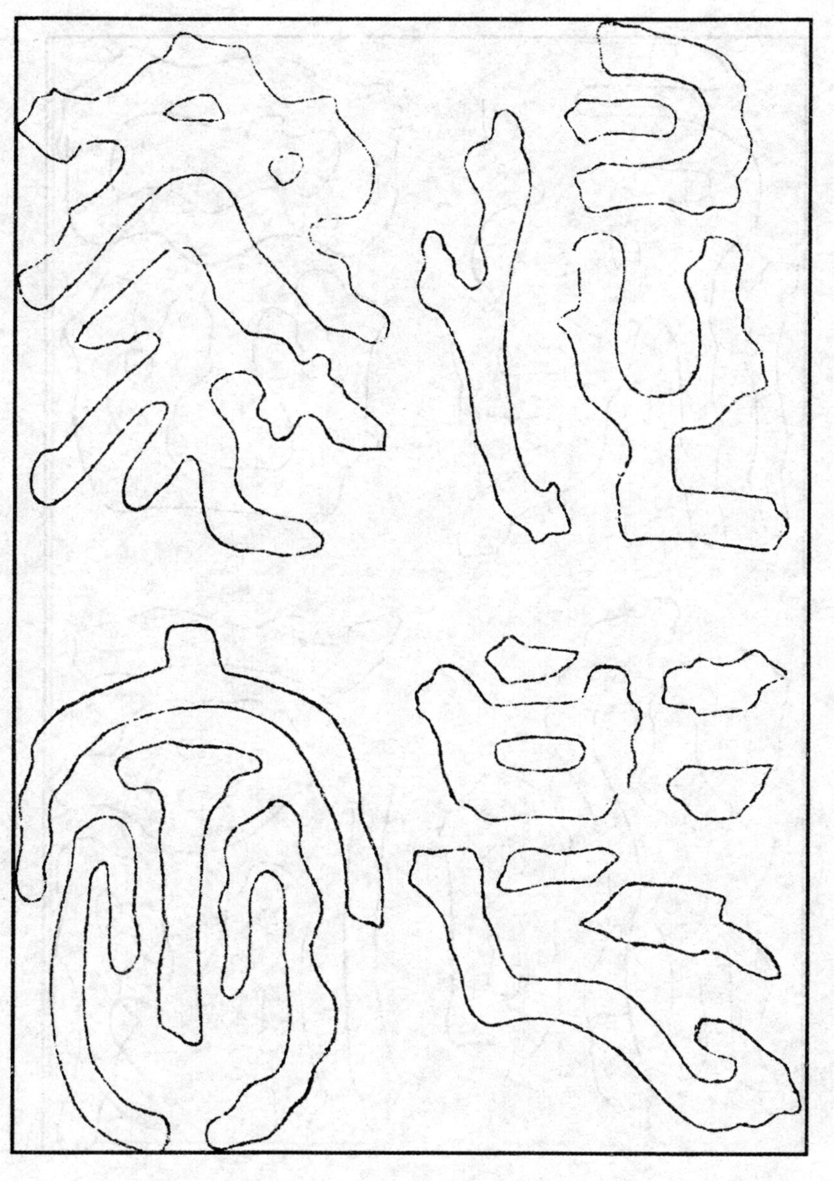

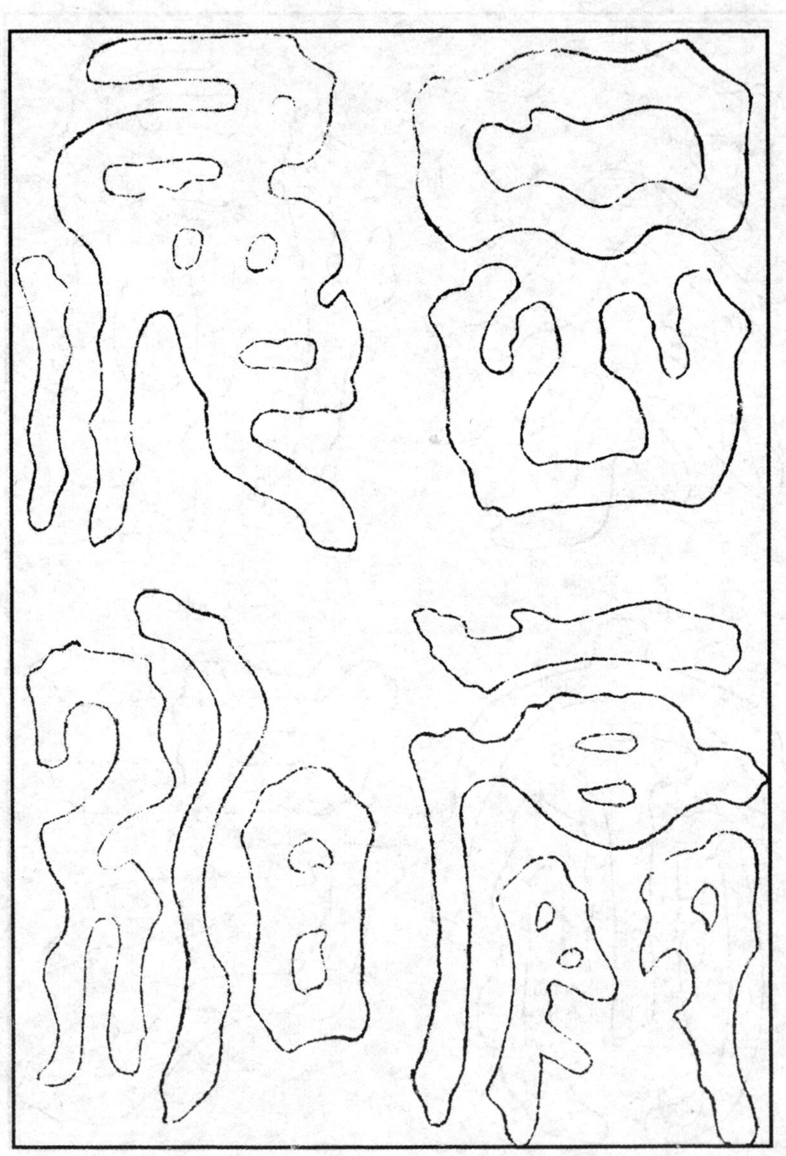

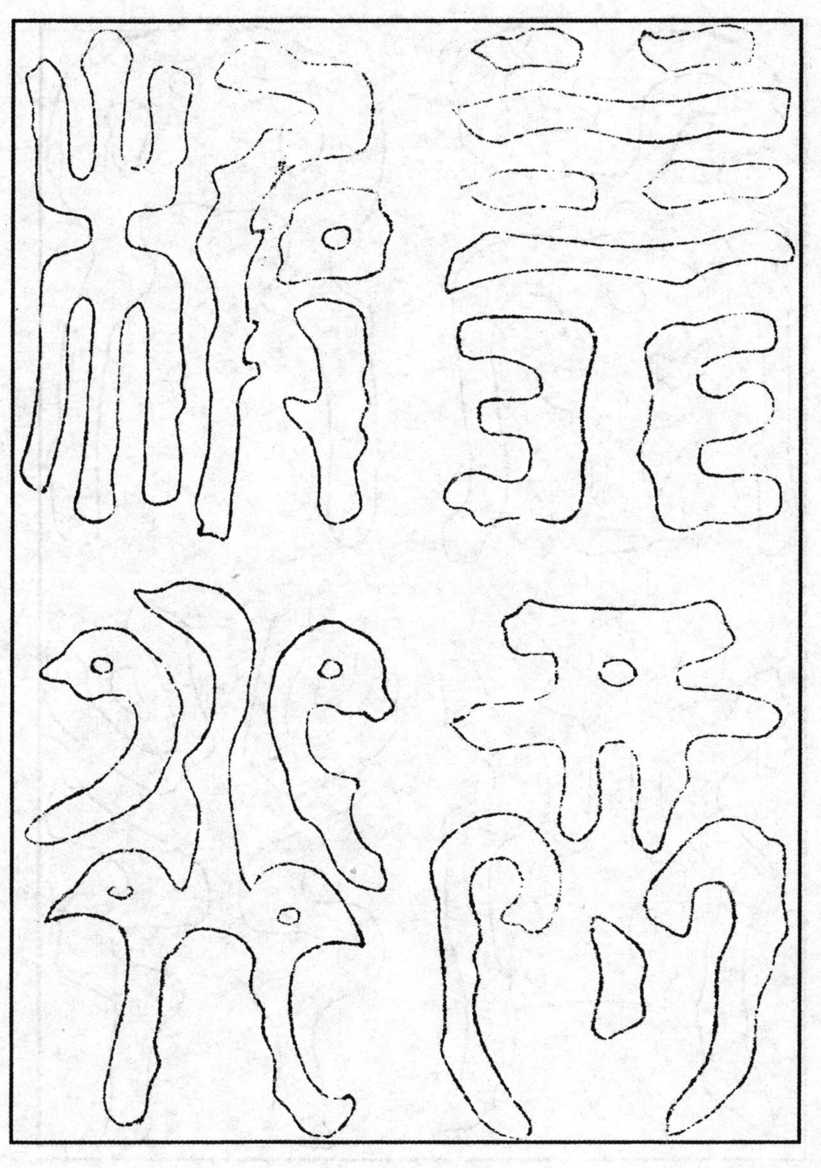

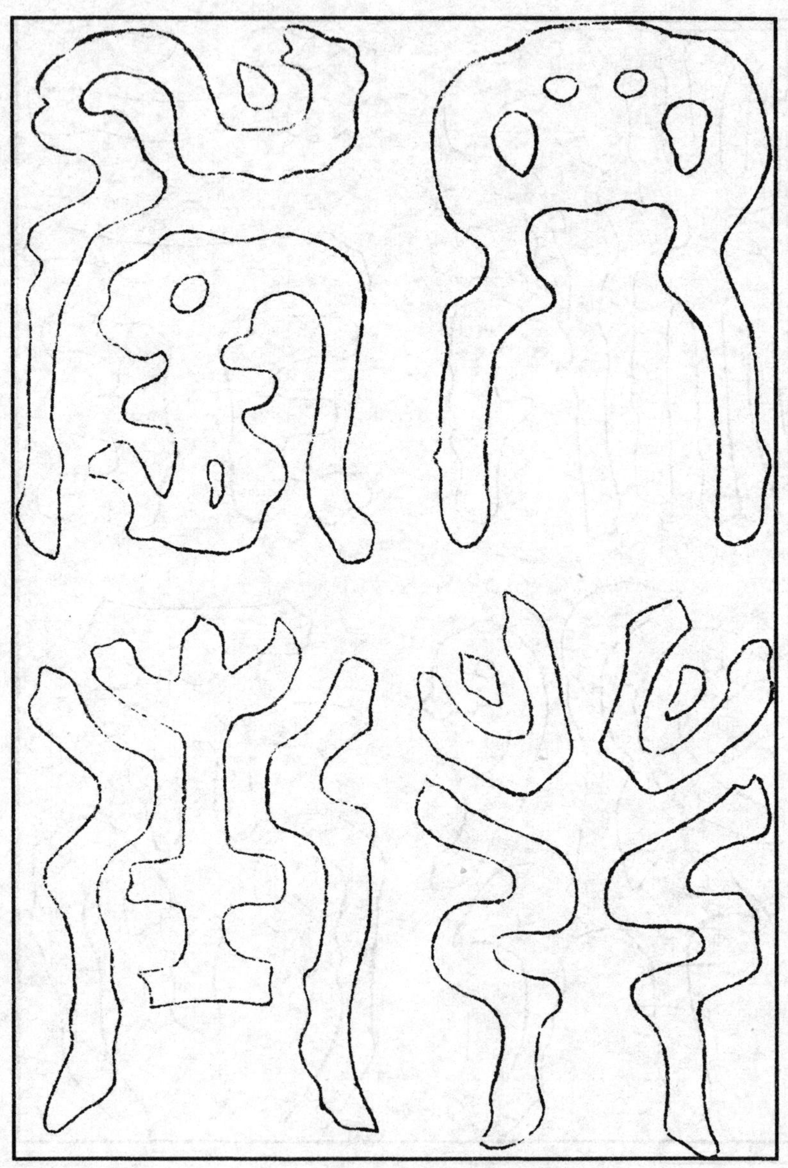

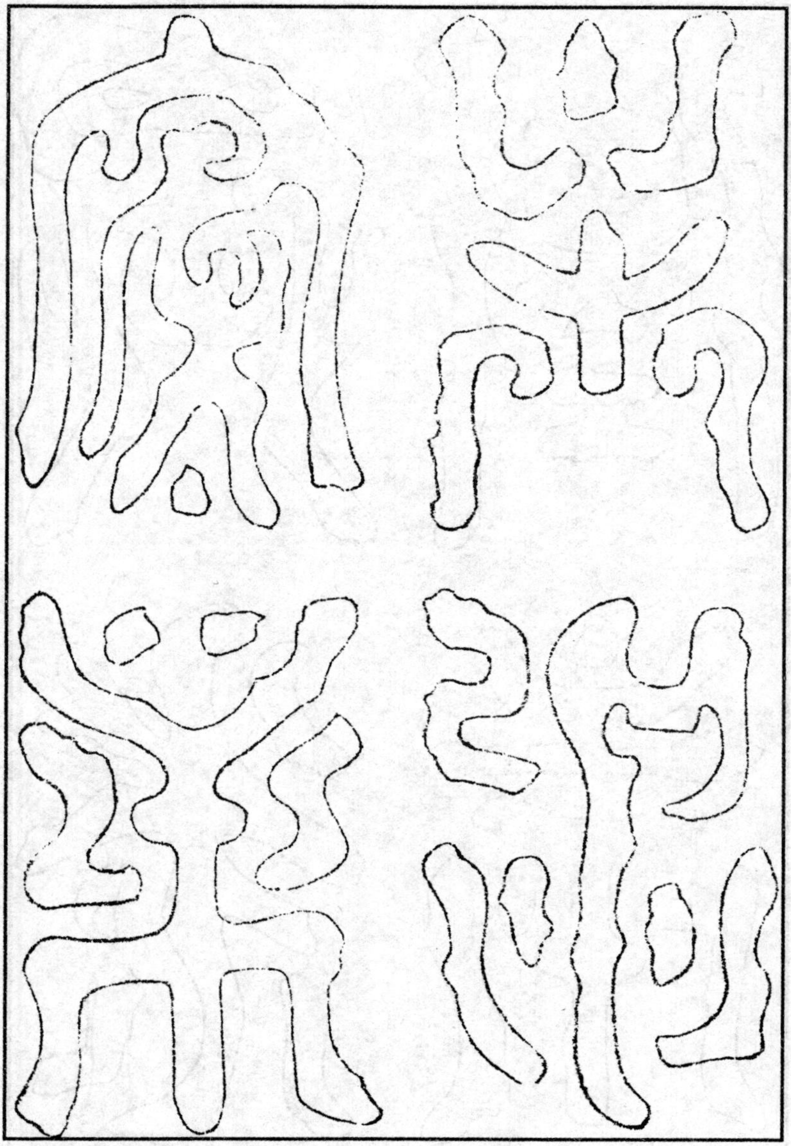

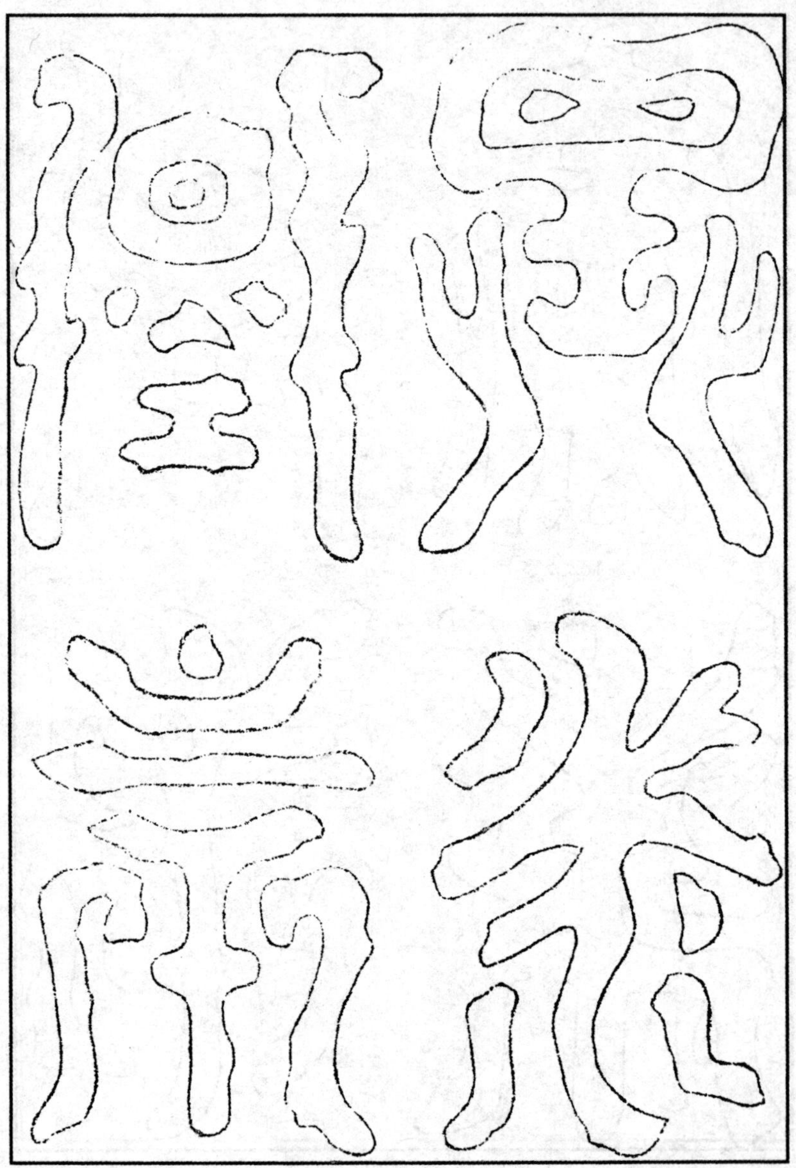

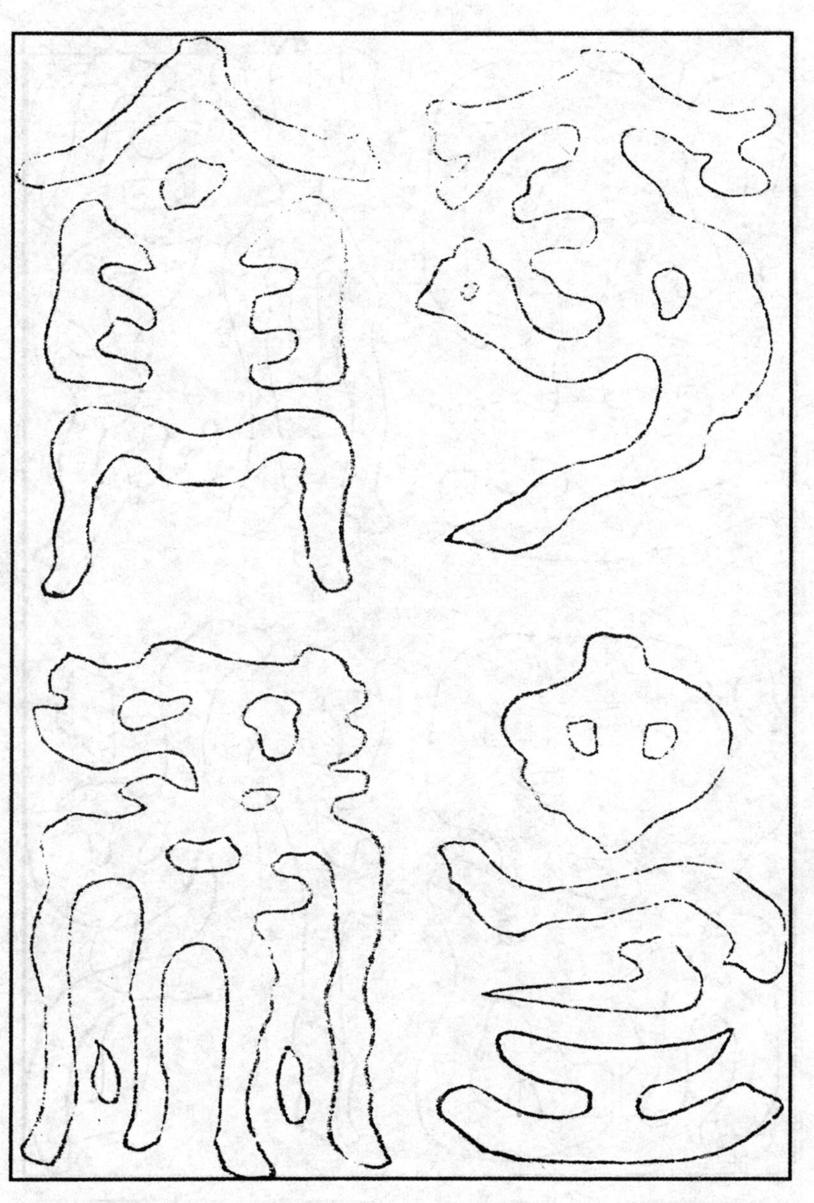

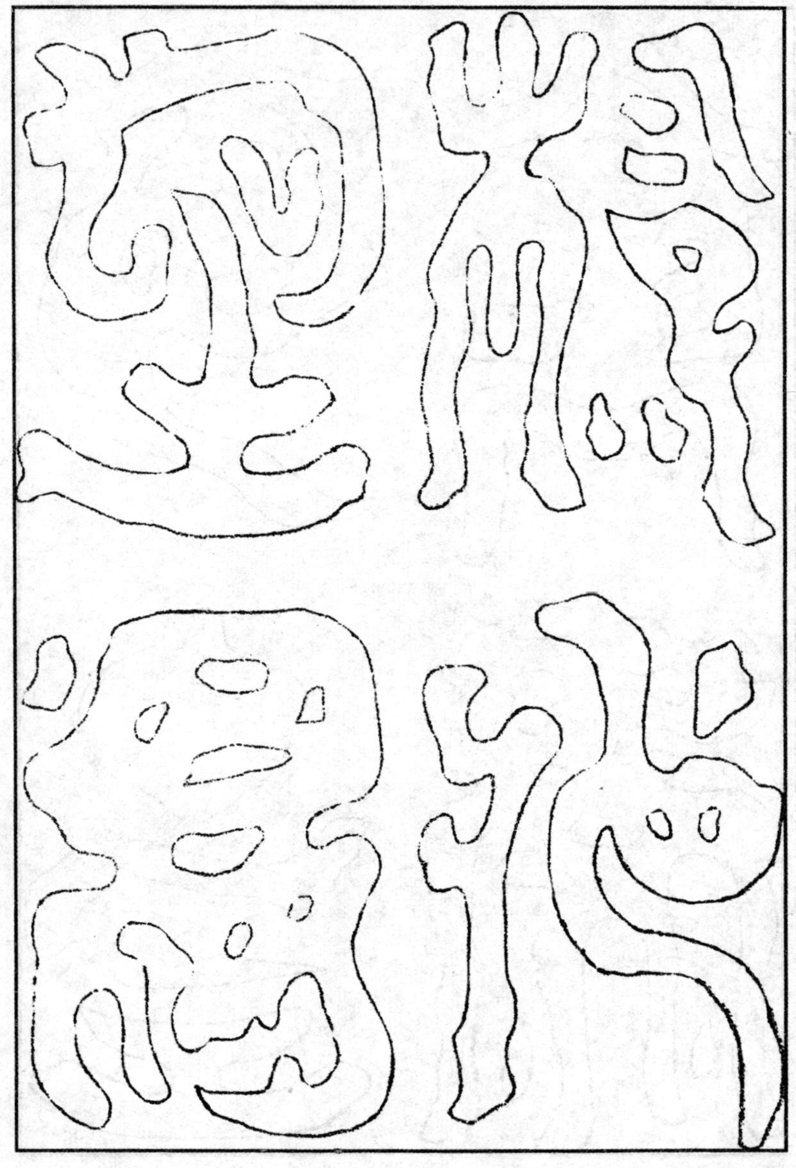

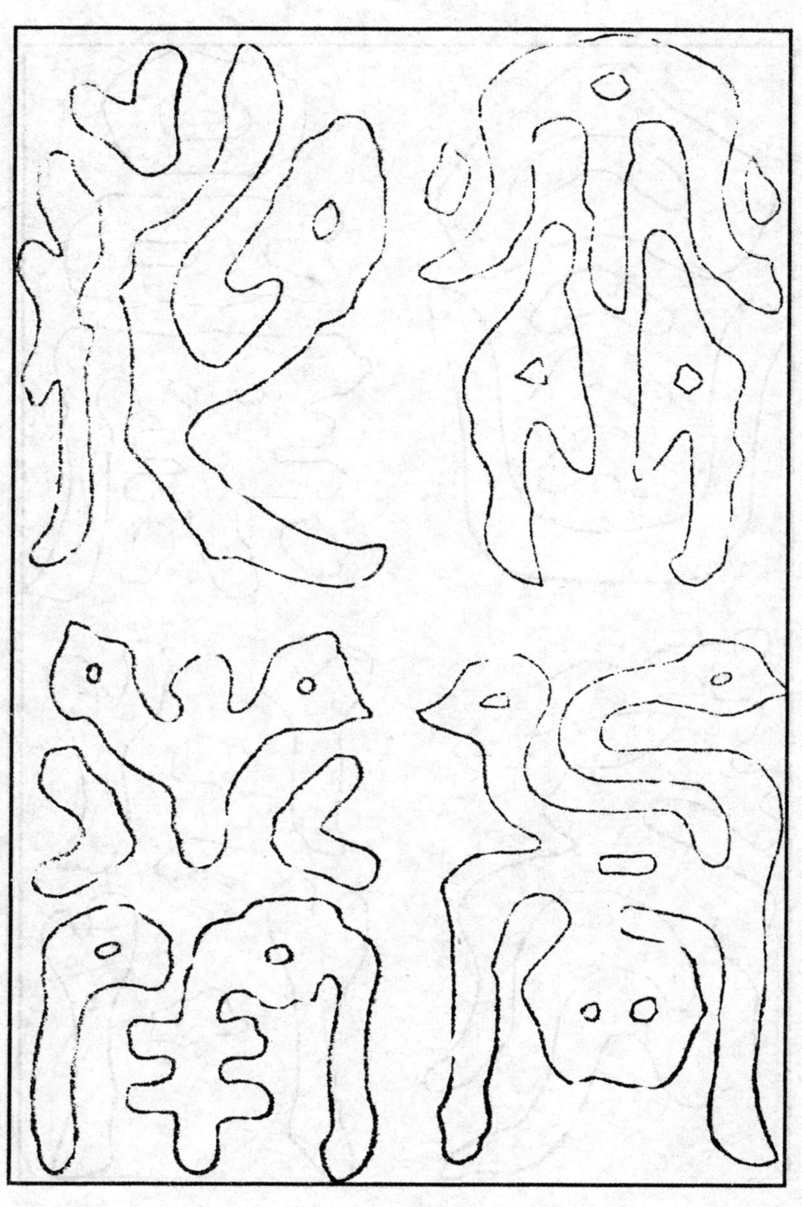

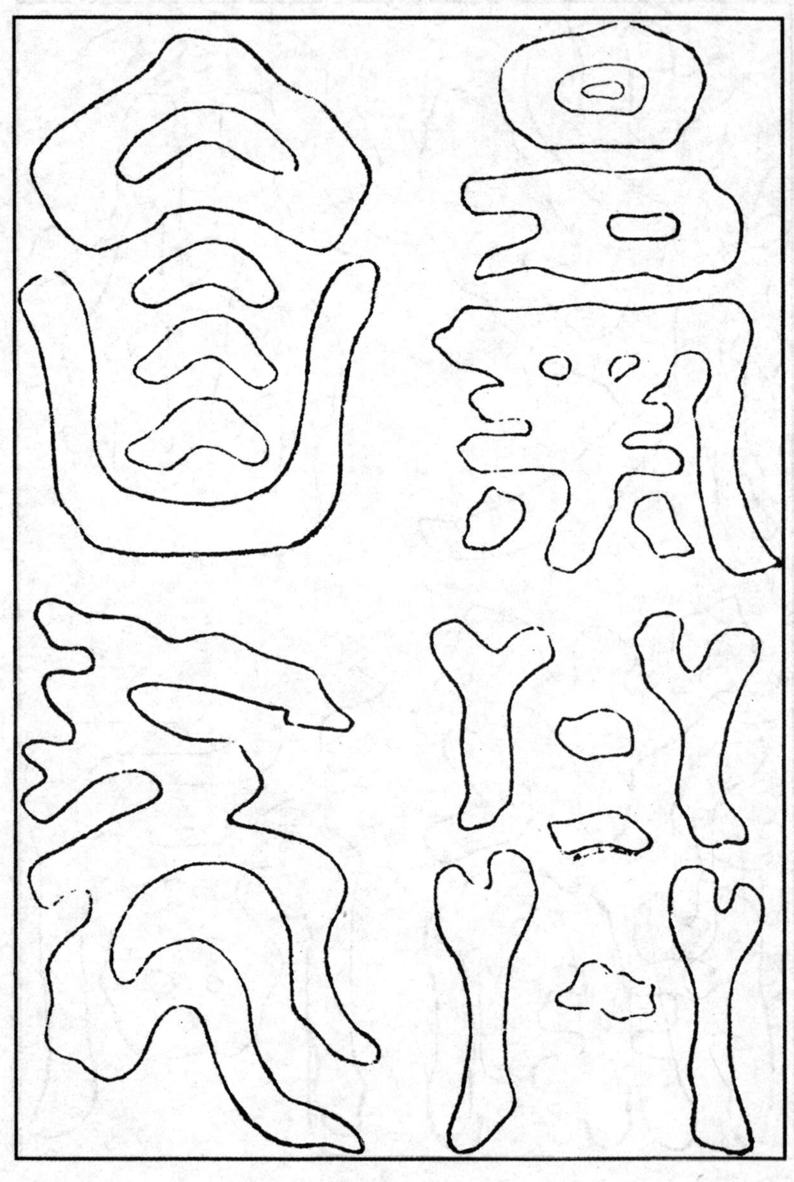

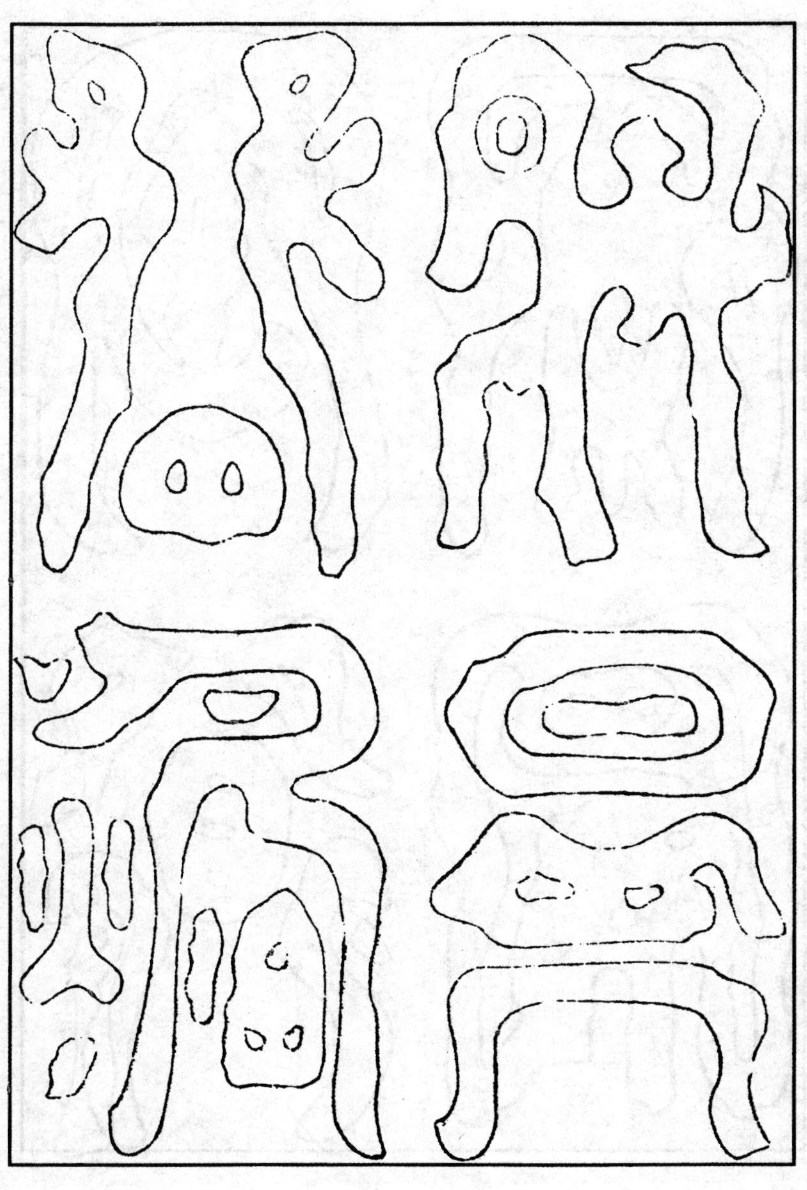

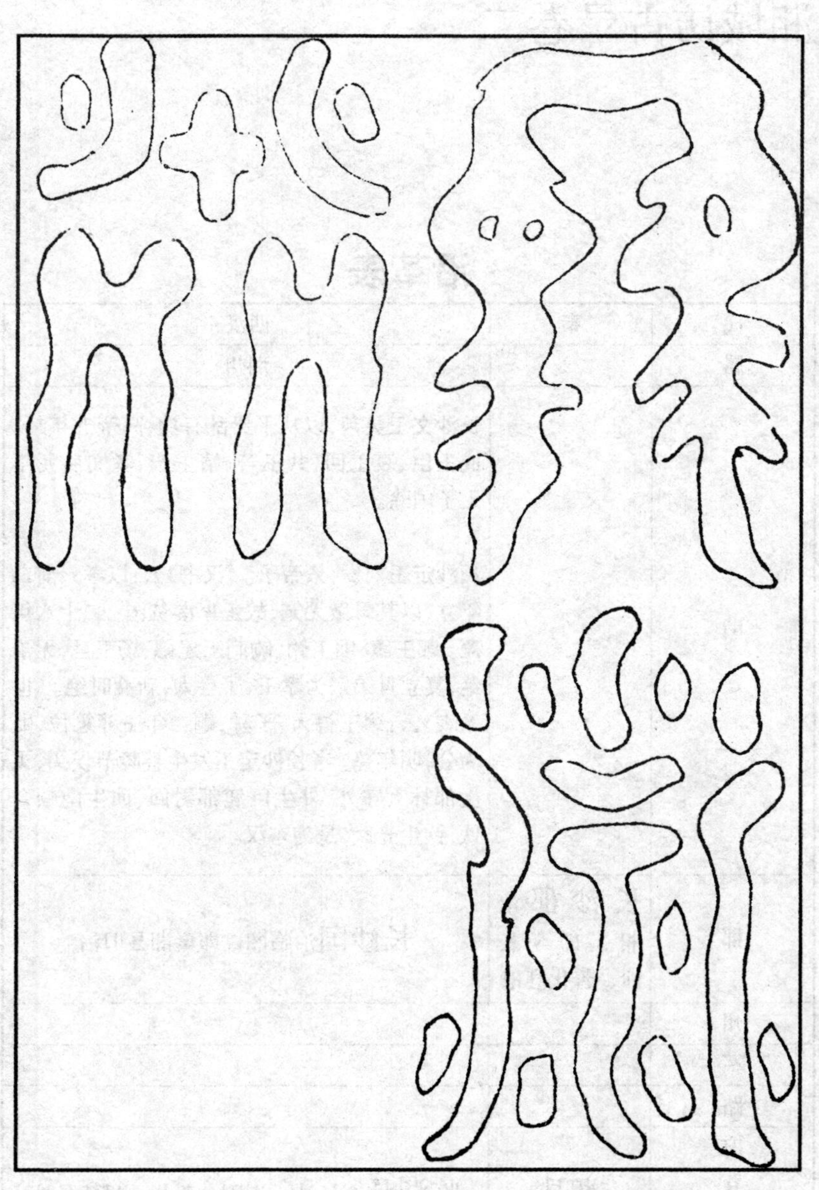

湘城访古录卷二

沿革表

代	秦	西汉
属		荆州
国		长沙文王吴芮，以从平秦乱有功，高帝五年封。成王臣、哀王回、共王若、靖王产，孝文后元年无子国除。 长沙定王刘发，景帝子。《汉书》云：以孝景前二年立，以其母微无宠，故王卑湿贫国。二十八年薨。戴王庸、顷王鲋、𣿉刺王建德、炀王旦，无子绝，复立旦弟宗为孝王，子鲁人，新莽时绝。《世系表》云：缪王鲁人，子舜，嗣二年王莽篡位，贬为公，明年薨。考长沙定王发生舂陵节侯买，买生郁林太守外，外生巨鹿都尉回，回生南顿令钦，钦生光武，是为东汉。
郡	长沙郡治湘，即今长沙、善化县地	长沙国治临湘，即秦湘县旧治
州		
军		
路		
府		
县	湘县	临湘县今长沙、浏阳、善化、醴陵县地

代	东汉	三国	晋
属	荆州	吴蜀	荆州
国			长沙属王司马乂，武帝第六子。
郡	长沙郡去王莽之填蛮郡，复名长沙郡。	长沙郡治临湘 衡阳郡吴析长沙西部置治湘乡	长沙郡 衡阳郡
州			湘州治临湘，即今长沙。永嘉元年置。咸和三年罢，义熙八年复置，十二年又废。
军			
路			
府			
县	临湘县今长沙、浏阳、善化县地。去王莽之抚睦县，仍为临湘县。	临湘县今长沙、善化地 湘西县吴立，今湘潭、善化二县地，其故城在岳麓山东。《水经注》云：湘水左径麓山东上有故城。故城无名，盖即湘西城。今靳江河侧有土城头，地即故城基址也。	临湘县 湘西县

代	宋	齐	梁	陈	隋
属					
国	长沙景王刘道怜，武帝仲弟。王义欣，王瑾，王纂。	长沙威王萧晃，太祖子。无子国除。	长沙宣武，王萧懿，高祖兄，追封元王。业章王孝，俨王春，无子。	长沙思王陈权，高祖第二子。追封王叔坚，高祖第四子。陈亡入隋，为遂宁太守。	
郡	长沙郡 衡阳郡移治湘西	长沙郡 湘州 衡阳郡	长沙郡 湘州 衡阳郡	长沙郡 衡阳郡	长沙郡
州	湘州永初三年复置，元嘉八年废，十七年复置，二十九年又废，孝建初复置。				潭州开皇九年改置
军					
路					
府					
县	临湘县 湘西县	临湘县 湘西县	临湘县 湘西县	临湘县 湘西县	长沙县旧曰临湘，平陈后改名焉，今长沙、浏阳、醴陵、善化地。省衡阳郡为衡山县改，湘西置并旧衡阳郡之衡山、湘乡二县入之。

代	唐	五代	宋	元	明
属	江南道		荆湖南路	湖广行省	湖广布政司
国		楚武穆王马殷，鄢陵人，以武安节度封。子衡阳王希声、文昭王希范、废王希广，后为兄希萼所杀。希萼自立为王，后为弟希崇幽于衡山县，后国灭，俱归南唐。			
郡	长沙郡		长沙郡		
州	潭州		潭州		
军	钦化军 武安军	武安军	武安军		
路				潭州路至元中置。 天临路天历中改。	
府		长沙府武穆王，以潭州为长沙府。			潭州府洪武初改。 长沙府洪武五年复旧。
县	长沙县今长沙善化地	长沙县 龙喜县汉乾祐三年，马希广奏析长沙县东界，置今善化县鹿子岭地。	长沙县 常丰县乾德三年，升常丰场为县。开宝中，省入长沙，今长沙县榔梨市地。 善化县元府元年，以长沙五乡、湘潭两乡为善化县地。	长沙县 善化县	长沙县 善化县洪武九年省，十二年复置。

湘城访古录卷三

街巷表

入黄道门至南正街　王府坪本吉王宫外馀坪　红牌楼本吉王宫前门牌楼　端履街本吉王端礼门故址，履字误　八角亭　走马楼　吕太守肃高祠　小四方塘

黄道门之左第一横街　天妃宫巷　真西山祠　长沙府学宫内有唐长沙高士墓志、元天临路学先贤祠记碑　旧提学道署废　明杨仲先故宅废

第二横街　文星街　提督学院署即旧府治遗址　韩公祠　韩玄墓在学署大堂下　铁镬在学署头门内

第三横街　藩西巷

第四横街　粮道署康熙二十二年驿盐粮储道赵廷标捐建　洪家井

第五横街　坡子街

第六横街　按察司署在端礼门内，明为仪卫司。国初为巡道司，康熙三年增设按察司，驻扎长沙，因以巡道署为司署。　臬后街　朝阳巷

第七横街　履道巷

第八横街　福源巷

第九横街　药王街　西牌楼本吉藩故宫牌楼，今街西尚有牌楼石柱二方对竖，只留半断，为居民墙址。

黄道门之右第一横街　晏家塘

第二横街　小古道巷

第三横街　大古道巷　善化县学宫　鸡公坡　善化县署旧在郡城南，元季毁于兵。洪武四年知县孟吉移置府城内茶课提举司旧址，十四年知县张居仁移置南门外赵宣慰宅，成化十六年知县盛时请移置城内旧府署东，崇祯癸未毁于兵。国朝顺治中，知县孙国泰鼎建。康熙十三年吴逆踞城，衙门拆毁无存。恢复后知县皆借民房，康熙二十一年知县滕天御于旧址复建。　善城隍庙

第四横街　织机巷

第五横街　苏家巷

第六横街　育婴街　郎方伯永清祠

第七横街　青石街　青石桥　柑子园

第八横街　鱼塘　行台　游击署康熙二十二年游击赵文实捐建

第九横街　白马巷　东牌楼本吉藩故宫牌楼　长沙协署旧在南门，副将韩孟之建。康熙二十九年副将胡戴臣改建。　藩围后

第十横街　青石井

入浏阳门至正街

浏阳门之左第一横街　定王台

第二横街　东兴街　吉庆街　都司署旧在天心阁下，乾隆八年守备移驻湘潭，即改守备署为都司署。　永庆街

浏阳门之右第一横街　赵家坪　落星田

入小吴门至正街　正东街　曾文正公国藩祠　贡院雍正癸卯元年七月特命湖南分闱，因即湖湘书院修为贡院。　五贤祠祀赵忠毅公申乔、李端肃公发甲、潘大中丞宗洛。宋方伯、致吕典试谦恒。国朝郭嵩焘《五贤祠记略》云：先是湘人追念河阳李中丞分闱之功，专祠奉祀百有馀年。其先武进赵忠毅公实以宦迹建祠，而湘人士所称说，亦并以分闱一事赵公所请分卷而已，宜兴潘公继之，始以分闱请。洎李公三疏言之，奉旨俞允，终为部议所格。逾五年，阳湖吕公典试湖广，又疏陈之，时康熙五十九年也。明年，世宗御极，遂下分闱之诏。桐城方氏为吕公墓志称，其官御史，疏请湖南北分闱省试，天子为更旧制，是世宗特诏，卒成于吕公，而湘人无能言者。三公者，始终持分闱之议，以上感天心，而其名或显或不显，或竟无知者，如吕公是也。

于是光绪八年壬午，议就坐棚中楹合祀三公。又上溯赵忠毅公分卷之请，下推至雍正二年下诏分闱，即于是岁举行，由李公始奉旨具题。方伯商邱宋公，因明藩故址公建贡院，旋改为湖湘书院。至是一仍其旧制，湘人追念其创始之勤，是亦有功于分闱者也，合祀之为五贤祠。　巡抚部院署系故藩四将军府，顺治十四年经略洪承畴驻扎起建。康熙三年，偏沅巡抚移镇长沙，遂为建节所。　护国佑民坊　小东街

小吴门之左第一横街　宝南街　刘忠壮公松山祠

第二横街　东长街　理问街　布政司署康熙三年布政使司分驻长沙，前任藩司于朋举建。

第三横街　文运街　府东街

第四横街　老照壁　府正街　府署旧治前代无考。宋嘉定中，在南门内西山祠畔。德祐初，迁德润门内太乙寺前，随毁于元兵。明洪武五年，改潭州为长沙府。知府滕楫仍建于德润门内太乙寺址，制未尽备。永乐二年，知府林达就署于南门之守门官厅。十五年八月，知府茹莲向（谦即）〔迁及〕孝顺坊，东调指挥周文解舍建焉，经制始大。国朝康熙四十六年，知府崔岱齐迁署于故藩废城后之东，为今府署。南阳街

第五横街　接贵街

小吴门之右第一横街　乐道巷　种福源　曾忠襄公国荃祠

第二横街　水风井　司马桥　三公祠祀骆文忠公秉章、潘忠毅公铎、张大中丞亮基。　长沙县学宫　洑潭寺　荷花池　求忠书院　十五忠祠祀江忠烈公忠源、塔忠武公齐布、罗忠节公泽南、李忠武公续宾、胡文忠公林翼、王壮武公鑫、萧壮果公启江、李勇毅公续宜、张忠毅公运兰、江诚恪公忠义、李忠壮公臣典、黄忠壮公润昌、刘武慎公长佑、福壮武公诚、邓忠武公绍良。

第三横街　又一村　赐闲湖

第四横街　清泰街

第五横街　三贵街

入湘春门至北门正街　宗伯师臣坊　王伟故宅　左文襄公宗棠祠　长春街　赵忠毅公申乔祠　李端肃公发甲祠　清泰街

湘春门之左第一横街　高升门

第二横街　长城隍庙　李真人殿　参将署康熙二十二年参将海珠捐建

第三横街　营盘街

第四横街　左局

湘春门之右第一横街　通泰街

第二横街　孙家桥

第三横街　潮宗街

第四横街　右局

入潮宗门至潮宗街

潮宗门之左第一横街　高升巷

第二横街　寿星街　寿星观

潮宗门之右第一横街　永清巷　长沙县署汉为临湘县，在大西门。宋为长沙置郡城东，元以其地建廉访司，徙城东北。明洪武十三年移建北门，十八年知县王铨即于北门外玄妙观址改建，成化二十三年知县赵彬将潮宗门内便民仓改建焉，崇祯十六年毁于兵。国朝顺治初，知县朱明魁建于卫署之右，康熙元年知县胡壮生移居废藩府。十三年吴逆陷长沙，署毁。十八年克复省城，知县蔡鹏仍居废藩府。二十年知县王基昌改修小吴门钱局为署，旋复为钱局。二十二年知县朱前诒仍寻潮宗门旧址，捐资鼎建。

入驿步门至正街　永丰仓　万寿街　仓门口本吉王内廷旧址，今为万寿宫及皇仓　万福街　息机园

驿步门之左第一横街　西长街　福星街

第二横街　藩城堤　右有大四方塘即万春池　左有盐道署本长沙府义学所改，初为巡察御史署，再改观风院署。雍正十一年改为盐道署。

第三横街　上林寺　储备仓　紫荆园

第四横街　南阳街

第五横街　玉泉山

驿步门之右第一横街　太平街　贾太傅故宅

第二横街　三泰街

第三横街　怡长街　三尊炮

第四横街　小四方塘

第五横街　静乐街

入德润门至正街　下坡子街　上坡子街

德润门之左第一横街　福胜街

第二横街　三王街

第三横街　双井巷

德润门之右第一横街　路边井　李刘二公祠　内有熊湘阁故址废　石门扆

第二横街　衣铺街　黎家坡

第三横街　中和街

湘城访古录卷四

城邑类

临湘故城

乾隆《府厅州县图志》云：在府城南。胡氏《通鉴》注云：临湘汉旧县，唐为潭州长沙县。《隋书·地理志》云：长沙旧曰临湘。《前汉书·地理志》云：临湘，莽曰抚睦。《水经注》云：湘水又右径临湘县故城西县治，湘水滨临川侧，故即名焉。王莽改号抚睦，故楚南境之地也。秦灭楚，立长沙郡，即青阳之地也。秦始皇二十六年，令曰：荆王献青阳以西。《汉书·邹阳传》曰：越水长沙，还舟青阳。《注》：张晏曰：青阳，地名也。苏林曰：青阳，长沙县也。汉高祖五年，以封吴芮为长沙王，是城即芮筑也。汉景帝二年，封唐姬子发为王，都此。《一统志》云：汉时临湘县城为长沙郡治者，在今城之南。而今之长沙县治，即《水经注》所谓临湘新治，南北朝宋所徙，本在城外，隋唐时包入城。《中省志》云：案《水经注》，湘水又径船官西，北对长沙郡。郡在水东。州城南旧治在城中，后乃移此。据此则湘州当治。临湘新治为今府城长沙县所辖地，郡治即今府城善化县所辖地也。郡治建城之始，无考。以隋废湘州推之，当建于废州之时也。《湘潭县志》云：《水经注》曰：湘水径船官西，北对长沙郡，郡在水东，此即今省治也。旧为郡治，中无倚郭，县者也。又曰：又径临湘县故城西城之西北，有故市，北对临湘县之新治。则是今省治。为郡治不在临湘之明证。所谓湘水左径麓山东上有故城，更在此故城之上。彼故城无名，盖吴湘西城也。此故城又在其下，则临湘、湘西二县城，近故宋、齐以后移治又稍下也。《水经》曰：涟水东北过湘南县南，又东北至临湘县西，南东入于湘。是又临湘治境上至涟口之明证。《水经》三国时作，据汉旧图，汉临湘县自麓山上至涟口下，至渌口兼统湘东西也。后立湘南，则上至耒口，下至涟口。吴分湘西，则上至涟口，下至麓山。湘南、湘西皆不治。湘水东岸吴湘西城，即对长沙郡城。故吴移县，而晋遂移郡。二郡夹湘分镇，湘南与鄙夹耒分治，兵争时重水口也。

案：《长沙府志》云：玩越水长沙还舟青阳之文，长沙、青阳明是两地，似难强而为一。即苏林注亦必传袭之误。盖长沙名县自隋始，苏林之时尚未改。临湘之目也，《水经注》之说，皆无稽，今不取。

湘西故城

影宋本《寰宇记》云：废湘西县城在州西。《湘潭县志》云：《水经注》曰：湘水左径麓山东，上有故城。故城无名，盖吴湘西城也。又云：湘西县初治麓山，兵争据险。故临湘、湘西治城相距不远。何承天徙衡阳郡治，湘西则先与湘东对治，而长沙郡为湘州治。又重于湘东，故移而之下以辅州，若今武昌、汉阳二府对治也。齐世湘南县废，并入湘西、湘乡、新康、衡山诸县，至是而湘西又徙治于晚州，所谓今县南百六十里者。

故尉城

乾隆《府厅州县图志》云：在长沙县西七十里。《元和郡县志》云：长沙西北七十里，故尉城，孙权使程普为西部都尉以防关羽因立此城。《初学记》引《湘中记》云：楂渚对岸古城，孙权遣程普所立。

案：《湘州记》云：程普、关羽分界于铜官山。《长沙县志》云：距铜官山数里有古城坡，坡内城壕宛然，居民往往掘得残缺军器。据此，则尉城之建在此无疑。且距长沙恰符七十里之数。又案：古城既在铜官山，则楂渚疑即铜官渚也。

三山石下城

影宋本《寰宇记》云：在长沙县西北十里，昔吴主孙权以程普为长沙都尉，以防关羽，因此为名。《水经注》云：湘水北径三石，山东山枕侧湘川北即三石水口也，湘浦矣。水北有三石戍，戍城为二水之会也。

按：此城疑即《元和志》所谓故尉城也。

南津城

《方舆纪要》云：南津城在府城西南。《水经注》云：湘水又北径南津城西，西对橘洲，或作吉字，为南津洲尾。水西有橘洲子戍，故郭尚存。

北津城

《水经注》云：临湘县治西北有北津城。省志云：南津城址无考。《长沙县志》以土城在长沙北三叉矶上，周八九里，高或五六丈，或三四丈，壁立如城，疑即古北津城。

龙喜故城

《新五代史·职方考》云：潭州龙喜县，汉乾祐三年马希范置。《旧五代史·汉纪》云：乾祐二年七月辛亥，湖南奏析长沙县东界为龙喜县，从之。旧省志云：《旧五代史》云：其地应去常丰不远。《方舆纪要》以常丰即龙喜故城，宋建隆四年所改，开宝六年省入长沙，或曰县本置于郭内。新省志云：府城东四十里鹿子岭有古城址，中有城隍坪、城隍庙诸遗迹。又距鹿子岭二十里，为榔梨市，相传有故城址，亦在府城东，疑即汉龙喜、宋常丰二县故城。

案：《新五代史·楚世家》云：马希范于晋开运四年薨。至汉乾祐三年，薨已四年矣。而《职方考》云：希范于是年置龙喜县者，误也，龙喜当是希广所置。

常丰故城

《一统志》云：在长沙县东。《元丰九域志》云：乾德三年升常丰场为县，开宝中省入长沙县。

陶关

《元和郡县志》云：在长沙县西南五里，晋杜弢据湘州，陶侃讨之，因置此城。

龙回关

《一统志》云：在善化县东四十五里，关山两关相连，中仅一路。《新五代史》云：马殷、刘建锋于乾宁元年入湖南，次醴陵。潭州刺史邓处讷发邵州兵戍龙回关，建锋等至关降其戍将蒋勋。建锋取勋铠甲，被先锋兵张其旗帜直趋东门。东门守者，以为关兵戍还，开门纳之。

古城壕

《图书集成·职方典》云：在长沙县东一里，今形迹尚存。

乡里

影宋本《寰宇记》云：长沙县旧二十五乡，今二十乡。《元丰九域志》云：长沙县一十二乡。《文献通考》云：元符元年，以长沙县五乡、湘潭县两乡为善化县。乾隆《长沙府志》云：长沙七乡曰临湘今临湘都、明道今明道都、大贤今大贤都淳化都、万寿今万寿都、锦绣今锦绣都、雾阳今尊阳都清泰都、新阳今新康都河西都。坊厢三，曰旌节、淳化、清泰。善化四乡，曰永康今二都三都五都、忠臣今四都九都十都、长乐今一都七都八都、兴化今六都。坊厢五，曰上下建安、文、德、上洲。

案：乡里之名甚古，《史记》云：老子楚苦县厉乡曲仁里人。《日知录》云：宋时登科录必书某县、某乡、某里人。《萧山县志》云：改乡为都，改里为图，自元始。《嘉定县志》云：图即里也，不曰里，而曰图者，以每里册籍首列一图，故名曰图。《湘阴图志》

云：乡里之名相承至今，用以承事鬼神胪具，里居士大夫罕能言之。考长沙、善化乡名仅见府志，而里名无考。询之乡人犹能举其名，但四乡辽阔，遍询维艰。是在居上者易于集事，令各乡约将其平日承用乡名里名录呈，自无遗误。因考一乡所辖里名若干，并核其古，为某乡、某里，今为某都、某团，条分缕析，可为考古者之一助，书此以告后之修志乘者，并略举一二，具列于左：

长乐乡　集贤里、长松里、旌表里、钦仁里、明政里。

新阳乡　梅溪里。

兴化乡　潆潭里、景雾里。

忠臣乡　金塘里。

湘城访古录卷五

坊市类

濯锦坊

《明统志》云：贾谊故宅在府城中濯锦坊。

案，坊名甚雅，一统志暨省志皆载之，究不知起自何时。

国朝陈起诗《长沙秋兴》：黄叶萧森辞故林，江城暝色动疏砧。不堪鸿雁催秋信，自读离骚识楚音。香草美人多酝藉，西风帝子漫悲吟。临湘一酹长沙傅，濯锦坊头落日深。

熊少牧《濯锦坊吊贾太傅》：长沙自古离骚国，太傅忠贞继汨罗。大事疏陈拌泪尽，少年迁谪误才多。寒林槭槭风吹雨，故井沉沉水不波。礼乐承平关气数，明良知遇惜蹉跎。

鸡狗坊

《清异录》云：湖南马氏有鸡狗坊，卒长能种子母蔗。

安业坊

元陆友《墨史》云：长沙多墨工，惟胡氏景纯墨千金獭髓者最著。州城大街之西安业坊，有烟墨上下巷，永丰坊有烟墨上巷。

永丰坊

《墨史》云：永丰坊有烟墨上巷。

孝顺坊

府志云：在学院署西，俗传为元翊刺氏割股救母处。万历总志云：翊刺氏母病，割股救之。至今称其地曰孝顺坊。

岳麓书院坊

明吴道行《岳麓山水记》云：滨江约四里为古柳堤，中有石坊，曰岳麓书院，宋真宗赐额也。《续岳麓志》云：江岸石坊，明嘉靖四年同知严陵俞夔创建，上泐岳麓书院四大字，额后皆署衔名。今惟同知俞、通判永宁陈可识其姓，馀仅存官衔。

护国佑民坊

府志云：为真武宫立。

案，坊在巡抚署前，相传明吉藩所建。梁柱皆楠木为之，高四五丈。国朝屡有修葺，其木质仍旧也。

宗伯师臣坊

府志云：为庄天合立。明叶燦撰《庄学士传》云：门人钱春巡按楚中，躬谒寝园，且捐俸建坊，题曰“泰山梁木”。四方名卿硕彦、迁客骚人，舟车所至，登临凭吊者，留题户壁常满。

案，坊系石质，在湘春门内正街，建自明天启甲子。国朝道光壬寅重修，上镌“宗伯师臣”，下镌“礼部右侍郎兼翰林院侍讲学士庄天合”，旁镌“整饬上江防兵备湖广按察司副使门人钱口建立”。

故市

《水经注》云：湘州城之西北有故市，北对临湘县之新治。

新市

影宋本《寰宇记》云：在长沙县东北一里半，昔吴芮为长沙王，百姓种植，累年不熟，民乏困弊。王遣人访问，至澧州有一道士，有状闻王云：郡东南皆流水，此土丰，可置市。王遂徙市以背流水。自此五谷岁熟，人无灾患。

大阳市

府志云：长沙雾阳乡有古大阳市。明《杨廷相谱序》云：吾家世居青山之下。青山又名石门山，其支逶迤，而西广衍平厚者为阳市街。阳市街，古市井阛阓地也。

南岳市

《一统志》云：在善化县西，岳麓山南，亦称南岳镇。

案，国朝储大文《岳市游记》云：秋八月五日，舟发衡阳，七日抵岳市。岳市者，南岳庙市，四山环合，西少夷而东南特敞朗，可容十万人，平冈可驰，涧可涉，高山可控险，间道可出奇设伏，此古战场。而吾郡宋兵部侍郎、湖南制置副使知潭州向公士璧，尝遣将扼之，以败兀良哈闸者也。据此，则宋史所云，败蒙古兵于南岳市，确在衡山境，非善化之南岳市也。省志引《方舆纪要》谓岳市之战在善化境者，误也。

暮云市

《明史·地理志》云：善化县南有暮云市巡检司。《一统志》云：暮云镇在善化县南五十里，亦名暮云市。《方舆纪要》云：明置巡司，今裁。

国朝黄文琛《次暮云市作》：朝烟散危堞，风鬓吹空凉。我逐旗幢出，秋日团清光。记里曾畴曩，修途达衡湘。野馆饰华饯，延伫同彷徉。是时农工毕，耞板休平场。转馈曷依赖，岁熟天降康。邻屋新黝垩，人语喧糟床。竹栅络丛蔓，秋实悬青黄。卧犊石涧静，晚花村路香。领取佳趣溢，内乐深以长。垂老性益拙，塌翼羞攀翔。有田行且归，夙念其可偿。

潆湾市

《一统志》云：在善化县西五里，湘江西岸。

榔梨市

《一统志》云：在长沙县东三十里，水道通浏阳县，旧有榔梨税课局，久废。

长沙驿

省志云：在长沙县南，唐置。韦迢留别杜员外诗：江畔长沙驿，相逢缆客船。杜甫送刘判官诗：杜陵老翁秋系船，扶病相识长沙驿。又云，他日临江待，长沙旧驿楼。皆指此。

唐柳宗元《长沙驿前南楼感旧》自注昔与德公别于此：海鹤一为别，存亡三十秋。今来数行泪，独上驿南楼。

潭州驿

《钱塘遗事》云：李两山有诗题潭州驿。

元李两山《题潭州驿怀李肯斋》：天运由来有废兴，义无两大一身轻。封疆社稷若不死，妇女须眉何用生。纽解纲常重接续，灰寒万劫独光明。便当配食三间庙，启迪民彝开太平。自注：三间水死，肯斋火死。

临湘驿

省志云：在长沙县前五里，明置。

明江盈科《临湘驿夜雨》：山馆支床梦未成，芭蕉叶上可怜声。居人争绘潇湘景，偏是今宵不忍听。

铜官驿

省志云：在长沙县北九十里，明置。

桥头驿

乾隆《府厅州县图志》云：长沙有桥头驿。

国朝姚鼐《由桥头驿至长沙》：杂树接行云，晨朝吐清气。遥望西峰顶，已上丹霞蔚。远山状一同，近岭形千汇。涧雾忽成阴，岩萝密如衣。泠风发空响，幽怆多仿佛。渐出深谷口，始纵秋泉沸。湘帆转昭旷，涂夷画经纬。遄往凑舟车，趋来孰泾渭。物象倏以迁，亭午待犹未。缅忆独居情，将毋徇俗畏。

高口戍

《一统志》云：在长沙县西北高水口。《水经注》云：湘水之左岸有高口水，出益阳县西北，径高口戍南。

浏口戍

《方舆纪要》云：在长沙府北五里，亦曰浏江戍，江左所置。唐天祐四年，淮南将刘存等侵潭州，州将黄璠帅战舰屯浏阳口，会大雨，存等遂至越堤。注：在浏阳境内。璠绝江合击，尽俘其众。胡氏曰：浏江口有骆驼嘴，谓之驼口。马希萼攻长沙，希广屯驼口，以至湘阴诸路。《水经注》云：湘水又径浏口戍，西北对浏水。明统志云：浏阳水在府城北五里，源出大围山，有二源，曰大溪，曰小溪，合流经浏阳县西，名渭水。过县前名浏水，西流入湘水。

沩口戍

《水经注》云：沩水又东入临湘县，历沩口戍，东南注湘水。

乔口镇

《一统志》云：在长沙县西北六十里，路通益阳，明置巡司，今裁。乔唐作桥，宋改。《新唐书·地理志》云：长沙有乔口镇兵。《元丰九域志》云：潭州长沙县有桥口一镇。《明史·地理志》云：长沙有乔口巡检司。《方舆纪要》云：当益阳乔江之口，五代周广顺二年，王逵袭潭州，克益阳，进乔江及湘阴至潭州。

案，杜甫有入乔口诗，已作乔。唐书偶写为桥，非别有证据也。鄙意以为乔即高字之讹。《水经注》所云：高口戍即此地。高与乔字形相似，后人遂改高口为乔口耳。

石椁口

《方舆纪要》云：石椁口在善化县西，梁太清末湘东王绎遣鲍泉攻萧誉于湘州，军于石槨寺，即石槨口也。《水经注》云：湘水左合誓口，又北，得石槨口，并湘浦也。

四通馆

《浩然斋雅谈》云：潭州有四通馆。

湘中馆

《张南轩集》有湘中馆诗。

宋张栻《湘中馆饯弟定叟分韵得位字》：江楼倚夜阑，樽酒留客醉。挽衣更小语，不尽今夕意。吾家德义尊，此岂在名位。勉哉嗣芬芳，停此宽别思。

杨万里《湘中馆》：江欲浮秋去，山能渡水来。娵隅蛮语杂，欸乃楚声哀。寒早当缘闰，诗成未费才。愁边正无奈，欢伯一相开。

飞虎寨

省志云：在北门内，宋知潭州辛弃疾建飞虎军于此。《宋史·列传》云：辛弃疾乞别创一军，以湖南飞虎为名，诏委以规画，乃度马殷营垒故基，起盖寨栅，招步军二千人，马军五百人，经度费巨万计。议者以聚敛闻，降御前金字牌，俾曰下住罢。弃疾受而藏之，出责监办者，期一月，飞虎营栅成。违坐军制，如期落成。开陈本末，绘图缴进，上遂释然。

时秋霖几月，所司言造瓦不易，问须瓦几何，曰："二十万。"弃疾曰："勿忧，令厢官自官舍神祠外，应居民家取沟匼瓦二。不二日，皆具，僚属叹伏。军成，雄镇一方，为江上诸军之冠。"

《元史·列传》云：伊埒默色原作月里麻思太宗时，使宋议和，抵淮上，宋将以兵胁之降。伊埒默色言辞慷慨，不少屈，宋将乃囚之长沙飞虎寨，三十六年而死，世祖深悼之。

青天寨

府志云：在善化县西五十里，屹立云表，上有古寨垣。

国朝王文清《青天寨》：戎马承平不计年，犹馀孤寨立青天。国殇夜哭深秋雨，剑气朝横薄暮烟。芳草野花迷旧垒，断桥流水拾残鞭。一夫能用合关力，好与清时镇楚边。

湘城访古录卷六

门名类

浏阳门

元《胡氏通鉴辨误》云：史照释文曰：浏阳县名属潭州，余谓潭州固有浏阳县，而浏阳门则潭州城门名也，不当以县名为释。自潭州城出浏阳者，谓之浏阳门；出醴陵者，谓之醴陵门。又，通鉴注云：浏阳门潭州城东门。明《堵胤锡年谱》云：崇祯癸未八月廿五日，献贼渡水陆州，自浏阳门入，焚毁三日，兵民死者数万人。

醴陵门

《胡氏通鉴》注云：醴陵门，潭州城东门。

碧湘门

省志云：即今长沙府城南门，马氏建。明统志云：即今府城门。《胡氏通鉴》注云：今潭州西北出，有碧湘门。《冷斋夜话》云：山谷南迁，与余会于长沙，留碧湘门一月。

宋陶弼《长沙碧湘门》：城中烟树绿漫漫，几万楼台树影间。天阔鸟行疑草没，地卑江势欲沉山。

国朝张鹏翀《长沙》：碧湘门外渺寒波，欲采芙蓉奈晚何。今夜黄陵庙前月，茜裙谁唱竹枝歌。

清泰门

通鉴云：马希萼陷长沙，据城自守。李彦温自驼口引兵攻清泰门，不克。与刘彦瑫各将千馀人，奉文昭王及王诸子趣袁州，奔唐。

长乐门

《新五代史》云：马希萼攻长乐门，希广牙将吴宏、杨涤战于门中，希萼少衄，已而许可琼奔于希萼，宏、涤闻之皆溃。

端阳门

《新五代史》云：马希萼置酒端阳门，马希崇辞以疾，徐威等纵恶马十馀匹，以壮士执挝随之。突入其府，劫库兵，缚希萼，迎希崇，以立希崇。遣将彭师暠、廖偃囚希萼于衡山。

南楚门

《宋史·本纪》云：高宗建炎四年二月，金人自江西移兵潭州，围之八日，登城纵火。向子諲率官吏夺南楚门遁，城遂陷。《宝章待访录》云：欧阳询书荀氏汉书节楮册小楷，在潭州南楚门胡氏淳处。

湘东门

见元冯子振诗，有"湘东门外园堪赏"之句。

元冯子振《星沙谷雨杂咏》：赋罢灵乌却妒鸦，石淙小住贾长沙。梅天帖润来禽李，谷雨杯腥送蝎茶。白发流年真去国，青春逐客更还家。湘东门外园堪赏，荷锸相从学种瓜。

端礼门

《明史·五行志》云：宏治十年七月乙卯，雷击吉王府端礼门兽吻。

案，门为吉王宫门，其故址即今端履街也。履字当是礼字之讹，市人不知由来，妄加更改。

潭城九门

省志云：东曰浏阳、新开、小吴。西曰临湘亦曰驿步门，今大西门、德润今小西门、潮宗今草场门、通货。南曰黄道。北曰湘春。新开、通货二门今闭。

案，各城门名惟浏阳门自五代至今尚沿，旧称此门名之最古者也。

明堵胤锡《星沙城守议》：古人之守以战，今人之守匿焉而已。古人之守，守在四封，今人之守，一壁焉而已。

正月初四日，控马登陴，熟视形势。自正南（王）〔黄〕道门循东角稍折而北二里许，为浏阳门，皆倚山为筑，外有层冈叠峰，环城峙伏。以古法观之，守南城莫若守山矣。固垒于巅，出奇四伏，草木冢涧俱当楼橹之用。舣舟于江，水陆出没，此东南设险扼敌之上策也。出城拐数武，有醴陵坡，高至城身，下临沟涧。对坡有崇冈自南迤东，环带如郭。冈南为中湘路。冈坡之间为浏阳路。溯江之居民皆负冈以为背。若于坡巅筑一垒，则当拐敌而城隅固。若对冈后筑一垒，则当东敌而坡垒固。若依冈而守，于冈南再筑一垒，则尽〔当〕

东南之敌而居民南城俱固矣。拐而东，下临大壕，过浏阳门以北，循五六里，达湘春门，俱可恃堑为安。独城内居民甚少，多町沼地，备疏备暗，皆不可忽。当于城足掘内壕以守。一虑敌人之夜逾，一沮守人之私脱也。湘春当敌北来之路，为冲衢。去城十许里，有捞塘河。河自浏曲折三百里而达于江，急流洪涛。若得战卒五百人守此，则舳舻不敢扬帆而南，步骑不敢投流而济。此东（南）〔北〕设险扼敌之上策也。

循西而南折，则草场、潮宗、通货、德润四门矣。城西逼江，立地洼下。创斯筑者，又过恃于百年太平之盛，基土之广仅数尺，植土之高不盈丈，临其上不可以旋步。一旦有事，马驰卒奔，未交敌先自仆矣。且星沙襟水为国，睥睨者无不拥帆乘流，朝至而夕设具焉，必于城西伺形便。贼且不支，何以御寇？全城之尤可虞者，莫大于此。

诚能上守层冈，下守捞河，则敌亦未能越险从事。然战守无形，事变呼吸。脱贼恃众深入，直薄阛阓，智力不及，首尾不掉，何以御之？江中有洲，延亘恰与城等。若能于江上下连铁锁为三浮桥，中藏战舰，多备火炮，以备冲击；沿江设首尾腹三敌楼，屯战卒五百人，在敌既不能绝流而济，又不能舍舟而登；在我若敌远则以洲为外拒，若敌入则以舟为夹击。藩篱固而门户可以无虞也。此西南设险扼敌之上策也。今度未能，若抔土以厚其基，增垒以益其固，当此凶歉，官民交困，应非岁月之功。莫如先备悬楼数百座，以资一旦之用。每座桁、柱、盾、盖，约工费五金。隔三十垛为一座，百座足三千垛之用，则内足以临城矣。城之外郭居民，附城之地为栏墙，掘土筑之，墙筑而沟成，度矢铳之力以为远近，多穿突门以应援。墙外筑敌台五座，台卫墙身，墙卫城足。进足以战，退足以守。如是，则江地益逼，城地益宽。敌无所展其具，而舟亦不敢近泊；即泊，亦不敢久驻。是亦一时便宜之小利也。

大抵通郡形势，负山面江，有险足恃。上策以战为守：守南山而敌人不敢逾险；守捞河而敌人不敢越渡；守江洲而敌人不敢舣岸。樵采不竭，阛阓不坏，气展力余，居中四应。十万之敌不能攻也，屹然百二之雄矣。其次以守为守：南守冈，东守坡，东北守壕，西守岸。资高下山泽之势以为屏蔽，可进可退，立于无畏。养锐蓄力，伺隙而动，官民一心，财用不匮，一可当十，足支数岁称坚城焉。其下则依垣自匿矣：增修女墙，多设窝铺，编民而立，负户而馈缮器用，闭门自画。以当数千乌合之众，数月之守，或亦可堪。

湘城访古录卷七

书院类

岳麓书院

《一统志》云：在善化县西，岳麓山下，宋开宝中，潭州守朱洞建，实彭城刘鳌创之。《渊鉴类函》云：刘珙知潭州，旧有岳麓书院。真宗朝芜废，公一新之，养士数千人，延礼佳士。《方舆胜览》云：湖南路潭州岳麓书院在岳麓山下。《画墁集》云：岳麓书院有孔子堂、御书阁，堂庑尚完，清泉经流堂下，景意极于潇湘。《文献通考》云：宋真宗大中祥符八年，赐潭州岳麓书院额。始开宝中，郡守朱洞首度基创，宇以待四方学者。李允则来为州，请于朝，乞以书藏。方是时，山长周式以行义著。八年诏见便殿，拜国子学主簿。使归教授，诏赐书院名，增赐中秘书。《玉海》云：开宝九年，潭州守朱洞始创宇于岳麓山抱黄洞下，以待四方学者。作讲堂五间，斋房五十三间，孙迈为记。咸平二年，潭守李允则益崇大其规模。三年王元之为记曰：西京首述文翁、东观先书卫飒，其理蜀郡教桂阳，率以庠序，为先云云。中开讲堂，揭以书楼，塑先师十哲之像，画七十二贤。潇湘为洙泗，荆蛮为邹鲁。四年二月二十日辛卯，允则奏岳麓山书院修广舍宇，生徒六十馀人请下国子监，赐诸经释文、义疏、史记、玉篇、唐韵从之。祥符五年，山长周式请于太守刘师道广其居，谭绮为记。

式以行义著，八年召见便殿，拜国子主簿，使归教授，给诏因旧名赐额。朱子撰《南岳处士吴晦叔行状》云：长沙故有岳麓书院，国初时郡人周式为山长，教授数百人。后更变乱，院废，而山长罢，五峰方辞，秦氏礼命尝请为之不报。乾道初，建安刘公珙始复立焉。犹虚山长不置，至是转运副使九江萧侯之敏始以礼聘君，请为之。君曰："侯之意则美矣。然此先师之所不得为者，岂可以否德忝之哉。"卒辞不能，萧侯亦高其义，不强致也。

宋张栻《潭州重修岳麓书院记》：潭州岳麓书院，开宝九年知州事朱洞之所作也。后四十有五年，李允则来为请于朝，因得赐书藏焉。是时山长周式，以行义著，祥符八年召见便殿，拜国子主簿，使归教授，始诏因旧名赐额，仍赠给中秘书，于是书院之称闻天下。绍兴初，更兵革灰烬，十一仅存，已而遂废。

乾道元年，建安刘侯珙安抚湖南，既剔蠹夷奸，民俗安靖，则葺学校，访儒雅，思有以振起之，湘人士合辞以书院请，侯竦然曰：是故章圣皇帝加惠一方，劝励长养以风天下者，而可废乎？乃属州学教授金华邵颖经纪其事，未半岁而成，大抵悉还旧观。

某从多士往观焉，爱其山川之胜，堂序之严，徘徊不忍去，喟而与之言曰："侯之为是举也，岂将使子群居佚谈，但为决科利禄计乎？抑岂使子习为言语文词之工而已乎？盖欲成就人才，以传斯道而济斯民也。"惟民之生厥有常性，而不能以自达，故有赖于圣贤者出而开之，是以二帝三王之政，莫不以教学为先务，至于孔子述作大备，遂启万世无穷之传，其传果何如与？曰仁也，仁，人心也。率性立命，知天下而宰万物者也。今夫目视而耳听，口言而足行，以至于食饮起居之际，谓道而有外夫，是乌可乎？虽然天理人欲同行异情，毫厘之差，霄壤之谬，此所以求仁之难必贵于学以明之与善乎。孟子之得传于孔氏，而发人深切也。齐宣王见一牛之觳觫而不忍，则告之曰是心足以王矣！古人之所以大过人者，善推其所为而已。论尧舜之道本于孝弟，则欲其体夫徐行疾行之门，指乍见孺子匍匐将入井之时，则曰恻隐之心仁之端也，于此焉求之则不差矣！尝试察吾终日事亲从兄，应物处事，是端也，其或发见，亦知其所以然乎，诚能默识而存之，扩充而达之，生生之妙，油然于中，则仁之大体，岂不可得乎。及其至也，与天地合德，鬼神同用，悠久无疆，变化莫测，而其则初不远也，是乃圣贤所传之要，从事焉终身而后已，虽约居屏处庸何损，得时行道，事业满天下，而亦何加于我哉！侯既属某为记，遂书斯言以励同志，俾无忘侯之德，抑又以自励云尔。二年冬十一月辛酉日，南至右承务郎直秘阁赐紫金鱼袋广汉张某记。

陈傅良《重修岳麓书院记》：自唐季至于五代，用兵而教事阙，圣人作四方次第平，以俎豆胜干戈，而天下靡然，日趋于文。盖宋受命四年，遂平荆湖。又十有一年，尚书朱洞来守长沙，作书院岳麓山下。在国史其行事不甚较著，足以考见上意所向，为史者皆承休德，知所先后，如此岂不盛哉。而其风动抑何速也，五六十载之间，教化大洽，学者皆振振雅驯，行谊修好，庶几于古。当是时，州县犹未立学，所谓十九教授，未有显者。而四书院之名，独闻天下。上方崇长褒异之者甚至，则其成就之效博矣。

熙宁初，行三舍之法，颇欲进士尽由学校，而乡举益重教官之选，举子家状必自言，尝受业某州教授，使不得人自为说。崇宁以后，舍法加密，虽里闾句读童子之师，不关白州学者皆有禁，诏令诚甚美。然由是文且胜，而利禄之念多，老师俗儒尽向之书院，不知起何时，以予所闻，汉初郡国往往有夫子庙，而无教官，且不置博士弟子员，其学士尝课试，供养与否，阙不见传记。然诸儒以明经教于乡，率从之者数千百人，辄以名其家。齐鲁燕赵之间，《诗》、《书》、《礼》、《易》、《春秋》讲论，家各甚盛，则今书院近之矣。县官时时遣守相劳问，致馈为礼其间。生皆世守师说，更相传受不易业。盖至武帝时，郡国始稍稍有学校，官田观汉晚出。视其初，儒者术业工拙优劣可知也已。方大中祥符间，天子使使召见山长周氏式，拜国子主簿，诏晋讲诸王宫，式固谢不应诏，卒还山，肄业习如初至，赐对衣鞍马内府书。而宋有戚氏、吴有胡氏、鲁有孙氏、石氏，各以道德为人师，不苟合于世著名，予以是益叹国初士风之厚，本之师道尊，而书院为不可废。

乾道元年，故帅枢密刘公珙克复开宝之旧，已浸废坠，今直徽猷阁潘公畤亟践修之。某得官桂阳，于长沙为属邑，始诣大府请事，时公至镇适数月矣，与凡郡守要束，咸以宽简，盖部晏然，民吏意得，曾无几日可以再三于有司者。因得陪别驾后至书院，谒诸先生祠下，适会修事，且辑诸生穆然而志专，徘徊乐之不忍去也。既去，州教授兼山长顾杞、堂长吴猎以讫役属为之记，某尝获诵侍讲张先生所为记，及于治心修身之要，湖湘之后，亦既知所指归。近岁以其论述，由太学礼部奏名及对大廷，连为天下第一，他未试可略睹矣。虽欲有言，无以出讲闻之外者。而公于今卿大夫为先进，年亦高闻，望益尊重，人人能道之，又何待余言者。故但次书院所从兴废之故，爰系以岁月，而强附名焉！是岁淳熙十有五年。

朱子《措置岳麓书院牒》：本州学之外，复置岳麓书院，本为有志之士不远千里，求师取友至于是邦者，无所栖泊，以为优游肄业之地。故前帅枢密忠肃刘公特因旧基复创新馆，延请故右司侍讲张公先生，往来其间，使四方来学之士，得以传道授业解惑焉。此意甚远，非世俗常见所到也。比年以来，师道陵夷，讲论废息，士风不振，议者惜之。

某叨冒假守，蒙被训辞，深以讲学教人之务为寄，顾恨庸鄙，弗克奉承。到官两月，又因簿书，未能一往。谒殿升堂，延见诸生，诣考所合罢行事件，庶革流弊，以还旧规。除已请到醴陵黎君贡生充讲书职事，与学录郑贡生同行措置外，今议别置额外十员，以处四方游学之士。依州县则例，日破米一升四合、钱六十文。更不补试，听候当职考察搜访，径行拨入者，庶几有以上广圣朝教育人材之意，使凡为学者，知所当务不专在区区课试之间，实非小补。牒教授及帖书院照会施行。仍请一面指挥若干人，排备斋舍几案床榻之属，并帖钱粮官于本州赡学料次钱及书院学粮内通融支给，须至行遣。

元吴澄《重建岳麓书院记》：天下四大书院，二在北，二在南，在北者嵩阳、睢阳也，在南岳麓、白鹿洞也。其初聚徒授业，不仰给于公养。然嵩阳、睢阳、白鹿洞皆民间所为，惟岳麓乃宋开宝之季，潭守朱洞所建。其议倡自彭城刘鳌，而潭守成之也，时则陆川主簿孙迈为之记。

绍兴毁坏于兵，乾道之初，郡守建安刘珙重建，时则有广汉张子敬夫为之记。德祐再毁于兵，元至元二十三年，学正郡人刘必大重建，时则有奉顺大夫朱勃为之记。逮延祐甲寅，垂三十年矣，璅陵刘安仁来为郡别驾，董儒学事。睹其敝圮，慨然整治，木之朽者易，壁之墁者圬，上瓦下甓，更彻而新。前礼堂，旁四斋，左诸贤寺，右百泉轩；后讲堂，堂之后阁曰“尊经”，阁之后亭曰“极高明”，悉如其旧。门庑庖馆，宫墙四周，靡不修完。善化主簿潘必大董其役，朱某、张厚相继为长，具始末请记岁月。

余谓之书院之肇创重兴，与今之增饬，前后四刘氏道同志合，岂苟然哉。开宝之肇创也，盖惟五代离乱之馀，学政不修，而湖南遐迩之郡，余风未振，故俾学者于是焉而读书。乾道之重兴也，盖惟州县庠序之教沉迷俗学，而科举利诱之习蛊惑士心，故俾学者于是焉而谋道，是其所愿望。于来学之人虽深浅不侔，然皆不为无意也，考于二记可见。

鸣呼！孟子以来，圣学无传况数百年之久。衡岳之灵钟为异人，而有周子生于湖广之道州，亚孔并颜，而接曾子、子思、孟子不传之绪。其源既开，其流逐衍，又百余年而有广汉张子家于潭，新安朱子官于潭。当张子无恙时，朱子自闽来潭，留止两月，相与讲论，阐明千古之秘，聚游岳麓，同跻岳顶而后去。自此以后，岳麓之为书院非前之岳麓也！地以人而重也！

然则至元之复建也，岂不以先正经史之功不可以废，而莫之举也？岂不以真儒过化之乡不可以绝，而莫之续也？别驾君之拳拳加意者，亦岂徒掠美名为是哉，其所愿意于诸盖甚深也。且张子之记尝言当时郡侯所愿望矣，欲成就人材以传道济时也，而其要曰“仁”。

呜呼！仁之道本先圣之所罕言。轻言之，则学者或以自高自广而卒无得。《论语》一书，大示学者求仁之方，而未尝直指仁之全体。盖仁体之大，如天之无穷，而其用之，行于事物无不在。迩之事亲、事长，微而一言、一动，皆是也。饮食居处一不谨焉，非仁也；步趋唯诺一不谨焉，非仁也；应接酬酢一不谨焉，非仁也；温凊定省一不谨焉，非仁也。凡此至近至小，甚易不难，而明敏俊伟之士往往忽以为足为仁，不可几矣。

呜呼！仁，人心也！失此则无以为人，岂是熟于记诵，工于辞章，优入取进，而足以为人乎？学于书院者，其尚审问于人，慎思于己，明辩而笃行也乎。

明李东阳《重建岳麓书院记》：东阳昔省墓长沙，尝渡湘江，登岳麓，访宋人所谓岳麓书院者，得断碑遗址于榛莽间。慨晦翁、南轩二先生之余风遗泽未有以复也，顾有寺存焉耳。越二十余年，则闻通判陈君捐俸治材，为中门，为左右庑。甃石数级上，为讲堂。又上为崇道祠，以祀二先生，复名之曰岳麓书院。未几，陈君以内艰去，且卒。通判李君锡与推官彭君琢，构亭其颠，名之曰“极高明”。又买田若干亩，以成陈志。比王君来知府事，帅僚属师生行释菜礼。诣所未及，如辟道路，备器用，广傍舍，储置经史，延师领教，皆次第举行，而同知杨君实佐其事。盖兹院自宋初郡守朱洞始建，真宗时，李允则请藏书，国子监簿周式教授其间，乃请赐额，遂与应天、白鹿、石鼓并称为四大书院。及南渡毁于兵，安抚刘公珙复建。孝宗时，二先生实会讲焉。光宗时，晦翁为安抚，更建于兹地，学者多至千人，田至五十顷，庙舍至百余间。

今殿基故在，遗址废田，为僧卒势家所据。历三百余年，而兹院如复其旧。于是王君遣使属记于予，亦陈君昔所尝请也。余惟古者，学校遍天下，其教兴学者，皆圣贤之道，故能以一德同俗及世衰政弛，道晦不明，上择官以教，下择师以学，穷什一之力而缓德，世之少治而多乱，奚惑哉！今学有恒制，师有定员，第玩常愒，久不能无望乎什一之外如书院者。故士或起于乡塾，则于此为培养之地，或藉于学，或藉游息，以广见闻，使斯道之在天下，体用一源，显微无间者，随厥穷达，皆可为成己成物之用，乃可以言学。不然，虽学于此，犹学于彼，无益也。且南轩得衡山胡氏言仁之旨，观所为书院，亦惓惓以是为辞。晦翁之学，因有大于彼，然亦资而有之。后之学者，曾不逮其万一，而不百倍其功恶可哉。由南轩而企晦翁之学，等而上之，以希所谓古之人者庶几为兹。

院之重以为山川，光若其成格条绪，则存乎教与学。吾于吾乡大夫士望之矣。院建工于弘治甲寅七月，落成于丙辰十月。陈君讳钢，起乡贡士，王君名瑫，杨君名茂元，举进士，皆四明人，吾郡之贤大夫也。助建兹屋者，布政参议罗君鉴，都阃杨君铨，府学生陈大用辈。助置田者，国子生李经，皆郡人。寺僧法印实董其役，盖亦有慕于吾教者，不欲泯其名，亦附书之。

杨茂元《重修岳麓书院记》：长沙府治之西有山曰岳麓，又名云麓峰，南岳七十二峰之一也。居民鲜少，市喧不闻，泉甘而木茂，壤厚而田腴，一胜地也。

宋开宝间，郡守朱公即其地，筑室以待学者。真宗时，山长周式以行义著，召拜国子学主簿，命归教授，诏以岳麓书院名，增赐中秘书，寻遭兵燹。

乾道改元，建安刘公因旧址复建书院，加藏书阁，南轩先生为之记。乾道二年，晦庵朱文公闻南轩得衡山胡氏之学，始至长沙访焉。二先生论中庸之义，三昼夜不辍，其后文公卒更定其说。绍熙四年，诏除文公为湖南安抚，累辞不允，越明年五月至镇。长沙士子素知向学，俟公退则质所疑，公为之讲说不倦，四方学者毕至。时刘公所创书院岁久浸圮，公修复之，更建于爽垲之地，规制一新焉。闻诸故老，书院前有宣圣殿五间，殿前引泉作泮池，其列屋殆百间。其南为风雩亭，殿后堂室二层，层各七间，两庑其如之。其外门至书院两里许，今其地仍以黉门名，而碑址尚卧田中。方其盛也，学徒千余人，食田五十顷，故谚曰："道林三百众，书院一千徒。"而"五十顷"之文，断碑可考也。

今殿址故在，而列屋颓垣，隐然荒榛野莽间，其址与食田皆为僧卒势家所据矣。吾友陈君钢通守于此，慨然图兴复之，遂即文公更建之，所为大门五间，两庑各三间，名其左为"敬义"，右曰"诚明"，取文公《白鹿洞赋》语也。北上十数级，复建书院五间。又数十级，创祠以祀晦庵、南轩二先生，匾曰"崇道寺"。缭以周垣，杂植竹柏花卉于隙地，然其规制则隘于旧矣。

君闲尝语余曰："是役也，吾捐俸为之，郡人若少参，罗君鉴辈亦有佐之者。始吾择人以董役，更数辈弗称，后得北寺僧法印任之，卒赖其力。盖文公之感人也深，虽异端亦知向慕如此。吾于祠后又治址将构亭以远眺，名曰'极高明'。又欲置田百亩，以供祀事，以食学者，未能也，子其为我咏之。"未几，君以忧去归其乡。其同事四明李君锡为构亭四楹，推官吉水彭君琢、国子生安化李经为买田若干亩，皆成君之志也。

郡守吾鄞王公瑫，嘉是举也关于风化，率僚属师生行释菜礼。又走书币求记于西涯李先生，其文中所夫及者，如辟道路、广旁舍、备器用、增公田、储经史，皆得备书也。

余独衰病，遂拙诗成，未敢以示人。李公过余偶见之，不谓词翰皆恶，坚欲磨刻于石，固辞不获，乃以遗之。并考书院兴废与文公讲学过化之详，以及故老相传之言，使后之君子览而有感焉。

李腾芳《重建岳麓书院碑记》：按志，岳麓书院之建，肇宋开宝，迄乾道、绍熙其间，举废不一，大都为朱张讲学之地。而宋安抚刘公珙、我明郡倅陈公钢，洎相继诸公后先修葺而光大之者也。其制门堂楼榭，垣缭亭桥，靡不具备。左则文庙鼎崇，后则六君子堂云构。其委蛇而上，则由高明、中庸诸亭以跻诸巅，禹碑划然在焉。此则书院一派所为，别岳麓禅林而兴起。予为诸生时，每至郡过岳麓，见书院规制仅存，倾圮过半，则不胜珍而惜之。迨丙戌，郡祖虚庵吴公来守，吾郡廉明宏毅，百废具举。更于书院，远溯理学宗风，尤为加意，凡昔所有，不惟光复其旧，而又多所恢拓之。且与诸生时过讲学校艺此。

余戊子乡荐之年，亦先为吴公拔识，而馆谷肄业于此者，是余亦尝际其盛也。嗣后吴公守郡九年，以治行高等迁大参历晋方岳。余亦叨售南宫，滥竽馆职，迁延岁月，垂三十馀年。而以南北往来，数数顾瞻于此。则又见圣贤庙貌，越在蒿莱，讲席堂轩半为蠹朽。曩者衣冠弦诵之盛，又值梦寐想像之馀，迨今春复自京省觐，旋里偶舣舟岳麓之下，散步徙倚，渐近书院，则复见命员督役鸠工庀材，斤者、斧者、锯而斫者，鳞次其间。且荆榛草莽之尽除，甃砌墁圬之具集，恍然可望。戊子以前光景，予乃徘徊留之，且叹且幸，因细询何以及此，则赖郡祖夏邑儆吾关公，以进士高第，陟望郎来守，吾郡心政远驾龚黄，士庶欣歌襦袴。且于公馀时过岳麓，追往绪，嗣正统。而祈恢拓光大之者，毋逊于前。乃亟属三守长葛龙洲韩郡祖，檄参军关陇韩君，一体授以擘画，约以经费，程以期限，酌以赏罚，时躬越大江而肯且试焉。韩君亦本其平时勤毖，夙夜趋驰，即风涛不避，盖五阅月，而文庙、书院、门庑、亭祠，罔弗载建。其圮而重葺其缺，遂已焕然更新。且谓昔守吴公有大功于斯地，道脉赖焉。乃易其旧像之颓者，更置一位祀于六君子堂。堂遂以七君子名矣。韩郡祖幸其竣事，大合生平崇圣慕道之心，乃请诸关郡祖，洎二守华阳完初高公，三守万州宾阳曾公，司宪福清、益谦、林公诸郡祖，同诣书院而落成之。乃相与叹曰："斯地也，递盛递衰，衰丐复盛，载笔纪之，非史氏不可是用。"即属予以记。

斯役予惟自有天地以来，道之行世也，存乎人，人之任道也，窍于心。至论著纪载，皆心所泄，庙宇堂构，皆心所寄。其规模宏隘，修葺盛衰，则心精之明晦继续，实露倪焉。道统自尧舜递传，集大成于孔子。而子思、孟子乃其继嗣宗派，自汉以来，霸王道杂禅元支指宗派几湮越千馀载。而道州崛起，河南嗣之。理学名儒，四方响答，而湖南良晤讲明圣学渊源者，则晦庵、南轩二公。实又一开辟于兹矣。然令非刘安抚扩衍宏基，六君子诸公中兴令绪，与吾郡祖吴公力振废坠，光启前谟，彼递传之，泽保无遽斩，则是吴公以前之能狎主齐盟也，非朝夕故矣。乃吴公而后，阅历稍久，派复几湮，泽复几斩。敧宇短垣之内，残崖荒壁之中，安所睹中天日月？而今何幸，今郡祖关公慨然偕僚佐而寻盟于此也，将千秋明祀。于是乎崇圣贤宗风，于是乎振自兹以后百千万祀之统绪，于是乎递缵而克延。总之，公赋卓然，圣贤之品。而廉明宏毅，则又颉颃吴公，故慕古契道，彰往绍来，奋然以中兴道统自任者，先后无两也。然则构堂增典以阐扬明德，又宁直以六七君子止乎政，可以宪万邦，而可以师百世，又于公有重赖矣。诗曰：高山仰止，景行行止。后之仰公，又何以景今之仰昔耶。是役也，予初快睹，始而今，又庆其落成，且冀传公之道化于不朽也，乃以实属辞而记之。

黄衷《岳麓书院嗣祀记》：长沙，古潭州兴教之地，是为岳麓书院，宋建于开宝，则有朱子洞。历岁而毁，建于乾道，则有刘安抚珙。历岁而毁，更建于绍兴，则有朱先生元晦。历岁而毁，我敬皇帝宏治甲寅，陈郡倅钢始复旧绪。嗣而葺者，则有杨郡贰茂元，率亦陈诸未备者耳。考书院之兴废，此其大都焉。方其盛时，藏书则有李允则，主教则有周山长式，讲学则晦翁、南轩二先生，歆风响导，学者计千人，授餐田五十顷，弦诵响绝，而游宴踵至，君子慨之。考教理之盛衰，此其大都焉。书院旧有祠，以祀晦翁、南轩，潭人请以山长式、郡倅钢配，若式寝之，而专祀朱、张。潭人之言文公集诸儒之成，以明圣贤之道，讲学于兹，吾师焉，安抚于兹，吾师焉。南轩世大儒，并时同业，夫所谓过化者存焉。吾祀之山长行谊乡先生也，乡先生殁，而祀于社，山长有焉，吾祀之始。

书院之鞠于榛莽也，阅三百年，倅斯来也，异梦兆其感，遗碣征其处，费也，吾无与焉力也，吾无庸，焉治吾惠，而教亦吾惠也，吾祀之是乌知专之者，未为失而寝之者，固未为得耶，潭人有辞矣。君子以为义，民动以义，莫可拂已。督学许佥宪宗鲁，则因旧祠以祀朱、张，崇道也，更堂焉以祀守洞、守允则、安抚珙、山长式、郡倅钢，序位以世崇教也，于是潭人始慰。考祠祀之沿革，此其大都焉。

铁桥子曰：是役也，有足劝者三尔，大道既隐，师友义衰，口耳之常谈无谓乎？教仕进之筌蹄无谓乎？学圣贤成己成物之用，无复异时丽泽之余。朱、张不远千里，讲道湘西，论中庸之义，尝越三昼夜而不合，然卒定于朱子，夫以粹精如文公，超悟如南轩，犹不能无藉乎问辨剧难之益，吾得以劝士良吏之品，惟治与教，故鲁称弦歌，郑美乡校，蜀郡之儒化，赞皇之启封，非教莫取也。后世乃有殚力簿书，俯首绳检，自委于俗且冗者，犹将不免，郡倅陈君卒能干文法浸密之日，无守土之力，而举师帅之职，若可与古良牧齿者，一兴教已乎。吾得以劝吏民，志既伪俗滋敝矣。视去守令如唾洟，然潭人怀惠故倅，恒若申之祀事，以上及乎世之贤大夫者，吾得以劝俗，是故士成乎学，吏成乎义。嘻！独潭之利也哉。

国朝周召南《重建岳麓书院记》：今上戊申，余以镇抚之暇，与耆旧诸君子修明掌故，刻《长沙郡志》成。因而稽古今风教之盛衰，则巍科大节，在南宋为尤著。考其时为连帅郡守者，多名臣大儒，相与崇正学之功居多。所称师帅守牧，其人则杨文靖、真西山、朱考亭诸先生也；所称倡导讲学，其人则胡文定父子，吕东莱、张南轩诸先生也。若夫讲学肄业之地，则环州邑为书院者十数处，而岳麓为最大，朱、张之讲席为最专，前后安抚刺郡四刘公所创建为最备。当在咸平、祥符之间，海内四大书院，独岳麓奉诏赐额，颁经籍，敦聘山长，立三舍法则，恩礼为最异，虽百世可也！历元与明四百年间，教不逮古，地亦有兴废，废之既久，无如今日，予过其墟，不能不忾然以思也！

既奉上诏，建义学，亟为卜郡庠左师书院制，选佳士而鼓昕之，蒸蒸起矣。诸耆旧子弟复抱《岳麓图志》以请，愿得襄事，还旧观若山川文献之灵。勃然相[illegible]，爰集藩臬、守令、师儒而谋之，佥曰韪哉。举端谨者董其事，得云阳诸生刘温良、长沙义者魏朝荣任之。即以春夏之交，涤其灌莽，搜其残碣，疏其流泉。鸠工庀材，役者千，指日给直作食，如理家事，属郡倅某时一阅视耳。江以东，吏民若不知有将作也，逾岁六月而工竣。

按图，以历院之左阜隆起别为礼殿，阶级廊庑如郡县孔子庙，独循旧志肖坛像，四子侍焉，别增名宦乡贤祀有事于岳麓者为不同。院以内为堂者二，曰“成德”，曰“静一”，皆讲堂。而“成德”则陈钟鼓敷皋比之地也。为祠堂者二，曰“崇道”，曰“君子”，报功也。为台者一，曰“道乡”，怀古迁客也。为亭者二，曰“拟兰”，曰“汲泉”，临曲水而幕洌井也。合而缭之以垣，凡二里许。

昔人动称数年、十数年次弟而就者，今皆巍然翼然，丹雘灿然。一旦复其壮观而坚浑雅丽，数倍于前，谓非天人相助之力不可予，因是于窃有感焉。

唐虞立德三代，立政而教，行于德政之间。孔子兼之以学为宗，故子思直指修道，谓教而其要言曰："修道以仁乎，仁亦二氏所窃据也。然二氏必不可以治天下者，无其道焉耳。"宋儒惩唐之弊，而濂溪诞生于楚，文不在兹乎。迨淳熙、乾道时，诸大儒迭为此邦之师帅牧守，以理为吏治。南轩先生适以学侍魏公于幕府，密赞忠勤；考亭夫子嗣且以安抚帅潭，政教大行，比如邹鲁，海内学者咸以岳麓为归。则两公之能用其仁，益明矣。然而浮图老子之宫，当时非不并盛，诸名臣大儒，但力举其政教，以匡翊"忠孝廉节"之原，未尝喋喋焉。与之相排击也，亦恃吾道以包举之尔。

今五百年昌期再振，当必有绍明绝学者来生之。予愿有志之士敬业于此，以求道与仁之实际，而大用于天下，勿徒滋朱陆之辩，而或洛蜀之竞也，斯社稷赖之矣！

诸士谓落成当有记，敢以鄙意质于大君子云。

是役也，为栋宇若干楹，计三千余缗，方与督学议，将以饩士之廪，管钥之司。山长、堂长之名，仿宋制诸于朝，而诸生先砻石求记其岁月，并勒藩臬郡县及郡人士同志而襄事者于其端。

丁思孔《重建岳麓书院碑记》：古君子之出而服官也，将以宣达政教又安士庶，则必竭其力之所得，为以务其职之所当尽，而时地之说，固有所不计焉。夫时有缓急，则宁赢举绌，无绌举赢是也。地有难易，则先其重者大者，后其轻者小者是也。然亦言其大概云尔。若其修举废坠之心，则有皇皇然无敢以宴安者。今皇上励精求治，宵旰不遑，凡所嘉惠元元者，罔不利兴害剔，纤巨毕洽，而必以兴起教化，移风易俗为首务。薄海内外，亦既文德覃敷，声名暨讫矣。顷者，滇逆犯顺，负隅于衡湘洞庭间，肆其蹂躏，圣天子奋扬武威，不旋踵而底定，而莅治兹土者，敢遽以礼义之教，望之靡敝困顿之民俗哉。

岁在甲子，余恭承简命，来抚湖南，经其野田尚污莱，入其城市犹虚落，欲一旦起疮痍而登诸衽席，殆戛戛乎难之，况于广教化而美风俗，又岂易为图者。然余深念士为四民之首，如隆古以乡三物而考其德行道艺，今虽不可以骤几要其可从事于学者，当自文义始，爰是告戒九属令府州县有司博士，各课其士，而汇其文以上至长、善二邑，则亲临府学集而试之，初睹其容色憔悴，或且缨绝肘见，有触目怆然者。既而阅其文犹可观，始叹士之失学未有以教之也。而教之不行，又无以养之之过也。

考楚志，长沙旧有岳麓书院，为宋张南轩、朱晦庵两大儒讲学地，于时远近响慕，弦诵之盛，比于邹鲁。前明正德、崇祯时，屡为修葺。兵燹后，久就圮，殿庑祠堂鞠为茂草矣。余乃上体圣天子典学师古之意，谋所以复之，则与藩臬道府诸长吏约，节其禄食，虑事鸠工，因其旧址，经始于乙丑秋仲，而圣殿两庑斋舍成。招致生徒肄业其中，设赡饩廪，每月课试者三，手自丹黄甲乙之，为多士劝。越丙寅，而高明、中庸诸亭又成。藏修有所，游息有寄，负笈来学者日益众。余又恐其养之不继也，捐俸购田三百余亩，以资膏火，择诸生老成者掌之。然不重以朝廷之明命，虞其久而或替也，乃具疏章凡再上，仰荷谕旨，丁卯春，皇上亲洒宸翰为“学达性天”匾额，并十三经、二十一史、经书讲义，遣送到山，固以重道崇儒，昭我国家右文之治，而兴起教化，移风易俗之意实于此寓焉。嗣是而御书楼、讲堂、庖湢，复次第告成，所费不赀，民不知兴作之累，而余之心力亦已殚矣，学者竞相激劝，不独登贤书捷南宫者若而人，即穷檐蔀屋，亦渐觉观摩兴起。而余调抚中州之命下矣，诸生不忘所自，乞记其事，勒诸贞珉，余谓之曰：为人臣者，奉扬圣天子嘉惠元元德意，其为庶为富为教，道固多端，兹特其初绪耳，其何足记。

诸生曰：夫子之为此，将传之无穷也，若作梓材，既勤朴斫，又必从而丹雘之，继自今垦辟之土被野，烟火之气满郊，诵读之声遍城郭，时屡丰矣，民安堵矣，后有来旬来宣者，鉴于兹而踵事焉。日渐月摩，士因文艺而敦器识，民亦感慕而知廉耻，教化大行，风俗醇美，岂不重有赖乎！余曰唯唯否否，古之教学者文辞云乎哉，必也。

六德六行六艺咸备于躬，乃论秀以升，功烈声名于是焉出。余行矣，多士勖哉。有能继朱、张两夫子之遗绪，讲明性天之学，踪轨前型，扶掖来哲，仰答圣主作人之化，余实有厚望焉，是为记。

毛际可《重修岳麓书院记》：衡山之峰七十二，考古志以回雁峰为首，绵亘数百里，至星沙之西南隅而始为山之麓，此岳麓所由名也。赵宋开宝间，刺使朱公洞创建书院，至乾道三年，考亭夫子访南轩于其地，相与考道问业，一时士子云集景从，正学丕振，人谓潇湘间彬彬有洙泗之风焉。其后兴废相仍，多历年所。

及康熙甲寅，值吴逆之变，叛寇称戈，文教歇绝，书院将鞠为茂草。幸王师荡平，中丞丁公开府湖南，首披图籍，慨然曰："郡国有先贤之遗迹，而不为修复，是在位之责也。"遂捐俸为倡，片瓦尺椽，不以需之闾里，庀材鸠工，浃岁告竣。自文庙、尊经阁而下，与夫崇道之祠，四箴之亭，以及六君子堂，后先相望。中丞公又妙简名流以董师之，每公余之暇，课其会业，用相鼓舞。父老扶杖感叹，以为啫记以来所未有也。

今年夏，偶过三湘，而孝廉郭君金门踵门来请曰：愿有述。窃谓地灵与人事常相因者也。昔昌黎谓南方之山，巍然高而大者以数百，独衡为宗，中州清淑之气，蜿蟺扶舆，磅礴而郁积，而书院又适当其麓，则又气之所萃，毓灵而钟秀者也。然上下千百年，大盛于考亭，而又将复盛于今，岂偶然之数欤！闻中丞公之抚楚，整躬率属，儆贪默，赈穷乏，辟荒芜，厘行户之艰，蠲夫船之役，豪右畏威，甘澍应祷，善政不胜枚举。而学校为王化所基，低徊于弦诵揖让之间，更为观风者所不能略也。况我皇上始终典学，比年以来，亲洒宸翰，以"万世师表"之额风历学宫，并求先圣先贤之裔，荣以世秩。而中丞当下车之初，早惓惓以建学育才为务，若有不期而合者焉。盖圣朝之有名世运会所届一德交孚，固不徒地灵人事之相因已也。殆亦天意将开文治之盛，化行俗美，而以比隆于唐虞三代也哉，遂拜手为之记。

王文清《岳麓书院四公德政纪略》：书院在深山之麓，创自宋开宝时。江岸有古石牌坊，定向与旧院向差一（字）〔宇〕，朱子所欲改就之而未及为者也。乾隆中，建城南书院于会城中，阛阓纷华可悦，而岳麓书院遂鞠为茂草焉。

时太守吕公南村聘予修长沙郡乘，蹙额告予曰："吾守此郡而不能复岳麓书院，吾不能见先人矣。"因捐俸薪请予馆此。予以终养固辞，吕公请益力。又令司马鲍公、县尹魏公、明经朱槛到门敦请，予乃就席，及门多应童子试者。迨学宪按试，邀山灵之秀，入泮者凡十余人，后中式者数人，其姓名今犹勒讲堂右壁。于是，读书士子争束行李渡江，肄业岳麓。当事亦以师生膏火移归岳麓书院，而岳麓书院遂从此中兴矣。此德政之出吕公者，一也。

然朱子欲就之向犹未成也。癸未甲申间，抚军陈公榕门毅然拨公项金若干，增斋舍两层，凡数十间。照依朱子所定向：两山交会，大江横绕，路从古牌坊下而出。大修后，连科贤书叠荐。此德政之在陈公者，二也。

书院在深山中，人烟稀少，暮夜屡受穿窬之害。予亟请于驿宪熊公蔗园，乃详定更夫二名，每年共给工食银一十四两四钱，永夜轮守，师生安枕。此熊公之德政，三也。

戊子年，当事以术士祸福之言，忽改书院偏对麓右。白虎高昂千尺，院中灾病大作，几致撤散。幸德公纯庵来抚，予为先后详述其事。德公按视之，曰："此如人面然，移嘴居右耳之旁，尚复成人面乎?"立命有司唤匠作即行拆改，刻期观成，门复旧制，院中渐次安堵如故。是德公之德政，不居其四乎?

此皆予亲历其事，亦通省十余郡中所共见共闻且共仰共感者。予掌岳麓教，前一载，后八载，今以（髦）〔耄〕年辞归。恐后人不知详故，特据实而略记之，附入《岳麓志》中，俾后之沐浴此中者每饭祝之，而世世无损善政、无忘旧德也。

辛卯冬日题。

聘通省岳麓书院长宁乡王文清题于半学斋头。

常名扬《重修岳麓书院记》：余发迹三韩，早登仕籍，自御史台分守外藩，宦辙所至，多在燕齐秦汉之间。尝考记载，天下凡四大书院，岳麓其一也。若嵩阳，若睢阳，皆久湮没。惟岳麓与白鹿为朱子讲道处，故至今仍在。每思一登其堂，访圣贤遗迹，览江山雄灏之胜，然仆仆未遑也。

戊寅春，余方参藩蓟北，特奉简命观察湖南，而岳麓特在会城之西南，政事之暇渡湘江，遵橘洲，循麓登山，首谒先圣。旋至讲堂，周览岩隈碑传神禹之书，台记文公之字、南轩之泽，犹存朱牧之规，可纪诚千载名区也。而殿宇庑舍，半多圮剥。诗书弦诵之声，亦复寥寥。询之故老，为言书院自宋以来，时兴时废。当今皇帝二十四年前广宁丁公开府于此，重加修饰，功既成，再疏陈请御书扁额，赐经史诸书藏之院中。一时之盛，炳耀千古。及丁公晋秩去，至今十有馀年，渐就榛芜。余慨然念之曰：是不可以不修也。因思吾家观察公衮当建中初出抚闽南，至则为设乡校，亲加讲导，于时士风丕变，人才与中州等，传之史册。余虽不敢希美前人，而敦崇教化，其素志也。于是请之大中丞金公曰："可谋之。"方伯王公、大参成公亦曰："可。"

遂倡始鸠工，郡邑之贤者莫不鼓舞襄事，渐次以举。修御书楼而龙章典籍，无敢亵也；修大成殿而瞻拜飨祭，无敢后也；修禹碑亭以护灵文，重明德也；修书院而庑舍户牖之皆饰，栖师儒也。其他为祠，为堂，为亭，为轩，或垣墉之，或塈茨之，昭往迹也。材不责于市，匠不发于伍，历日月而即于理。然是役也，皆由大中丞以兴起教化为己任，方伯大参诸君子又皆以育贤爱士为心，故能相与以有成功，而不敢侈为一人之力也。书院既修，进多士于其中，朝考夕纠，相为砥砺。阐文章之旨，析道德之微，功名理学，蔚然振起。拟潇湘于洙泗，予不能无厚望焉。虽然事必久，而后能传教。必久而后能善，余虽幸书院之重修落成于今日，而又恐来者之不克继，则时兴时废之叹，后之视今，犹今之视昔也。故推其意而言之，以记之于石。

易宗涒《岳麓书院记》：宋四大书院，曰嵩阳，曰睢阳，曰白鹿洞，曰岳麓也。嵩阳、睢阳、白鹿皆民间所建，惟岳麓乃宋太祖开宝中，郡守朱洞所创。真宗咸平中，州守李允则请赐书籍于院，而山长周式以行义著，召见拜国子主簿，赐鞍马，使归院主教，而书院始盛。高宗绍兴中，安抚刘珙延南轩张子讲学其中，而书院遂日益盛。光宗绍熙五年，朱子晦庵安抚湖南，更建于爽垲之地，立馆舍，置学田，为诸生讲学。以黎贵臣充讲书执事，而从者数千人，一饮马而池水尽竭，遂有潇湘洙泗之目，其盛甲于天下矣，嵩阳诸院皆不及也。元世祖、仁宗两朝，刘必大、刘安仁次第修葺，自是而废弛者五十年。至明孝宗时，太守钱澍因原旧址重修之，陈钢、李锡、彭琢、杨茂元、王瑫踵事增华，以成前志。武宗朝，守道吴世忠以风水未美，迁正学基。翁理、孙咸置田千亩，以攸人陈伦为山长，著《湖南道学渊源录》，而学使张邦奇鼓励有加，彬彬蔚起，远近称颂。世宗朝，太守王秉良、孙咸更为建置，名其斋曰诚明、敬义、日新、时习，舍曰天、地、人、智、仁、勇，复请赐书，置山长，如白鹿洞例。学使郭登庸聘郡人熊宇主教事，使诸生卒业，逾年，中试者十余人，一时振兴，遂逾其旧。至神宗朝，巡道李天植及吴道行唐源潘之植。崇祯年间，黄丞中、高世泰重为兴复，然视朱张之盛，则皆有间矣，此书院修建之大略也。

建创固历千年，恢扩尚资今日。康熙二十六年，我圣祖仁皇帝御赐"学达性天"之额，兼赐十三经、二十一史于院，中丞丁公力为修葺，嗣后贤当事接踵举行。雍正二年，命生主教其中，今皇上加意作人，于雍正十一年，各省皆赐千金，以为书院兴贤育才之资，更逢大中丞钟公以宗伯师臣，开府南邦，仰体宸衷，情殷化导，商之藩臬两司，精心筹划，将千金别为经营，为岳麓计久远，各节其禄之所入，重为修治，延李君天柱为主教，以司训罗君士撰司其管钥，俾诸生读书其中，授以饔餐，资之膏火，中丞公率其僚属亲临其地，劝诫赏赉，人人自奋将来，望风云集，书院之盛于兹方始矣。

窃以岳麓秀发衡山，蜿蜒千里，三湘环其下，洞庭澄其傍，居湖南之胜，地固重矣。而又有朱、张两大儒讲学其间，而地又以人重也。今我朝两贲恩纶，赐额赐金，又有当事为之承宣，俾永久无坏，其辉煌烜增重于书院者，又越古今而上之矣。独是读书其中者，当知其所重，不徒以工文词、弋科名为能事，务求隆德茂业，以仰窥于天人性命之微，坐言起行，出而赞襄文治，人伦明而王道成，盛莫盛于此矣，则庶于朱、张讲学之旨有得，而不负皇上教养之隆恩，当事作育之深心也乎。

龙骧《重修岳麓书院记》：盈天地间皆道也，而备于人身。故道明，则凡天下之物与事，举有以纲之纪之，鼓舞而玉成之，而其人以传，而其地以不朽。岳麓为四大书院之一，天下巨观也。余窃谓无六君子，则无岳麓，无二贤，则六君子亦久而或湮。六君子者，朱洞、周式、李允则、刘珙、陈钢、杨茂元也。二贤者，张子、朱子也。自神禹开疆以来，若陶侃、马燧、裴休、杜甫、沈传师、刘长卿，后先结庐于其中，然不过自适其性情而已。宋开宝，朱洞为郡守，始创书院，以待四方学者，教化大行。咸平中，李允则为请于朝，得藏御书，厥后周式为山长，真宗召见便殿，拜国子监主簿，诏以岳麓书院为名，使归教授，增赐中秘籍，自是书院甲天下。乾道改元，湖南安抚使刘珙廓而大之，为屋五十楹，内设礼殿，外增亭池，延张南轩主教事，夫南轩得胡氏之学久矣，义利公私之辨谆谆然至精且微，斯时岳云若为之霁，潭水若为之澄，彼从游人士，有不蹶然而兴者乎！越三年，朱晦庵访南轩于长沙，论中庸之义弥月，迄今登其堂，观其手书忠孝廉节四大字，〔未尝不俯仰徘徊而不能去也。〕绍熙五年，晦庵知潭州，更建书院于爽垲之地，堂室二层约百间，立百泉轩，列礼殿、泮池，临江建湘西精舍，置学田五十顷，聘醴陵黎贵臣充讲书执事，一时游学者，“舆马之众，饮池水立涸”，莫不俟晦庵公馀相与共质所疑，旋各得其意而退。当是时，晦庵乐甚。嗣是毁于兵者再，兴于官者三。

至明弘治七年，通判陈钢重加修葺，建崇道祠以祀朱、张二子。同知杨茂元复置尊经阁，刊紫阳遗迹，彬彬乎礼乐文章之盛。其后若吴世忠、陈凤梧、王秉良、孙存、林华、李天植、吴道行，凡皆踵其事而新焉者也。天地之道不朽，则朱、张之教不朽。六君子或引其端，或衍其绪，岳麓成奥区焉。我朝尊儒重道，文教覃敷。

康熙初，尝依中丞丁思孔议，兴举废坠，颁九经而藏之矣。今日者，桂林陈公来抚斯土，究政治之源，提理学之要，甫下车，舣舟过江，访古先典型，慨然徒见山高而水清，爰袭已成之规模，增未备之制度，振厉士风，不遗余力，其亦斯道之幸欤！夫世之学者，矜骚坛之长，则以骈俪为尚，擅风檐之胜，则以剽窃为工，其于君臣、父子、夫妇、兄弟、朋友之懿，博学、审问、慎思、明辨、笃行之要，或未有以究极其精微，而践诸日用。此陈公所目击心恻，不能遏其流，而不得不为之导其源者也。顾以公继六君子之后，阐先儒之绪言，吾楚闻其风，董其德，仰其制作，其必有奋然兴起，绝伪学之险辟，靖俗学之浮丽，存心养性，蒸蒸以进于古者，岂惟岳麓不朽，我圣天子甄陶至意，其庶无负万一也夫！是为记。

张九镡《岳麓书院记》：有山数十里突然止乎湘江之滨，由天马、碧虚间而上，溯之七十二峰，盖不知其几千仞也。而麓之独擅于岳者，岂非以其人哉。是山自唐始闻于时，其地有道林、岳麓诸寺；其人有沈、裴、宋、杜、韩、马诸贤。大都浮屠胜境，为词源风雅之处，而书院者又当麓之最。下自宋朱洞创之，真宗额之，迄晦翁、南轩而大著，吾以是知非其人之足以传而又视乎！其地与人之俱胜者，则尤传而益久。呜呼，观晦翁、南轩当日之游历，与其所以讲肄于中者，可谓仙灵之气应世而发，而师友渊源之际，何其盛也。

方二公往来衡湘，栖止江潭，千里聚晤终得毕其志，力以讲论于清旷燕间之所。非但慕林壑之多，侈亭台之观而已也。自元、明以来，书院之兴废者再四，其于创建之迹，或有能继之者。至夫立教之旨，为学之方，则皆习于好名，而莫知其自。又岂非后人之不能奋发者，故虽以其地而终，无以及于古。与国家休养百馀年，盖尝三赐敕额，将以表章先儒，讽谕多士于斯时也。士之教者，学者宜各以二公之所以教，所以学者，能自得师矣。夫《周礼》在鲁，则问旧章。诸子赋诗，不逾郑志。生其地，读其书，以知其人，其亦无俟于多言也已。抑吾闻之，为学如登山，然学山而必至于山，则将冒危险，披榛莽，艰难跋涉，以穷极其颠。而后已无若麓之止，而不得升也。然山麓为之基，而由是以臻于岳之绝顶，与嵩、华、泰、岱争长相望。呜呼，其可量也哉。廉使徐公政暇而好文，属诸生为之记。余尝读书于麓者，故乐而书之如此。

陈树苹《岳麓书院赋》：峭悬岩突，轩峙江城。托基灵麓，总冠南英。道脉崛起，理学相承。仁宅光明而广大，礼门宏敞而峥嵘。忆自开宝之年，创为朱洞之厦。绍兴虽毁，孙主簿记其中颓；乾道重建，张敬夫力扶大雅。追乎考亭，钦哉仁者。既养且教，置田广舍。吉士圜桥，恭人赤舄。穷本究源，见殚闻洽。尔乃窥轸翼之高悬，览奎璧之映下；听右朔之凤凰，挽左蹶之天马。橘洲为之襟带，任消长以浮沉；湘水扬其波澜，历春秋而倾泻。宋元而明，废兴有数。来学情殷，昔贤神遇。清风峡里，思坐中化雨之来；白鹤泉边，感逝者驹流之去。其回眺则祝融巀嵲，烟岚重叠。拥嶂列戟，攒峰立铁。希天非尺五之可扪，由道叹高升之难得。一篑历成数仞，羡南行之一道。同风入室，本自升堂；嗟北学之，同归一辙。其下瞰则九江溶溶，一碧濛濛。思考亭之渊海，怀南轩之朝宗。或瀛洲在前，徒彰子虚之陋；即流沙密迩，何堪假道而通。乃者天子日新以行乾，士林时习而获益。师傅固属名儒，安抚亦称时哲。蹈德咏仁，规周矩折。鼓舞之道亦既尽神，方寸之阴咸知是惜。于是闻鸡而起，刻烛乃悟。以业以兢，亦趋亦步。偶然燕坐，晴眸如对先民；或尔出王，明旦尤其夙负。固欲朱、张之是希，岂徒屈、宋之足慕。至于绪馀竞秀，文藻流光，得句盈囊，尽是湘烟泽雨；采珍作佩，罔非澧草沅香。岂亦思文章为道德之华，不尚风云月露作育为承宣之寄，无惭紫绶金章。且后学之何以昭示，大义之何以揄扬哉。每至春花荣，夏涨碧，紫烟凝，元阴积，七二恍惚其门，八景隐约其席。美仁智之同归，叹古今之悬绝。诮躐等之徒劳，歌景行之不易。歌曰善夫。贾大夫之言曰：天地为炉兮造化为工，阴阳为炭兮万物为铜。我皇穆穆道崇墜兮，多士济济气冲融兮。层堂崔巍，崆兮峒兮；上天之载，冥兮蒙兮。光辉炫耀辟鸿濛兮，千秋万岁道无终兮。

宋赵抃《岳麓书院》：雨久藏书蠹，风高老树斜。邻居尽金碧，一一梵王家。

明陈钢《岳麓书院》：开荒不用买山赀，土老分明有梦知。迂径远通云麓寺，颓基新筑古贤祠。吾儒事业聊承昔，圣学渊源若在兹。何日松杉成拱把，神游重赴草堂期。

车大任《游岳麓书院》：岸柳江烟碧草纷，危峦飞磴俯江濆。星当翼轸层霄出，山自岣嵝一派分。秋水亭台高楚塞，春风弦诵入湘云。残碑千载留神禹，苔藓年年长绿文。

高世泰《感岳麓废院寄旧游同志》：忆昔游栖岳麓时，朱张遗迹几寻追。沧桑忽慨儒宫废，江汉常流道泽弥。梦路虬龙犹见影，古文蝌蚪可成碑。也知楚士多骚雅，若个穷愁志不移。

黄学谦《岳麓书院废址》：万壑空青开地胜，斯文邹鲁此同区。秋风静日松无主，涸涧何年蜗亦枯。遗像恰同山鬼啸，荒碑残剩石龟趺。云峰谁破蒿莱色，莫使黄陵叫鹧鸪。

国朝王岱《重新岳麓书院》：朱陵起叠嶂，迢遥生群峰。其峰七十二，兹山当湖冲。郁（匆）〔葱〕亘江郭，苍翠来城墉。上有岣嵝碑，下有白鹿踪。昔贤传绝学，息静时过从。讲堂构精杰，林木多橘松。岁深迹已圮，薮泽盘蛇龙。斯文应不坠，兴复欣再逢。三韩有奇人，经纬罗心胸。既深象教秘，复睹河洛宗。春陵道再展，绝构开蒙茸。轮奂益轩爽，气象生肃雍。斯道如日星，后起资陶镕。嶙峋仓颉书，直欲摹禹功。

吴绮《游岳麓书院》：写尽潇湘听雨图，何来杲日映菰蒲。天开宿雾招游客，地许名山属大儒。鸟篆尚能存禹迹，龙宫空自锁仙都。横经往事知何在，欲访湖南旧讲徒。

乱后山川竟若何，此间遗构幸嵯峨。千秋正席朱元晦，一片残碑李泰和。衡岳云烟逢霁少，湘江风物过秋多。夕阳好处偏怀古，不独登临兴未磨。

郭金门《岳麓书院》：圣崖巍构衍千秋，眺望虚无触景幽。正学几人麟武接，悬碑一月鸟痕留。藤萝隐见烟中寺，洲渚浮沉水上楼。遥想朱张心迹在，赫曦台下俨同游。

割据名区半佛仙，儒风独畅此山川。无言芳草依人绿，有意停云入抱妍。晓汲花泉炊白饭，夜惊藜火照青毡。倚阑凭吊多遗迹，古瓦尘封不记年。

旷敏本《到岳麓书院》：朱张曾此绛筵开，犹忆甘泉讲学台。予幼读书甘泉书院有讲学台岳麓于今真个到，岂如畴昔梦中来。

姚鼐《诣岳麓书院有述》：夙秉宋贤说，太息怀斯文。矧近讲席前，遗趾播馀芬。湘东望湘西，连山如陈云。亟渡入谷口，空翠四边分。筑室倚岩穹，开宇面岩垠。当门古涧响，环墉高树曛。荒榛延暮色，冷风交远闻。去之六百年，垂教志何勤。蔼彼援鹑手，伤兹获角麇。吾生志不就，斯世邈无群。回舻天地晚，空怅逝沄沄。

刘权之《新葺岳麓书院落成，有泉出讲堂前，姚雪门学使题曰“文泉”，同人各赋诗以纪》：小凿新泉碧玉光，谈经拟上濯缨堂。云霞已焕棼楣色，烟水都分笔墨香。不作垂虹千丈立，却规明镜一奁张。此中自有蛟龙窟，莫负清流共激扬。

山腰白鹤古松前，山旧有百泉，以白鹤泉为最。那及新斋石上泉。恰得文澜归艺圃，肯教清绮伴行禅。微涟欲动风生座，虚白无尘月在天。一自群公题咏后，从来胜地托人贤。

毕沅《己酉孟冬诘武星沙，邀张忍斋学使、王梦楼侍读访慎斋前辈于岳麓书院，遍游诸名胜，攀跻绝顶，摹挲古刻，叙旧论文，薄暮渡江而返，得长律二章》：暖谷催梅在雪先，时在小春上澣，潇山梅萼已大放。讲堂高踞岳云边。名山久占关清福，先生主讲岳麓，振兴文教者有年。旧雨重逢要夙缘。忆在词馆时相过从，旋待节秦陇豫楚，忽忽廿馀年矣。著述力争千古事，先生邃精易学兼毛诗著述甚伙。精神强胜廿年前。画图一幅湘西景，隔岸人呼访戴船。时永州太守王蓬心为临北苑潇湘图。绝磴霞关费仰窥，钟声送客出嵚巇。绛纱绪衍南轩脉，岳麓为南轩、紫阳两夫子讲学处，先生提倡后学克绍前贤。青玉书摩北海碑。山有李北海碑尚完好，无缺实，梦楼学书根原也。泉石松窗诗并丽，文章芸箧岳争奇。学澜比似云澜阔，不到登峰那得知。

郭祖翼《岳麓书院》：赫曦终古屹崔嵬，四座弦歌讲幄开。乔木百年思老辈，名山一代养奇才。云端梵唱随风落，槛外泉声绕竹来。惆怅残碑先泽在，自注：八世祖黄瞻公曾主讲席有碑。斜阳影里剔苍苔。

黄爵滋《戊申四月三日雨过岳麓书院题壁即呈伊辅学士同年》：卷云亭数隔江峰，欲上峰头云转重。小院帘栊初乳燕，高潭风雨正飞龙。千秋禹迹摹岣嵝，片石唐碑乞李邕。何日更来共君酌，夕阳归听道林钟。

城南书院

《合璧事类》云：在潭州临湘门，街乃南轩先生讲学之地。题扁笔势豪劲，张紫薇平生得意书也。其间凿池以汇息泽之水，本属纳氏，故名纳湖。明统志云：在府城南临湘门外，宋张栻讲学之地。《一统志》云：宋张栻讲学地，凿池以汇息泽之水，其扁额四字传为张浚书。省志云：栻家潭时建城南书院于南门外妙高峰之阳。其后废，为僧寺。明正德中，参议吴世忠、学道陈凤梧请复旧观，寻并于藩府。嘉靖中，推官翟台作堂三楹。万历中复圮。

国朝乾隆十年，巡抚杨锡绂以岳麓书院隔江，每校课为风涛所阻，因迁建南门天心阁旧都司署，名仍其旧城南书院。志云：道光二年，巡抚左辅以地近市廛，兼邻县治，复迁建今所。

国朝杨锡绂《迁建城南书院记》：宇宙之事功视乎人材，人材之造就在乎学校。书院者，拔学校之尤而切劘淬厉，以收造士之实效，辅学校之不逮也。有宋四大书院，曰：嵩阳、睢阳、鹿洞，其一即楚南之岳麓，创于宋长沙守朱公洞。至朱、张两夫子倡道东南，大辟讲舍，一时从游之士至千余人。其后虽兴废不常，而学士大夫谈名胜之遗迹，莫不流连慨慕，想见当年正学昌明，或恨其生之晚，或怅其地之隔。亦可见先贤之泽，流被无穷，而书院之造就人才，其有补于学校非小也。

我国家崇儒重道，远迈前古。世宗宪皇帝特命各省会建立书院，赐以帑金，资以膏火。湖南即因岳麓书院葺而新之，延师萃徒，以宏教育。中丞虞山蒋公又疏请御书“道南正脉”扁额，敬谨悬挂。作人雅化，虽《菁莪》、《棫朴》之盛，曷以加兹。

乙丑夏，绂来抚是邦。下车即亲赴岳麓，课试生童。乃肄业诸生，寥寥无几。询其故，缘岳麓离城十馀里，中隔湘江，春夏水涨弥漫，稍遇风涛，士子即畏涉不前。归而检阅志乘，长沙于宋时尚有城南书院，为张魏国公浚所建。当时，朱、张两夫子讲学长沙，或过岳麓，或止城南，亦以湘江多阻之故。是城南与岳麓原相表里，顾久废为僧舍，不可复问。以朱、张两大儒往来讲学之地，存其一而湮其一，固湖湘都会一大缺陷事。且使士子临流兴叹，不得时亲前贤之讲席，亦虚朝廷造士之本意，岂非守土者所当急谋兴复者哉。爰是广加咨度，得都司空署一所，恰在城南，地势高爽，遥望岳麓于几席然，于改建书院为宜。因偕司道守牧各捐养廉，鸠工庀材，一阅月而落成书舍八十间，恭慕岳麓御书匾额悬之讲堂。岳州守黄君凝道又建御书楼于院之东南隅，中祀朱、张两夫子及有功书院诸先贤，以为诸生朔望行礼之所。仍颜曰“城南”，志旧也。

绂自维学无根柢，加以簿书鞅掌，日益荒落，岂敢附前贤之门墙。顾念国家廪给之资待士，如此重道脉之揭，训士如此其殷。身为守土，与有化导之责。则萃英俊而甄陶之，延名师而课督之，俾得往来于岳麓、城南二院，不间缀其功。庶几因文见道，由流溯源，从事于讲习讨论之功，以得乎修己治人之要；卓然守朱、张两夫子之正学，而不为功利词章之习所摇夺，使东南之道脉益有以永其传而扩其绪。则书院之盛，即学校之光也。

诸同人请勒诸石，故为揭其兴复之由，与岳麓相表里者，冀后之人两存而并护之也。

左辅《移建城南书院记》：湘南岳麓书院为四大书院之一，自宋迄今，名贤讲学风教蔚然，得人颇盛，我朝文教日兴，肄业拥挤。乾隆十年，江右杨勤悫公锡绂来抚，是邦以长沙十二州县，向学日多，思广教化，以岳麓书院不录童试，且中间湘水，士子赴课辄阻风涛，斋舍亦限于额。乃于城之东南隅都司旧署，增建学舍兼录童试，为长沙一郡之书院，以宋儒张南轩讲学旧居有“城南书院”题额，遂仍其名，是城南书院。虽仍旧名，实勤悫公广育人材所创始也。

按宋乾道间，南轩先生奉父居潭筑室讲学，父紫岩先生自书城南书院四字榜之。舍前有池，蛙声喧聒妨吟诵，先生以砚投之，声遂绝，人称为禁蛙池。地标纳湖、琮琤谷、采菱舟、南阜、卷云亭、听雨舫、丽泽堂、蒙轩书楼、月榭诸胜，与朱子晦庵往来题咏其中，为当时胜地。易代废毁，堂室无存。明正德、嘉靖，及本朝康熙间屡议修复，而难于集费。今其地，为人影射佤离，割裂分佃农圃矣。嘉庆二十五年八月，在任湘藩旋晋巡抚赴城南书院课士，周视院宇，渐就倾颓。斋舍亦甚逼仄，基地无可扩充。地邻善化县治，胥狯猥杂，形接影构，习尚颇岐，甚不足副。勤悫公广储人材，经营建始之本意，且我朝重熙累洽，寿考作人，僻壤荒陬，人文蔚起。我皇上特隆谕旨，整理书院，嘉惠士林。无不感戴高深，鼓舞思奋。诸州邑士子，以地居僻远，莫广见闻，吁请就学者甚众。而岳麓书院斋室仅敷定额，既不能容，城南书院又不足入。因念南轩先生城南书院在南门外二里许妙高峰之阳，时问原程中丞祖洛藩湘，与谋移建。中丞忻然，即率僚属往勘焉。其地麓山湘波，前拱右抱，高峰之冈坡迤衍环之。拨土时露墙基，间存石础。洵南轩先生书院旧地，地幽且旷，移建实宜。遂定基址，与问原中丞及省垣诸君，率先捐廉购料，兴工通市，集费逾年告成。规制大备，与岳麓书院巍然并列，各士子弦诵有所，此又城南改建为通省书院之始也。

院筑外墙一周，通百八十七丈。院前屏墙一夹立两坊，左颜“岳峻”，右颜“湘清”。右坊后为月榭，屏墙内有池，甃石为栏，即禁蛙池。为门再重，两门之间，迤左为监院，署中为蒙轩门，后为讲堂。堂深六寻，广称之堂。左四斋，曰居业，曰进德，曰主敬，曰存诚。右二斋，曰正谊，曰明道。斋舍各二十通，百二十舍。堂后为书楼，合左右共十楹。山长居之楼后高阜，为卷云亭。楼之左为丽泽堂，有室椭长，疏窗旁达，为听雨舫，吾侪讲课息燕之所。又建南轩先生祠于左。斋之左，前为文星楼。楼外有洼地，如池，可莳芰桥，穹然横其旁，迤带冈阜，随其高下。更增草亭，罗植花竹，亦息游之胜地也。

是役也，于南轩诸迹标举其六，固未必合于古，而借以存其名，亦诗人爱树之贻，且以动诸生仰希古哲之意云。道光二年冬，堂斋既成，谨以具奏，奉旨嘉奖，允赐御书匾额，敬摹悬之。惟我多士登斯堂也，睹宸章之炳焕，既慰瞻云就日之思；尚其易视改容，鼓舞震动，以仰副皇上右文敷教之至意而后可哉！余为诸生易视听，谋居处，苦心经营，俾学于此，岂仅以复名区为美谈。愿诸生履先贤之居，求先贤之学，经明行修，立体备用，文章功业，为盛世名臣，俾我国家有得人之庆，允为湘南之望也。工既竣，计费银万五千五百零。监修系前任云南迤西兵备道余正焕，前任浙江道监察御史欧阳厚均；董其事者，封职陈新等，皆自备资斧，晓夜劳瘁，克襄盛举，殊可嘉尚，例得并书。

宋张栻《严庆胄射策南归，迂途相访，六月二十有一日同游城南书院，论文鼓琴，煮茶烹鲜，徘徊湖上，薄暮乃归，明日作别，书此为赠》：炎暑盛三伏，驾言得清游。城南才里许，便有山林幽。崇莲炫平堤，修竹缘高丘。方兹闵雨辰，亦有清泉流。举网鲜可食，汲井瓜自浮。丝桐发妙音，更觉风飕飕。喜无举业累，独有讲学忧。逮子闲暇日，微言要穷搜。譬彼治田者，黾勉在勿休。但勤穮蓘功，勿作刈获谋。虽云千里别，岂无置书邮。祝子时嗣音，慰我日三秋。

又《五月十六日夜观月分韵得月字》：梅收清风来，宇净宝鉴揭。频年城南游，未有今夜月。呼舟从微澜，游鱼亦出没。危树倒影浮，倚槛凉入骨。举酒属西山，寒光动林樾。诸君兴未已，南阜上突兀。目极大江流，高情更超越。

又《三月七日城南书院偶成》：积雨欣始霁，清和在兹时。林叶既敷荣，禽声亦融怡。鸣泉来不穷，湖风起沦漪。山西卷馀云，逾觉秀色滋。层层丛绿间，爱彼松柏姿。青青初不改，似与幽人期。坐久还起步，堤边足逶迤。游鱼傍我行，野鹤向我飞。敢云昔贤志，亦复咏而归。寄言山中友，和我和平诗。

又《四月二十日与客来城南，积潦方盛，湖光恬然如平时，泛舟终日，因分韵得水字》：泽国盛梅雨，涨潦弥两涘。常时侵溢患，乃复到城市。纳湖迫西闸，冲突固其理。今年筑堤防，捷石细积累。艰幸迄崇成，龟鱼亦欢喜。节宣有程度，盈缩无壅底。昨宵水没岸，民居例迁徙。走马来问讯，屹若坚城垒。江涛从渺茫，湖光自清泚。小舟足游泳，新荷方薿薿。嘉我二三客，共此风日美。相期寂寞滨，雅意淡如水。念言堤防功，得失乃如彼。而况检身者，讵可忘所止。明朝更哦诗，斯言或当纪。

又《题城南书院三十四咏》：差差竹影连波静，细细荷风透屋香。午寂睡馀聊隐几，人间何用较闲忙。

新竹成林蕉叶青，隔篱深处有蝉鸣。晚凉更觉长堤静，自绕荷花待月明。

阶前树影开还合，叶底蝉声短复长。睡起更知茶味永，客来聊共竹风凉。

新凉物物有精神，静倚书窗听雨声。忽忆子綦元未解，强分天籁太麄生。

凌晨骑马路新凉，来挹湖边风露香。妙意此时谁共领，波间鸥鹭静相忘。

林塘过雨不胜秋，万盖跳珠写碧流。倚槛孤吟天欲暮，更穿芒履上方舟。

山色顿清秋欲半，湖光更净日平西。凉风猎猎低荷盖，归翼翩翩度柳堤。

湖边小筑喜新成，秋入山西照眼明。不是厌喧来觅静，四时光景本均平。

秋风飒飒林塘晚，万绿丛中数点红。若识荣枯是真识，不知何物更谈空。

移得幽兰几本来，竹篱深处手栽培。芬芳不必纫为佩，月白风清取次开。

今年少雨菊花迟，青蕊方开三两枝。但得悠然真意在，青山何处不相宜。

秋后冬前一月晴，小园住处日经行。半山木落楼台露，几树霜馀橘柚明。

铙鼓喧阗十里城，人情正喜上元晴。瘦筇独立湖边路，却有白鸥同眼明。

和风习习禽声乐，晴日迟迟花气深。妙理冲融无间断，湖边伫立此时心。

晓来天气更清新，独倚阑干正暮春。花落花开莺自语，东风吹水细鳞鳞。

花柳方妍十日晴，五更风雨送馀春。莫嫌红紫都吹尽，新绿满园还可人。

并湖数亩新疏辟，便有鱼儿作队行。我亦相随浮小艇，晚凉细看縠纹生。

无言桃李也成阴，华底黄鹂自好音。一缕炉烟清昼永，韦编卷罢短长吟。

化工生意源源在，静处详观总不偏。飞絮满空春不尽，新荷贴水已田田。

野艇新成寻丈许，柳堤橘浦足周旋。添篷不但为遮日，准拟乘凉听雨眠。

暮从别墅跨驴归，风雨萧萧泥溅衣。出门回首且按辔，细听泉声和式微。

阴阴松竹影自转，午枕无人到北窗。何许狂风来动地，梦回波浪涌春江。

疏竹萧萧正雨声，眼中日影又还晴。钩窗燕坐夏将午，荷叶已香湖水清。

莫道闲中一事无，闲中事业有工夫。闭门清昼读书罢，扫地焚香到日晡。

亭畔风熏尽日凉，来从水面过新篁。悠然但觉盈襟抱，千古虞弦意未央。

拍堤水满草茸茸，尽日野航西复东。欲去未须愁日暮，月明波面更溶溶。

乌云天矫风作恶，雷奔电掣雨悬河。须臾天宇复清霁，突兀西山紫翠多。

朝阳初上藕花香，下马虚亭一味凉。山鸟自呼鱼自乐，谁云身世可相忘。

北窗竹篁午阴凉，亦有清风到我旁。还与陶公事同否，未妨诸子细商量。

睡觉西山月正平，荷香不断晓凉生。园中双鹤知人意，已作金风警露声。

西风夜半摧炎暑，晚看云横天际秋。时序转移皆入妙，惟应及早戒衣裘。

新凉修竹意愈静，初日芙蕖色倍鲜。物态直须闲里见，人情多向快中偏。

四面红蕖镜绿波，晚凉奈此野情何。凭城更觉看山稳，入户还欣得月多。

殷雷终日在山前，风卷云环意作难。薄暮有怀空伫立，忽然飞雨到阑干。

又《城南即事》：活泉细引忽盈沟，自绕书斋瀌瀌流。添得眼前无限思，石桥竹坞共清幽。

一春风雨水平湖，更觉湖心月榭孤。坐看百花开落遍，依然山色对清庐。

东风吹得绿成阴，积雨初收柳絮轻。记取湘中最佳处，橘花开时香满城。

月榭当湖景最奇，故人千里寄新题。背阑看字成相忆，何日能来步柳堤。元晦新寄月榭题榜。

茅亭水溜四周遭，花不经春一一高。却望西山隔江水，径思一叶泛云涛。新亭名东渚。

枕边风雨过今春，起步园林已绿阴。更向坡头望湘浦，水云无际绕遥岑。病起。

湘西书院

《一统志》云：在善化县西岳麓山下，宋刘辅建，后朱子重建。《宋史·尹谷传》云：潭士以居学肄业为重，州学生月试积分高等升湘西岳麓书院生。又积分高等升岳麓精舍生。潭人号为三学生。兵兴时，三学生聚居州学，犹不废业。城破，多感激死义者。

东冈书院

明统志云：在长沙县东二十五里。元中书左丞许有壬父，号东冈，尝读书于此，因赐额。《元史·许有壬传》云：先是有壬之父熙载仕长沙，日设义学，训诸生。既殁，而诸生思之，为立东冈书院。朝廷赐额设官，以为育才之地。南台监察御史茂巴尔斯缘睚眦怨，言书院不当立，并搆浮辞诬蔑有壬，并其二弟有仪、有孚皆被逮，有壬遂称病归，御史累章辨其诬。元欧阳玄撰《许熙载神道碑》云：今长沙人即公庐墓之地，作书院，以表其孝，请于中书，得允赐额，所植松柏，爱护之成林。

国朝刘正钧《榔梨江望东冈书院故址》：东冈云树在，何处授经堂。一段婵娟月，虚含几席光。燕无昔日主，花剩此时香。谁接元冲美，惟亲子厚乡。

乔江书院

明统志云：在长沙县北九十里乔口镇，旧有三贤堂，祀屈原、贾谊、杜甫。元元统间，邑人黄澮因设义学于此，诏赐今额。

惜阴书院

府志云：在南门外灵官渡左，旧为陶公祠。嘉靖四年，知县吕廷爵塑公像于中，取“惜阴”意创为书院。四十二年，知府蒋宏德、推官翟台恢其制。中为明道堂，建亭于中，曰“洗心”。两旁有池，曰“禁蛙”，取南轩城南故事。亭后建祠五间，祀公木主，后为聚英楼，楼后为广仁堂。左右隙地分两翼建号舍六十间，集诸生肄业其中。堂右为望岳楼，楼前为望岳亭。左右有田数丘，前为塘，今悉壅淤。楼右有小塘，塘右有仓贮租，旁为守者居。置田八百三十亩，以赡学者。郡人李棠、刘应峰各有记。万历六年，诏毁书院，知府牛可麟力请获免。十一年，知府吴道行，知县陈一鉴重修。二十九年，知县陈宏乘复修，仍为陶公祠。四十一年，推官陈大绣因长沙馆驿倾颓，改洗心亭为二门。拆去聚英楼、广仁堂，为皂隶房号舍，令门役居住三间，诸生自修五间，馀尽拆毁。省通志云：国朝乾隆二十年，巡抚陈宏谋重建书院，兼新祠宇。今书院废，祠存。

明李棠《重修惜阴书院记》：郡旧有惜阴书院，祀晋陶公侃。公都督荆湘等州，封长沙郡公，有大功于民，史称公朝夕运甓语人曰：“大禹圣人犹惜寸阴，吾人当惜分阴。”惜阴之名以此。

嘉靖甲子夏，节推震川翟公以名进士来兹，理学渊深，儒饬吏治，诸生争请讲诸学于岳麓书院。顾隔于大江之西，每有风涛阻于往来，乃于郡城外寻书院遗址，背阴向阳，麓山相望，近城而便于诸生游从，欣然鸠工，拓而新之。而郡守少溪蒋公适至，道同志合，共谋协举，期年落成。为舍五十间，前为明道堂，中祀陶公，后构聚英楼，门庑池亭翼然轮奂。立会长，置学田，属棠为记。

惟时晦庵、南轩讲学于岳麓、城南两书院间，士子振振往以千数，时称潭州为邹鲁。教化大行，四方则之，人才辈出。出为名臣处者，表式乡闾。士至今尚节义，重名检，有以风动之也。而南轩为记，指示人心扩充之端，所以为学之方，昭然具在。

兹吾郡二公之为是举也，夫岂使诸生群居佚谈，剽窃章句，便游观为燕安之地而已。诚欲成就人才，明乎圣贤大学之道，以求晦庵、南轩之所以教，学者之所以学，继承往哲邹鲁之懿范，所以一道德而同风俗，盖藉是以风动之甚盛心也！不然，庠序学校之设遍天下，士游于庠序学校独非可学欤？说者谓士方攻于科举文字之业，以应上之求，从事于学校之教，不暇及于书院之讲，以彼视此，判然两事。抑知圣贤大学之道，岂出于科举文字之外，学校所教非书院之所讲欤？书院之所讲而学之者，又何妨于科举文字之业？科举文字之业，固孔孟之道也，非朱、张之所讲论而详说之者乎。惟诵其言，而无体验扩充之力，而不知所以为学之力；专攻于科举之业，而无博文约礼深造自得之实，一获进取遂尽弃之。视昔所攻，又了不相涉矣。是虽惜阴汗漫驰逐之耳，况未之惜乎？无惑乎人之难也，此学之不可不讲也。学必讲而后明，既明矣，而知大禹惜阴之所以圣，必有事焉。陶公惜阴之所以忠，不徒朝夕百甓之运，所以地平天成者在是，所以匡扶社稷者在是，皆惜阴之学为之本也。

夫子《鲁论》首曰："学而时习之。"又曰："学如不及，犹恐失之。"孟子曰："操则成，舍则亡。"又曰："苟得其养，无物不长。苟失其养，无物不消。"知此则知惜阴之意矣。盖尝因"时习"、"恐失"之训，而察失于存养消长之际，究观乎天人之微，玩《易》辞而有警焉，人心之本，体其象《乾》乎。《乾》，其纯阳之卦也，天之道也！浑然全体，固大通而至正一，有阴以杂乎其间，匪纯矣。匪纯，邪也；邪，暗塞也。故周公系《乾》之三爻，曰“君子终日乾乾，夕惕若”。乾自初而三，阳进而长矣，《乾》之“夕惕”，是时习而存养之也，否则消之为阴矣。

夫子之大象亦曰“天行健，君子以自强不息”，则可以同天矣。天不息，道亦不息，则学亦不息，所以惜阴者，其至乎！学者思禹之圣，有感于陶公之忠晋，亦必由惜阴而进之，审消息之机，致扩充之力，知所以为学之方，以复其虚灵不昧之本体，日新又新焉。

圣贤大学之道，不远于科举文字之业，以是以聚于斯，乐于斯，相观而切劘，优入乎高明广大之域，无负于惜阴矣夫！

然中有主而守之固，知至而行之利，养深而应不穷；言之为德言，行之为德行；异说不足以乱之，势利不足以夺之。有得于已，无待于外，外之所遇，不足以动其中，晓然分析于善恶义利之辨，必为君子而不为小人。得志与民由之，不得志独行其道，此之谓大丈夫。顾不伟欤？是二公所以修创书院之意也。

蒋公名宏德，号少溪，四川重庆府巴县人，丙辰进士。翟公名台，号震川，南直隶宁国府泾县人，已未进士。

旸谷书院

府志云：在旧府治后寿山庙巷，明吉藩建。

明黄学谦《旸谷书院四咏》：八卦楼　绀宇天高十二楼，羲皇坐上小浮丘。交加槛影花开昼，零乱松风竹外秋。眼底乾坤清啸响，胸中龙马赤文收。烟笼高阁开藜照，一卷元经手自雠。

夏云亭　界逼清凉物外幽，奇峰明月水光浮。池边载马人同简，濠上观鱼我亦周。笑倒玉山移枕簟，却勾冰月到沧州。深杯此日倾河溯，帘卷香云拂玉钩。

秋桂轩　江天淼淼正高旻，桂影平吞月一轮。波晃朱轩云气白，湿含仙蕊露华匀。槎回尚带银河色，香满疑分兔苑春。倒履八公方外客，淮南秋与小山邻。

凝冬亭　冉冉流霜星忽移，梅花开早菊花迟。幽亭叠石凝空翠，古树敲冰耐晚枝。九乳钟声和夜酒，三更檀火半新诗。东平自有千秋乐，寒逐光风春又随。

长沙府学

明统志云：在府城正南门右，宋建。本朝洪武七年重建。宣德六年重修。府志云：在正南门之右，元至元十三年，平章阿里海牙镇潭州，始创礼殿。元末兵毁，自明迄今叠有修建。

按，省志云：旧在城东南，元迁建今所。考天临路学，先贤祠记云：此依真西山旧址而重新之，今碑犹存。府学内则自南宋已迁建今地，断无疑义。省志之说误矣，当从明统志为是。

宋真德秀《潭州大成殿记》：资政殿学士清源曾公，以庙廊之旧作牧于星沙。厚重镇俗如岳之弗摇，清明鉴物如湘之不波。岁及期而百度修、众志服。环九郡五十城帖然无事，思所以驱其人于礼义之域，顾瞻黉宫先师之位在焉。而庙殿规模殆类浮屠氏，公为蹙然，弗宁彻其陪厦，敞为新宫，凡二十有六楹，昔之暗郁，倏焉亢爽。列戟之门，学匾揭焉。视礼弗协，别为大门，匾其上，于是宫墙外内巍然焕然，应图合法。既又斥其羸财，甓旧路，复射圃。起宝庆三年冬，明年夏月告成。

州学正迪功郎钟景仁等来谂曰："自侯之莅吾土也，尝一新其学矣，而斯独未之及意者，其有待乎？愿有以识之。"德秀于是窃有感焉，而又以自愧也，故不复辞而书其事。

斯举也，徒以儒者之宫而杂浮屠之制，犹思所以正。况今之世儒名而墨习者滔滔皆是，其可熟视而莫之救乎？推公之志，使一日尽行其学于天下，必将息邪距诐，而杨、墨贼仁义、无君父之教不得骋。必先将尊王黜霸，而管、商、申、韩矜权智、骛功利之说不得施也。儒者之功必至于是，而后有以为天常人纪之重。非公其孰任之？若夫学于斯学者，亦曰审其所趋之涂，谨其所择之术，使粹然一出于正而已。呜呼！屏翳彻而虚明出，岂徒斯学为然哉。人之一心，广大如天地，清明如日月者，其本体也。而或弗然者，物有以障之也。去其障，则本者复矣。夫问铸金得铸人，杨雄氏所以为善启发也。因善修之事而告之，以修身之法非余所望于学者乎？内外一源也，精粗一致也。善学者虚其心以体天下之物，何往非吾进德之地，又岂独是乎哉！诸君幸以为然，则愿告于公而刻之。

公以庆元抡魁，常陪辅先帝大政，令名淑德，荐绅宗之。其治潭之政多可书，今不书，独书所以幸乎潭之士者。

长沙县学

《一统志》云：在府城新开门内。明统志云：在府城北门外，宋建。元移于府学西，本朝洪武十三年徙此。省志云：宋时在浏阳门内，元至元中移建旧府学右。明洪武三年移建县东烟霞巷。十一年移建北门外。崇祯末毁于兵。国朝顺治十五年迁建驿步门内。康熙二十二年仍迁建北门外，四十七年迁建今所。

善化县学

《一统志》云：在县治右。明统志云：在县治西北，旧在府城南门外，元季兵毁，本朝洪武十三年徙建。省志云：旧在县南兴仁坊，元末毁于兵，明洪武四年建于府学左，十五年复建于仰山寺旧址，成化十六年迁建于城东，嘉靖四十一年改建今所。

湘城访古录卷八

祠庙类

周昭王庙

明统志云：在府城东门外，周昭王南巡沉于楚泽，后人作庙祀之。

灵妃庙

明统志云：在长沙县东二十里。秦武陵令罗均用溺水，其女与弟寻父尸不获，亦赴水死。宋嘉其孝，赠女曰“孝烈灵妃”，弟曰“孝感侯”，立庙祀之。

按《岳阳风土记》云：南庙乃孝烈灵妃、孝感侯庙。秦武陵令罗均用因督铁运溺水死，其女挈弟寻父尸不获，遂相继赴水死。邦人哀而祀之，谓之罗娘庙。灵爽寖著，凡有舟楫往还，祈之利涉。后唐明宗天成二年丁亥，湖南马殷承制，列姊在左，弟在右。元丰中始赐今封。岳人祷祠无虚日，旧在乌龟渡南，祝者以为不便，托言神意，遂移今庙。按李濒寄远诗曰：“化石早曾闻节妇，沉湘何必独灵妃。”其意似与今闻差异，据此则庙在岳州。又考明统志云：宋末遇旱，乡民迎洞庭孝烈灵妃至此。是可为长沙立庙之明证也。

吴王庙

府志云：在北门外，祀汉长沙王吴芮。国朝黄本骥《贾傅祠记》云：前汉庙祀之存于长沙者，惟文王吴芮、定王发二庙。一在北关外，一在东关内。又，嵰山甜雪云：吴王庙在长沙北门外。今北门外大道傍菜园内，有极小之庙，即其地。

国朝熊少牧《吴王祠》：长沙国小亦金汤，带砺绳承异姓王。未必韩彭无反迹，莫将烹狗怨高皇。

汉文帝庙

府志云：在岳麓山下。影宋本《寰宇记》云：史记曰，景帝二年，诸侯郡国置太宗庙因而立，在湘水西，临岳麓山下。水旱迄今祈之。

张公祠

省志云：在北门内，祀汉长沙太守张机。明统志云：张机，长沙太守，时大疫流行，治法杂出。机著《伤寒论》、《金匮方》行于世。《衢本郡斋读书志》云：仲景《伤寒论》十卷，汉张仲景述。晋王叔和撰《次按名医录》云：仲景南阳人，名机，仲景其字也，举孝廉，官至长沙太守。以宗族二百馀口，建安纪年以来，未及十稔，死者三之二，而伤寒居其七。乃著论二十二篇，证外合三百九十七法，一百一十二方。善医者或云仲景著《伤寒论》诚不刊之典，然有大人之病，而无婴孺之患，有北方之药，而无南方之治。此其所阙者，盖陈蔡以南不可用柴胡、白虎二汤，治伤寒其言极有理。

韩公祠

省志云：在今学院署侧，祀汉长沙太守韩玄。

乌程侯庙

府志云：在善化县东三里。郭颁《世语》云：魏黄初末，吴人发吴芮冢，取木于县，立孙坚庙。《宋书·礼志》云：孙权不立七庙，以坚尝为长沙太守。长沙临湘县立坚庙而已，权既不亲祠，是依汉南顿故事使太守祠也。坚庙又见尊曰始祖庙，而不在京师，又以民人所发吴芮冢材为屋，未之前闻也。

陶公祠

府志云：在南门外惜阴书院右，祀晋都督陶侃。明统志云：陶侃庙在善化县北，侃晋封长沙公，有功湘汉间，故立庙祀之。

按《水经注》云：陶侃庙旧在贾谊宅，据此庙本在城内，不知何时，始迁建今地耳。

国朝张埴《陶公祠怀古》：运甓从知保令名，英雄心事最分明。防江那用邾城戍，种柳争夸太尉营。肝胆只期酬晋室，敦欒何必狎齐盟。萧条旧垒湘天冷，愁见寒鸦向晚鸣。

孙起栴《陶公祠》：细雨空滩水国城，竹头木屑亦关情。相从不愧温忠武，犹赖勤王八督兵。

黄湘南《陶桓公祠》：庙貌湘城侧，千秋俎豆临。眠牛山岳降，射蟒鬼神钦。素壁苔花暗，丰碑树影深。风尘公不见，谁更惜分阴。

陶真人庙

府志云：庙有叔侄二肉身，在长沙榔梨市。《长沙县志》云：庙在明道都六甲榔梨市。真人名淡，与其侄烜，学仙辟谷，炼形尸解。今庙祀二肉身，乃真人叔侄之遗蜕也。相传庙建自梁天监中，迄今千馀年矣。历代屡经修葺，国朝乾隆中重修。咸丰二年始膺封号，列入祀典。

国朝李文炤《陶真人赞》：神仙之说自古有之，彭祖面容，老聃递相授受，更历三代，其象著于大《易》，其法备于《阴符》，班班可考也。盖万物之生，负阴而抱阳，冲气以为和，迨七窍凿面，浑沌死矣。为仙术者，有内丹以固其性情，则太初为邻；有外丹以炼其魂魄，则金石不朽。故独得深根固蒂，长生久视之道。乃列、庄之徒，遂张大其说，以与内圣外王之道相抗衡，则过矣。

陶氏之先，有桓公者，才足以克复神州，力足以一匡天下，不幸而有志未伸。然犹功在社稷，泽被生民，以故其后世每多贤裔。若靖节先生者，虽列之古逸民亦无愧焉。

吾乡榔梨市有守静真人，讳淡，字处静，与其侄炼形尸解，遗蜕尚存，相传以为桓公之曾孙也。夫以公侯世胄而辞荣耽寂，岂有感于温元循（裕）〔俗〕之扰攘，遂长往而不悔欤？盖君子藏器于身，必兼善天下而后无慊于志。故靖节亦云：“如彼稷契，孰不愿之。”然或时命大谬，而又不得大圣大贤以为依归，遂激而为方外之学，非得已也。陈眉公云：“既为男子，肯与草木俱灰；漏尽英雄，乃以神仙退步”，旨哉言乎！顾世俗徒以冲举拔宅之说相矜夸，斯浅之乎为见矣。

予家去真人宇二十余里，每瞻遗像，不胜怃然。昔屈大夫作《远游》之篇，朱晦翁订《参同》之简，古之人谅亦有同情也夫。

又《观陶真人肉身》：绿辔红稀踏上方，千年委蜕一龛藏。江流不尽升沉劫，树色遥遮梦觉场。盎里青冥应纵步，鼎间丹药更谁尝。鸿钧炉治都益幻，掩骼埋胔颂哲王。

杨世芳《过榔梨市谒陶公叔侄二真人祠》：修竹一林雨，葵江四面风。当时隐君子，今日古仙翁。自信须眉在，尤怜咸籍同。我来一瞻拜，鹤鹿许相从。

李光宝《陶真人庙》：今日须眉榻尚温，当年肝胆世谁论。桥边鹤鹿归何处，夜听灵鸦月一村。

象马临河怯浅深，双邀返照碧云岑。英雄血性凡仙外，祠畔风敲旧竹林。

五忠祠

《一统志》云：在北门内，宋朱子帅潭时所立，祀晋谯闵王司马丞、宋潭州通判孟彦卿、赵民彦，将官刘玠，兵官赵聿之等五人。并考谯王本传，像其参谋数人立侍左右，各立位版，记其官职、姓名，奏祀如法。

宋朱子《潭州约束榜》：伏睹绍熙五年七月七日敕书一项：五岳四渎、名山大川、历代帝王、忠臣烈士，载于祀典者，委所在长吏，精洁致祭；近祠庙处，并禁樵采；如祠庙损坏，令本州支系省钱修葺。

谨案，《晋书》：南中郎将湘州刺史谯国司马王讳丞，当王敦作乱之际，兴兵倡义，为国讨贼。功虽不就，志节可嘉，今数百年未有庙貌。

又案，《长沙图志》：故通判州军事赠直龙图阁孟公讳彦卿、通判州事赠直龙图阁赵公讳民彦、将官赠武节大夫刘公讳玠、兵官赠右监门卫将军赵公讳聿之，皆以绍兴初年金虏侵犯，或提兵出战，或率众守城，殉国捐躯，忠节显著。本州从来只于南岳行宫设位祭享，祠像不立，无以慰荅忠魂，表劝节义。今准前项敕书，合于城隍庙别置一堂，塑像奉安，永远崇奉。其谯王长史虞悝、司马虞望、参军韩阶，主簿周崎、邓骞，并是当时协谋起义之人，亦各合行塑像，配神从食。牒州委官讨论，计度塑造。

国朝陈本钦《城南五忠祠记》：鸣呼，此吾湖南晋、宋洎明前后五忠之祠也。初谯王及孟公五人，宋世即南岳行宫设位以祭。淳熙中，朱子帅潭州，始于郡城之北门创建五忠肖像专祀。是后南宋及明之亡潭之士大夫，与官于潭者，捐躯殉国，若李忠节、何忠诚、蔡忠烈诸公，赫赫若昨日事。呜呼，何忠魂义魄前后数百年间，不相谋而相同，毋亦大贤之表章崇奉，遂有以风厉而兴起。之与既岁久，祠之故基，不可复得，谯王、孟公之主乃侨祀于国朝贤良祠之夹室。李公、何公则不血食者，且二百年于兹。湖湘之间，淫祠多矣。贞臣谊士之魂，乃黯没若是。嗟乎，犹有人心其忍此偵乎！先是新化邓湘皋显鹤辑《楚宝》一书，憾此典之阙也，议复朱子五忠祠于故城南书院废址，益以宋明湖南死事诸公为后五忠祠。并僚佐仆卒，与乡士大夫之殉节者祀焉。久之议不行，道光甲辰秋，本钦方崇祀陈、屈两贤于妙高峰上。妙高峰者，宋朱、张二先生所尝讲学地也，故南轩祠焉。其前楹既祠两贤矣，左右有隙地，求可以栖前后五忠之神者，与两贤同堂而异室。室凡东西四楹。五忠祠东序南向，后五忠祠西序南向，盖规制虽略，而春秋牲杀器皿之供不阙；基宇虽不闳，而周旋于大儒孤忠之庭，亦神之所安也。祠成亟审湘皋及黄虎痴、师本骥、左仲基、宗植，择良日刑牲礼神而奉安焉。

呜呼，晋、宋暨明之末造，可不谓极乱之世也。与为人臣者，平居北面立。夫人之本朝而享其富贵光宠，及一旦四郊多垒，弃城避遁，全躯命，保妻子，甚或输地倒戈卖君父以取荣利者，相踵也。湖以南，荆吴之上游也，天下有事所必争之地。形势偏远，无厄塞关隘，可以阻险而捍戎。惟恃一二人杰奋万死不顾一生之节，固人心而报所受，扶名教以风有位。而此落落十数公者，明知事无可成，崎岖艰险，竭力所事，至或寸磔其躯以死，或遍刃其家人而后死，或僚属朋友仆隶感忾而相率缢林木、婴斧质以死。呜呼，悲夫！死生亦大矣，彼岂畏夫人之身，与何义烈若斯之隆也。非夫负至大至刚之气，而概夫有闻于圣贤之道，恶能从容坚定如此也。夫古人往矣，其浩然之气足以配天地，其名足以亢古今。固不在后世祀典之有无，百世之下，言之者动容，闻之者改观。庙而祠之，尸而祝之者，秉彝攸好之良，廉顽立懦之感。倘亦有大不容已于其间与。然则朱子表章崇奉之意，其必有在矣。

朱张祠

《续岳麓志》云：一名崇道祠。崇道之称，自明通判陈纲始，旧有专祠，久废。附主于四箴亭，乾隆中创建今地，仍以崇道额之。

明曾如春《朱张祠记》：圣朝崇儒，神化酿治，环宇雍雍二百余祀。历宪臣代狩，崇望山川，秉宜德音。顷直指紫亭，甘公南巡于岳，释采岳麓书院，谒晦庵、南轩二先生祠。特檄祠制议新，规度宜宏，垣墉宜固，计业役两月报竣，荫大观永栖灵密。予藉陪成事，落之日，敬稽首飏言曰：“兹邦人士抑知服习二先生遗训，仰承直指公新祠，作人之盛美矣乎！”

史载乾、道间，晦庵如湖南，曰“南轩讲论”之语，无所考见。独曰岳麓唱和诸什，一曰“超然会太极，眼底无全牛”；一曰“始知太极蕴，要妙难名论”，是二先生造臻肯綮，指授南邦士，盖《太极图》旨也。《图》始道州元公，阂深奥衍，归于主静，立极而学圣，要旨误之乎“无欲”一言。无欲故静，静故虚，虚而能神，是以道与天地合德，与日月合明，与四时合序，与鬼神合吉凶，自太极有图，图有说有解，此是彼非，几于聚讼。

惟“上天之载，无声无臭”数语最为完密。然《中庸》所谓无声无臭，实自戒谨。不睹恐惧，不闻中来，本体不落声臭，功夫不落闻见。辨在有欲无欲之间，欲根丝忽不尽，便不是戒谨。恐惧虽使栖心虚寂，终是未离声臭也。欲根消尽便是戒惧真体，虽终日酬酢营为，莫非神明妙用，而未尝涉声臭也。此之谓“无所为而为”之义，“万物一体之”仁。

昔者伊尹，道协一德，功格于皇天，世常诵其勋烈冠古今，而不知其不视不顾者，则根荄固也。嗟乎！此非无欲令甲，而元公所望斯人以志之者。与邦人士幸生元公之乡，服行二先生过化之道，窈游息有地，馆粞有资，作养有人。试验之，不为不欲之，素视阿衡何如也，斯可以仰对直指公已。

公讳士价，江西信丰人，万历丁丑进士。渊源正学，敦隆先儒，一巡南国而濂溪、岳麓，嘉惠表彰，百年茂举。

是役也，时绌而用不告匮，事集而力不告疲，费省而上则称巨。时知府吴道行，滨川人，雅尚好文，协谋肇美。董其役者，湘阴县丞山阴俞尧中。

明吴愉《朱张祠》：新声发黄鸟，古道照危岑。结想河山邈，浮光草木深。石巉空欲语，云岫淡无心。定入如相遇，希微未可寻。

国朝张世浣《岳麓书院谒朱张祠》：南岳朱鸟精，长沙得其麓。嶅嶅百里来，山灵蔚清淑。天开济胜缘，日踵名贤躅。谁衍洙泗风，二公实嗣续。落落高明亭，蔼蔼苍筤谷。东渚西峙间，微言日往复。地浚百泉流，台缘道乡筑。万祀绵豆笾，千秋播膏馥。青衿沿湘岸，幽探跻云隩。古祠觐光仪，虔谒礼容肃。大道畴仰止，伊人在迈柚。

龙王庙

《图书集成·职方典》云：在城南锡山潭，今废。

宋真德秀《新建龙王祠记》：嘉定十七年夏六月，不雨，祀太一于湘江亭。夜漏下，且十刻。遥祝于江之灵曰："洋洋湘流，神龙逌宅。盍哀斯人，亟沛之泽。膏我田畴，活我黍稷。庙于江神，维以报德。"越十日，雨大挚，岁以有秋。时通守张侯国均，从事王埜方，被郡筑岳麓、湘江二坛，因属役焉。得地于坛之左方，面苍峦，俯碧流，于置祠为称。乃辟，乃仪，乃攻，乃治我材，孔良我工。维时冬十二月告成。

凡龙君之神在境内者，悉合而祠之。堂皇言言，貌像严严。或公或王，圭冕蝉联。有疑而谂者曰："雨者阴阳之和气也，谓龙尸之奚所据依，且疑其静而渊潜，动而天飞。非鬼非幽，何以庙为。"予曰："雨非云弗成，云非龙弗兴。在易之乾，取象于龙，以其神变之莫测也。故昌黎韩氏谓其出入人鬼之间，而眉山苏氏亦谓行为人，飞为龙。变化往来，不私其躬。然则坛而荣之可也，庙而祠之亦可也。"

经营规度一出于张侯，侯去，张研代之董督，维谨縻金钱百一十万有奇，縻粟六十有一石，而取材于场不与焉。予既序次其事，且为之辞，俾歌以侑神。其辞曰：

龙之潜兮幽幽，或江而潭兮或山而湫。謇何为兮安卧，不我民兮肯顾。忧旱熯兮良苦，岁将饥兮谁诉。迟龙君兮不来，极予目兮湘浦。龙之升兮云从，变化歘砉兮有雷有风。腾百川兮雨四极，膏大田兮稼滋。殖崇崇兮新宫，觞豆洁兮粢盛。丰冀龙君兮我飨，胙我民兮无穷。

真文忠公祠

《一统志》云：在善化县南门内，天妃宫侧，祀宋真德秀。府志云：在南门内者为古西山祠，宋时府署旧址。西山守潭多惠政，士民立以奉祀。今另建真文忠公祠于路边井。《善化县志》云：光绪元年，布政司涂宗瀛请复天妃宫侧祠基重行修葺。明统志云：真德秀祠在府城中，宋理宗时，德秀帅潭，有惠政，民立生祠祀之。《鹤林玉露》云：真西山帅长沙，郡人为立生祠，一夕有大书一诗于壁间者，其辞云："举世知公不爱名，湘人苦欲置丹青。西天又出一活佛，南极添成两寿星。几百年方钟间气，八千春愿祝修龄。不须更作生祠记，四海苍生口是铭。"《沅湘耆旧集》云：此诗亦载《宋诗纪事》九十六卷，云出湖海。新闻今石刻衔长沙南城阴西山祠前，字画劣，明代市人为之，不足重也。

国朝陈益《西山先生祠堂记》：先生一代名儒也，事君以道，务格其非心，尝纂《大学衍义》上之，然当是时奸邪盈朝矣。梁成大附史弥远，罢先生禄祠，遗书所亲曰，"'真德秀乃真小人，魏了翁乃伪君子'，此语大快公论。"识者笑之。

嘉定五年，以宝谟阁待制兼安抚使知潭州。以廉、仁、公、勤励属，又有《湘亭谕属诗》，至今诵之不衰。核军实，罢榷酤，蠲斗耗，免和籴。立惠民仓，积谷九万五千石。又于各县置社仓，及乡落别置慈幼仓。民有死不能葬者，立义阡以待之。凡婚嫁产子暨有疾病者，皆赡赐有差，潭之士民特祠祀之。一夕有留题者："举世知公不爱名，湘人苦欲置丹青。不须更作生祠记，四海苍生口是铭。"祠在城南旧府故址，毁于兵，今复之，良有司之力也。

乌乎！先生宗正学源流，《宋史》不列之道学而列之儒林，谬矣！其守潭也，以周、程、朱、张学业勉士，教化大行。迄今潭之士笃于文，行有成立者，皆先生余泽也。《记》称："有功德于民则祀之。"先生之道，不以易天下，而以泽一方，其功德在人，亦河之九里润也。俎豆之奉，牲帛之勤，其能已哉！先生讳德秀，字景元，宋之蒲城人，学者称西山先生云。

李文炤《谒真（希）〔景〕元祠》：伪学网弥天，危峰嶂百川。罘罳金镜炯，葩藻玉衡悬。致主惟诚正，安民在惠鲜。青宫伤改步，鹓鹭可周旋。

吴敏树《真文忠公祠》：往政几名臣，西山学道人。帅潭如代接，建庙茂时新。风远诗残碣，杯空酒似春。湘南怀古意，念我读书身。

向公祠

明统志云：在府城中。士璧宋知潭州，元兵至，守御有功。德祐初，诏立庙。《一统志》云：在府城内，宋建，祀制置副使向士璧。府志云：庙今废。宋史云：向士璧，字君玉，常州人。德祐元年三月，诏复（元）〔原〕官，仍还，从官恩数，立庙潭州。

李忠节公祠

《图书集成·职方典》云：在府治北，宋为露仙观，后改为熊湘阁。知潭州李芾死节处，故祀之。配以尹谷、杨震、颜应焱、陈亿孙，从以义士沈忠。明学士李东阳有记。万历壬辰，兵道徐学聚重修，清复祠右居民侵占地基、池塘。崇祯癸未毁于兵火。今其祠址属善化县十一铺。府志云：旧址在治北，久废。今重建于小西门内路边井。宋史云：李芾，字叔章，其先广平人。曾祖椿徙家衡州，遂为衡人。魏了翁一见，礼之谓有祖风，易其名曰肯斋。

按，尹穀，字耕叟，亦号务实，长沙人，官参谋。杨震，官参议，赴园池死，见《李芾传》。又有《杨霆传》，霆，字震仲，亦官参议，随芾守城，城破，赴水死。震与霆疑一人也。史或有误。颜应焱，茶陵人。陈亿孙，安仁人。

明李东阳《宋知潭州李忠节公祠记》：成化五年春正月，长沙府知府臣钱澍言："臣所守宋潭州地。"按宋知潭州李芾当元兵之炽，始至潭州，画地而守，日以忠义励壮士，人皆殊死战。有诱降者辄斩以徇。城且陷，芾召帐下沈忠，遗之金曰："吾力竭当死，吾家人不可辱于俘。汝尽杀之，而后杀我。"忠辞，不获命，乃醉其家人，遍刃之。芾亦引颈受刃。忠焚芾居，还杀其妻子，复至火所自杀。是时先芾死者：知衡州尹穀寓居城中，冠其二子，与其家人死于火；参议杨震死于池。后芾死者：幕僚陈亿孙、颜应焱。潭民多家自尽，城无虚井，缢于林者相望。其事昭晰在史传，布扬在天下，浃洽在郡人耳目，而郡之祀事不立，其为阙典甚不细。臣已立祠于芾所居故地，以尹穀等配，请著祀典仪，使有司永有所遵式。事下礼部，具春秋祭，芾用豕一、羊一、粢盛备；馀各羊一。制可。

越三年壬辰，东阳展墓至长沙，拜公于其祠。钱侯以予为潭人，且籍属太史氏，谓宜为记。

予惟自古有国家者莫不亡，而萎弱困顿可悲痛者宜莫如宋。宋之亡也，伏节死义者数十人。或止一身，或连一家，或暨其将佐，而能使人感敦之深且速如李忠节者，亦寡矣。宋亡后数十年，其遗民故隐思之。忠节死，潭人至今道其事，犹慷慨泣下。呜呼，是孰强之然哉！忠义之在天下，盖有不待生而存，不随死而亡者。苟顺且诚，无弗从之矣。论者固以为宋三百年养士之报，然当时弃城卖国、背位而逃者，亦岂少哉！微忠节，潭之人未必能死，死未必能多。忠节守潭未半年而能感潭人若是！及其死，举湖以南皆降，天下之存亡所系，可知也。荆楚之间，淫祀累千百，而忠节无血食地，此岂可以示天下后世也？继自今，吾郡之人瞻望感厉，为臣必忠，为子必孝。呜呼！惟忠节之风，亦惟钱侯之功。侯既祠公，其岁祀必亲。予为之作楚歌以祀公，以抒潭人之思。歌曰：

荒江澹兮冥冥，悲风起兮洞庭。灵之来兮扬舲，载风旗兮云旌。纷胡马兮如云，奋前驱兮我军。宁为宋鬼兮生不为胡，彼雄而烈兮什伯其徒。朝鹤唳兮水滨，暮猿啼兮木莽。空城兮落日，痛三户兮南楚。楚之水兮荆之山，灵之去兮奄复还。酹桂酒兮三酌，泛予泪兮潺湲。余怀兮何极，公之亡兮誓天与日！芬鞠兰兮蕉荔，灵飨祀兮终吉。

张吉《李忠节公祠迎送神乐章》：纷犀甲兮翠幡，乱湘流兮若云。春露兮秋霜，无远无近兮援枹执鼓。折芳馨兮代舞，旅牲醴兮芬熏。公入庙兮有白其驹，我维公驹兮在庭之隅。公不卒饱兮，我呻且吁。修蛇兮蓁蓁，猘犬兮唁唁。临冲兮茀茀，犷骑兮诜诜。兵血战兮几尽，涕横流兮沾巾。彼苍者天胡不仁，死为鬼兮生为宋臣。呜呼我公兮人道之纪。口不忍言兮心曷其已。洁我肥羜兮称我兕觥。千秋万岁兮祀事孔明。

国朝赵申乔《重建宋李忠节公祠堂碑记》：长沙，故宋潭州地也。郡治西北一里许，宋时有露仙观，后改为熊湘阁，乃湖南安抚司知潭州李忠节芾死义处，即其地立祠祀之。余抚偏沅二年，拜公祠，不可得。虽求颓垣败桷、荒墟废址，亦无有存者。亟命有司勘之，尽为居民侵踞，构宇列楹于其间。春秋两祀久不设，余怃然久之曰：是守土之责也。以公力捍危城，阖门殉难，大节卓卓，犹不得保其片席血食地，此李文正所以叹息，于不可示天下后世也。案志，祠创于明成化五年，长沙守钱澍所建。请于朝著祀典，具春秋祭，李文正公为之记。孝宗时，左为祠，其右为布政分司。正德中，阴阳官李嘉望侵其右为己业。万历二十年，兵备使者徐学济捐俸葺祠，复其侵地居民之筑庐凿池者，俱没于官。崇祯十六年，又以寇毁。至于今，盖六十馀年矣。

呜呼！何其宜而久不复也？有司勘，既得实，而责以速退侵地，颇难之。余曰：此公之忠魂所依也，迁其地无以妥公灵。于是昔之侵者尽出焉。基广四丈七尺，袤十有四丈。会刘忠毅公祠亦废，乃更取之民地，广一丈，袤十丈，而酬以值，为并建两祠。经始于康熙四十三年之四月，落成于七月。计其辟地之值与夫为工庀材之资，则三百金而稍缩焉。祠有堂，有门，有寝。缭以周垣，施以丹垩，凡栋楹甍甓皆新脱于斤陶，焕如也。有司涓吉八月之二十有六日，迎主入祠。而尹、杨、颜、陈四配，及从事之沈忠，悉置主附祀。

余亲诣释奠，四顾徘徊，怆然而感，喟然而叹曰：公之事史载之，李文正志之，详矣。宋自南渡后，一坏于桧，再坏于似道，戕贼忠良，蕴结民怨，迄于德祐而天之厌。宋已久矣，特以文信国、张世杰诸君子，抱忠义不磨之心，为逆天之举，天亦不得已而延此。若存若亡之一线于一旦，公之智岂见不及此。当公之发卒勤王也，方为湖南提刑，其先以忤似道，罢官家居。假令称病不出，则公可以不死。既而湖以北皆归元，游骑已入湘益诸县，而公以安抚使始至潭城。中卒不满三千，围兵仓卒薄城下，假令闻寇弗行即行矣，而或弃城他守，则公可以不死。既而慷慨登陴日，激厉其将士，死伤相藉，犹饮血乘城。拒守三越月，大小战数十合。除夕城将陷，闻尹𫚔且死，公命酒酹之，留宾佐会饮达旦。若于此时呼帐下敢死士卫其孥，溃围出则公死，而公之全家可以不死。而公竟死矣，公且以全家死矣。方其坐熊湘阁，召幕下沈忠，谕以欲杀全家，忠俯伏叩头泣辞。而后诺遍刃其家十九人，公亦延颈受刃。忠复纵火焚其居，还家杀妻子，复至火所，痛哭投地，刎颈死。呜呼！此何如人，此何如事。即百世而不闻其事，想见其人庸夫竖子犹为之欷歔，悲怆不自胜况。官于此，朝夕出入于斯，而又俨然士大夫之列者耶。则今日重建公祠也，或亦廉顽立懦之一助，然吾闻长沙旧志有欲削公之事，此又何说也。岂疾风劲草，固为人所不乐道者耶。夫功名著青史，节义炳天壤。然不待后人之表章以为轻重，而余今日拜公之祠，独有不能已于怀者，益欲留此为不可磨灭之正气，与不可磨灭之往事，以示天下，后世亦犹文正之意云。尔公，字叔章，其先广平人，后徙家衡。尹𫚔，字耕叟，善化人，举进士，擢衡州未之官，公聘为安抚参谋，全家自焚死。杨霆，字震仲，醴陵人，为安抚参谋，赴园池死，妻妾皆殉。案《通鉴长沙人物志》所载，皆同而文正记，称杨震无霆名。长沙职官表复载，潭州参军杨震与霆并书，其是非不可考。或由传写之误耳。陈亿孙，字一之，安仁人，举进士，除安抚使参议。颜应焱，字正伯，茶陵人，举进士，为安抚司节判。皆与公同死，以配享于祠，故并记之。

李文炤《题李公祠》：紫塞长鲸翻碧浪，陆沈岂独被南州。强枝百折排雷雨，列宿千行幻泡沤。树偃井湮伤正朔，天荒地老失春秋。丹心照彻神州梦，瀚海天山看运筹。

江陵王庙

省志云：在义和坊，元初建，祀湖南行省左丞相阿里海牙。至正间徙建于湘堧故第之侧，后废。元史云：阿里海牙，一作阿尔哈雅，辉和尔人也。

元欧阳玄《江陵王新庙碑》：大元至正七年某月制：故湖广等处行中书省左丞相、赠左平南纪宣力功臣太师、开府仪同三司、上柱国、追封楚国公、谥武定阿里海牙，改赠宣威服远辅德翊运功臣，晋爵江陵王，官职勋谥如制下。

王之诸孙以旧庙在天临郡治之义和坊者，杂于阛阓，庙貌弗肃，徙于故第之侧。作正庙七间，中肖王像，后堂称是，别作神主，父、祖、子、孙咸列于位。岁遇王之忌日，祭像前庙；时祭尝蒸，设主后堂；尊俎笾豆，一遵古遗。庙之门庑垣墙，崇大厥制，克称封爵。享祀之庖、斋宿之舍、祭毕饮福之所，各有序置。经始于六年之秋，落成于是年之冬。曾孙慈利监郡阿思兰海牙至浏上谒，玄记之。

惟王建国，为国家表公之极荣，子孙旌德之盛典，具载国史。玄请举其荦荦大者，揭而书之丽牲之石，庶几观者知王之功在社稷、德在人心，所为不朽者实在于兹。

元博观天下大势，古今以江陵平江南者四代焉，未有不先得荆州而能得天下者。晋以王睿益州舟师下江陵而吴降。隋因宇文氏先取萧察江陵之北，用以图陈而陈亡。赵艺祖即位之初，即命慕容延钊将兵假道伐湖南。延钊至江陵袭降高继冲，由岳趋湖南，周保权平。然后东举闽越，西举东蜀，南唐称臣。我世祖皇帝征宋，既渡江，阿里海牙以偏师捣江陵，既而拔之。由是进兵，溯洞庭，薄长沙，遂平湖湘，声振南海。丞相伯颜以大兵顺流而东，徇吴越，传临安，宋主纳款。故今之善言兵者，谓王先取江陵，其功不在伯颜下。向使江陵未附，是时东蜀犹宋地也。万一宋人合荆、蜀之兵以窥江汉，虽胜负浚定，然岂万全之策哉?

王下江陵，降高达。捷书至，上为之大宴三日，手书以劳王，诚以荆州定则东南之势定矣。厥后王建省湖湘，分兵岭峤，恩威并翔，悉有其地。宋大帅既僭，其孤臣谋立两孱主于闽海，文天祥亦举兵江西、湖南、广右。王承制署吏，劳来既久，人心已安，势难摇动，寻自覆败。故今善功者，谓王于时绥定湖广，视先取江陵之功亦未易以高下论也。

抑元尝闻长沙先辈缙绅大夫言，王初围潭州，守臣李芾婴城固守者三月余，芾死力尽，诸将乃开门入我师。同列两参政怒其后降，欲屠其城。王持不可，两参政不从，遣使入奏。王亦遣使附奏于上皇曰："臣初徂征，受命陛下，首以曹彬下江南不杀人为训。今潭州城已降，同列疾其拒命之久，欲狝其民。臣诚不敢负陛下先诏，昧死为民请命。"参政使偶先至京半月，上询知不自王所来，疑之，未即召见。有顷，王使至，亟召入内。得王奏，大喜曰："阿里海牙言与朕志正合。"乃召参政使入，切责之，若曰："国家征南，非贪其国，欲使吾德化均及其民人。尔今得土地而空其城，政复何为？汝不禀命主将，辄为异同，当正汝罪！以汝薄劳，今姑贳汝，后复敢尔，必置汝法。其从阿里海牙慰安吾民，毋或异议。”使者往复十有四日，奏下。王布宣德德音，城中官民士庶、道路男女、贵贱长稚，亡虑百万游鱼在釜，寄命顷刻，赖王一言，易骨而肉。由是列城闻风归附相望。未及期年，南尽八桂，冒于海隅，悉归职方。王之威惠其盛矣哉！

夫天之为德，莫大于好生；圣人一天下之道，莫先于不嗜杀。用兵之不祥，莫大于杀降；杀降之惨，尤莫甚于屠城。将家一念之烈，流毒数世。其后嗣盛衰之报，百不失一，岂独曹彬、曹翰为有征也！王之子孙多贤，文武才器，代有闻人，天之报亦昭昭矣。

虽然国家先定临安，后平淮东，今追爵伯颜淮安王，表武功之所终。先定江陵，次平临安，追封王以江陵之地，表武功之所始欤！二王之论定天下混一，七十馀年矣。

王家世北庭，阿里海牙其小字也，及贵，以小字行。其世系之详，见故翰林学士承旨姚文公燧《神道碑》铭。玄既述功德之大者，以遗后人。

复作迎送神词曰：出师四方，训以不杀。惟江陵王，受命徂征。卷甲西南，荆州底平。扬旗洞庭，和风鸣条。驻军长沙，以逸制劳。湘人吁降，王实活之。三军不刃，王实遏之。土田第宅，赐在湘野。童客千亿，是耕是稼。奕奕新庙，于湘之壖。牲牺粢盛，岁取湘沅。宋弓金铠，新庙是藏。钟鼓镗鞈，牲肥酒香。王徕徐徐，旗旄猎猎。湘灵岳祇，惟是震叠。王降庭止，有蕃允祉。绳绳曾孙，以享以祀。曾孙绳绳，自去徂礿。江汉同流，汝功匹休。皇家百世，吾王不留。言从世皇，世皇遐征。旷瞩八荒，乃眷南顾。惟此荆州，曰汝之功。荆州汝功，朕世服膺。今我嗣皇，王汝江陵。王拜稽首，曰凭天威。神算天授，荆人来归。洞庭泱泱，江水是汇。王有曾孙，庙祭来会。国利利忠，家利利孝。忠有旗常，孝有庙貌。王来风雨，王去日星。焄蒿昭明，曾孙以宁。庙貌宏敞，曾孙众多。挽留莫从，屡舞以歌。

有朱斯扉，有雕斯俎。工歌沨沨，福禄来祜。载奉雕俎，载阖朱扉。万有千祀，王无我遗。

李真人庙

府志云：庙有肉身，在长沙万寿都。又云：李公兄妹，元时长沙县五十七都人。父老传，公与周野仙学道，精于养气炼形，道成尸解。今李公肉身，建祠在水渡下，有渊潭，岁旱，祷雨辄应，一方赖之。妹肉身建祠在石飞嘴，名娘娘庙。省志云：一在锦绣都花果园，一在淳化都龙潭山，一在省城长沙城隍庙左。真人名万育，字空凡，长沙人，生于元至大庚戌七月。国朝屡膺封号，列入祀典。

国朝郭崑焘《龙潭山谒李真人庙》：连山缭以深，曲径通逦迤。肩舆随山转，百转无一里。豁然见平畴，眼旷心先喜。崇祠隐修竹，楼观参差起。往时升仙迹，灵异难具指。千年遗蜕在，神存形不死。群生托性命，奔走错万趾。御灾祀所当，再拜肃瞻视。惟时方报赛，歌舞喧成市。和平神听聪，熙攘人情侈。静思发深感，旧俗非今始。凭栏俯前溪，渺渺西流水。

白马庙

省志云：潭王梓有恩于民，常骑白马出入，后因胡蓝之狱自焚死。民思之立庙以祀，今驿盐道署侧白马庙是也。《明史·诸王传》云：潭王梓，太祖第八子。洪武三年封，十八年就藩长沙。梓英敏好学，善属文，尝召府中儒臣设醴赋诗，亲品其高下，赉以金币。妃于氏，都督显女也。显子琥，初为宁夏指挥，二十三年坐胡惟庸党，显与琥俱坐诛。梓不自安，帝遣使慰谕，且召入见，梓大惧，与妃俱自焚死，无子除其封。

明袁宗道《湘城歌》按此悼潭王梓而作：湘城十里极方幅，城中无人春草绿。几从兰若望层城，偶值门开一寓目。忆昔贤王信天牖，文藻聪明窥二酉。丹砂不事淮南仙，平乐宁同东阿酒。左列六经右史籍，东平为师河间友。琉璃砚匣常随身，翡翠笔床不离手。分藩赤社近三湘，下踏霜露守金床。汉家刀笔胡相逐，天上钩铃永隔房。葳蕤自锁百雉城，身骑白马绕城行。焰烬珠楼还宝阁，灰埋乳燕与娇莺。鸣鞭直入红云里，火光三昧真龙子。隆准天人亦有灵，白面书生胡乃尔。誓将阛宅付灰尘，不用天家玉裹身。要离尚有埋魂冢，感王遗事泪沾巾。屈指已经九皇帝，空城寂寂门常闭。隆处为台污处池，辟邪天禄沟中弃。石竹花开野径幽，龙须草长无人薙。葵麦离离兔鹿肥，每岁采来供大祭。丛楚岂无青兕藏，英魂应挟彤弓至。赤毒朱龙火中仙，追随或是宋无忌。空城荒草令人悲，古木萧条屯鼓吹。只今风雨阴霾夜，城上犹闻铁马嘶。

慕道祠

《一统志》云：在岳麓书院内，明嘉靖间学使许宗鲁及知府杨表建，祀宋潭州守朱洞、李允则、刘珙，山长周式，明长沙通判陈钢，同知杨茂元。又名六君子堂。

国朝欧阳厚均《改修六君子堂记》：书院之祀六君子也，始于前明嘉靖五年。学道许宗鲁、郡守杨表改旧堂为祠，御史黄衷记之。隆庆二年，于其前建仓二间，岳麓旧志载之甚悉，今其遗址未知在何处也。

国朝康熙八年，抚偏沅周大中丞，讳召南，始移建于四箴亭之上。崇冈隆起，树林蓊蔚，历磴道数十级而上，游人之迹罕至焉。阅今百四十馀载，风雨飘摇，雀鼠穿穴，栌楹墙壁势不能支，亟欲撤而新之。费无所出，乃属监院申请于大府发帑馀，以资修葺，估计履勘有稽时日，乃者暴风摧木，檐瓦多毁。转瞬伏雨秋霖，漏涔涔下，非所以妥神灵也。会诸同人，新辟地，移建濂溪祠于上，其旧祠岿然犹存。爰乃贷资济用，即旧宇坋除之，补苴之，涂塈茨焉，涂丹雘焉。浃旬蒇事，迁六君子主祀于其中。门额“罗慎斋”，夫子所书，仍悬之，以存吾师之手泽。

六君子者，宋郡守朱公洞、山长周公式、郡守李公允则、安抚使刘公珙，元时与朱、张两夫子合祀一祠，明始特建祠以祀。朱、张曰“崇道”，更为堂焉，祀诸君子。益以明判长沙府事陈公钢、同知府事杨公茂元，为六。盖皆有功书院者也。厥后屡有兴建祠与堂，莫不并建。今移堂于祠之右，位次既宜，庶足以复旧观矣。旧志载：六君子之外宜祀者，尚有元学正刘必大、通判刘安仁、知府钱澍、刘秉良、孙存、潘镒、季本、吴道行，及指挥杨溥标，其姓名著之篇首，以志表扬。今按旧志所录，榜而悬诸祠内。其国朝以来有功书院者，采辑而踵行之，以俟后之君子顾。近日有刊石载，桂林陈文恭公抚楚时，大修岳麓斋舍者，有镂版载其事，属之诸城刘文清公者稽旧牍。陈文恭公曾厘定书院章程，迄今悉遵行。其大修斋舍，事在乾隆四十有四年己亥，岁距文恭公抚楚时十馀年矣。维时镇抚湖南者，南丰李中丞讳湖，吾座师长沙刘文恪公实董其役，廉使姚雪门先生碑记具在也。乃工犹未竣，中丞调任粤东。受代者为刘文清公，甫下车遽命停撤以故斋舍，虽修讲堂暨各祠庙，悉仍其旧。论者至今惜之。事关书院兴废，恐传闻异辞，纪载不实，并书之以告来者。

高兵宪祠

明黄学谦有《高兵宪祠碑记》。《明史·列传》云：名斗枢，鄞人，崇祯中长沙兵备副使。

明黄学谦《高兵宪祠碑》：苏允明有言：城小不足以容兵，兵少不足以实城，皆兵忌也。长沙舞袖不旋之国，城址拓于五代，湖南马氏枵然中空，承平日久，人不知兵桂阳零陵之间有伏戎焉。即有缓急披甲者，少翦桐地，重维桑情，切予身处枝邑，心忧根本，当事往复书疏甚苦，或唁予曰：子尚良食，夫集事惟才，有明使君，胜十万师矣。子尚良食，系若高公，承天子明命，观察兹土。或曰使君昔守荆南，有秦寇能御大敌，盗不足忧也。公为人洁廉，志在澄清，其为政威怀有方，甚得民和。

丁丑冬，盗发，乘湘直下栈船，城中震焉。公独身先登陴固守，此十一月十二日事也。迟明搏城，城上人发火器击之，稍却。时吉殿下，斶金飨士，率内臣同仇。爰逮绅衿，无不韎韐从事者，侨旧同心，文武齐力，请开城决战。公不可，惟日夜帅吏士乘城。曰：古者戎事袀服，自今以始，有机事若拔材方略，皆告以勿拘，相临体故，人人尽力，贼阵城南其魁，有若禹步者，为妖异动人，城上人射之，殪。又行，城北城上人又射其魁，亦殪。贼疲于仰攻，以其千金所致，敢死者二入门焉。及吾闉，或进计穴门楼地，从孔中下械歼之。钩得其尸，尸诸城上，贼望城上大痛。当是时，贼死者甚众，取其尸陈之沙上，或哭或歌，不获其尸，则从寺中著僧衣出，向空而咒，如浮屠法，城上人亦恶之。关壮缪侯庙在城外，贼焚之，几延北楼，公且拜，风反，火止。复烧城门，洞见城外城中垒石窒之，须臾而合。有谋翻城应贼者，公磔以视贼，贼气稍沮然，徉翔无去意。公叹曰：吾昔在荆南，贼大至城下，小衄，辄引去，未有坚忍如此者，真难当贼也。最后架飞梯城西，高与城等。扳堞欲上，城上人攒射之。弃梯反走，缒人禁其梯，贼计始穷。时北风正急，扬帆宵遁。公目不交睫凡九日九夜，城中解严，上下相慰劳。或曰：微公城几不守，盖公临事御物，发于至忱，故感神神应，感人人应。长沙自宋季兵燹，及今三百馀年。而有峒寇之乱，治乱之数，兹其当之赖公之力，以底于定，过此以往，吾知免矣。近日移开府于此郡城，改为镇城，可以用大不忧，中空若夫全城以待，公之功不可忘也。

邦人共谋俎豆之事，而选地鸠工，实殿睿旨王国常侍，黄、张诸公助成之焉。昔范蠡存越，越人铸金为像祠之西湖，而蠡去矣。公未违湘州，祠已告成。患难安乐，庶几一致，不亦善乎。有侐其宫，有俨其容，彼都人士过之，憩之，拜之，揖之，社之，稷之，醊其侑矣，维其祝矣。其祝伊何使使君，介福使使君，眉寿朱绂，斯皇殿天子之邦，与岳山俱苍，与湘水俱长，于维此堂也与哉。

刘公祠

府志云：在小西门内路边井，祀明巡按刘熙祚。《明史·忠义传》云：字仲缉，武进人，赠太常少卿，谥忠毅。《沅湘耆旧集》云：忠毅致命之地。《明史·本传》在永州。《衡阳志》在衡州。皆云贼踞桂王宫，聚而殴之，不屈，见杀。诸家纪载略同，惟宁乡布衣余鸣玲纪公殉难本末为得其实。献贼攻长沙，公护诸藩走衡永，诸藩欲强之走粤。公曰："御史楚官去永一步，便非我死所。"九月，贼攻衡，公救衡。贼获公，囚之回军，抵湘潭至宁乡界。道林人传义兵将谋夺刘巡按，贼怒，絷公于马，鞭且曳之，遂卒，时十月初八日也。有僧潜瘗公尸，公子自武进来迎，丧归，寄栗主于通安关外松竹庵。按此条与陶汝鼐《刘公祀事同知当日见闻》亲确，可订本传之讹。今忠毅主尚存松竹庵，余在宁时，又从一士人家得汝鼐《请忠毅入宁乡忠烈祠启稿》，尤详。

国朝赵申乔《重建刘忠毅公祠记》：古之以忠而死长沙者，自三闾大夫始，其后贾太傅吊之。故郡城之西有屈贾祠，即太傅故宅也。由祠而左为熊湘阁址，乃宋李忠节公全家殉难处。旧有祠而废，为民廛。余既清复之，重建祠于其地祀之，后则为前明刘忠毅公祠旧基。

忠毅公盖以御史巡按湖南而死，张献忠之难者也。公名熙祚，江南武进人，起家孝廉。崇祯癸未，献贼陷武岳，公率兵御之。长沙兵溃，复如衡，再如永。当是时，惠、吉、桂三藩皆弃封而遁。溃卒讧于前，强寇蹑其后，仓皇奔走，公实护之行。号召散卒以图克复，而贼猝至、诸王走岭表，公曰：御史楚官也，义不可去。遂被执，贼据桂邸，坐殿上。拥公入，令之跪，不从。贼怒，丛殴之，且倒曳，由殿城至端履门，肤尽裂。又缚公柱间，胁以不降且磔，终不屈。然贼意必欲降公，使降将尹先民款诱之公，瞑目不答。遂囚以行，至宁乡宗师庙，或言宁薮多义兵，将谋夺，直指使者，遂磔公大戮。宁人有僧窃识公骸，瘗于路。明宏光时，赠太仆予谥焉。立祠于长沙小西门内，寻圮。僧筑舍以奉浮屠，即今之福佑庵是也。

予初以旧祠既废，隙基复被居民侵占，杂处嚣隘，即因忠烈祠之左立祠祀公。既思公故有祠，纵民攘而迁之。惧公弗歆，乃檄守令厘其旧址，捐资构材，规制宏敞。复奉公主归于昔所，禋祀者以妥公灵。余登拜毕，瞻顾栋榱，徘徊感慨，因谂于众曰：为臣死忠，为子死孝，世皆以为奇节，实不过一中庸之道耳。然其要在于穷理其根本于立志，彼夫全躯、保妻子之徒，平时未尝讲求于取义成仁之学，则见理不明，而其志趣又沉溺于富贵，汩没于声色，货利一切，卑鄙龌龊之所为，足以迷其精神，而沮其志气。一旦当大任，临大节，鲜不委蛇，巽懦忍耻偷生，至于一败涂地者。即有矫矫自好之士，始念激发，视陷胸决脰为无难，一转念而其情动，而其气怯，而其始念已不可复持。至于行败名裂，为天下笑。此无他，总由认理之未真，而所志之不先定也。

当公之被执也，题诗永州署壁有曰："(空)〔倥〕偬戎行已数年，室家迢递耗音悬。骷髅岭北俄成垒，宫殿湘南倏化烟。鹃血不沾无冢骨，乌啼归集有狐田。死生迟速皆前定，坚此丹心映楚天。"又曰："睽隔家园又一年，亲颜难睹念悬悬。山川草木俱含泪，貔虎旌旗尽带烟。妾妇漫劳寻蝶梦，儿孙戒莫种书田。长宏化碧非豪事，耿耿孤忠向九天。"

时盖献忠欲全之，而公以死自誓，故赋以见志。此其认理岂复有回惑，而其志又岂有游移而中变者哉。夫明季诸臣，窃高位，享爵禄而卖国乞降，不可一二数，首鼠两端，弃城而遁者相踵也。问尚有至今存者乎？彼之所畏惟一死，而彼亦终死矣。若蔡忠烈以支解寸磔死，公亦以磔死矣，英风浩气，千古如生。即今日而尚有瞻拜祠下，欷歔感泣者，则其死而不死，乃直至今存者也。余，公之乡后进也，每侍先大夫，言公捐躯尽节，辄叹息不能已。既悉公之概，素重公之名，今访得公之遗迹，而既复其祀，又登之名宦，从事学宫，皆不足以为公重。亦庶几使后之闻风者，咸知死忠死孝，为中庸之道，相与敦励气节，以无自弃于名教焉，则犹公之大有造于此邦也。若以公之死于君，死于民，不惜毁骸碎骨，备撄惨酷，而身没之后不能保其片壤，荒以享一邦之俎豆，则无怪乎卖国乞降、弃城窃逃者之有辞。以谢邦人也，因书之，以表公于不朽，并告后之涖是邦者。福佑庵在祠右，留以守祠，故存之耳。

蔡周二忠祠

府志云：在小西门内，祀明太守周二南、司理蔡道宪，从祀举人冯一第、贡生吴愉。

按：二南，字汝为，云南蒙化人。《明史·何腾蛟传》云：李自成毙于九宫山，其将刘体仁、郝摇旗等议归。总督何腾蛟骤入湘阴，时二南擢长沙知府，请往侦之，以千人护行，贼谓其迎战也。射杀之，从行者尽死。

国朝赵申乔《二忠祠祭田碑记》：自来忠臣义士临大节而不可夺，至于捐躯如跣，视死如归。其浩然刚大之气，足以充塞天地，争光日月，而垂之无穷。固不在乎庙貌之存亡，而庙食之有无也。然而国家风励之典，与其邦人哀慕之笃、报享之诚，则不可以废。

江门蔡公，讳道宪，闽之晋江人。起家进士，年甚少。明季司理长沙。当是时，闯、献分道流掠，而献贼已陷武昌，循咸宁、蒲圻而上，所过皆残破，进逼长沙。会太守先入觐，监司以下僚佐皆遁走。独公一人，昼夜为守御计。守将尹先民阴输款于贼，公知事不可为，乃急出。百姓十馀万户，婴城誓死守。贼稔知公爱民，声言不下，且屠以胁公。公正色骂曰："宁磔我，毋杀我百姓。"城陷，被执，朝服北面，载拜曰："生不能灭贼，愿以死报。"贼百计诱降，公骂不绝口。贼掷刃刺公，胸血溅贼首，即仆地。公扬眉举足，神色自若。贼断公足，裂公眉，复以手麾贼，骂益厉，楚楚作恨声。贼诘"何恨"。曰："恨不杀尹先民，独滥杀吾百姓耳。"贼乃截其两手，钩其舌去之。又击其齿寸磔之，乃绝。事闻，赠太仆卿，谥"忠烈"，建祠置田奉祀焉。

呜呼！人臣遇难，能死忠者鲜矣。如公之死，更有几人哉。先是，壬午秋公预分校，时先君子以公安令偕入闱，一见如平生，以道义相期许。及入觐，闻公赴义，先君子南向长号曰："江门死矣，为哀辞以吊之。"先君子尝言公之忠孝出于天性，舍生取义，其素所立志已然，余心识之，未尝不感愤太息，想见其为人。今士大夫不幸而生危难之秋，蹈白刃，赴汤镬，乃其常事。然慷慨引决，须臾毕命，父母妻子都不暇念。若公之杀身，如此之惨，而一息尚存，不忘区区之百姓。岂非其忠主爱民之心，缠绵固结于中，而不可解乎。呜呼！可以百世血食于兹土矣。

后闯逆残贼陷浏阳，太守周公二南督兵往鏖战，殁如阵。赠官亦如公，并祀于公祠。故谓之二忠祠云。祠有田千亩，为兵使者堵公允锡，籍诸从逆家以为祠田。沧桑以来，奸僧武劣相继侵踞。公之乡人，旧善化令倪康年，查复基宇，清出祠田二顷二十四亩有奇。视经始旧规仅十之二三四耳。余奉命巡抚楚南，驻节长沙，仰体圣天子风世励俗之意，凡忠孝节义载在祀典，而祠宇毁废者，皆为按册清厘。于是士民之好义者，虑祠田之终遭侵没也，请以一言垂诸后。余乃下所司议之，按其兴废之由，核其见存之田址，皆言宜如所请。且言同时死贼者，有孝廉冯一第、岁贡吴愉、湘阴令杨开、宁乡令邱存忠、长沙府照磨莫可，及长沙县丞吴士义。又，公幕僚凌国俊、陈世科皆祀公祠。凌国俊者，幕下从者九人之一也，将就戮，先解衣裹公骸瘗城南醴陵坡下，诣贼所自经死，其殉公为尤烈。余考诸志乘，采之外史遗文与所议皆合，爰悉从其请，而胪其说于石，更为文详公殉难本末，表于墓旁，见忠义之不可磨灭，而今日之人心犹有不忍忘公者也。虽然余恶能文，亦本先君子之所言，而聊述其生平，景仰之私焉耳。至于祀田，在华严塘、洪山庙、长塘三处。粮载善化之四都三甲十柱，册尾每岁额租三百二十石，向入僧户，殊不经特令改正二忠祠户名。后之守土者，时加厘察，俾烝尝有赖，未必无补于名教云。

理灵祠

《图书集成·职方典》云：在南门外醴陵坡。堵胤锡记略曰：此为古醴陵坡，癸未秋，司理蔡公死难。越明年五月，纠诸同人卜兆建祠于此。因改醴为理，言公之尽职也。改陵为灵，言公之不朽也。名以义著，地以人传。千载后履兹土者，其仰见蔡司理之能灵云。

明王夫之《拜蔡公祠》：烈心歆匪石，笃意悲逝川。怀沙无归魂，惜兰非夭季。寸念付两情，哀羡交不捐。徘徊依榱桷，僚侘随湘烟。绿莎生庭际，春云相凄暄。良运既不留，英华奚久延。顾此萍梗姿，屡婴波蔓牵。愉惬安可期，昭灵或相援。

国朝王岱《谒蔡忠烈公祠》：劫运丁衰季，南楚盛兵革。斩竿杀长吏，所向成卷席。大厦无后支，蒙面先遁迹。卓哉晋江公，神勇森戈戟。背城决死战，瓦解无完璧。史垂睢阳青，血被平原赤。一啸天为回，自注公善长啸。长虹贯白日。义士冯孝廉，守节被钩索。不惜支体断，耻俯南云额。义兴堵抚军，石友敦宿昔。泣血洒九招，勤媿峋嵝石。配祀屈贾祠，馨香不可射。我来展祠宇，踊擗还躅踯。同罹忧患人，苟活愧朝夕。潇湘万顷青，岳麓九面碧。庶几其来归，为君洒魂魄。

府城隍庙

府志云：在城北空地飞虎寨西。《图书集成·职方典》云：在府城北，万历十九年重修。

明黄宝《长沙府城隍庙钟铭》：余省墓至中湘昭山，昭山观道士刘信常，谨行之士，凡桥梁道路多所修葺，乃进而前曰："长沙府城隍之神，曩因土木绘像世远腐朽。"正德庚午，敬惟吉王殿下，以是神国朝崇重福善祸淫，有裨治化。盍若征金工，范金为像，庶与天地宗社相为悠久。是年冬，像成。第长沙古名郡，百族错居，动数万计。咸以神为一方具瞻，不假重器，无以孚洽神人，严晨昏之禁。据释氏云，钟之声扣之，可以上极天界，下洞幽泉，导死者冥昧之魂，出地狱沉沦之苦。若如其说，又能售拯苦之资，为神功之助，钟不可阙也，明矣。辛未仍发内帑，命承奉李献监铸大钟，信常董其事，帅金工相地抟泥成范，画其铣角，衡之度侈，弇为良篆，炼黑金五千斤，筮以十月吉火，天地之炉，扇阴阳之炭，聚精会神，鸠工其间，落成有期，请为铭之。余闻先王之世，金部有七，黄钟乃乐之所自出律吕，由是而应阴阳，由是而均夫岂细故哉。今我贤王仁德孚于一邦，贤声著于四国。既范金以为神像，尤垂睿意于鸿钟，则其宣畅和气，裨益化原。亦于是乎有赖非特，孚洽神人，严晨昏之禁而已。

铭曰：维天穆清，磅礴昆仑。雷霆一鼓，百物以生。维神具瞻，祸淫福谦。大镛斯扬，发挥沉潜。贤哉宗室，德音秩秩。范金为像，永镇邦邑。乃饬工倕，融金为水。不鉏不铻，轮圆顺轨。既启其型，涂衅礼成。台构悬植，摩乾荡坤。扬音大千，琅琅阗阗。傍震万壑，高闻九天。大鸣于翌，千门斯辟。訇然暮吼，群劬如息。欲摅灵气，昭融品汇。物无夭札，年谷攸遂。稽乐之原，钟实为先。裨益治功，亿万斯年。

国朝李元度代撰《省城隍庙碑》：城隍之文见于易庙祀则，不知所自。昉《长乐图经》云：汉御史周苛为项羽所烹，高帝嘉其忠烈，诏州县庙祀之。然未闻遂名其神曰城隍也。惟镇江、庆元、华亭、芜湖等属，祀纪信为城隍神。龙兴、吉安、建昌、临江、南康等属，祀灌婴为城隍神。《南雍州记》亦云：南阳有萧相国庙，相传为城隍神。然则城隍之祀，殆始于汉欤？若其见于正史，则自吴赤乌二年，建芜湖城隍祠，外北齐慕容俨镇郢城，有祷城隍神获祐事。梁武陵王纪烹牛祭城隍神，有赤蛇绕牛口事。嗣是唐张说、张九龄、李德裕、杜牧、李商隐并有祭城隍文。李阳冰有《缙云城隍祠记》，则由汉迄唐，庙祀已遍天下。宋颁封爵，锡庙额礼秩有加焉。明初去庙为坛，自京师城隍神至直省、府、州、县，封王、公、侯、伯有差。寻诏去封爵，仍用庙祀，称其省、府、州、县城隍之神，国朝因之。《会典》及《通礼》有祭，都城隍及直、省、府、州、县城隍庙之礼，盖天生民而立之。君有封疆吏暨郡守、州牧、县令以理阳，即各有神以理阴。阴之与阳，犹昼夜寒暑之相倚，理不诬也。

湖南行省治长沙府，于汉为长沙国，后为郡、为州、为路，至明复为府。成化十三年，分藩于长沙，是为吉王。城隍庙在府治东北飞虎寨关帝庙之右，神像铸金为之。有文曰：都城隍像，正德五年吉藩造。盖郡既立国，神即为国城隍矣。入国初，复为府城隍。康熙三年分湖广为南北三行省，移偏沅巡抚于长沙。法当立省城隍庙，未遑也。乾隆二十八年，巡抚陈文恭公始即府城隍庙改祀之，仍以府城隍配庙，遂合为一。咸丰初，军兴，设火药局于旁舍。九年二月，局不戒于火，庙轰毁，无片甓存。同治十二年，议修复，佥以两庙宜分设，乃先复府城隍庙于故基。越光绪三年八月，卜地关帝庙左肇建省城隍庙。庙三成，各五楹。门庑五楹，缭以垣。为门二重，歌榭一。

东西庑各八楹，分祀九府、三厅、四直隶州各城隍神，犹节署之有属官厅事也。其后为寝宫，为斋厨，神库崇闳赫旷，视旧有加，工竣于四年。共縻白金万二千有奇，新庙既作，像设有严，簠簋、笾豆、尊罍之属咸饬，乃筮日逆主肃将祀事。时崇福以布政使权巡抚事，众请文其丽，牲之石，爰缕述始末，暨创建落成之岁月，勒贞石以诏来者，且为迎飨乐神之辞，俾工歌以祀焉。

其辞曰：大湖南兮风泱泱，砺岣嵝兮带沅湘。城伊淢兮屹金汤，有神绾毂兮绥是邦。神之格兮逶迤，驾苍虬兮骖王螭。揭桂栋兮芝楣，考新宫兮神是依。坎坎鼓兮傞傞舞，樽缇齐兮牲折俎。神醉饱兮谷士女，袪疫疠兮时旸雨。宜稼于畮兮蒸髦于庠，祭受福兮善降祥，祚我湘氓兮惠千万祀其无疆。

长城隍庙

府志云：在北门内。

国朝朱前诒《重修长沙城隍庙记》：楚俗信巫尚鬼，《离骚》所载怪异不经，凭吊者过而忘之，以其非命祀也。命祀之隆，无如城隍，御大灾，捍大患，与祀典固合。而福善祸淫，守令之赏罚，时相表里，故余祗事之，诚未入庙而已笃焉。莅官以来，斋心肃谒而顾，瞻庙貌莫名其处，未几，马驰草径，车堕砾中。群相告曰：此即古城隍庙也。窜苍鼠于古瓦，莓苔之座已空。穴野狐于颓垣，土木之骸难乞。嗟乎，《易》所云：城复于隍者其悲凉，当作如是观矣。顾毁于畴昔者，既应即戎之占；建于将来者，尤非自邑之告。而始有度土之劳，继有庀材之苦。惨淡经营，难忘贞励之戒也。越明年，瘠土日以滋，劳民日以纾。迄可不休，岁乃有秋，因作而叹曰：古人有言，先成民，而后致力于神。今民粗成矣，致力于神当在此一时。爰集父老以卜筑告之佥曰：唯唯吾见高国之鼓不悬，而遐迩响应矣。华元之扶不行，而畚锸毕具矣。材不必甚美，而竹苞松茂惟其固，不惟其丽也；工不必甚巧，而引绳削墨昭其俭，不昭其华也。庙成之后，奉盛以告，则黍稷惟馨；奉牲以告，则硕大繁滋。有不阴阳和而风雨时，以赞成天地之泰者哉。余念祀典之重，而推其庙之所名，勒诸石以告来者。

善城隍庙

府志云：在县治东。

明黄洽中《重修善化城隍庙记》：昔太祖恭膺天命，作四海神人之主，敕郡邑里社各设无祀鬼，神坛以城隍主祭，于以昭示祸福，表里阴阳，诚巨典也。善邑旧建城隍庙，日久颓圮，自武林唐侯来抚兹，已顾瞻庙貌，不胜慨然。乃曰："神实庇民，惟民报神。奈何敝宇颓檐，栖神于荆莽间。其若国家祀典何，吾将图之。"始捐俸，市材鸠工鼎建，绝不以累民力。盖经始于万历辛亥之四月，落成于是年之九月。中为堂三间，两楹设诸司，而以各厢里土谷神附焉。堂后为寝室，前厂隙地峙为门。门外百步许，竖有坊。宏壮轩豁，金碧凝辉。视昔规制，不啻过之，总以隆祀事而答神庥也。先是水旱频仍，岁称不易，洎侯下车来，而起视其境内，雨旸时若，田畯十千，蝗虫扫而瘥疠除，惟神之贶，实惟侯之功矣。侯湛心亮节，覃德宏猷，一切经画，皆为民生不朽。计甫及期，而上下信之，士民歌舞之。总之，心和则政和，政和则民和，民和则神以宁。所谓明有礼乐，幽有鬼神，交相赞者也。

书曰：至治馨香，感于神明。吾以观侯治焉。又曰：黍稷非馨，明德惟馨。吾以观侯德焉。庙既成矣，父老谓兹举也，以赫声濯灵，则昭神贶；以灵承妥佑，则崇王制；以降鉴昭格，则奠民居。一举而三善，备不可无记。属余一言以垂永久。余故邑人，庇神宇下，且乐侯之造命一方也。直援昔据今纪其梗概，见明祀之当崇，与幽明感应之必不爽云尔。

湘城访古录卷九

宫观类

紫极宫

见唐李群玉诗。

按省志云：在澧州。澧州者，群玉之故里也。群玉诗题中明言长沙其非故里，可知省志所载有误。

唐李群玉《长沙紫极宫南夜愁坐》：独坐高斋寒抱衾，洞宫台殿窅沉沉。春铅含思静相伴，夜雨滴愁更向深。穷连未知他日事，是非皆到此时心。羁押摧翦平生志，抱膝时为梁父吟。

又《紫极宫斋后》：紫府空歌碧落寒，晓星寥亮月光残。一群白鹤高飞上，唯有松风吹石坛。

碧湘宫

明统志云：长沙城南门之侧有碧湘宫，五代时马氏置。胡氏通鉴注云：今潭州西北出，有碧湘门，马氏盖立宫于是门之侧。《五代史》云：马希范卒，希萼来奔丧。张少敌、周廷诲请早诛之。希广泣曰："吾兄也，乌忍杀之，分国而治可也。"乃以兵迎希萼于砄石，止之于碧湘宫，厚赂以遗之，希萼愤然而去。

云麓宫

《图书集成·职方典》云：在岳麓峰上，即洞真墟福地，道士金守分募建石柱、铁瓦，祀元帝梓潼君天师。后殿祀三清。外有五岳殿、天妃殿。下有升岳石，一名飞来石。石方广丈馀，嵌空卓立，土平如砥，构亭覆之，祀真武。又有法华塔，在宫后两山中，履之空洞有声，兵备张璇重新之。《续岳麓志》云：明吉简王就藩长沙时倡建，后废。故今以重修之，金、王二力士为始。大门外古树一株，好事者以钟纳钮其内，如系铃然。钟铭“万历四年造”，叩之清越以长，土人呼为飞来钟。

国朝廖元度《宿云麓宫》：林深霄气重，一枕对灯青。月色和秋瘦，虫声触梦醒。壁铭嗟故宅，天问补遗经。乐死吾知勉，云山足典型。

张九镒《云麓宫》：铁冶为椽石作扉，巉空绀宇陟崔嵬。不知绝迹仙何去，但看悬崖势欲飞。黄入洞庭含日气，碧连衡岫淡烟霏。到来便隔尘凡界，结坐凭谁学息机。

姚鼐《铁瓦祠》：寒云飘烈风，紫石压其上。后踵倚绝壁，前趾踏雪浪。老松奋壑底，长鬣讫相向。结偶托群微，丹青昔何壮。玄武盛严卫，仿佛敕尔昌。好从神霄汉，迹自宗藩创。神理有诞异，人事阅兴丧。衡岳百里外，魏然山南望。吾闻黄炼师，未敌故无恙。解带逝从兹，将入青霞访。

晏贻琮《晓霁登岳麓峰绝角还憩云麓宫》：宿云尚在树，岩溜滴初响。东风发天和，新绿亦已长。驾言撰良辰，丛林寄萧爽。偕游岂无人，意得每独往。初造径转仄，至顶地殊敞。凭高览山川，中原郁苍莽。探幽竟忘疲，触目即延赏。未知平生游，着此屐几两。老僧喜我至，屡要入方丈。诸天少昏旦，洞放光明相。群龙各持经，有首不敢仰。何必闻旃檀，即此悟非想。尘根倘可除，庶几谢鞅掌。

龚立海《登岳麓游云麓宫》：曲磴历陂陀，青萝挂芒屦。松杉一径阴，落叶纷无数。鼓勇复登陟，云与人争路。天风鸣耳际，袅袅疏钟度。绀殿出苍碧，铁瓦森参互。始知所历高，放眼天一曙。南眺祝融峰，寒岑寸碧露。一雁带秋来，暝色遥天赴。孤城界清湘，微茫指烟树。长沙十万家，广厦几人具。我无治安策，焉问怀沙赋。浮世野马尘，变幻随朝暮。虚堂生峭寒，斜阳满荒戍。吹香不可挹，杉庵杳何处。泠然御风行，又逐归云去。

聂汝康《秋日登云麓寺晚眺》自注寺门有万历九年所铸钟，大径二尺，嵌置树顶。相传为前朝飞至，俗名飞来钟：我亦如钟挂树颠，凌空飞上寺门前。山风欲到松传话，铁瓦无棱石补天。自注寺瓦系铁铸。云落遥岑一寸碧，水围荒戍万家烟。正思好景披图览，已挂晴岚落照边。

陈士桂《云麓宫》：花宫天外立，书日白烟封。霭窟疑瓦寺，云麓忽有峰。瓦皲千年殿，门倚六朝松。万壑声闻寂，禅心证碧峰。

郭祖翼《云麓宫》：飞翠遥惊百尺台，山根拔地立崔嵬。天悬星斗当窗落，水合潇湘抱郭来。列嶂昼冥云气护，虚堂寒早磬声催。临风欲拄仙人杖，看取衡峰九面开。

凌玉垣《云麓宫》：幽林如帜寺门前，日暮空山鸟唤烟。何处白云生槛外，有时翠雨洒吟湮。虚堂书静看花落，古坛僧闻抱石眠。清夜诗分煨芋火，松阴犹可席枯禅。

真武宫

《长沙县志》云：在抚署左，明吉藩建，前有护国佑民坊。陶汝鼐自订年谱云：癸巳二月，郡胥潘正先首叛，系郡狱。抚军金某按金名廷献奉天人得余与前郡守启，索重贿不能，得夜集鞠于真武庙。予曰：语诚有之，不能谋反也。遽命杖，杖时大雷电，雨如注，屋瓦震落，灭烛，遽命罢云。且还，系石承藻书《金刚经》。诗注云：先是议起兵者八家，约于洞庭举事，未成，其后巡抚某至，以贪酷闻，忽兴大狱。湖湘知名士株连三百馀人，会审武当宫。按即真武宫。三木交加，忽烈风雷雨，烛尽灭，坐皆股栗。佥事郭公万象起曰：老大人，天变可畏，遂罢。又云，是狱经赵开心三疏参劾，有旨俟经略洪承畴到长沙平释。至顺治甲午五月，始脱诸人于狱。

洞真观

《南岳总胜集》云：灵麓峰下有洞真观，乃东晋邓郁之修内外丹处。后升真于南岳，每岁至秋，仙鹤常集于洞口，至今不绝。《画墁集》云：甲子晴，无风发潭州，循西岸牵行，舣舟王公亭，奠南岳行祠，游岳麓升中寺、洞真观，谒汉文帝庙、岳麓书院、塔院。大抵诣寺，相邻惟升中寺最高，宛转登陟，可百馀步。门外小溪，激射竹木，其声泠然，稍露石角。寺后有法华台，高绝山顶，晋僧法崇者笺《法华经》于此。有杉槶数本，其大如菌，云陶士衡手植也。王公亭湖民为王宰少邶所立。《洞真观记》云：邓固真人上升之所。

宋任沿《洞真观》：得道真仙去不回，空遗宫殿起崔巍。十年胜旭多殊感，群鹤翔飞岁岁来。

国朝刘友光《春日饮洞真观》：白云片片中留恨，卧对清风扫殿门。恔柳丝牵莺唤友，隔松人报鹤生孙。古花红暖沾藜杖，竹叶清香散瓦盆。醉后快谈龙可牧，一天明月照昆仑。

古雪观

《岳麓志》云：旧在碧虚山右，地极清邈，真仙客所居。观目中已不复睹，后遂无修者。

宋张栻《雨后同周允升登雪观》：一雨端能减百忧，肩舆径上最高楼。山客净洗无穷碧，江水新添自在流。已觉春随花片老，不应身似贾胡留。烟蓑风笠南山下，正好归期看麦秋。

露仙观

府志云：大四门内，后改为熊湘阁，即李忠节祠。

寿星观

明统志云：初在府城驿步门内，本朝洪武初徙通货门内。府志云：各官祝厘习仪处。旁有南极殿，以长沙星主寿，故名。《天中记》云：史记曰，狼北地有大星，曰南极老人。老人见，治安不见兵起，常以秋分时候之于南郊。隋志曰：老人一星，在弧南，一曰南极，常以秋分之旦见于丙，春分之夕一作夜。没一作见。于丁。见则化平，王寿昌明。令秋分日，飨寿星于南郊。注云：寿星，南极老人星也。《尔雅》云：寿星，角亢也。注云：数起角亢，列宿之长，故云寿星。《唐会要》：开元敕有司置寿星坛，以千秋节日修祠，祭老人星及角亢七星，著之常式。

元虞集《潭州重建寿星观记》：古者六宗之禋，星居其一。《大宗伯》："以实柴祀日月星辰。"辰者，日月所会十二次也，故角亢为寿星之祠也。秦人立祠于雍，自日月星辰以降，祠庙百数十，寿星祠在焉。说者曰："寿星，南极老人星也，在狼南北地，则参角之下也。"古者以为生人寿命应之，恒秋分时见于南郊，有国者以时祠之其地焉。然则一祠也，俱谓之寿星。唐开元礼寿星坛，既祭老人星，又祭角亢七宿，盖兼之也。荆及衡阳之野，上应翼轸，而潭州有寿星，则以长沙一星在轸旁，而轸旁之余度入辰故也。宋政和中，湖南漕臣以潭之子城西北隅所为民地者作之，以为有乔松苍龟之瑞。方是时，人士崇尚道教。祷祀神祇，四方依仿，以将顺其上，何可胜数。然未数十年，胥为沦没，讫不复存，而寿星观独传至于今不泯。岂非上下之应，次舍之限，真有不可诬者，而所谓渊（耀）〔跃〕光明之下属，必将表现于斯也耶？然观旧无田以备瓜华之奉。庆元间，自岳麓宫分余业给之，乃见夺于势力，不能全其有。至在己酉之间毁。住持提点石以能奥其徒，劝众人出财，累辑以新之。寿星有殿，万寿有阁，鼓钟有楼，藏经有室。翼以两庑，表以三门，而观始具，可谓势而成者哉！表著其事，以示久远。

而窃以为寿星者，礼诚当祠乎，宜自天子置祠。官倾之法，应祠在郡国乎，则为郡国者当治之。今至使方外之士，殚其私力以为之者，何也？且今为道家者，自玄教大宗，宗师、嗣师为朝廷所尊贵。予尝见其在廷中为公卿言有国久长之道，皆合于清净无为之说。其所谓祝釐上方者，意甚深远。寿星果有系于寿命之应，必胜推而明之以报乎哉！夫论次用事，鬼神之表里，予所不得辞也，故因其有请而为之书焉。

明黄宝《重建寿星观记》：长沙寿星观旧在郡城驿步门内，图经不载其所始，洪武初徙今地，永乐辛卯毁于回禄。天顺戊寅，道录司掌书邓濬哲倡率其徒，募缘修葺，少司马王公伟记其事。谨按，《大明一统志》：长沙古荆州之域，天文翼轸分野，旁有星，名长沙，适应其地。然寿星明，则人民寿昌，名观之义，盖如此。逮岁历既久，风雨浸渍，颓垣栋桡，岌焉弗支。暮鼓晨钟，声沉响阒，有不堪属目者，幸际吉王殿下有屏藩之寄，多历年所，习知地方事情，闻而叹曰：寿星为观，迹肇前古，且为国家祝釐之所，敝而弗修，岁时称庆、习礼何以耸人之观视。乃发内资若干，命承奉李献总其纲典，宝正江宏董其役。于是发材于山，运甓于陶，川汇山积，简材召工，以正德壬申岁鸠工，经制施为，各以其序。中为殿，曰三清；后殿曰玉皇；前殿曰四圣，次为山门及廊庑之属，明年乙亥四月告成。总之为屋若干，栋宇言言，檐阿翚翚，丹垩鲜冶，金石辉煌，高明靓深，瑰玮轩豁。虽不改旧名，而胜概壮观，视昔百倍。盖工用以万计，赀费以千亿，使吾郡之大夫士岁时簪合骈首，跂足瞻望，祝颂以为一郡伟观，不有所记，将无以垂后。

况余家潮宗门，距观不一里许，目击修葺之功，是不可以无传也。余窃闻之道家者，流本出于黄帝、老子，其道以清净无为为宗，以虚明应物为用，以慈俭不争为行。自秦汉以来，为其徒者，相与推演，乃有飞仙变化之术，黄庭大洞之法，太上、天真、木公、金母之号。至于丹药奇技，符箓小数，自京（圻）〔畿〕以达于中州通都大邑，靡所不知。下至远方，虽僻陋穷边，山海万里之外，莫不崇奉。然黄帝、老子之道本也，后之推演者末也。修其本末，自应仰惟贤王，好善忘势，屈已下贤，竟明以处事，虚静以应物。兹乃侈羸馀一新是观，盖欲寿星辉朗，上以祝天子亿万斯年，下以祈一郡黎元灾厉不作。洽于康裕，夫为国保黎，可谓忠也。欲民寿而且康，可谓仁也。既忠且仁，此本之所以修也。《易》曰：天之所助者顺也。《书》曰：作善降之百祥。《诗》曰：显显令德，受禄于天。今观成之日，民大和会。鼓舞讴歌，声闻于天。天地歆答，神其来格。祝史无求，福禄攸同。时万时亿，藩国弥昌。所谓修其本而末自应，岂不然欤。予既书之以告来世，复系之铭。

铭曰：惟我贤哲，默运化枢。其作飙举，其助云输。图新去故，厥工群趋。百废具举，在于斯须。仪观有伟，光彩发舒。上祈懋德，天神鉴之。赉赉维藩，永锡蕃釐。勒祠贞珉，百世之垂。

国朝姜晟嘉庆五年《重修寿星观碑记》：楚南省会曰长沙，其地按天官家属轸宿分野，长沙一星在轸中，主寿命也。长沙明，则人寿子孙盛。又，轸为南方七宿之终，于角亢躔次为最近。《尔雅》以角亢拥寿星，而长沙星又主寿命，其请长沙以寿星各具观之所。前明崇祯碑睇然独存，而遗迹荡焉不可辨识。辛亥之岁，余奉命求其故址不得。得故碑而读之，始知旧所谓寿星观，即今邦人士所谓之玉皇殿也。有明废复，不知改于何时，已不可考。明长沙黄令理其役，鸠工庀材，不渝时而告成。瞻榱栋之崇闳，仰神灵之赫奕，令人肃然有上帝临汝之惧焉。岁时为民祈福，则使省与官斯土，咸有事于庙。比岁以来，年谷顺成，无雨旸旱，无厉疫夭（札）〔折〕之患，夫孰非太清之表，有以执大同之制，调壶鸿之气，以锡之福哉。夫宦辙所至，往往搜采幽秘，表章胜迹，作为诗歌记序，以侈其游观谨赏。宝从之盛，不过学士文人约会之所寄耳。而此观则民生休戚相关，非可同年而语也。惟是土木之黄，日久必圮，正德重修复不数百年，而碑所云：高明靓深，瑰玮轩豁，胜概壮观，视昔百倍。有已不可复睹，安知自今以往，不更夷为荆榛荒秽之区哉。

余爰捐廉为之倡，方伯廉使，以次递为之资其成，以为岁修。垂之计勒诸贞珉，传后之君子，踵而行之，且接而允之。于以祝国家万年有道之长，而吾民之乐其乐，而利其利者，亦亿万年永天之休矣，岂不懿欤！

昭阳观

府志云：在善化县南五十里昭山。

国朝陈鹏年《昭阳观》：自注：在昭山上故有周昭王庙，相传其下昭潭即是入胶舟处，非汉水也。或云：周昭王庙因名皆无可考。余四龄时随先恭人归宁曾一到此，今五十年所。

此地名昭港，胶舟事渺茫。如何先八骏，早自泝三湘。古殿灵衣肃，春州杜若香。儿童曾一过，萱草老沾裳。

杉庵

《方舆胜览》云：世（傅）〔传〕晋太尉陶侃手植树，今存者七八株，其围三丈，中空空如庵。《湖广通志》云：在岳麓山，晋陶侃种杉结庵。后庵废，杉存，古朴可爱。昔时盛传者，今且为兵卒伐尽矣。《续岳麓志》云：道光中，两江总督安化陶澍摹刻李北海碑，建舍一楹，嵌壁间。山长欧阳厚均题“陶桓公杉庵”额于门。

洗药庵

《图书集成·职方典》云：在善化县西，原玉沟水由庵右绕前，今淤。僧持升诗：渠水源从故苑来，宫中脂腻旧潆洄。溪流已共昭阳改，岸树空馀劫火灰。洗药有仙留胜迹，题桥无池吊荒苔。幸邻泮壁存文献，时接宫县到讲台。

明白庵

《岳麓志》云：南台寺有明白庵，故址见僧宝传，今废。

宋僧惠洪《明白庵铭并序》：予世缘深重，夙昔羁縻，好古论今，治乱是非成败，交游多讥诃之。独陈荣中曰：“于道不妨，譬如山川之有，飞云草木之有，华滋所谓秀媚精进，余心知其戏然，为之不已。”大观元年春，结庵于临湘，名曰“明白”，欲痛自治也。荣中闻之，以偈见寄曰：“庵小不著眺邪。”坐亦许灵仙问法，人便谓世间憎觉尽搅，有谁嗔于是堤岸，然竟坐此得罪，出九死而仅生，恨识不知微，道不胜习。乃收召魂魄，料理初心，为之铭曰：

雷霆发声，万门春晓。闻者不言，心得意了。本落霜清，水归沙在。忽然雾惊，闻者骇怪。合妙目用，如春雷霆。背觉合尘，如冬震惊。万机山罪，随缘放临。尚无了知，安有例想。永惟此思，研味具旨。一庵收身，以时卧起。语默不味，丝毫弗差。蒙难而著，随乎于嘉。

香雨庵

《岳麓志》云：旧在西林寺右，久废，而其庵址最幽邃。

湘城访古录卷十

寺院类

南寺

《太平御览》云：郡国志曰，长沙南寺贾谊宅，亦陶侃宅在焉。《续谈助》云：殷芸小说引盛宏之《荆州记》曰，湘州有南寺，东有贾谊宅。影宋本《寰宇记》云：陶侃宅，今为南寺。

岳麓寺

《方舆胜览》云：在山上百馀级乃至，今名惠光寺，下有李邕麓山寺碑。《一统志》云：在岳麓山半，晋太始元年建。即古鹿苑，一名慧光寺。明万历间又赐名万寿寺，寺有唐李邕所书碑。

唐李邕《麓山寺碑》：见碑碣类。

唐扶使南海道《长沙题道林岳麓寺》：道林岳麓仲与昆，卓荦请从先后论。松根踏云二千步，始见大屋开三门。泉清或戏蛟龙窟，殿豁数尽高帆掀。即今异鸟声不断，闻道看花春更繁。从容一衲分若有，萧瑟两鬓吾能髡。逢迎侯伯转觉贵，膜拜佛像心加尊。稍揖皇英颓浓泪，试与屈贾招清魂。荒唐大树悉楠梓，细碎枯草多兰荪。沙弥去学五印字，静女束悬千尺幡。主人念我尘眼昏，半夜号令期至暾。迟回虽得上白舫，羁泄不敢言绿尊。两祠物色采拾尽，壁间杜甫真少恩。晚来光彩更腾射，笔锋正健如可吞。

沈傅师《次潭州酬唐侍御姚员外游道林岳麓寺题示诗》：见碑碣类。

刘禹锡《唐侍御寄游道林岳麓二寺诗并沈中丞姚员外所和见征继作》：湘西古刹双蹲蹲，群峰朝拱如骏奔。青松步嶂深五里，龙宫黯黯神为阍。高殿呀然压苍巘，俯瞰长江疑欲吞。橘洲泛浮金宝动，水阁缭绕朱楼骞。语馀百响入天籁，众奇引步轻翩翻。泉清石布似棋子，萝密鸟韵如笙簧。回廊架险高且曲，新径寄林明复昏。浅流忽浊山兽过，古木半空天火痕。星使双飞出禁垣，元侯饯之游石门。紫髯翼从红袖舞，竹风松雪香温馨。远持清琐照巫峡，一戛惊断三声猿。灵山会中身不预，吟想悄绝愁精魂。恨无黄金千万饼，布地买取为丘园。

刘长卿《自道林寺西入石路至麓山寺过法崇禅师故居》：山僧候谷口，石路拂莓苔。深入泉源去，遥从树杪回。香随青霭散，钟过白云来。野雪空斋掩，山风占殿开。桂寒知自发，松老问谁栽。惆怅湘江水，何人更渡杯。

戴叔伦《麓山寺会送尹秀才》：湖上逢君亦不闲，暂将离别到深山。飘蓬惊鸟那自定，强欲相留云树间。

杜荀鹤《题岳麓寺》：一簇楚江山，江山胜此难。觅人来画取，到处得吟看。鹤隐松声尽，鱼沉槛影寒。自知心未了，闲话亦多端。

罗隐《春日湘中题岳麓寺僧舍》：蟾宫虎穴两皆休，来凭危栏送远愁。多事林莺还谩语，薄情边雁不回头。春融只待乾坤醉，水阔深知世界浮。欲共高僧话心迹，野花芳草共相尤。

曹松《题湖南岳麓寺》：海云山上寺，每到每开襟。万木长不住，细泉听更深。蜩沾高雨断，鸟过夕岚沉。此地良宵月，秋怀隔楚砧。

僧齐已《暮游岳麓寺》：寺楼高出碧崖棱，城里谁知在上层。初雪洒来乔木暝，远禽飞过大江澄。闲消不睡怜长夜，静照无言谢一灯。回首何边是空地，四村桑麦遍丘陵。

宋赵抃《岳麓寺》：古木与天齐，门前百尺梯。我来还涤想，疑是过云溪。

张舜民《岳麓寺》：初投旱海戈，忽整潇湘栧。彭蠡镜中行，洞庭天外倚。

携杖溪边听，抱琴台上坐。我喜见江山，江山愁见我。

曾几《岳麓寺》：岳麓知名寺，幽寻到眼边。林深不见日，山静只闻泉。便欲呼舟去，聊为借榻眠。明朝游历处，都在小窗前。

明李东阳《与钱太守诸公游岳麓寺四首席上作》：衡岳地蟠三百里，群峰将断复崔嵬。岩间古刹依山转，谷口晴云满树来。北海书存谁问价，少陵诗罢独怜才。扁舟已谢长江险，又是匆匆一度回。

路转村回一掌平，水田沙树绕溪行。居人尚说潭州守，书院犹存岳麓名。荒芜旧基俱寂寞，断碣残篆失分明。钱侯亦有招贤意，潦倒无能作颂声。

危峰高瞰楚江干，路在羊肠第几盘。万树松杉双径合，四山风雨一僧寒。平沙浅草连天远，落日孤城隔水看。蓟北湘南俱在眼，鹧鸪声里独凭栏。

政简官（间）〔闲〕讼亦消，我公多暇得相招。长沙地湿天将暑，岳麓山深路未遥。归磴浅留芳草屐，离舟深系木兰桡。他年便作甘棠地，白石青松漫寂寥。

林公庆《长沙》：岳麓道林何处是，郡人遥指水西村。儒宫佛寺俱无迹，竹树如麻暮雨昏。

陶汝鼐《仲秋十四雨霁访肺山和尚留宿岳麓坐月深谈法喜无量师唱曰此夕秋光不偶然得征和》：此夕秋光不偶然，空山良夜及时圆。玉蟾迸出新秋雨，灵鹫重开古梵天。对月两人寒有露，倚云双树皎无烟。一骑飞送来香积，君与裴公是劫前。

此夕秋光不偶然，妙高台上话初圆。摩尼五色当头月，蜃阁千寻绝顶烟。退老漫搜蝌蚪篆，岑公还说大虫禅。前宵后日皆风雨，一笑人天别有缘。

郭金台《岳麓寺》：入山不独静，万虑兹莹然。月照花明夜，林深树结天。所期无外内，始觉有凡仙。莫待寻常识，高人事已玄。

吴愉《岳寺有怀》：游止频来惯，于今二十年。僧雏侪老衲，公子挺苍烟。台自飞花雨，泉仍咽石弦。偶然成强醉，岂是学逃禅。

吴楙《岳麓寺》：光风澹宕岳岚新，结胜来探古寺春。林静好音传竹玉，树深老衲坐云茵。眼前古木参禅偈，象外功名入世因。更欲寻芳最高处，证明峰际未来身。

国朝赵开心《夜游岳麓寺》：日夕群峰暝，负策临郊圻。青溪意已远，况复月空微。山钟开谷口，烟鸟无惊飞。粲粲寒苔壁，松萝引薄衣。篁径入幽邃，危泉护岩扉。霜色满前路，行行渐忘归。

胡尔恺《夜游岳麓寺和赵洞门韵》：群峰日夕佳，远水明郊圻。望舒规始升，荡漾残阳微。幽禽寂无语，败叶时一飞。坐久生薄寒，苔露沾人衣。四顾莽萧瑟，孤磬鸣烟扉。安得结净侣，至老不复归。

廖元度《岳麓寺即事》：山光如黛水如烟，丈室新开夜斗悬。北海有碑谁问字，法华饶石自通泉。葱葱禾黍春何急，落落松阳岭未偏。赖是樵歌堪驻听，就中唱出鹧鸪天。

李发甲《岳麓寺》：招提隐隐数峰环，映带山流水一湾。选胜何年开福地，传灯自古住名山。钟声度去松涛静，梵语清时鹤梦闲。小队登临忻共赏，徘徊只恋白云间。

汤右曾《同刘青岑游岳麓寺》：孤棹随轻风，江波澹容与。欢言故人驾，共此霜洲渡。遵岸草径微，层阴岭云沍。去雁飞且鸣，惊麞走还顾。威纡陟岩厂，隐见蔽烟树。入院闻佛香，悠然得微悟。石门寒叶积，竹笕暗泉度。窗中洞庭野，木末潇湘路。松关映残云，时新物已故。诺公诗家流，雕琢有秀句。相将共游衍，往复惬欢趣。暧暧日隐村，沉沉水生雾。归桡杂渔火，山气上烟露。人生流电惊，双鬓易衰素。期君簿书暇，有约勤来赴。

刘授易《张尔石读书岳麓山寺值三十初度寄赠》：清籁吹香落九皋，人间无用奏云璈。朱张事业钦流辈，屈宋文章压我曹。夙慧定中悬法雨，自注：寺后有法华泉。诸天宝地卷松涛。迩来学受无生诀，蓬岛看花转觉劳。

张九镒《登麓寺寻旧读书处有感》：名蓝有榻枕书城，四十年来小劫更。白鹤泉开新镜影，六朝松卷旧涛声。不逢惠远云归杳，空说王乔化羽经。惆怅西廊数椽在，半敧风雨不胜情。

熊祖熊《麓山寺赠如意上人》：两年精舍里，一载梵王家。人到名山静，秋来野色佳。虎溪常听法，香积笑笼纱。为问达摩壁，传心应不差。

旷敏本《麓寺偶感》：为底登峰便赋诗，好将姓字此间垂。一从工部留题后，千有馀年传者谁。

孙良贵《偕家弟文止晓入岳麓寺》：幽仄还从到，同游畅所经。僧披深翠出，寺带湿云暝。寒竹新炊火，霜禽饱晒翎。五年矜一见，不负看山行。

刘世澍《游岳麓寺》：龙宫高耸俯江潭，踏阁攀林笑客贪。暗水寻溪穿石罅，饥乌求食到花龛。云帆隐约来天末，烟火微茫起岸南。可奈夕阳无意绪，不容仔细骋幽探。

姚鼐《岳麓寺》自注：两巨松数月前风拔其一。万林围一岭，古寺仰白日。客来停午后，峰阴落崷崒。山颠长风起，鼓荡四萧瑟。寒声枕溪涯，激转久未毕。老僧寂来对，坐石邀凄慄。延登佛阁望，清湘隔林出。雉堞带洲斜，帆樯转云疾。此身偶南寄，天光正东溢。新霜倏已零，班驳青林密。殿角两鬣松，风雨失其匹。惟有石间泉，澄泓总如一。前贤杳无见，来者怅难必。试将万古怀，移问金仙术。

秦瀛《游岳麓寺》：曲坞依希磵道分，数声清磬隔烟闻。松门延客听江雨，花径留僧宿岳云。剔藓更寻神禹迹，循崖重拓李邕文。篮舆欲下忘归路，意与山禽恋夕曛。

曾燠《游岳麓寺》：倚槛岳云边，苍茫极楚天。江山三户后，台殿六朝前。塔影移湖月，钟声散浦烟。古来骚客意，销释向枯禅。

孙先振《岳麓寺》：碧藓苍苔路几重，禅关终日白云封。定中老衲须眉古，春尽深山草木浓。百丈寒流朝洗钵，数声空翠晚鸣钟。六朝风景虚岑寂，剩有岩前一树松。

陈启畤《岳麓寺》：古寺残僧参佛祖，孤舟独客吊湘君。江翻已落犹回日，山带初垂忽断云。岂有诗名杜员外，徒劳画本顾将军。道林拄杖俱陈迹，木叶萧萧下界闻。

黄本骐《岳麓寺题壁次宾谷先生韵》：弥望窅无边，中峰青到天。今寺名中峰。鹤盘松杪上，云荡寺门前。尘劫空流水，江山落点烟。此来参慧业，伴佛契诗禅。

苍茫倚日边，浑欲问青天。碑自留唐后，儒空说宋前。石蒸三楚雨，松老六朝烟。输与栖云衲，传灯解证禅。

黄本骥《次韵朱晴溪游岳麓寺》：问渡湘西岸，同寻水竹村。钟鱼晴有韵，车马静无喧。黄叶不知路，白云常到门。名山逢胜侣，相对澹忘言。

十五年前客，秋灯此闭关。故人亭外树，旧梦榻边山。况有新朋辈，相携剧往还。夕阳游兴惬，归路水云间。

魏源《宿岳麓寺》：经旬偶闭关，关耸白云间。月树影孤寺，风泉声众山。桃逢开士晤，鹤似老僧闲。爱晚亭前立，微闻双涧潺。

周燮祥《游岳麓寺上响鼓崖到云麓宫小憩》：高攀灵麓俯崚嶒，知度天梯第几层。片石尚留三绝碣，自注：李北海麓山寺碑，世称三绝。清谈如见六朝僧。鼓从地底穿崖出，人自云中附葛登。到此何因倍留恋，蒲团应记旧时曾。

道林寺

《方舆胜览》云：在岳麓山下，距善化县八里。《广阳杂记》

云：道林古刹，员悟勤、洪觉范皆尝主斯席。有明中叶，有杨指挥者阴图风水，毁其寺。今之道林兴复未几也。《续岳麓志》云：明正德四年，守道吴世忠毁之，以其材修书院，寺遂废。国朝顺治十五年，僧果如重建寺于岳麓峰之北，即今道林。又云：古道林寺基久失考，乾隆中罗院长建三间大夫祠，发土得古砖。后土人于祠前阡陌中锄出石磉，广径盈三尺许。又石砌数层，约长四五丈，或曰此即道林寺旧址也。

国朝赵而忭《道林寺赋并序》：岳麓山在长沙城西，临江渚，乃衡山七十二峰之足。山上下皆置书院，旧为朱、张讲学处。江岸有道林古寺，起于六朝，盛于唐，阐于宋。时因紫阳召诸舍人讲书其地，寺即中颓。昔贤诗云："此是前朝古书院，而今却作梵王家。我来登眺不胜慨，独倚东风数落花。"至明正德间，寺寻废而莫可考。

噫！今日何日，复思"门开洞庭之野，殿插赤沙之湖"，安可得耶？余偶披山径，忽见茅庐，惊异交集，爰记篇章。赋曰：

溯回雁之多奇，下绝壁于灵麓。峙紫雾以城头，粘白波于江腹。顶设岣嵝之碑，面引苍筤之谷。想殊异于山林，岂人间之可以结屋。缘有道林，盘纡峰曲。一派水流，半房山宿。香满凉烟，光浮慈烛。玉泉之南，于斯称淑。

尔乃禅风坠地，慧日停虚。材分四院旧有湘西、城南、惜阴、岳麓四院，石落重湖。珍珠之桥烟灭，琉璃之井荒芜。雁回峰而无塔，鹿衔草以何厨。广殿三千，尽化火莲之宅；长廊五百，空留冰苣之隅。想毁祠以正教，岂逃墨而归儒。则见雨溜松围，霜摧竹节。苔没梢云，庭飞米雪。牛过法王之窗，虎行罗汉之穴。走异兽于人形，藏奇鬼于佛阙。

异哉此寺，废在何年？吾闻野老，昔最暄妍。当梵王之初托，甚崔嵬于竺乾。红霜湿鸳鸯之瓦，丹星缀蟠蛛之椽。虚堂郁朴，方丈回连。宝阶霜洁，绮壁霞鲜。念佛之青鸟可听，驼经之白马翩然。且也带橘洲、环枫浦、罗八景、瞰三川。烟钟互答，曙鼓遥连。间崖架厂，刳竹流泉。对灵花于芷岸，收香粟于荑田。多南朝之四百八十，胜北魏之一万三千。顷乃山化普陀，僧来沧海。闻持沁暑之珠，能穿忍辱之铠。杰立孤岭，从修飙霭。浴土藏真，诛茅驻彩。起宝甃于封岩，得残碑于半垒。抗五愿以三摩，耸孤肩而千载。悟麓草之可依，何湘竹之自在。

噫嘻！国游苍鼠，城托红鳞。降柏之梁，夷为柳榑；翦桐之叶，入彼桑薪。且教传绮食，数涉波旬。堂殊东观之制，像涂西域之神。桑田为变，岂仅元津。昔者客过韦蟾，吟忆苍梧之野；游经韩愈，诗传青草之滨。壁上风流，分留杜老；树间秋色，继响玄人。藐兹禅刹，犹肇朱垠。痛古今之泡影，幸题咏之璘珣。于是占霜柑，避火旻。花浮水盖，草列山茵。长斋绣佛，开偈为邻。信逃禅中另有天地，而好静者绝无冬春。不然，构梦怀新，争万里之道，反仆仆乎百年之身。

唐张谓《道林寺送莫侍御》一作《麓山精舍送莫侍御归宁》：何处堪留客，香林隔翠微。薜萝通驿骑，山竹挂朝衣。霜引台乌集，风惊塔雁飞。饮茶胜饮酒，聊以送将归。

杜甫《岳麓山道林二寺行》：玉泉之南岳麓殊，道林林壑争盘纡。寺门高开洞庭野，殿脚插入赤沙湖。五月寒风冷佛骨，六时天乐朝香炉。地灵步步雪山草，僧宝人人沧海珠。塔劫宫墙壮丽敌，香厨松道清凉俱。莲花交响共命鸟，金牓双回三足乌。方丈涉海费时节，悬圃寻河知有无。暮年且喜经行近，春日兼蒙暄暖扶。飘然班白身奚适，傍此烟霞茅可诛。桃源人家易制度，橘洲田土仍膏腴。潭府邑中甚淳古，太守庭内不喧呼。昔遭衰世皆晦迹，今幸乐国养微躯。依比老宿亦未晚，富贵功名焉足图。久为野客寻幽惯，细学何颙免兴孤。一重一掩吾肺腑，山鸟山花吾友于。宋公放逐曾题壁，物色分留与老夫。

韩愈《陪杜侍御游湘西两寺独宿有题一首因献杨常侍》：长沙千里平，胜地犹在险。况当江阔处，斗起势匪渐。深林高玲珑，青山上琬琰。路穷台殿辟，佛事焕丹俨。剖竹走泉源，开廊架崖广。是时秋之残，暑气尚未敛。群行忘后先，朋息弃拘检。客堂喜空凉，华榻有清簟。涧蔬煮蒿芹，水果剥菱芡。伊余夙所慕，陪赏亦云忝。幸逢车马归，独宿门不掩。山楼黑无月，渔火灿星点。夜风一何喧，杉桧屡磨飐。犹疑在波涛，怵惕梦成魇。静思屈原沉，远忆贾谊贬。椒兰事妒忌，绛灌共谗谄。谁令悲生肠，坐使泪盈脸。翻飞乏羽翼，指摘因瑕玷。珥貂藩维重，政化类分陕。礼贤道何优，奉己事苦俭。大厦栋方隆，巨川楫行剡。经营诚少暇，游宴固已歉。旅程愧淹留，组岁嗟荏苒。平生每多感，柔翰遇频染。展转岭猿鸣，曙灯青睒睒。

按，何义门《读书记》谓：两寺即岳麓、道林，细考诗语亦确。《方舆胜览》云：蒋颖叔作《四绝堂记》，次以沈书、欧书、杜诗、韩诗，盖韩诗即此篇也。《读书记》又谓：长沙千里平，当作十里。

戴叔伦《游道林寺》：佳山路不远，俗侣到常稀。及此烟霞暮，相看复欲归。

杜荀鹤《题道林寺》：身未立间终日苦，身当立后几年荣。万般不及僧无事，共水将山过一生。

崔珏《道林寺》：临湘之滨麓之隅，西有松寺东岸无。松风千里摆不断，竹泉泻入千僧厨。宏梁大栋何足贵，山寺难有山泉俱。四时唯夏不敢入，烛龙安敢停斯须。远公池上种何物，碧罗扇底红鳞鱼。香阁朝鸣大法鼓，天宫夜转三乘书。野花市井栽不着，山鸡饮啄声相呼。金鉴僧回步步影，石盆水溅联联珠。北临高处日正午，举手欲摸黄金乌。遥江大船小于叶，远村杂树齐如蔬。潭州城郭在何处，东边一片青模糊。今来古往人满地，劳生未了归丘墟。长卿之门久寂寞，五言七字夸规模。我吟杜诗清入骨，灌顶何必须醍醐。白日不照耒阳县，皇天厄死饥寒躯。明珠大贝采欲尽，蚌蛤定满赤沙湖。今我题诗亦无味，怀贤览古成长吁。不如兴罢过江去，已有好月明归途。

裴说《道林寺》：独立凭危阑，高低落照间。寺分一派水，僧锁半房山。对面浮世隔，垂帘到老闲。烟云与尘土，寸步不相关。

韦蟾《道林寺》：石门迥接苍梧野，愁色阴深二妃寡。广殿崔嵬万壑间，长廊结曲千岩下。静听林飞念佛鸟，细看壁画驮经马。暖日斜明螮蝀梁，湿烟散幂鸳鸯瓦。北方部落檀香塑，西园文书贝叶写。坏栏迸竹醉好题，窄路垂藤困堪把。沈裴笔力斗雄壮，宋杜词源两风雅。他方居士来施斋，彼岸上人投结夏。悲我未离扰扰徒，劝我休学悠悠者。何时得与刘遗民，同入东林远公社。

李节《赠释疏言还道林诗有序》：会昌季年，武宗大翦释氏巾其徒且数万人。民隶其居，容貌于土木者，沉诸水；言词于纸素者，烈诸火。分命御史乘驲走天下，察敢隐匿者罪之，由是天下名祠珍宇毁撤如扫。天子建号之初，雪释氏之不可废也，昭徐复之。而自湖以南，远人畏法，不能酌朝廷之体，前时焚撤，书像殆无遗者。故虽明命复许创立，莫能得其书。道林寺，湘川之胜游也。有释疏言，警辨有谋，独曰：太原府国家旧都，多释祠。我闻其帅范阳公，天下仁人，我第往求释氏遗文，以惠川之人，宜其听我而助之矣。即杖而北游，既上谒军门，范阳公果诺之。因四求散逸不成编帙者，至释祠而不见焚而副剩者，又命请丐以补缮缺漏者，未几，凡得释经五千四十八卷，以大中九年秋八月辇自河东而归于湘焉。喜释氏之助世，既言之矣，向非我君洞察理源，其何能复立之。既立之，且亡其书，非有疏言识远，而诚坚孰能洪之耶。吾嘉疏言，奉君之令，演释之宗，不惮寒暑之勤，德及远人，为叙其事，且赠以诗。

湘川猰猰兮俗犷且很，利杀业偷兮吏莫之驯。繄释氏兮易暴使仁，释何在兮释在斯文。湘水滔滔兮四望何依，猿狖腾拿兮云树飞飞。月沉浦兮烟暝山，樯席卷兮橹床闲。偃仰兮啸咏，彭长江兮何时还。湘川超忽兮落日畹畹，松被秋亭兮兰被春苑。上人去兮几千里，何日同游兮湘川水。

李建勋《道林寺》：谁向钟峰数寺连，就中奇胜出其间。不教幽树防闲地，别着高窗向远山。莲沼水从双涧入，客堂僧自九华还。无因得结香灯社，定向王门跕玉班。

僧齐已《道林寺居寄岳麓禅师二首》：门前石路彻中峰，树影泉声在半空。寻去未应劳上下，往来殊已倦西东。髭根尽白孤云并，心迹全忘片月同。长忆高窗夏天里，古松青桧午时风。

山袍不称下红尘，各是闲居岛外身。两处烟霞门寂寂，一般苔藓石磷磷。禅关晤后宁疑物，诗格元来不傍人。月照经行更谁见，露华松粉点衣巾。

又《寄居道林寺作》：岚湿南朝殿塔寒，此中因得谢尘寰。已同庭树千株老，未负溪云一片闲。石镜旧游偏皎洁，岳莲曾上彻孱颜。如今衰飒成多病，黄叶风前昼掩关。

又《道林寺寓居》：秋泉一片树千株，暮汲寒烧外有馀。青嶂者边来已熟，红尘那畔去应疏。风骚未肯忘雕琢，潇洒无妨更剃除。即问沃州开士僻，爱禽怜骏意何如。

又《寄道林寺诸友》：吟兴终依异境长，旧游时人静思量。江声里过东西寺，树影中行上下方。春色湿僧巾履腻，松花沾鹤骨毛香。老来何计重归去，千里重湖浪渺茫。

又《居道林寺书怀》：花落水喧喧，端居信昼昏。谁来看山寺，自要扫松门。是事皆能讳，唯诗未懒言。传闻好时世，亦欲背啼猿。

又《怀道林寺因寄仁用二上人》：名山知不远，长忆寺门松。昨晚登楼见，前年过夏峰。雨馀云脚树，风外日西钟。莫更来东岸，红尘没马踪。

宋陈与义《游道林岳麓》：耽耽衡山麓，翠气横古今。济胜得短筇，未怕山行深。路盘天开阖，风动龙忆吟。峰峦惨淡处，照以布地金。世尊诸天上，燕坐朝千林。回来修何行，不受安危侵。道人轻殊胜，来客费幽寻。恍然结愿香，未会三生心。山中日易晚，坐失群木阴。勿唾此山地，后日重窥临。

明萧禹臣《过道林寺》：石径松声午夜沉，真人跨鹤野塘阴。我来借榻不成寐，静听山僧诵梵音。

国朝江有溶《同济美友鸿访果如上人重新古道林寺》：樵夫相逐入丛林，城市刚离洞壑深。漠漠尘灰搜殿阁，棱棱瓦石定苔芩。百年苍鼠开生面，一钵黄荞见道心。世事茫然如废寺，耐人风雨细披寻。

孙起枏《道林寺》：道林诗老昔经过，乔口铜官野兴多。不见西川岩节度，白头衰谢阻兵戈。

吴敏树《道林寺》：名寺道林古，空山秋草荒。唐碑无劫版，梵宇自颓墙。禅破僧馀衲，经残佛满堂。千年金碧地，陈迹使人伤。

书堂寺

《一统志》云：在长沙县北五十里书堂山，唐欧阳询及子通读书此山，寺即其书堂故址。旧省志云：询遗像犹存寺中。

大安寺

《长沙县志》云：在河西都，一名福昌寺，建自唐贞观元年。历代住持僧修造殿宇山门，成大兰若。寺外竹树阴翳。明吉藩天柱尝游憩于此，题句云："只向此中成小隐，更从何处问长生。"即今墨迹犹存。寺中上有印章四，一曰"皇帝宗胄"，一曰"钦赐崇德书院"，一曰"天柱之宝"，一曰"吉国之章"。僧梵声摹刻上石，嵌佛殿东壁。

莲花寺

府志云：一名海慧庵，在驿步门外右偏。

唐张谓《长沙失火后戏题莲花寺》：金园宝刹半长沙，烧劫傍延一万家。楼殿总随烟焰尽，火中何处有莲花。

沕潭寺

《一统志》云：在府治东新开门内，唐建。《长沙县志》云：在新开门内，原系马祖道场，久被侵没。康熙二十二年赎回，重新殿宇。四十三年重修。

国朝姜立广《修沕潭寺记》：山林之与廊庙不相侔也。景物者，达士之功名，而仕宦不与焉。虽然，亦视乎所好之人与所遇之时耳。犹忆康熙壬戌，余分刺泉州。自幽、燕下青、徐，望岱岳，溯江淮，逾仙霞岭，其间丹山碧水，应接不暇，辄流连不忍去。然是时年方弱冠，海氛甫靖，碌碌簿书，欲历探诸胜，以记一时之兴，而心焉未逮。嗣后浮沉郎署复有岁年，昨壬午始奉命出守长沙。长沙为楚南会城，即古潭州地。湘江、岳麓映带回环，实称壮丽。而都人士亦彬彬儒雅，闾井稠密，风俗敦朴，盖沐浴于圣天子教养之深，为之上者。抚绥之备，而又时和年丰，有以致之也。

余剖符此郡，苦无余闲。一日偶至北隅，平衍空旷，俨然山林气象，有寺曰“沕潭”。夫城内外不少名刹，而基址空旷，形势宏敞，莫沕潭若也。第其中佛宇鼎新，隙地甚宽。相度周遭，见夫荷沼竹溪，高下曲折，意其先必有亭台桥榭以资游览，或岁久湮没，寺僧弗之识耳。

余因之而思古来诸贤达官，坐堂皇，理政事，兴利除害，孜孜无刻晷之暇，犹采风问俗于二三父老，周招博访，辙迹所至，未尝无其地，无其事焉？至于登眺徘徊，悦心志而怡耳目，又其馀也。兹幸官是土者，皆贤士大夫之选，于是与长沙王令转相劝募，鸠工庀材，畚锸所加，旧址厘然，所谓岁久湮没者，与余心中若有默契。构造聿新，轮奂斯美。堂所以聚贤论政也，阁所以登高望远也，箭亭所以较力观德也！山远而清，水环而碧，鱼沫禽飞，卉夭木乔，何莫非昭著太平之景象，描写吏治之优闲乎？则是举也，山林之与仕宦，其人、其时不相谋而有相济者矣！

故为记其事略，将使后之人摩挲其岁月，以见吾一体相关之雅。且如藉以息机涤虑，非等诸不急之务，则增修而致饰之者，未必无同志也。

唐裴休《题沩潭》：沩潭形胜地，祖塔在云湄。浩劫有穷日，真风无坠时。岁华空自老，消息竟谁知。到此轻尘虑，功名自可遗。

国朝张迪贞《过沩潭寺》：不信城中寺，翻如郭外春。山僧方过客，林鸟欲依人。浊水无珠颗，莲花有佛身。未能耽妙谛，香影坐消尘。

周桢《沩潭寺》：步屧寻幽远，行行到寺前。荷深添水气，鹤懒耐茶烟。径折秋花隐，林空疏磬传。茅亭同坐晚，别是一江天。

陈纶《春日友人招游沩潭寺》：春明山色媚（情）〔晴〕空，杖底风光自不同。绿柳几行飞翠羽，虹亭十里驻花骢。情高才饮心先醉，兴惬何妨句未工。领略招提千载胜，夕阳归送晚烟中。

华林寺

府志云：在善化十六都，善觉禅师振锡处。《天中记》云：潭州华林善觉禅师，观察使裴休访之，问有侍者否。师曰：有两个，乃唤大空、小空。二虎自庵后出。师曰：有客，且去。二虎咆哮而去。休问：作何行业感得如斯。师曰：尝念《观音经》。

东寺

《楚宝》云：唐如会禅师始兴，曲江人，尝居此说法，时号东寺，为禅窟焉。相国崔群出为湖南观察使，访之。又云：长沙古有东寺、西寺两大刹，今皆失其故址，志亦不载。孙放《西寺铭》曰：长沙西寺，层构倾颓。谋欲建立，其曰“有帝子持纸花插地”，故寺东、西相去十馀丈。于是建刹正当花处，此亦可想其灵异也，东寺仅见此。

按，孙放《西寺铭》，见徐坚《初学记·文部纸类》。

西寺

见孙放《西寺铭》，铭已前录。

唐僧齐己《乱后经西寺》：松烧寺破是刀兵，谷变陵迁事可惊。云里乍逢新住主，石边重认旧题名。闲临菡萏荒池坐，乱踏鸳鸯破瓦行。欲伴高僧重结社，此身无计舍前程。

铁佛寺

明统志云：在府城北，唐建，铸三铁佛，因名。元毁，本朝洪武初重建。府志云：唐法华禅师初住岳麓清风峡，建有石塔，基址见存。后飞锡湘春门外，接众说法。值异人愿舍铁造佛，访之，乃衡山王神也。师掷锡卓地，得铁数百钧，遂冶铁铸佛三塔，一名铁佛寺。省志云：明成化中重建，国朝康熙、乾隆中屡修。

国朝任绍炉《重修铁佛寺记》：长沙郡城北里许铁佛寺，考碑盖唐开元时僧法华创建者也。范铁为佛像三尊，故名，后以兵火寺毁。明初，僧鲁山领本郡都纲正僧纲司于东庑，僧圆真嗣其任，建大雄、天王二殿。观音阁、左右廊庑、门墉、井湢毕具。成化间，僧大云复广募修葺，寺遂称盛。当明末之际，兵火频仍，寺复残败。

迨本朝康熙十三年，长郡为吴逆窃据，至十八年始恢复。余滥叨郡守，偶过前寺，止大雄、天王二殿。殿后三间率皆破损倾攲，未几，而大雄殿顿尔颓倒，巍然三佛露峙于风雨之中，过者兴嗟。或谓湘江迤城西，直泻北去。兹寺镇锁下关，则秀气停蓄不泄，形势家能言之，顾以羽书旁午，无暇及此。二十一年，滇、黔底定，军供渐稀，经前任抚部院韩公念寺为风水所关，慨然捐资以为重修之计，委予监修。甫购材庀工，而韩公以移镇西蜀而去，予又以罣误离任，寺工亦以资竭停止。从前所购之材木久将朽弃，所费之工价尽属虚靡。予每念及，辄为憬然。会原任永郡伯许公慨捐六十金，勉予必竣其事。是时各郡邑诸公亦复量为捐助，共计百十馀金。遂委徐经历督修，仍复兴工。讵意工巨资微，甫竖木，而捐资辄尽，势难再辍。予于是独肩其费，遣宁、袁二书计守督。工匠每日晨往暮归，三阅其月，幸而事半功倍，工以告成，计起建大雄殿周回共五楹。因其旧址，高耸过之，飞甍重楼，上下二层，以第二区为楼。登楼四眺，则江山风雨吐纳如在几席。又制铁鼎三、瓶二、磬一，作佛前香供，厥工粗毕。予得借以无负韩公之委，而所费金钱不致虚靡，予志足矣。倘云将以邀福，则非予之本志也。

惟是殿宇虽成，不过仅蔽风雨。而其楼上北、东、西三面，予皆护以板扇，其南面须作明窗亮牖方惬楼制。楼下、殿前、后门以及佛像尚未装修完备，其天王殿破损如故。顾予旅况萧然，力实告竭，当以俟后之君子。先时长沙士子久未发科，是秋殿楼甫成，而秋闱登隽者顿有其七。岂兹寺果有关于长沙之风水，而遂有验可信与？故并记及之，以为后征云。

熊少牧《寻故铁佛寺记》：出湘春门迤西北数武为铁佛寺，唐法华禅师所建，铸铁成大佛三尊，故名。寺前有塔高七级，中柱铁幢镌佛偈，书法精妙，宋以前物。禅宫宏邃，旁一笠亭犹胜。

道光丁亥夏，余偕同人避暑其中。老木交荫，凉风徐来，上悬诗额有“草光坠地寒如水，岳色窥人绿过江”之句，秦小岘瀛笔也。座间指岳麓、天马诸峰，岚翠扑眉宇，湘流浩淼，估檣渔舸，明灭林外，历溯南唐马氏会春园、九龙殿遗址宛然。虽霸业烟消，而一时豪雄割据之略，至今犹可想见。剧谈极饮，薄暝始归。

嗣后余远出，不至寺二十馀年。每遇名山梵宇，仿佛其境，辄惓然思续前游也。

咸丰壬子，粤逆犯长沙，攻围数月，势汹汹。大帅恐塔寺穴贼，下令摧毁，半椽无存，铁佛露坐瓦砾中，蓬封藓蚀而已。寇去之明年，中丞骆公议复其旧，以费绌不果。

夫江山欲胜之区，乃天地大友，即人事代谢而风物不改。然无林卉台观、钟鼓鳞羽以活其机趣，助其声华，则风月无聊，荣落异局。游者虽可以神遇，不以形求，而俯仰陈迹，觉沧桑陵谷之感，振触于怀而不能自已焉耳。庄子曰：“山林与，泉壤与，使我欣欣然而乐与。”乐未毕也，哀又继之。旷达如漆园，亦无从而矫之也，宜也。

今年春，偶与客散步城外，周览故墟，凭吊久之，因书而为记。辛酉寒食日。

李天任《铁佛寺闻风铎》：似是闻天籁，花宫何处寻。清风为断续，明月共高深。暑退宜秋夜，山空见佛心。惟将海外意，移入古瑶琴。

张九镒《铁佛寺》：浩劫前唐渺弗论，岿然古刹镇星垣。天教布地金光满，人仰开山铁象尊。四面楼台辉法界，百年身世纤尘根。谈禅说偈缘何事，垂老心依不二门。

周有声《铁佛寺》：一湾碧泻功德水，四面青分髻顶螺。还向浮图高处望，秋风黄叶洞庭波。

石承藻《铁佛寺浮图》：佛地千年在，霞标四望开。湖光随塔涌，岳色过江来。马氏馀荒圃，陶公尚古台。风云真浩荡，北极首重回。

晏贻琮《铁佛寺》：迢迢北城外，中有欢喜园。梵诵寂无响，松风寒到门。山僧扫磬石，野客开清尊。归去碧云合，苍苍烟树昏。

李承纲《铁佛寺》：何年结构辟烟霞，往迹分明记法华。初地云开金作贡，诸天雨散玉为花。三朝衣钵宗风远，五季兵戈劫火赊。花木依然供览眺，会春园畔噪群鸦。

象物裴公说法华，十年宰相岳峰头。自来古刹多幽赏，如此名山足胜游。坐久禅心生永夜，诗成逸兴落沧洲。他时谁续湘南志，好记清华第一流。

黄本骐《饮铁佛寺后一笠亭次芝轩韵》：乱石槎枒插两旁，一亭阴接树疏黄。攒眉对佛来元亮，吐舌生花学广长。五季园林荒劫火，五代马氏会春园故址，即今开福寺，距铁佛寺里许。百年身世炼风霜。眼前秋色浑无赖，搔首苍茫立夕阳。

烂醉秋风古佛旁，新刍酒熟压鹅黄。遥山落几分僧瘦，野竹过墙比客长。看菊休寻彭泽雨，擘橙还忆洞庭霜。诗成共翦湘波写，未羡传钞遍洛阳。

黄本骥《集铁佛寺分得微韵》：西风撼树秋梧飞，寻诗有客排荆扉。相携城北访古寺，团团一笠遮朝晖。此亭不古亦不俗，湘西岳色青苍围。古佛雏僧旧所识，饥驱笑我长相违。世人游赏每贱目，脚根蓬转撄尘鞿。眼前胜境不肯到，乃欲远踏渔郎矶。黔阳夫子沅陵长，耻随朝士侪布衣。元龙既为湖海客，平子亦赋京畿归。时我远客五溪幕，知己落落晨星稀。偶缘省侍返间左，得与师友相因依。每逢胜日辄小聚，新诗脱日追陶韦。人生所处贵适意，何用帘箔明珠玑。即此禅栖置笔砚，角艺可建骚坛旗。吾师他日归故里，童冠共洽春风沂。诸君千里倘相性，抱琴定叹知音希。来久双星照牛渚，友朋离合如匹妃。今朝有酒且共醉，云童预抉天孙机。

景德寺

《岳麓志》云：唐宋相承，制极壮丽，久废。《续岳麓志》云：今寺在岳麓峰之北，与道林相近，或以为亦果如上人所修。

谷山寺

《长沙县志》云：在谷山，一名宝宁禅寺。唐时三藏禅师建，明洪武中重修。寺前有银杏一株，大数围。旁株挺生者，亦黛色参天。

唐僧齐己《谷山寺》：城里寻常见碧棱，水边朝暮送归僧。数峰云脚垂平地，一径松声彻上层。寒涧不生浮世物，阴崖犹积去年冰。此身有底难抛事，时复携筇信步登。

又《寄谷山长老》：游遍名山祖遍寻，却来尘世浑光阴。肯将的的吾师意，拟付茫茫弟子心。岂有虚空遮道眼，不妨文字问知音。沧浪万顷三更月，天上何如水底深。

国朝韩乐《重游谷山寺》：长松古竹覆寒流，岸帻重来谒惠休。佛去鸡窠新草闭，云沉鹤帐晚花稠。银床露井非前度，玉带山河是旧游。风静梵音真缥缈，好来暇日坐销忧。

宗成寺

《唐才子传》云：僧虚中，袁州人，住湘西宗《十国春秋》作栗。成寺。长沙马侍中希振敬爱之，俟其来，延纳于书阁中。虚中好炙柴火烧豆煮茶，烟尘熏暗房栊，去必复饰。初不介意，尝题阁中曰："嘉鱼在深处，幽鸟立多时。"益见赏重。

报恩寺

《五代史补》云：文昭王夫人彭氏封秦国夫人，常往城北报恩寺烧香。

报慈寺

府志云：在浏阳门内稻田上，唐朝建。《五代史补》云：僧洪道不知何许人，通内外学，道行尤高大，为时人所重。天福中，居于衡州石羊镇山谷中。马氏文昭王之嗣位也，闻其名，召于府，使于报慈寺住持。洪不应命，文昭坚欲致之。及至府，文昭以国师待之。未几，坚乞归山。文昭知不可留，乃许焉，其后竟不知所终。

国朝万贡珍《重修报慈寺记》：省城东南隅有阜隆然，曰凤凰台，其旁古刹为报慈寺。考邑志，寺创于康熙年间，为前方伯公为亲祈福而作。厥后日渐零替，住持法嗣亦浸稀。

余于莅任后，闻有假仓房名目居此寺中，为招摇计，盖奸人盘踞已久。稔此寺无人，将肆其蚕食之计，一经查拿，遂纷然藏遁。余愍此寺之久废也，爰捐廉重葺，建观音阁于后，并将凤凰台官地围入垣内，为邑人登临览观之所。至大殿，则多有未逮，以俟之后人。维时丹岩上人以精岐黄，居城中，遂延为此寺住持。百废具举，焕然一新。

余维一都一邑必有踞江山之胜者，为公馀登览之处。楚南岳麓环峙，湘水潆洄，乃以都会之大，竟无有地焉可供眺涉者。此台踞城最高处，万家鳞比，一览无遗。如有志者踵而增之，亦邑中之一胜也。至梵唱清严，增植花木，是又在丹岩善祝，其法嗣谨守勿失，勿使匪人得以行其狡焉思逞之计，是则余所厚幸者。夫庚戌秋日，将以述职赴都，爰倚装书此以贻丹岩，为述其大略于此。

开福寺

《夷坚志》云：潭州城北开福寺，五代马王时所建，殿宇宏丽。府志云：在湘春门外二里，保宁禅师飞锡处，五代马殷建。《长沙县志》云：宋嘉祐时僧紫柯、明初僧彻堂暨简藩相继重修，嘉靖时倾圮。吉藩同绅庶鼎建，后有观音阁，四面皆水，颇称佳胜。国朝顺治十七年，僧佛国募修。康熙八年，巡抚周召南等重修，推官胡景曾为之记。乾隆三十七年，寺后制火药，栋宇被灾。巡抚梁国治饬僧募修。六十年，火药发于臼，延及后栋，复加修葺。其山门联云："紫微栖凤，碧浪潜龙。"盖嘉庆十年方伯韩崶所题也。

国朝胡景曾《重修紫薇山开福寺碑记》：凡山川胜概，皆灵气所钟，而最灵者莫如人。故非具开辟之手，不能从荒芜榛莽之地，大启招提，宏开色相，而树峻巍之观，以阐扬宗教。斯其人，或数百年而一见，或数十年而一出，岂易觏欤？

潭州紫薇山，踞府西北，山环水绕，距城数里。虽舟车络绎之途，实缁衲息肩之所。粤自马武穆称王建国，命保宁禅师开法其间，千僧云集，佛法创兴，何其盛也！至宋嘉祐，紫珂禅师中兴塔院，梵聚诸方，殆继美欤！先朝洪武辛亥，有彻堂禅师复崇庙貌，大阐宗风，四方缁素，景从向慕，又一时之烈也。其后简藩膺封，定王继统，重加修葺。迨至嘉靖，栋宇摧颓，墙垣倾圮。时吉王与通郡搢绅人等合力鼎建，峻宇丹楹，复睹壮丽。讵意承平已久，百六害周；兵燹叠起，遂为灰烬。孤塔参天，荆棘被地。人天失利，四众无依。象教凌夷，莫此为甚。

暨我皇肇基，天命聿新。幸佛国禅师航海而来，见兹祖庭荒废，破草辟榛。掷锡单瓢，时禁双足。纲宗日久，参究功深；法本天童，灯传临济。湖南阐道，竹关便是禅关；城北宏宗，道岸原来彼岸。德足服众，诚以感人。缁流拜其下风，绅衿嘉其苦行。茶亭润渴绝之行人，香积饱参方之众衲。是以卜镇一见倾心，欣然相得，发无穷之信向，作佛法之干城。遂领上善人暂共发心，捐资洪造。起于辛丑，以迄乙巳，五载营建，方奏厥功。殿宇廊厦肖焕，佛像钟鼓猗欤庄严。千僧锅利益诸天，放生池鸿慈及物。迨至戊申，继创寿塔。本郡庠生萧丽，上思祖庭已复，灵骨无藏，资作普同窣睹，起造幽明长钟。施屯田五石，供永远香灯。

是寺也，西至罗家桥，东抵阮家垅、木鱼岭界。其南白莲池，抵其北湖名碧浪、井曰龙泉。宇内巨观，人天法眼，远迩瞻仰，咸曰休哉。拮据成劳，讵可泯诸?

余宦星沙，目击其事。感废兴之有时，非大力之莫振。佛国不啻为传灯之法嗣，实兴复之功臣矣。当与（宝）〔保〕宁、紫珂诸禅师同开福以不朽。

爰镌之石，以纪其胜。是为记。

宋张栻《题长沙开福寺》：长沙开福兰若，五代马氏避暑之地，所谓会春园者，今荒郊中时得砖甓，皆为鸾凤之形。而奇石林立，二百年来供城中官府及人家亭馆之玩，何可数计。而蔽于榛莽，卧于泥池者，尚多有之。当时不知载致何所用，民之力又何可量哉。马氏父子乘时盗据一方，竭泽聚敛以自封，而又以资其侈靡之用。旋踵而衰，兄弟相仇敌，鱼肉惟恐不及，亦其理与势宜然。今湘岸有淫祠，江中有誓洲，及其交兵诅誓之所，小家自为蛮触，只足以发千载之一笑。寺之西祓禊亭，下临湖光，举目平远，自为此邦登览胜处，不足用为马氏污也。

明李东阳《钱太守招游开福寺不赴奉答一首》：潭州城北楚江边，此地招提父老传。十里青山斜鸟外，满庭芳草闭门前。题诗自足骚人兴，爱客深知太守贤。多病屡惭招不起，故园花柳为谁妍。

李冕《游开福寺》：最爱招提景，天然入画屏。水光含镜碧，山色拥螺青。抱子猿归洞，冲云鹤下汀。从容坐来久，花落满闲庭。

国朝余廷灿《同段起山谭右夔游开福寺》：郭北寻萧寺，斋钟隔树迎。平畴秋草远，一径夕阳明。佛殿梁穿鸟，僧房子落枰。何年归白社，谈笑共题名。

黄本骥《开福寺亦笠亭落成次竹轩上人韵》：面岳曾游一笠亭，甘棠遗植久凋零。铁佛寺一笠亭，梁阶平相国建。陈古华太守以面岳额之，其地距开福寺五里。当头又见亭如笠，到眼仍看岳作屏。五代园林馀劫烧，寺为五代马氏会春园故址。四山风雨泣神灵。头陀指点兴亡梦，手辟柯南半亩青。亭侧古樟绿护数亩，盖数百年物也。

元门寺

见唐《李群玉集》。

唐李群玉《题长沙元门寺张璪员外壁画》：片石长松倚素楹，翛然云壑见高情。世人只爱凡花鸟，无处不知梁广名。

开元寺

见唐《李群玉集》。《释氏稽古略》云：开元二十六年，诏天下州郡各建一大寺，以纪年为号，额曰开元寺。

唐李群玉《长沙开元寺昔与故长老许侍御题松竹联句》：墙阴数行字，怀旧惨伤情。薜荔侵年月，莓苔压姓名。逝川前后水，浮世短长生。独立秋风暮，凝颦隔郢城。

智度寺

《一统志》云：在长沙县北五十里智度山，唐高僧慧觉居此。《长沙县志》云：在智度山，有洞宾岩、寿字石。

按，洞宾《与智度寺慧觉诗序》云：余游郴、韶，东下湘江，盖其足迹实经此寺，则岩与石非尽出，附会也。考《宋史·陈抟传》云：关西逸人吕洞宾有剑术，百馀岁而童颜，步履轻疾，顷刻数百里，世以为神仙。

唐吕岩《与潭州智度寺慧觉诗并引》：余游韶、郴，东下湘江，今见觉公，观其禅学精明，性原淳洁，促膝静坐，收光内照。一衲之外无馀衣，一钵之外无馀食。达生死，业破烦恼壳。方今佛衣寂寂兮无传，禅理悬悬兮几绝。扶而兴者，其在吾师乎。

达者推心兼济物，圣贤传法不离真。请师开说西来意，七祖如今未有人。

国朝毛国翰《智度寺》：兰若藏深壁，松杉立万柯。垂藤蒙石角，断碣卧泉涡。青霭寺门合，白云禅院多。老僧漫煨芋，吾意在烟萝。

海会寺

《楚宝》云：寺在云盖山。用清禅师，河州人也，姓赵氏，本州出家，酷志求法，远参长安潜契宗旨。先往韶州东平山，淳化二年，知潭州张茂宗请居云盖。《湖南方物志》云：《画墁录》曰，丁晋公南迁，过潭州，云山海会寺供僧，致猕猴无数满山谷，林木皆折。潭州无深山密林，何致有猕猴无数。盖邹道乡、秦淮海南迁过此，僧且逆之，娼且款之，则人心之倾慕可知。丁谓之来，潭人将逐之矣，只合以群猴相迓。此芸叟寓言也，故君子恶居下流。

按，海会寺即今之云盖寺。省志云：云盖寺在善化县西十五都，有虎溪、蛇井诸胜。

西林寺

《岳麓志》云：在书院右，古有清富堂、廓然亭，久废。上有雨花台，磐石天然，其寺基规模宏敞，今尚可迹。

兴化寺

《岳麓志》云：在玉屏山下溁湾市孔道旁，寺废没久矣。旧属明吉府庄地，士人有能言其为古兴化者。然旧志未载，无所考。但据《传灯录》，“慈明禅师住潭州兴化，后住福岩，示众云，住兴化时，只见兴化家风迎来送去，门连城市，车马骈填，渔唱潇湘，猿啼岳麓，丝竹歌谣，时时入耳”等句。则仿佛其地未远也，近年雪昭禅师来自荆南，偶然翦棘，遂成精庐。

东明寺

《梁溪漫志》云：蔡元长南迁，道出长沙，卒于城南五里东明寺，遂草殡于寺之观音殿后。有蜀僧游方过之，慨然因题诗于壁曰：“三十年前镇益州，紫泥丹诏凤池游。大钧播物心难一，六印悬腰老未休。佐主不能如傅说，知几那得似留侯。功名富贵今何在，寂寂招提土一丘。”《清波杂志》云：海陵徐神翁好写字与人，多验。蔡京得东明二字，皆谓东明乃向日之方，可卜富贵。未艾，后京贬死潭州城南五里外东明寺。又云：京之卒，适潭守乃其仇，数日不得殓，随行使臣辈藁葬于漏泽园。人谓得其报，此说止见于《靖康祸胎记》。宣和间，京师染色有名太师青者，迨京之殓，无棺木，乃以青布条裹尸，兹其谶也。

国朝欧阳辂《东明寺》：相公不识西园雨，横打燕山两头鼓。天南不赐逐臣还，从此降人作谋主。玉津园畔斋宫头，臣攸亲见云辩游。但问君王乞阎四，唾手便可收亡州。白沟咫尺燕云路，旦夕齿寒君不悟。可怜一纸平夷书，催送宫车北迁去。呜呼媪相不足诛，柄臣谋国何乃愚。破宗谣起天下怨，尚复远黩边功与。城南七尺埋羞地，年年寒食游人醉。千秋遗笑太师青，一杯谁酹东明寺。

资兴寺

《图书集成·职方典》云：在一都高峰坪，宋嘉泰元年建。

国朝李文炤《游资兴寺》：莫辨荒城迹，惟馀古寺留。天低群岫跃，野旷一川钩。旧好倾怀抱，新知快燕游。凉风解客意，故故散平畴。

天宁寺

《大金国志》云：张邦昌即位，首尾三十三日，不御正殿，不受常朝，不三呼，旨由内除，只曰中旨，其后死于潭州。方邦昌抵贬所，寓居潭州天宁寺。寺有平楚楼，取唐沈傅师“目伤平楚虞帝魂”之句也。得宋帝赐死诏，执事者迫之登楼。邦昌仰首，忽睹平楚二字，长叹就缢。

昭觉寺

省志云：在善化县东八十里，寺有银杏二，大合抱，一枯一荣，历数百年。

妙高峰寺

《图书集成·职方典》云：在南城郊外，即宋张南轩城南书院旧址。

国朝欧阳辂一名绍洛《同陶萸江丈宿妙高峰寺题壁》：红栏翻风日

荡荡，蔷薇花开大如掌。空亭日晚僧不归，饥猿出洞来拾橡。游人夜投高阁宿，百尺飞檐出林莽。中宵微风松际来，卧闻前殿钟磬响。

毛国翰《游高峰寺夜归》：南郭高峰寺，松阴入杖藜。到门江树合，落日海云低。春殿藏花雾，禅房护燕泥。上方钟磬夕，夜火出招提。

洪恩寺

《图书集成·职方典》云：在城南郊一里。

太乙寺

《图书集成·职方典》云：在城西南三里，即古上清宫。旧寺本在德润门内，唐太乙真君炼丹于此，因建。元至元二十五年始迁寺建宫，今改为寺。有泉石，名太乙池。池有金龙，长七寸许，常隐，盛夏偶出。磁盆浴之，头角鳞爪毕见。

明陆相《太乙寺》：野寺高临太乙坛，药池龙井号真官。双峰阙处湘江白，一雁来时锦树丹。曾有梵僧春咒虎，岂无仙子夜乘鸾。山灵不薄红尘吏，终日依依傍石阑。

庄天合《饮太乙寺》：十拟登山九未酬，偶来尽日理觥筹。非关爱酒情偏切，但说逃禅意便投。摇落秋空金地静，萧疏竹韵石床幽。因之欲话无生事，若为风尘未解愁。

水陆寺

府志云：即江神庙也，在橘洲尾，元济应禅师开。后有拱极楼，为八景之一。

明谷城王朱常溢《水陆寺》：一洲浮泛砥湘川，水国居人旧日传。自昔建功三百载，春潮只在寺门前。

廖道南《水陆寺》：寻幽为访云边寺，乘兴还临河上洲。万里乾坤此江水，三湘烟雨共维舟。怀沙不尽灵均恨，许国谁堪贾傅谋。驰檄近闻多战骑，衔杯那复对沙鸥。

张治廖《白石奉使岷府过长沙水陆寺有诗用韵奉答》：刘向青藜长秘阁，杜陵黄发但沧洲。遥持天上皇华节，不负山阴雪夜舟。衡岳赋诗期未得，长淮击楫竟谁谋。钓矶蓑笠空烟雨，滚滚长江信白鸥。

唐源《水陆寺》：潇湘罗众水，蜒蜿现芳洲。楼阁云间耸，烟霞望外幽。万家闻磬韵，四面彻渔讴。要识禅机处，江空月一钩。

国朝廖元度《望水陆寺》：天地军麾后，何年一寺存。浮洲烟似岛，泊岸水连村。橘柚空相隐，江枫已没痕。那堪风浪里，钟磬出黄昏。

南台寺

《续岳麓志》云：寺久废，今岳麓峰之北，距溁湾市仅一里许，未知即古寺基否。宋许彦周《诗话》云：洪觉范在潭州水西小南台寺作《冷斋夜话》。

古舍利塔

《南岳总胜集》云：灵麓峰西有舍利塔。《岳麓志》云：在清涧阴之上，隋文帝建。僧以乱石砌小浮屠，屡经劫火，岿然不坠。觉范有记，载《石门文字》。

湘春塔

省志云：在府城北门外，唐开元间法华禅师掷锡卓地，得铁数百钧，铸佛像三，兼造是塔。明成化十二年、国朝康熙二十二年、乾隆四十年屡修。《长沙县志》云：塔自下而上计七层，供石佛三，石罗汉十八。有铁柱如幢贯塔中，长丈有四尺，周围尺有七寸，上刊宋潭州判官李思明皈依慈氏佛发愿文。国朝咸丰壬子经兵燹，塔遂废，铁柱移置长沙学宫内。

国朝熊少牧《湘春塔》：马王城外开元塔，片片苔花蚀铁幢。劫火千年侵佛国，断云孤影插湘江。林鸦如叶阵初散，檐马无风声自撞。长啸振衣凌绝顶，离骚一卷酒瓢双。

揭谛塔

省志云：在湘春塔侧弥陀殿前，高八尺许。四方各竖铁板一面，各铸揭谛像四，无款识，旧置湘春塔中。乾隆四十年重修，移此甃砌小塔。

文昌塔

府志云：在长沙三汊矶，峻巍凌霄，一郡华表。崇祯时，邑人黄裳吉等共建。下有大禅院，旋废。

湘城访古录卷十一

山类

岳麓山

徐灵期《南岳记》云：南岳周回八百里，回雁为首，岳麓为足。影宋本《寰宇记》云：岳麓山在长沙县西南，隔江六里。引盛宏之《荆州记》云：长沙之西有麓山，其中有精舍，左右林岭环回泉涧。精舍旁有白矾石，每至严冬，其上不停霜雪。引宗渊《麓山记》云：山足曰麓，盖衡山之足也。胡氏《通鉴》注引盛宏之《荆州记》云：长沙西岸有麓山，盖衡山之足。又名灵麓峰，乃岳山七十二峰之数。自湘西古渡登岸，夹径乔松，泉涧盘绕，诸峰叠秀。下瞰湘江，道林、岳麓等寺皆在焉。《水经注》云：湘水左径麓山东，上有故城。又云：湘水北径麓山东，其山东临湘川，西傍原隰，息心之士多所萃焉。《元和郡县志》云：麓山在长沙县西南，隔湘水六里，盖衡山之足也，故以麓名。

明吴道行《岳麓山水记》：衡山之峰七十有二，绵邈几七百馀里，迄长沙湘江之西而尽，则岳麓峭壁擎空，联岸叠嶂，可数十里许。东面豫章、浏醴诸峰，缥缈天际。北漾洞庭、湘水，澄澈如匹练。峰西东广约五丈，南北倍之。怪石奇伟悬绝，磴一片如屏，禹碑刻其上。碑右一坎，为神禹拖船坳，洚水“怀山襄陵”，其信然哉。折而南，两峰环抱，中涵彝隅，幽清而衍，泉声淙淙，瀑布落风雩亭，则岳麓寺峰也。又折而南，倏伏倏起，土不胜石而石骨苍秀，色古倩，随拔一峰如伏釜覆钟，碧树千章，绿光隐隐浮动，若悬崖石砥凌虚嵌空，则云麓宫峰也。峰陟若干级，江流环带，中拓一坪如掌。再折而东，盘旋逶迤特据江，大天马山也。折而北，为抱黄洞、崇真观诸山，修坂叠巇，幽渺宏旷。又折而北，群峭骈连，面面南顾以趋于东，道林、桃源、小天马山也。再折而北，崔嵬树石，纠窈蒙茸，为官星山、人字山。岷嶙平衍，驳霞腾雾，为王屏山，是又兹山衣履之所覆护焉。其它圭峰、云母、潆潭隶左臂，金牛、金盘、旗鼓、靳江隶右臂，总以成岳麓胜概，为星沙一大观也。

登山之径匪一，自郡城从上渡过渔村，三里登岸。从下渡过橘洲，历禹迹蹊五里登岸。从古渡半里达中洲，仅一带水登岸，宋朱、张讲学胥由此，代有浮桥，而今废矣。

一岸滨江约四里为古柳堤，中有石坊曰"岳麓书院"，宋真宗赐额也。岸内有湘西书院旧址，进而为梅堤，为咏归桥，为濯清池，约三里抵书院。入静一堂，登尊经阁，朱晦庵所书"忠孝廉节"四大字。斋馆号舍若干楹，阁后有堂翼然，祀六君子，石壁镌"紫阳遗迹"。近北为流觞曲水亭、百泉轩，源自白鹤泉，历兰涧泻来，转入洗心亭、濯缨池，一线清分沙漏石，昔人所谓冷暖与寒暑相变，盈减经旱潦不异者非耶？右有宣圣殿，承以崇台，盘以文石，虬栋云榱，华梁藻井，令人有宫墙数仞思。擎杉百本，干不甚巨，而鬣叶鬖鬖如发，晋陶士行所植以壮庵居者。庵近藏书阁旧址，久就茀没。其它古柏苍松，修篁巨桧，菁茂离披，即蔚蓝光碧之境宁啻过之。左为山斋旧址，殿后高阜百级，有四箴亭。又上即朱、张讲学处也，古今名人碑刻列焉。稍进，故孙太守建亭于赫曦台上，而今以祠道乡先生矣。

降而笤筤谷，旧钟仙巢"吹香亭"，宋理宗笔也。趋而上，有崇真观，晋邓郁修炼处也，久与万寿宫、射蛟台俱属榛莽。随攀萝附筱以登，仅抱黄洞在焉。寻循小径转磴道，蜿蜒峻绝不可步，每以一足蹁踔行，左右皆万仞之溪，无可倚。历千余级，憩高明亭，古赫曦台基也。再转数百级，达禹碑亭，于时色相斐蕤，神彩焕发，岳麓之奇当无最此已。从禹碑由故道翼而北，至棂星门，觅雨花、谕苗两台基，北海碑峙山麓，旁有米元章数字碑，经千年馀曾不少泐，岂三绝神奇，应亦有山灵呵护耶。由此渡清风桥，望兰涧、石濑，水石相驳击，如花如雪，湃硧有声。登清风峡、风雩亭、道乡台、雪观诸古迹，恍在虹光岚黛间。转入岳麓寺不数武，经观音阁视白鹤泉，一线石隙中瀸瀸出，甘洌异诸水。循僻岩数百级，上讲经台，宫殿壮丽甚。殿后依岩建静院修廊，廊外绿峰岩泉互相照耀，僧人刳竹从岩畔取泉，声韵更幽。诸如古峰修柯，朱藤蔓络，幽闲萧森，当不让三山五（院）〔岳〕。

返峡南趋，皆奇石，块而伏者、锐而昂者，如狮如貉、如鱼鸟者。几经转曲层累，上云麓峰绝顶，昔金道士禁足处，后冶铁为瓦，凿石为柱，建宫祠元帝右，五岳帝祠附焉。四面环绕多珍木茂树，轮囷扶苏，而南首琅玕近千个。倚栏凭眺，溪谷田径、岗阜林泉、江河波涛、洲渚城郭、室居庐井，俱在紫气青烟中。既降，有石飞岩外，如伸螭首，面平如砥，约二丈。土人竖石为柱，为栏覆其上。拜衡岳石，下空深近数丈，睸之毛发皆竖。百千簇竹，树自下迸起，劲挺凌霄，姿态百出，又转一奇观已。从石趋南，降百十级，山自峰顶累累下，围垣高护其中，土石文致，控昭霞而襟湘水，其野色更异他山。

自山左渐趋渐下，过咏归桥，越桃园至道林坪。古有道林精舍、四绝堂、石浴池、道林寺，又别有天地也。四面高山环合，异石悬岩，若舞兽翔禽，云霞映罨，五色氤氲，涧流山泉，飘风激滃，漱石（硡）〔铉〕铿，可当一部鼓吹。远望樵夫牧竖，隐跃如画阁中人。对面，三洲水陆等屹然江心，为麓山闲捍。渔舫巨舰缭绕，上下水光烟波，呈巧献奇。

有是哉！岳麓之胜，甲湖湘而光古今也。然而岳麓之传自书院，其重以朱、张，况乎禹碑蝌蚪，千秋欣慕，递汉、晋、唐、宋以迄于今，帝子名贤，禅宗羽客，风韵如新。夫岂非山川奇异，足畅襟而开清旷之致耶！

唐杜荀鹤《冬末同友人泛潇湘》：残腊泛舟何处好，最多吟兴是潇湘。就船买得鱼偏美，踏雪沽来酒倍香。猿到夜深啼岳麓，雁知春近别衡阳。与君剩采江山景，裁取新诗入帝乡。

韩偓《小隐》：借得茅斋岳麓西，拟将身世老锄犁。清晨向市烟含郭，寒夜归村月照溪。炉为窗明僧偶坐，松因雪折鸟惊啼。灵椿朝菌由来事，却笑庄生始欲齐。

刘昭禹《晚霁望岳麓》：山西斜日边，峭入几寻天。翠落重城内，屏开万户前。崖嵯危溅瀑，林罅静通仙。谁肯功成后，相携埽石眠。

僧齐己《闻尚颜上人创居有寄》：麓山南面橘洲西，别构新斋与竹齐。野客已闻将鹤赠，江僧未说有诗题。窗临杳霭寒千嶂，枕遍潺湲月一溪。可想乍移禅榻处，松阴冷湿壁新泥。

宋张栻《同游岳麓分韵得洗字》：游观不作难，呼舟度清泚。新晴宿潦净，群山政如洗。上方着危栏，万象见根柢。寒泉自可鹎，况复杂肴醴。高谈下夕阳，邂逅元钥启。中流发浩歌，月色在波底。

又《五十游岳麓图》：开门六月汗如雨，出门襬穢纷尘土。文书堆案曲肱卧，梦逐征鸿过前浦。西山突兀不可忘，勇往政须求快睹。朝暾未升起微风，中流咿哑挟鸣橹。长林秀色已在望，有时出语见肝腑。意行爱此松阴直，眼明还喜碑字古。高低梵释著幽居，深稳仙家开闳宇。忽看宫墙高十丈，学宫峨峨起邹鲁。斯文政倚讲磨切，石室重新岂无补。危梯径上不作难，横栏截出可下俯。惟兹翼轸一都会，往事繁华杂歌舞。变迁反复宁重论，昔日楼台连宿莽。迩来人物颇还旧，岂止十年此生聚。泉流（娟娟）〔涓涓〕日循除，华表何时鹤来语。炎气知不到山林，茗碗蒲团对香缕。鼎来杖屦皆胜引，季也亦复同步武。洛阳年少空自嗟，三闾大夫浪自苦。一笑便觉真理存，高谈岂畏丞卿怒。不图画僧圣得知，貌与儿童作夸诩。请君为我忝草堂，风雨萧萧守环堵。

又《十四日陪黄仲秉渡湘饮岳麓台上分韵得长字》：支筇穿百级，把酒问春光。乔木依然在，幽兰只自芳。未当湘水满，更觉橘洲长。暝色须回首，天涯话故乡。

朱子《七日发岳麓道中寻梅不获至十日遇雪作此》：三日山行风绕林，天寒岁暮客愁深。心期已误梅花笑，急雪无端更满襟。

僧惠洪《岳麓雪晴图》：湘西今日云生早，岳麓雪晴看愈好。朱阑青锁寄木杪，千林临壑青松道。知谁沙步泊渔舟，舟中应容寂音老。爱山谁复如君者，一幅湘西和我画。分身亦欲看京华，要使痴儿惊羽化。

明谷城王朱常滥《岳麓峰》：双停小队驻江干，还拥轻舆过杏坛。曲水回斜杯九折，危峰陡绝磴千盘。禅林树匝龙宫寂，禹碣苔封鸟篆残。何物烟霞能傲客，山灵才许一回看。

杨基《望岳麓》：我为长沙客，不醉长沙酒。为爱岳麓山，系舟城边柳。峰峦一何秀，膏沐春雨后。蛾绿净洗妆，方知朱铅丑。所嗟山中寺，颓废想已久。嶙峋北海碑，千载独不朽。信为神灵惜，长使山鬼守。褰衣欲访古，日落辰在酉。荒烟鸟雀喧，竹密虎兕吼。老眼念后期，未知重来否。

王守仁《登岳麓》：客行长沙道，山川转绸缪。西探指岳麓，凌晨渡湘流。逾冈复陟险，吊古还寻幽。林壑有馀采，昔贤此藏修。我心实仰止，匪独事盘游。衡云开晓星，洞野浮春洲。怀我二三友，伐木增离忧。何当此来聚，道义日相求。

李永敷《望岳麓次阳明登岳麓诗韵》：孤峰断复起，遥林郁相缪。雄屹衡岳趾，清带湘江流。山回路疑合，市远境自幽。伊昔构精舍，斯文起前修。素心切倾向，尘鞅阻胜游。春风泛茝兰，芳香满汀洲。可望不可袭，使我徒增忧。安得共良友，道义资讲求。

刘宪《发长沙》：已觉长沙北，犹瞻岳麓西。天浮湘水阔，树入楚山低。岸芷馀香草，丛篁染旧蹄。昔贤迁谪地，多见古人题。

李东阳《用韵答邃庵》：岳麓峰前湘水阴，思君无计豁烦襟。亦知吴越非吾土，未必功名是我心。地上青山随处有，镜中华发逐年深。故人只在邻州住，空谷他时听足音。

张治《岳麓山》：细草山前路，浓花野外堂。三湘惟岳麓，四海几宫墙。地僻青山合，碑荒绿藓长。赫曦台远近，应欲眺扶桑。

冯一第《秋夜同陶仲调宿岳麓》：明月发深树，山气窥淳古。摄子松间影，徘徊快所吐。秋天旷人思，荡游结四五。以子客中心，憩我庐边坞。以我独坐情，入子杖履伍。皎皎钟磬内，霜光如亭午。菊风生露香，澹然吟篆缕。恋此终夜情，凭楼俯江渚。

胡顺华《游岳麓》：扰扰知何极，乘闲选胜来。风光看自异，素抱若为开。独杖凌苍碣，双柑送绿杯。仙巢何处问，已是净纤埃。

又《雨中怀岳麓之游》：通宵怀岳麓，雨恰隐朝暾。暖翠熏僧梦，幽香畏客烦。游须迟霁好，酒已后春存。不待江潭涨，桃花乱寺门。

潘应斗《重经岳麓》：一苇湘江我再来，遥峰峻绝倚云开。春闲鸟语绵青嶂，昼冷虫书满绿苔。绝学此中洙泗地，名臣何处道乡台。流连几度斜阳下，漫与同人叹劫灰。

陶汝鼐《秋夜邀醉岳麓与冯棖公山楼看月》：霜轻山未寒，气返如初夏。清磬一声微，松涛向人泻。隔江明月飞，峰高月难下。两客独不眠，岣嵝亦不夜。落叶满楼风，疑令禹碑化。

又《与冯棖公同游岳麓看月》：群峰丘壑到楼边，月上松萝生紫烟。空响岂惟声在树，秋容不肯淡诸天。疏钟远浦雁欲落，黄菊碧云人自研。倚和洞箫吹（澈）〔彻〕夜，曲翻风气亦纷然。

谭元春《游岳麓寄伯敬先生》：去岳日已远，兹麓存典型。水陆分中江，延目洲外汀。岳意无断续，草木森情形。林杪蓄新泉，沟洫声泠泠。拜石松竹傍，祝融开远青。日寄我公书，南风下洞庭。

蔡道宪《答岳麓隐者》：蹴碎岳麓云，翦断湘江水。枫丹染院深，高飘菊蕊紫。竹露垂朱霞，霜华拂剑齿。闻君多苦心，中夜尝数起。敲火作长吟，山鬼惊偷耳。持寄素心人，虹卷吴缣里。早晚欲行寻，相将索奇字。

吴道行《宿麓山二首》：系舟杨柳岸，醉眠杨柳烟。朦胧看新月，疑是晚霞天。

听月到楼前，搔首重延伫。疏钟何处来，露满道林树。

吴愉《岳麓读断岩残句》：春醉倚巉岩，倒松挂飞壁。虬结成壍光，古色昭人慄。披荆访昔人，苔藓封断石。隐微数行字，宛然鸟兽迹。阙残不著代，引泉拭且惜。揣摩句得之，老木识前辈。回顾烟云深，洵矣环灵气。

又《登岳麓追和张越青兵宪》：芝冈万派趋湘上，缥缈南天驻一峰。野艇横波生浦意，林霞引日放山容。寻幽独语溪边石，习静时听岭上松。即目不堪寻往步，旧时岩谷遍扶筇。

几度名山问道乡，悄然台畔独徜徉。露香花气浮朝磬，钓影樵声乱夕阳。古思每随湖水阔，遗风谁激泗流长。耽游竟日忘归去，乘兴扁舟下碧湘。

国朝江有溶《同王翼之诸公游岳麓》：残碑古树不知名，老衲居然作主盟。半日闲销千日累，更烦泉乳带松烹。自注：留饷法华泉。

飞来石上数峰青，远眺衡阳近洞庭。人在半天寻路入，行回再憩禹碑亭。自注：由拜岳石取道观禹碑。

王戬《登岳麓寄愚溪》：不借直踏寒烟里，麝香独游亭午时。万木环周风瑟瑟，诸峰鳞次云垂垂。羁士此中且自放，美人何处遥相思。九峻九真无羽翼，同气同声嗟别离。

刘友光《张兵宪以夏日游岳麓诗索和次韵奉酬》：闲遣青骢复屋间，凭阑时一待云还。少陵寂寞空怀麓，太傅风流只看山。日落帆随青草去，月来僧启翠微关。百年胜会惟今日，更有何人许共攀。

衡阳路尽此崔巍，急管传呼后骑催。金简销沉芳草合，玉虬缥缈阵云开。天高曾许灵均问，魂去难招宋玉哀。江北江南杨柳在，清新独有庾公才。

范秉秀《望岳麓》：岳色千层碧，逶迤见一支。紫烟鹑首落，绿树橘洲移。花冷湘娥泣，江深屈子悲。何当闻鼓瑟，更读大招辞。

恍惚神龙跃，遥逢天马奔。烟流江渚白，翠落洞庭昏。满壑松杉静，层峦波浪翻。飞崖堪纵目，直欲蹑云根。

张鸣珂《岳麓》：岳麓气象尊，隔水抱湘郭。上贯长沙星，精光互磅礴。祝融驾火龙，蜿蜒间雄卓。奔腾不得住，到此成磊落。就吞湘上水，少润赤帝渴。诸山尽趋承，罗拜崩厥角。降神毓灵秀，代有伟人作。万松簪其颠，涛声振寥廓。烟云足下生，平芜何漠漠。肤寸雷雨奋，膏泽无不沃。当年邹道乡，扁舟不得泊。子夜列千炬，一宿如践约。此山爱忠信，充隐未敢托。尤尊有道人，山灵听讲学。朱张两夫子，壁立侔五岳。与此气味合，卑陋尽挥霍。超然性命宗，老佛为气夺。所以英华萃，瑜瑾相追琢。麓峰实多助，谁敢拳石度。我来频仰止，饮泉纫杜若。振衣千仞峰，挥手谢羁勒。呼吸通蔚蓝，顿觉心胸豁。搔首问青天，一啸群峰诺。

胡虞继《岳麓怀古》：堂构低开万仞峰，我来选胜一扶筇。荒台寂寞悲邹浩，断碣徘徊认李邕。巨麓深阴寒白石，寺门斜照乱青松。苍茫欲共山灵语，湖海何年起卧龙。

罗源汉《游岳麓》：十年风雨契名山，挈伴台游一解颜。竟日羊肠穿积雪，中天鸟迹锁苔斑。秋清水落三洲出，城远鳞铺半壁环。千里望衡先望麓，相将七二数云鬟。

陈载华《望岳麓》：为爱山光好，幽栖欲近城。曾登峰绝顶，不惮路难行。雨洗苍松净，烟笼翠巘平。重游须结伴，何日不牵情。

祝融不可见，云麓日氤氲。古树留孤影，浮图挂夕曛。未知林谷变，但觉水云分。渔唱沿江渚，迢迢断复闻。

宿雾城闉合，愁怀总不分。山迷连夜雨，风度隔江云。禹迹孤亭在，梵钟半岭闻。遥看沙渚雁，天际晚纷纷。

道林何处寺，幽寂断尘氛。鸟倦下青霭，僧闲卧白云。夕阳明灭异，晓色霁阴分。极目江天外，飘飘意不群。

张九键《答麓山旧友》：筶筤踏遍无龙杖，掉臂归来一散仙。茅屋不辞春水绕，石床多与午风缘。岩边窈窕寻丹腠，雨后苍茫坐绿天。扫径劳君更招我，社蔬真负远公莲。

罗登选《岳麓晚霁》：兀坐欲寻春，连村雨隔绝。阴云忽夕开，夜气始皎彻。循檐断残溜，仰观众星洁。和风静夜来，山花播芳烈。悠然对孤卷，结想在前哲。即景惬素怀，俯仰何所缺。

袁枚《十一月二十七日秦芝轩方伯陪游岳麓山》：方伯名山主，长沙岳麓高。多君陪杖履，为我拥旌旄。霜叶红如锦，松声响作涛。希文有清德，应赋履霜操。

言寻禹碑碣，独上最高峰。字冠四千载，云封一万重。埋沙疑有鼓，山路践之铿然，号响鼓崖。拄杖戏敲钟。不信开如雪，梅花满仲冬。

狂风吹日落，叱驭急言归。人老知寒早，山高见鸟稀。道乡台尚在，北海笔如挥。可惜黄仙鹤，乘云早已飞。李邕字宛然，惟黄仙鹤三字久断泐矣。

刘世澍《岳麓怀古》：距岳亦未远，兹麓良巀嵲。峭壁势如屏，幽泉寒似雪。乘秋登马道，看云谙蟒穴。摩崖觇禹碑，披草窥唐碣。随州句最清，子美诗尤杰。学推紫阳正，文羡南轩洁。桥想咏归幽，谷到筶筤别。独往寻遗迹，孤怀慕前哲。惆怅思无端，低徊吟不辍。红叶满山径，黄花为谁折。且逐樵夫归，谁与山僧说。

朱景英《望岳麓作》：南岳七十二芙蓉，一花堕地犹丰茸。云为九千仞始此，造化结构当雄封。朱鸟篵尾毦不翦，赤沙插脚簇且舂。人家齿齿覆翠巘，城堞面面排苍峰。惠光道林兰若古，况有墨宝传李邕。遗堂四绝肇保大，沈裴宋杜人希踪。橘洲子戍杳今昔，矾石雪涧无春冬。言披往牒登胜迹，林壑一一储心胸。尔来今昔首都讲，瓣香礼为朱张恭。名山代兴故有在，时清虚谷繁笙镛。岂非地灵孕奇秀，机衡下烛文明钟。繄余弱岁早经此，仰面已略窥山容。廿馀年来屡津逮，竟未一曳寻山筇。竭来今复与交臂，夙愿依旧偿无从。冥搜起步愧谢客，幽栖遐躅悭周禺。半生有屐不得着，徒尔卧壁如蜗慵。一笑放棹下湘水，泠然林际闻霜钟。

钱大昕《吴云岩学使订于重九日载酒岳麓登高兼访山长刘孟调前辈，以风雨不果往，次日孟调以诗见寄和韵奉答》：拟访皋比岳麓阳，道乡遗迹未全荒。一宵秋雨回征棹，几叠青螺掩翠妆。问字相从缘恨浅，看山有约兴空狂。卧游只合师宗炳，欲借冰弦四座张。

王文治《冬至后三日，毕秋帆制府招陪慎斋老前辈暨张忍斋学使登岳麓绝顶，得长句一章》：海纳万水斯深深，岳罗众山斯森森。衡山七十二峰相辅弼，至此直注湘江阴。湘江涵青山削绿，百道烟霞散还束。以山临水此其颠，以岳观山此其麓。制府夙钟山岳灵，言自华嵩移羽旌。嵩形如卧华如立，未抵大贤胸次云涛横。我持鱼竿向洞庭，天风三日扬飞舲。维舟正奏欸乃曲，又邀我向名山行。岛府先生返珂里谓慎斋前辈，紫薇使者辅轩止。谓忍斋张学使皋比说经铿若钟，玉尺量材证若水。是皆域内之大儒，高怀朴学同而殊。平时雪棹何处访，忽尔星堂异地俱。从来气类相感发，如云逐龙磁引铁。制府才名三十春，朝野倾心拱卿月。是日风和天宇朗，半陂浸山荟林莽。扪萝穿磴出幽岑，豁然江流泻胸平似掌。归途夕阳松树颠，山中沉沉如小年。借问友朋山水乐，何似芙蓉蓬岛为飞仙。

钱沣《九日岳麓》：雨歇江平政亦闲，相寻故事一登山。红萸黄菊有深味，碧嶂丹崖俱净颜。北海碑看落照里，南轩座接清风间。归欤且住穷幽兴，细数林鸦几队还。

刘晧潭《登岳麓》：寻幽直上白云岑，极目清秋净客心。隔水人烟多气象，半山松柏自萧森。碑摹鸟迹文章古，学忆薪传步月深。坐久浑忘归去远，西风吹面动微吟。

唐仲冕《上巳日邀蔡云帆游岳麓用工部岳麓道林二寺行韵》：卧游行游虚实殊，题笺命俦诗思纡。天放新晴照西麓，人约旧雨渡南湖。浮洲频橘载搴艇，悬洞抱黄有炼炉。三间祠前采芳芷，二妃云外悬明珠。牡丹葩后杜鹃发，绛桃艳与紫荊俱。可惜道林落师象，但馀老树藏鸾乌。百泉轩远瓣香在，四绝亭荒一笔无。急寻赤石倒薤读，径上丹椒短筇扶。东林访寺茶正熟，北海搜碑莽先诛。对江列炬见台竦，讲院横经知道腴。名山坛席凭谁主，空谷鼓钟应客呼。甚恐猿鹤怨伧俗，敢辞跋涉爱孱躯。骋怀如修兰亭禊，愈病更胜辋川图。且免鸥盟问诺责，却讶莺语笑羁孤。老逐风光爱和暖，归听前后歌喁于。长记六朝松高古，底须秦封五大夫。

张世濬《怀岳麓》：忆昔携开士，闲游遍履踪。酌泉寻白鹤，咒石倚青松。远梵云中听，荒碑月下逢。北山空负约，仍是旧周颙。

吴思树《岳麓怀古》：紫阳之山何荦峃，万里扶摇拂氛浊。云气朝连鹿洞深，雨声夜向潇湘落。湖南清绝古潭州，汉水下江相汇流。近溯濂溪远伊洛，溯洄共作湘中浮。台悬绝巘赫曦起，亭横半岭高明峙。渡口秋兰带水清，洲头翠橘含烟紫。满院弦歌咏洙泗，摩挲禹碑注绿字。昔书监庙早征书，后来秘阁胡垂翅。志完夜火寺僧迎，岂如使节轸车行。至今曲渚飞花里，犹有当年鼓棹情。

胡起文《至岳麓怀雪帏》：扁舟遥泊大江隈，此是孤游第几回。绝巘石多三古字，寒烟松有六朝栽。山川满目人何去，楼阁当空雁独来。黄菊紫萸谁共把，含情一过道乡台。

张九镡《登岳麓用王文成韵》：束发理经策，山中结绸缪。凌风啸绝顶，黛色横湘流。俯瞰泉涧美，亦念亭观幽。前哲信高躅，吾党馀清修。岂敢旷岁月，历历寻旧游。钟声出松寺，香气来橘洲。深秋感寥廓，城市多烦忧。愿言陟岣嵝，金简如可求。

欧阳辂《自岳麓晓行涉南湖港》：斗酒新探岳麓回，又扶残醉过江来。不知风雪城南道，昨夜梅花几树开。

万贡珍《登岳麓冒雨寻禹碑步尧农韵》：穹碑说在最高层，约伴幽寻试一登。五百年来乐可数，三千载后读犹能。旧游竞欲倾新盖，仄径无由觅古藤。急雨潇潇红叶暮，注坡馀勇更谁曾。

黄湘南《望岳麓》：岳麓秋深日，扁舟客去初。神碑千古在，老树六朝馀。欲问孤臣馆，谁寻君子居。自来凭吊意，远望更踟蹰。

黄本骐《登岳麓》：灵麓遥从岳脉分，嵬嵬孤峙秀氤氲。到来一百六日雨，仰见七十二峰云。湘水绿吹蠡半勺，楚尘红起蚁千军。凭临欲暝寻仙寺，天外清钟缥缈闻。

黄本骥《游麓山用杜工部岳麓道林二寺行韵》：平生游历志趣殊，揽胜何嫌途路纡。道林遗址委榛莽，麓山名迹传江湖。岂必罗浮驭仙蝶，无须庐阜窥香炉。禹碑文字太古壁，宋儒坛坫明堂珠。抱黄洞逐泉脉转，赫曦台与松阴俱。凭高可唤南来鹤，望远能留西坠乌。天下名山随处有，眼前好景他乡无。少年贾勇欣独上，此日履险需人扶。屈原难免子兰逐，李邕莫避林甫诛。遗庙岿然迹甚古，丰碑屹若名犹腴。人生贵适麋鹿性，我辈何恤牛马呼。顾此千寻崛强石，肯负七尺昂藏躯。朗吟杜老旧诗句，笑展吴生新画图。胜地频来境屡易，斯游得侣兴不孤。隔江城市望历历，归途舆从歌于于。山灵送客客回顾，云端拱立古丈夫。

郭祖翼《春日与诸子游岳麓渡湘江作》：经旬闭户居，猿驹笑局促。故人走见招，灵麓待幽瞩。欣然携蜡屐，籍涤尘襟俗。一叶溯湘流，春水散醽醁。孤洲销寒烟，层波荡朝旭。舟动觉城浮，篙移知岸曲。翩翩鱼媵游，队队凫翁浴。风定帆影直，歌断橹声续。纫兰吊古魂，种橘缅芳躅。推篷看隔江，一拳天际绿。

吴淮《麓山即事》：寒风炫秋光，独鹤下平敞。古道寂无人，山亭拓碑响。

凌玉垣《游岳麓山三首》：青山不渡江，远势分全岳。倭迤三百里，斗起一峰擢。阴崖岚翠深，阳岭苍玉琢。含嘘通冥冥，欲雨气已觉。钟声孤寺隐，眉黛众山学。崱屴撑青空，穿云出林角。禹迹书未沦，石泉缨可濯。独立招林风，澄怀寄绵邈。

胜地资岳灵，灵岩辟其麓。云构倚岖嵚，道心狎麋鹿。林远青可揖，山近翠相逐。华甍郁参差，古色荫乔木。偶招咏归侣，襆被云中宿。虚谷清风来，廊庑何肃肃。崇台道乡峙，野庙三间独。芳矩怀昔贤，讲舍惟私淑。林卧尚未能，风尘嗟碌碌。

烟霞不适俗，轮蹄不在山。褰裳涉秋水，步屧登孱颜。斜日照长沙，清湘流不还。山人折杜若，招我青松关。挹袖乘云车，遐想空人寰。北雁去五渚，飞龙焉可攀。南云归九嶷，二妃愁烟鬟。清晖偶相契，尘鞅知未删。招鹤巢云松，青山有馀闲。初服终不违，结念幽林间。

刘蓉《麓山题壁》：芙蓉顶上踏歌行，百尺飞泉答啸声。万里征鸿留爪迹，千秋过客剩诗名。烟花住我春三月，山鸟呼人夜五更。射策请缨成底事，山中猿鹤是苍生。

玉屏山

《一统志》云：在善化县西八里，岳麓之支山也。峰峦环列如屏，故名。《岳麓志》云：玉屏为岳麓支山，碧嶂平开，秀如琢玉，昔人题咏有“玉屏山外一峰青”之句。

天马山

《图书集成·职方典》云：在善化县西，巍然如马。居岳麓右者为大天马，左者为小天马。

碧虚山

《岳麓志》云：山与道乡台相左右，回环互抱，郁为胜境。昔人建亭其上，名曰“风雩”。故又名风雩山。

尖山

《方舆胜览》云：在长沙西，灵谷深邃，一名圭峰。明统志云：在府城西，距湘江十五里，巍然一峰，秀出天表，亦名圭峰。宋毕田诗：“圭镌碧玉镇南服，峰耸黄金插半天。”

国朝陈士松《尖山》：突兀卓平芜，高标寒翠孤。雨收百里净，日落一峰扶。锥画西汉玉，笔敲北斗珠。秀灵揽不及，倒影入湘湖。

谷山

明统志云：在府城西七十里，山有灵谷深邃，名梓木洞。其下有龙潭，祷雨辄应。

按，谷山与尖山相接，离城不过二十里，明统志有误。

云盖山

府志云：在善化西三十里。明统志云：在善化县西六十里，峰峦秀丽，望之如盖，一名灵盖山。山有虎溪、蛇井。宋折彦质诗云：“昔年建立依蛇井，今日流通赖虎溪。”

唐僧齐己《寄云盖山先禅师》：曾寻湘水东，古翠积秋浓。长老禅栖处，半天云盖峰。闲床饶得石，杂树少于松。近有谁堪语，浏阳妙指踪。

明李永傅《春日游云盖山》：春色近山城，何妨载酒行。云穿风转媚，溪暖日初晴。洞里千年鹤，林间百啭莺。谈空逢老衲，半晌已忘情。

国朝毛国翰《渡湘西南行未至云盖山还宿田家》：趣途夹山水，

窅映殊清幽。岩岫屡回互，百转随溪流。西行渡石矼，旷野见平畴。陇禾含颖秀，露气和烟浮。远见云盖峰，焕发如冕旒。霞影翳落日，欲往道阻修。还与田父期，攀萝待清秋。夜深万籁寂，突兀看斗牛。

华林山

《一统志》云：在善化西南六十里。下有龙潭，相传善觉禅师证道处。明统志云：在善化县六十里，山林耸秀，下有龙潭。

稽架山

《图书集成·职方典》云：在善化县西七十里，上有田数亩，仰天小湖，旱不涸。有丹炉遗址，昔稽真人宅为观。

乌山

《图书集成·职方典》云：在长沙县西新阳乡，四时有乌哺其上，故名。府志云：在长沙西四十里，高数百丈，内有一洞，深广数丈，洞外石壁镌元朝年月。又有鹰石，状如鹰。《宋史·食货志》云：以长沙一郡言之，乌山铜炉之所六十有四。

国朝王文清《乌山》：石梯危径几人过，引我寻高仗薜萝。日落寒烟归寺院，天空宿雾恋山阿。渴呼峰顶寒泉出，俯拾平原沃壤多。极目长沙秋色远，祝融吹叶下湘波。

锡山

《一统志》云：在善化县东南三里。《隋书·地理志》云：长沙县有锡山。明统志云：在善化东五里，唐王锡隐于此，因名。下有龙潭，水溢则通湘江，而分清浊，涸则潭清如镜，祷雨有应。省志云：锡山见于《隋志》，长沙有铜山、锡山，盖产铜锡之山也。明统志谓，因王锡得名，锡乃唐咸通间郴州人。《隋志》不应先有锡山之名，谓锡隐是山，则可谓山因锡名，则误也。

搴旗山

府志云：在善化南三里，临大江。《一统志》云：在善化南十里，一名青旗山。明统志云：青旗山在府城南二十里，山形高耸如旗。

弦歌山

影宋本《寰宇记》云：在长沙县东南三十里，晋太尉陶侃葬女之处，山顶时闻弦歌之音。

昭山

《水经注》云：湘水又北，径昭山西。《元和郡县志》云：在长沙县南七十里，临湘水。《元丰九域志》云：长沙县有昭山。影宋本《寰宇记》云：在长沙县七十里，山临湘水，下有潭。《一统志》云：在善化县南六十里，接湘潭县界，一名马山。《图书集成·职方典》云：在善化县南五十里，绝岭而奔，秀起湘岸。亭然翠立，怪石磅礴。异木层阴，微露岩崿，而无倾落之势。舟过其下，隐隐见岩牖石窗，窥攀莫及，洵异境也。旧志载湘潭县误。

明王夫之《昭山》：曲曲见昭山，孤青不相舍。湘水过千帆，凝眸几人也。

终古石自碧，深春花欲红。澄潭凝一色，云未出双虹。

又《昭山孤翠词》调寄蝶恋花。自注一峰矗立江次，北去湘潭县三十里，下为暮云滩：日落天低湘岸杳，迎目茏葱独立苍峰小。道是昭王南狩道，空潭流怨波光袅。 绿影寒澄春放棹，记得当年绿水歌年少。明月南枝乌鹊绕，登楼何处依刘表。

郭金台《被乱家散舟载妻儿入郡经道昭山》：群氛日日忧明主，长路年年困此生。身系一舟如泛梗，儿怜二岁已轻程。文章无力羞多士，草木何时见大兵。百里人烟无乐土，晚洲渔照自纵横。

国朝胡正笏《望昭山有感》：独镇湘江水，高峰不可攀。白云飞殿瓦，夜月宿渔湾。将母当年别，馀生此日还。灵妃多胜迹，不忍上昭山。

郭劝《舟过昭山》：古刹犹如故，轻舟拭目过。岸低烟影小，林密鸟声多。花溅游人泪，渔通下里歌。客心今又起，凭吊寄沧波。

张廷仪《昭山》：石磴盘逶迤，群峰逞天娇。巍峨一柱尊，岿然出云表。山巅古寺矗，疏钟隔萝茑。缓步凌崱屴，纵目展清眺。宿雾已全消，历历众山晓。此间钟神秀，馀光起朱鸟。湘水径其西，旋泉深且窅。郁为南津城，波光互萦绕。低徊橘洲仙，烟草青未了。蛟宫瞰幽冏，龙宫俯窈窱。远树若荠浮，轻舟如芥小。怀古忽无端，凭吊心愀愀。马山昔谁易，鄢陵人已渺。自注：武穆王马殷王长沙，改昭山为马山。铜柱委榛棘，春园冏窈杳。苍凉信叔居，虚无寄林杪。英雄去一丘，风叶空扰扰。兹山擅名胜，蜡屐游人少。吾家久居此，园林间池沼。古石旧磷磷，清波日皎皎。乘兴叩山灵，松径带云绕。

罗作元《昭山》：劈插清湘岸，连卷暗紫氛。龙潜根下水，僧定岭头云。客路藏秋草，渔舟聚晚曛。登临值摇落，风叶下纷纷。

萧大经《长沙竹枝词》：昭山山下晚烟微，鹞子岩前白鹭飞。一叶轻帆来远浦，郎从南岳赛神归。

王敬禧《舟行望昭山次韵》：昭山远当案，久永登山心。缓棹潭外来，极目窥高深。铜青压峰顶，铁色皴岩阴。夕阳明山椒，矮屋曲折寻。湘渊本无底，山势一以临。何当理双屐，高攀叩云林。

宋灿《过昭山》：江潮淼淼曲成湾，一棹呕哑递往还。添得云林新画本，绿烟红雨过昭山。

吴敏树《昭山》：昭王南游不到此，昭潭之说荒唐矣。当时荆郢尽荒服，此地群蛮杂居耳。连山叠秀嶷衡来，湘流一束清波回。雄风独开大楚国，屈平放逐离骚才。至今扁舟览奇胜，湖南千里无浮埃。屈潭之名传者真，昭山昭潭岂其伦。芊宗大宗聊可数，不知居者为何人。江山苍凉古形色，富贵无闻久磨灭。犹传姓氏落人间，击棹风前长叹息。

罗萱《舟过昭山》：湘水流忽住，船头盘一峰。悬崖愁过鸟，倒影压潭龙。远白洲前浪，孤青顶上松。沿流三十里，犹听午时钟。

关山

明统志云：在善化东南四十五里，层峰峭拔，有如城壁，中门道路仅通一车。唐末邓处讷遣蒋勋于此拒刘建锋，后有马武亦尝戍此。《一统志》云：唐末置龙回关于此，故名。

按，关山跳马涧有关帝庙。庙内有大铁刀一柄，长丈许，重百斤，环具龙形，锋如新刃，真临敌之物，非今武场校技所用者比。道光初，乡人掘土获之，置庙中。流俗相承云：关侯遗迹虽无确证，然此地本古战场，要亦千年故物也。又相近五里石燕铺一带，山内土人于风雨时常获石燕，大如指形，质略具螺纹，宛然。吾藏二三枚置于盘中，以醋注之，恍若浮动。考《湘州记》云：零陵山有石燕，遇风雨即飞，止还为石。今长沙亦有之，不独零陵为然也。

国朝张汝润《关山》：东下宜春亘众山，自注：山自江西袁州东来。中间绝径堑长关。一丸可闭金墉固，万剑齐攒铁壁环。古戍戈铤销硐底，清时鸡犬哄云间。承平那复谈天险，跳马前来只等闲。自注：下有跳马硐，相传为汉关侯遗垒。

凌玉垣《关山怀古》：弱冠欲投笔，长吟晚度关。乱山锁残照，老树挂刀环。割据岩疆重，烟云故垒间。时平容眺览，疲马载诗还。

又《宿关山》：青山逐马蹄，来宿山深处。明月独怜人，梦醒犹不去。

临湘山

《长沙县志》云：在明道都榔梨市，上有陶真人庙。《晋书·隐逸传》云：陶淡好读《易》，善卜筮，于长沙临湘山中结庐居之。

案，临湘山名载在晋史。而统志、省志俱未称引。惟《长沙县志》尚载此山名，亦未溯厥缘由，以故终晦不显耳。

宝盖山

府志云：在善化县东六十里，高五里。

紫薇山

府志云：在长沙县北五里，即开福寺地。黑潦塘绕其后，新开河横其前。林木阴翳，规制宏敞。《图书集成·职方典》云：在长沙县北二里，即开福寺山名。

案，国朝刘献廷《广阳杂记》云：长沙西临湘水，浩浩北注。无泊舟地，故四方船筏，辐辏中湘。昔兴中丞抚军时，曾于开福寺前开一河套，为泊舟所，工未就而罢。王抚军因之大兴版筑，开渠绕开福，引湘水东北流。复注于湘，可半里许，则四方舟楫无风涛之虞。做工者人给钱六十文、米一升，又柴菜钱三十文，故人乐于趋事。有讼于官者，先令原告出资督工，待审判而负罪者，量其轻重，罚之出资做工。今北门沿湘一带，新造草屋俨然如市矣。先筑堤塘数十丈以遏水，余此来见星沙气象甚旺，迥异春初。此渠开，则中湘之胜将移于此，然亦不过一时计耳。日久坍颓，渐就堙塞，可计日而待。若能大兴工作，更引浏渭之水西来，冲刷污塞，方为永久之计。然去浏渭稍远，且多冈阜隔阂，工费浩烦，非此公所能办也。

罗洋山

《一统志》云：在长沙县北七里，一名大富山。峰峦秀拔，水流环带，为一县之胜。

明萧禹臣《罗洋山房即事》：山城日霁雨初收，云里依稀野色幽。灵谷烟深渔舍远，湘江水涨鹭鸥浮。水田处处看苗硕，茅屋家家指麦秋。岁月无端华发变，斜阳独立不胜愁。

江空云影日依依，回首春山蔼翠微。静里独闻啼鸟怨，坐来时见落花飞。窗留返照帘垂晚，门掩深苔客到稀。惆怅西风何以慰，谩将尊酒破愁围。

国朝陶丙寿《初晴登罗洋山》：妙鬘云生缦缈间，人家深在翠微湾。分明一幅营丘画，着我岩头看远山。

树杪湖光一片悬，鸭头新绿蘸春天。南风数点蒲帆下，散作云蓝纸上烟。

土城山

《长沙县志》云：在三汊矶北，周回八九里，俨如城郭，四面有路，出入如城门然，故呼为土城。其山壁立陡绝，高者五六丈，低亦三四丈不等。东临大江，尤为险峻崇墉，屹立绝壁巍峨，舟行过此亦奇观也。

鹅羊山

府志云：在长沙县北二十里，一名石宝山，成少卿升仙处，道家福地第七十二之一。石如鹅羊，故名。明统志云：在府城北二十里，山多奇石，或踞或立，状若鹅羊，故名。昔成少卿升仙之所，有仙坛、丹台在。一名东华，又名石宝，即七十二福地之一。影宋本《寰宇记》云：东华山在长沙县北二里，亦名石（室）〔宝〕，亦名神仙之洞府也。《洞天福地记》云：鹅羊山在潭州长沙县。《宋史·食货志》云：麻潭鹅羊山，铜户数百馀家。《草堂诗笺》云：盛宏之《荆州记》曰：鹅羊山石皆成鹅羊形，云昔有成少卿者，年十四五，兄令牧羊，见一老人谓曰，汝有仙骨，可相随去。市人报其兄，兄至山见少卿，送兄出，问羊在否？指谓石，使令随兄去。《陈书·岳阳王叔慎传》云：隋湘州刺史薛胄兵次鹅羊山，叔慎遣正理、樊通等拒之，大败。

宋毕田《鹅羊山》原注：在长沙北二十里，上有仙坛丹灶：羽客何年此炼丹，尚留空灶镇孱颜。云中鸡犬仙应远，山下鹅羊石转顽。湘渚几因沧海变，辽城无复令威还。何年仙驭重来此，尽遣飞腾上九关。

智度山

明统志云：在府城北五十里，山高数百丈，环二百馀里。众山罗列，独黑石峰最高，唐将军刘度居之。府志云：高矗插天，万峰列笏，唐刘智度将军居之，明谷王亦尝于此逃禅。寺极壮丽，明末毁于兵，而石坊犹存。诗僧岳庵诛茅再构，山有八景。

书堂山

府志云：在长沙北五十里，山不甚高，而林峦攒秀。唐欧阳询父子读书处，今尚有洗笔池、读书台在寺侧。明统志云：在府城北五十里，唐欧阳询读书于此。

国朝郭崑焘《南屏见示游书堂山诗戏作奉简》：柈翁示我游山诗，游山但见云四垂。书堂在昔非胜境，信本父子偶居之。从来名贤栖息处，未必尽擅山水奇。后世流传侈古迹，方志沿袭多然疑。以目证耳每可笑，况乃目亦迷所窥。翁今自诩腰脚健，冒雨却渡湘江湄。迢迢远道踏泥泞，皇皇觅路愁饥疲。入山一望爽然失，牵率信宿宁心期。强吟短句遣烦闷，欲状形胜难为词。虚名误人类如此，身苟不到焉能知。眼前黑麋亦粗犷，尚喜丘壑连嵚（奇）〔崎〕。南来蜿蜒数十里，屹立北干推玉池。穿崖度峡穷险绝，往往路断逢坦夷。持较书堂稍幽胜，但恐高处寒侵肌。吾言非诬君记取，试办游屐秋凉时。

麻潭山

府志云：在长沙县北五十里，形家称芦花鞭，其山多石，为长沙水口。《宋史·食货志》云：麻潭、鹅羊山，铜户数百馀家。

铜官山

《一统志》云：在长沙县西北九十里。《水经注》云：铜官山西临湘水，山土紫色，内含云母，故亦谓之云母山也。影宋本《寰宇记》云：云母山在长沙县西北九十里，山出云母。引《列仙传》云：长沙云母，服之长生。《寰宇记》又云：铜官山在长沙县北，水路一百里。引甄烈《湘川记》云：盖楚之铸钱处，故曰铜官山。《广博物志》云：长沙有铜棺山。引《湘州记》云：程普、关羽分界于北，铸铜棺为誓，相侵者以铜棺贮之。《草堂诗笺补遗》云：《寰宇记》，铜官山在湘县南一百一十八里，与长沙分界。《长沙县志》云：山在县北六十里临湘都。土性宜陶，细腻洁白，如粉非紫色也。陶家千馀户，沿河而居。山下为铜官渚，再下为誓港，对岸为靖港。长沙水驿头站六十里至铜官，即此地也。

案，诗笺引《寰宇记》云：湘县疑即湘阴县之讹。影宋本《寰宇记》所云与此异，殊不可解，亦岂诗笺误引耶。

唐僧护国《访云母山僧诗》：森然古岩里，净行一高僧。松下滤寒水，佛前挑夜灯。莲花国士异，贝叶梵书能。想到空王境，无心问爱憎。

国朝吴敏树《铜官山》：云母欲寻石，陶烟已蔽峦。千年楚王国，遗恨记铜官。

铜山

《隋书·地理志》云：长沙有铜山。乾隆《府厅州县志》云：在长沙县北一百里，楚铸铜处。《长沙县志》云：铜山疑即铜官山之讹，县北百里非县界，且未闻有铜山也。

青山

《长沙县志》云：在长沙县北八十里大贤都，高数百丈，延袤数十里，其最高处有大雄埂、龙凤山、天车岭、界牌岭、白石岭、花塝山。千岩竞秀，万壑争流，总名曰青山。又有广善寺、报恩寺、龙凤庵。陡壁石、马脑石诸胜，幽泉怪石，不一而足。山北即湘阴界，实长沙北面之巨镇也。

天井山

《图书集成·职方典》云：在长沙县东锦绣乡。山上有井，水下流，四时不绝也。

天雷山

府志云：在长沙县北四十里，山势岧嵂，上有一井，多蜥蜴，颇能吐雾成雹。下有引龙寺、观音殿、求雨坛。山有狮子石，虬毛螺纹，狰狞可畏。

青山（石门山）

《图书集成·职方典》云：在长沙县东北八十里雾阳乡，其山四季常青，故名。山下有寺，名国清。有泉，名月泓。《一统志》云：在长沙县东北八十里，接湘阴县界，四时常青，山有霞峰台及龙潭，又有月泓泉澄碧可鉴。明杨廷相《谱序》云：吾家世居青山之下。青山又名石门山。

影珠山

《图书集成·职方典》云：在长沙县东雾阳乡，山顶有井，其影如珠。《长沙县志》云：在东北百里清泰都，山极高大，雄镇一方。半山以上有狮子岩，高十馀丈，下有石洞可通往来。山之西又起大山，属湘阴，名曰西影珠山。一说影珠当作隐居，陶真人当隐于此。

国朝张启鹏《冬日郊行望影珠山》：野外天空孤磬闻，霜林秋尽叶纷纷。乱峰无数夕阳冷，知有梅花卧白云。

古华山

《长沙县志》云：在长沙东北百馀里清泰都。府志云：在长沙县东锦绣乡，上有井，相传葛仙翁炼丹处。

明黄学谦《避兵入古华山寓》：羸马荒郊正夕阳，行人去鸟共迷忙。野田雨过才收黍，山路秋分已降霜。几处鼓鼙连战垒，况闻江汉作沙场。乾坤无限伤心泪，愁洒秋花满地黄。

飘峰山

《长沙县志》云：在清泰都，接湘阴界，高数百丈，延袤十馀里。第一峰名望湖尖，晴明时可望洞庭。山上有真武宫，山半有泉，名洗手沟。山北有龙井，深五六尺，阔不盈丈，其泉仰出，清冷异常。

明蒋之菜《登飘峰山》：杖底峰如玉女开，青鬟累累对前来。岚生古洞千山雨，瀑触深溪万壑雷。定后远神栖岛岳，醉中情梦到天台。痴情自负多奇癖，聘得青山佐酒杯。

云麓峰

《图书集成·职方典》云：在岳麓右，如覆釜，南望衡山。旧《岳麓志》云：峰峦耸特，石骨磐纡，竹木青葱，为诸峰最，即洞真墟福地也。影宋本《寰宇记》云：云山在长沙县西六里，隔江乃衡岳之足。时有白鹿现，有精舍曰道林。

案，长沙云山即云盖山，在县西三十里。《寰宇记》云：隔江六里并有道林精舍者，正指岳麓，疑即云麓峰之讹耳。

国朝汤右曾《登云麓峰望南岳歌》：我闻三神山，远在东海东。

神仙恍惚路难到，世上五岳蟠胸中。忆临沧溟倚日观，九万曾踏扶摇风。昨醉蓬莱建羽节，阳景一翳迷高嵩。西南万里入罗鬼，似堕幽井窥圆穹。东还云梦吞八九，张乐已在轩辕宫。七十二峰青连属，苍梧天外云濛濛。清湘水流环九面，南岳神镇齐三公。灵妖物怪薮藏纳，丹蕤赤幕光曈昽。峰峰低昂宛相次，独有紫盖争祝融。雷泓风穴互开阖，玉书金简留穹窿。岣嵝山尖蝌蚪字，人迹欲到路已穷。使者虚亭花药绕，山人蜕骨烟霞通。似闻绿发有毛女，不少翠羽来青童。离宫福地入缥缈，目所眺瞩攀跻同。衡阳县前昔骋望，压阵巉崖云排空。仙人咫尺俗缘误，况今百病中交讧。升高视远腰脚软，左右扶掖如衰翁。道人铁瓦缅遗构，拜岳之石高宠炊。九嶷清猿怨遥夜，洞庭落日浮孤篷。汉女幽兰冉冉翠，楚妃泪竹斑斑红。振衣周览穷上下，忽与意思争清雄。人间扰扰等蠛蠓，慎勿变化随沙虫。君不见回雁峰来八百里，挥手欲驾冥飞鸿。

邓泌科《登云麓绝顶》：层城隔岸枕湘涯，云麓岧峣半面遮。晓日晴岚封万壑，暮云春树映千家。昂头拟摘长沙子，引手时招碧海槎。正欲高谈惊上界，山僧新焙紫茸茶。

聂铣敏《夜坐望云麓山》：寒雪初消碧树林，名山未入不知深。几人趁此春宵月，朗朗书声和梵音。

春城昼夜极喧豗，江上清光拨不开。久坐船头玩山色，烟中渔火一舟来。

曾燠《登云麓峰望岳诗》：衡山自南来，天向洞庭展。馀势犹郁盘，湘流此一转。祝融居处尊，门户谨关键。云麓乃初阶，去天已不远。手扪长沙星，车辖左右辗。右俯苍梧低，左临江汉浅。恭维南岳灵，亘古崇祀典。助顺在昭代，神功更丕显。曩者逆藩来，七泽炽兵燹。维岳彰冥诛，蚩尤旗尽偃。有苗尝弗率，态作夜郎蹇。维岳奋风雷，溪峒慑威烨。绩当刊禹碑，巡不劳舜辇。用能感邦人，拜岳恒累趼。山颠有拜岳石。昨余初莅官，烛烛频忧旱。牲币偶告虔，甘霖遍疆亩。牧民本无术，允赖神降戬。云雾何当开，精诚托遥眄。

黄本骐《登岳麓峰望岳次韵》：一气排青苍，岳色破天展。循相蜿蜒来，环抱似百转。九嶷罗儿孙，三楚扼关键。我公蹑其麓，眼豁天与远。云漾九千丈，欻吸车轮辗。低笏拱祝融，黛落众峰浅。恭闻崇望秩，煌煌纪舜典。羲娥鞭跳荡，阴阳割晦显。冠古呵神碑，劫火毁野燹。粮贮石禀开，旒悬华盖偃。效灵翊圣朝，謇彼王臣蹇。镇离朱鸟翔，火德长焯焯。荒渺紫虚君，彩凤鞚飞辇。焚顶煽愚民，百舍忘重趼。湘俗秋后男女杂沓赴岳进香。讵知岳降神，执柄司丰旱。触石润崇朝，神功媲岱畎。允矣南山春，天保歌俾戬。肸蠁塔公诚，万灵凑一眄。

妙高峰

明统志云：在府城南门外，一峰高耸云表。府志云：即高峰寺，一名琮琤谷。耸立云表，江流环带，诸山屏列，城南第一奇观。

国朝陶澍《长沙竹枝词》：妙高山色画屏新，妙高山下水粼粼。多少游人不知味，出山何似在山真。

徐受《妙高晚眺》：寥泬天高暑气清，夕阳西下月东生。竹枝堕地不成影，桐叶未秋先有声。半壁云山支冷寺，万家烟火拥严城。长沙自古悲迁谪，身世惟堪浊酒倾。

黑麋峰

府志云：在长沙北七十里，云雾长封，翠光四滴，仙灵之窟宅也。唐有刘氏女栖此修真，得道去，今石亭遗址尚存。明万历间，塘冲周福亦于此得道。今有二仙遗像，祷雨辄应，峰中亦有八景。

国朝李光晓《游黑麋记》：郡城出湘春门六十里，连山绵亘，势若浪涌，其巍峨而杰峙者黑麋峰，盖群山之冠，一邑之镇也。顾黑麋所自名不可考，或曰古号洞阳山，今寺额“洞阳古刹”可验也。按《一统志》“洞阳山在浏阳县。”此云“洞阳古刹”者误也。

乾隆戊子暮春，偕从弟往游。越深涧，涉巉岩，历虎牙、鹰嘴，攀萝扪筿，始跻其巅。至，则异境辟，眼界扩，乾坤端倪，恍若呈露。西望衡岳，俨来朝拱，潇湘之水环焉。北顾洞庭，波光明灭，远在烟云仿佛间。东南之山若远若近、或见或隐，山光岚色，深翠浅碧，远与天混，极目无涯际。俯瞰峰下素所登眺，称奇峭者，若覆杯然。人物往来途陌，如蚁走盘中。峰之下穷岩绝谷，辽邈幽邃，横岭崇巘，攒簇累积。倏阳倏阴，或雾或霁，顷刻变幻不一。峰四隅各有井，广盈尺，深倍之。水清澈见底，有物焉，状类蜥蜴，稍短，乌黑，腹正赤，金光晃目。天将雨，群自穴出附石上，俗名汉金龙。山之产，古松老桂，枫杉楮榭，离披虬结而连卷。草则朱兰崇蕙，菖蒲紫茸，随足所诣，幽香袭鼻。其它嘉葩怪卉得诸睹记者，不尽识其名。寺数椽规制，甚朴。栋牖榱桷多为云气剥蚀，率二三年一易。寺侧数石柱屹立，云是刘仙姑飞升处，遗蜕藏焉。

入寺而憩，寺僧供茗饭果蔬，甚芳洁。已而日驭西昃，犹踟蹰顾恋不忍去，及寻归路，则半归隐远山矣。因喟然曰：是峰也，轩昂磊落，缭曲往复，其诸柳子所谓“奥如旷如”者夫。惜僻处险远，探登者少，其胜弗传也。山固有遇不遇哉！虽然，王公贵人不一践其区，无羁臣逋客以予（嘻）〔唏〕嘘感涕，而后台榭之宏侈、碑碣之填砌、丹碧之涂泽，不以累其真。独葆其元气与太虚往还，兴云出雨，以福我生民，则兹山之所全不小也！弟曰“匹夫砥行，不彰于时。”大率类是。余甚诧焉，爰述所历为记。

张应塾《再登黑麋峰》：峭壁横今古，登临不计年。苔痕移石磴，日影散峰巅。倚树浮云合，遥天孤阁悬。江城入望里，怀古意何先。

毛国翰《麋峰》：峰前支遁宅，春尽不开关。石磴扪萝上，风门见鹤还。晴天空翠合，远色夕阳殷。盛夏想飞雪，松亭好待攀。

步虚岭

《续岳麓志》云：即响鼓岭，路畔崖石上，刻径二寸许草书五言绝一章。崖下有泉一泓，土人亦呼白鹤泉。泉涌崖湿，虽经冬不可（榻）〔拓〕。惟末二句“清澈潇湘外，源源亘古今”可辨，馀俱难识。《岳麓诗钞》谓“有古篆字不可读。”未加细考耳。

案，响鼓岭印心石屋侧石壁上有草书四行，末题款一行，石刻云：欧道源寻一行　石岩阴积水绕溪二行　岸清绝潇湘外三行　源源亘古今四行　雍正六年，福建曾天用题字俱明，显下并无泉，续志所云实多疏舛。考省志职官表，曾天用，福建平和人，康熙五十七年官长沙县丞。首行有欧道二字。欧道，元人。岂所录乃欧道之诗耶？

金盆岭

《图书集成·职方典》云：在善化县南五里，周环如盆，山陡峻，曰岭。府志云：在善化县南五里。又云：康熙十五年丙辰二月，吴三桂伪将军夏国相退走长沙，合马三宝等悉力固守。和硕安亲王帅师由萍乡取醴陵直捣长沙，于南门外金盆岭、老虎坡等处安营立栅，筑长围，延袤二十馀里，以困之。

峨嵋岭

《一统志》云：在善化县东五里，俗名阿弥岭。府志云：康熙十六年丁巳，征南将军穆占帅师踵至，扎营阿弥岭。吴三桂复增遣伪将军十馀辈，于城外周遭筑壕，布拒木蒺藜，出象阵以死守。

案，罗汝怀《兵饷刍说》云：吴三桂之据长沙，康熙十三年春也。于南城外掘堑三重固守。大兵攻之五载不克，迨十七年八月，三桂死于衡州。次年正月，我师克复岳州，长沙贼始弃城焚掠遁。夫以全师捣负隅之贼，辄至六年，固其多师亦其善守。又云：别纪载，三桂闻长沙急，由松滋回军，屯隔江岳麓山，使胡国柱守城中。马宝、王绪营城外，掘重濠，布铁蒺藜，列象阵，尽调南漳、夷陵诸贼，合力拒守。吴应麒据岳州，于城外浚濠三重，设陷坑鹿角，以拒步骑于洞庭峡口，攒立梢椿以拒舟舰。而澧州、石首、华容、松滋皆布重兵为犄角。此皆湖外战守掌故，所当考据者，使早仿而行之，则贼歼矣。

仙女岭

明统志云：在府城北四十里，初名绍隆山。宋末乡民遇旱，迎洞庭孝烈灵妃于此，祷雨有应，因改今名。

白石尖

明统志云：善化县东八十里，有白石尖高峰。《善化县志》云：在县东八十里，高十五里，上有清泉瀑布，白石磷磷。

定王冈

《湖广通志》云：在长沙县东。影宋本《寰宇记》云：定王庙在长沙县东北一里，百姓岁时祀之不绝。庙连冈，高七丈，俗谓定王冈。

金牛冈

明统志云：在善化县西十一里，以形似名。《太平广记》云：

《湘中记》曰，长沙西南有金牛冈，汉武帝时，有一田父牵赤牛告渔人曰："寄渡江。"渔人曰："船小岂胜得牛。"田父曰："但相容，不重君船。"于是人牛俱上，及半江，牛粪于船。田父曰："以此相赠。"既渡，渔人怒其污船，以桡拨粪，弃水欲尽，方觉是金。讶其神异，乃蹑之，但见人牛俱入岭。随掘之，莫能及也，今掘处犹存。影宋本《寰宇记》云：金牛山在长沙县西南九里。

案，国朝余廷灿《牌楼山记》云：自岳麓逆折而上，有岭崒起，莽苍之势可万丈，如流星下垂，截然中断。见沟脊界画，是为金牛岭。疑此即古之金牛冈也。

白石冈

省志云：在善化县东南八十里，府城来脉。《图书集成·职方典》云：在龙头铺，为府县来龙。

苍筤谷

《渊鉴类函》云：长沙县岳麓山下有苍筤谷。《岳麓志》云：在抱黄洞口，宋仙巢先生钟尚书闲居游观之地。《广舆记》云：在岳麓山下，乃仙巢先生钟尚书旧隐处，上有吹香亭，宋理宗手题其额。

国朝吴宁谔《苍筤谷》：廊庙山林两不同，仙巢旧是尚书翁。郁郁苍筤泫谷隐，云锁烟封谷自空。当年鹤放去不返，四时花发惊人眼。而今只见牧与樵，渺然仙迹思何限。谷上有亭曰吹香，香亦散尽亭亦荒。古来显晦俱寂寞，谁道仙家日月长。

张鸣珂《苍筤谷行》：龙蛇无家仙有骨，紫雾香风常馥馥。当时懒曳天街里，手种苍筤绿映几。鹤唳琴声答涧泉，长沙西畔别有天。

吹香亭子笼云白，时有潜龙挥翰墨。可怜江左小朝廷，不及此中心目豁。四时花〔开〕三春鸟，人间何处无三岛。清风吹月上山来，把酒临风坐碧草。一杯遥问古巢由，箕山应不负乡老。至今牧笛岭头鸣，疑是王乔笙韵好。君不见宋家宫阙已成尘，理宗陵墓植冬青，此谷虽荒不属人。

曾国藩《题苍筤谷图》：我家湘上高嵋山，茅屋修竹一万竿。春雨晨锄斸玉版，秋风夜馆鸣琅玕。自来京华昵车马，满腔俗恶不可删。洞庭天地一大物，一从北渡遂不还。若忆故乡好林壑，梦想此君无由攀。嗟我与君同里社，误脱野服充朝班。一别苍筤谢猿鹤，一年台省翔鹓鸾。鱼须文笏岂不好，却思乡井长三叹。钱塘画师天所纵，手割湘云落此间。风枝雨叶战寒碧，明窗大几生虚澜。簿书尘埃不称意，得此亦足镌疏顽。还君此画与君约，一月更借十回看。

孙鼎臣《苍筤谷图歌》：少生山水窟，本自烟霞人。南来谒天子，属籍金闺臣。金华五年困尘土，车如鸡栖蹋朝鼓。移山走海不得全，七泽天长梦魂苦。楚江之外天冥冥，楚山之竹何青青。崖倾嶂合不知路，七十二峰环翠屏。翠屏中间断复连，东风西风响流泉。徘徊返照下绝壁，谷口十丈横苍烟。抱黄古仙人，炼药阏石室。一朝骑白鹤，鹤去丹井溢。春风满地茯苓长，四月山深杜鹃响。携归苦笋得饱餐，斫取新枝胜筇杖。自从书剑别烟萝，萧条硐户依山阿。一丘欲卧那可得，三径就荒知若何。披裘行歌入燕市，道逢戴侯喜知己。低头怜我乡思深，举酒呼童进双鲤。人生富贵岂有极，纵使无田归亦得。车前突兀横八驺，何似平生几两屐。洞庭南下春水深，九嶷恍惚苍梧阴。鸿飞半天不能到，云山窈窕伤人心。丁香花开白日晚，飞絮游丝客愁满。即看芳草被天涯，却忆山中白云远。戴侯善画今代无，淋漓大笔为我濡。琅玕已老结成实，山中猨鹤遥相呼。

琮琤谷

《一统志》云：在城南三里妙高峰下，宋张栻建城南书院于此。

宋张栻《琮琤谷》：幽谷竹成阴，悬流漱石声。不妨风月夕，来此听琮琤。

朱子《琮琤谷》：湖光湛不流，嵌宝亦潜注。倚杖忽琮琤，竹声无觅处。

案，长沙旧传有栖霞谷。《一统志》云：在长沙县西。又引《述异记》云：湘州栖霞谷，昔有桥顺二子，于此得仙，服飞龙一丸，十年不饥。曹丕诗："西山有仙童，不饮亦不食。"即此也。考宋《吴淑事类赋》引《十道山川考》云：林虑山在相州林虑县西二十里，本名隆虑，属河内郡，汉殇帝改为林。桥顺二子师事仙人卢子基于隆虑山栖霞谷，服飞龙一丸，十年不饥。《太平御览》引《颜修内传》云：桥顺，字仲产，有二子，曰璋，曰琮。师事仙人卢子基于隆虑山栖霞谷。据此则《一统志》云在长沙者，误也。盖因《述异记》有湘州二字，遂引为长沙古迹。不知《述异记》本称相州，经后人误书，致讹为湘州耳。

青风峡

《岳麓志》云：在麓山寺前，双峰相夹中有平壤，纵横十馀丈，当溽暑时，清风徐至，人多憩休，故以此得名。《续岳麓志》云：麓山寺前皆古枫，入林口石路如梯，蟺蜒数十级。《湖南方物志》云：青枫峡夏午绿阴，霜晨红叶，胜境也。

宋张栻《憩青风峡》：扶疏古木矗危梯，开始知径几摄提。还有石桥容客坐，仰看兰若与云齐。风生阴壑方鸣籁，日烈尘寰正望霓。

从此上山君努力，瘦藤今日得同携。

国朝孙先振《清风峡》：一磴盘旋入翠微，晚来烟霭合雰霏。四山风雨龙初出，百尺松杉鹤独飞。幽谷稍闻樵唱发，中峰时见寺僧归。药苗新长黄精盛，拟办长镵与短衣。

秦关《清风峡》：随风深入峡，四面山苍然。赤日不到地，松风疑在天。披萝窥古洞，倚树听流泉。小憩谈经石，钟鸣麓寺传。

洞真墟

《南岳总胜集》云：灵麓峰即岳麓也，在潭州湘水之西，系二十洞真墟福地。故诗云“玉洞仙坛长冷落，真墟岩窦色常新。可怜城里悠悠者，不识潇湘四季春。”《湘中记》曰：中有抱黄洞，下有洞真观，乃东晋邓郁之修内外丹处，后升于南岳。每岁至秋，仙鹤常集于洞口，至今不绝。我朝任晔诗云：“得道真仙去不回，空遗宫殿起崔嵬。千年胜地多殊感，群鹤翔飞岁岁来。”本朝改赐景德，徽庙朝改为岳麓万寿宫。左右有道林、岳麓二禅寺，昔贤诗中一联云：“云藏一福地，路隔两禅林”是也，唐轩辕弥明尝隐于此，岳麓书院则居其中。本朝祥符年，有秀水黎白于此遇道士张抱黄，传内八卦系辞，修之成道。山无禽雀，洞有矾石，东有君真岩，西有舍利塔、道乡台、汉皇圹、白鹤泉、风雩亭，皆佳致也。又有跛仙遇吕洞宾，同来往洞中，数过城下，人不测之。

汉皇圹

《南岳总胜集》云：灵麓峰西有汉皇圹。

君真岩

《南岳总胜集》云：灵麓峰东有君真岩。

灵石岩

府志云：在乌山岩内，有石榻、石凳，石壁有字。

抱黄洞

《续岳麓志》云：在禹碑左，面山半，今土人犹能指其处。明统志云：洞在岳麓山万寿宫后，俗传洞有蟒患，晋陶侃射杀之。后有道家者流修炼居此，因名抱黄洞。《南岳总胜集》云：宋祥符年有秀水黎白于此遇道士张抱黄，传内八卦系辞，修之成道。

宋赵抃《抱黄洞》：灵洞古坛基，烟萝接翠微。日西春又晚，不见羽人归。

刘子澄《抱黄洞》：连天七十二云屏，真境先于翠麓呈。洞发金光丹气结，泉流白乳玉华生。江心雁影重临字，谷口禽呼自答名。闲步不教方外觉，破烟双鹤已来迎。

国朝孙先振《抱黄洞》：几度云峰策杖过，传闻遗蜕此山阿。虚坛昼静鸣枞桧，古洞春深长薜萝。千岁猿猱缘树上，一群麂鹿出山多。丹池药鼎今陈迹，笙鹤飘飘竟若何。

蒋湘城《抱黄洞》：岩洞邃清古，荒榛气萧瑟。千年白日寒，犹似精灵出。桓桓征西公，再造司马室。一战翦长沙，兹事讵堪笔。

龙洞

《图书集成·职方典》云：在善化县西四十里，两山相围，中有深潭。

望城坡

府志云：在善化县西十二里，驿路有市。

七里营

府志云：在善化县西十五里，谷山右。旧称七里园，误。

案，相传宋德祐元年，元兵围攻潭州，连营七里，故有是称。

西屿

《岳麓志》云：在书院右，平林罨映，可选石坐。朱、张往岳麓时，尝从橘洲达岸，以东渚名洲，而以此地名之曰西屿。

宋张栻《西屿》：系舟西岸边，幅巾自来去。岛屿花木深，蝉鸣不知处。

朱子《西屿》：朝吟东渚风，夕弄西屿月。人境谅非遥，湖山自幽绝。

南阜

宋张栻《酬刑部刘公诗》自注云：城南有丘岿然，名以南阜，他年当与公岁讲是游也。

宋张栻《南阜》：湘水接洞庭，秋山见遥碧。南阜时一登，搔首意无斁。

朱子《南阜》：高邱复崇观，何日共登临。一目长空尽，寒江列暮岑。

武夫石

郭璞《山海经注》云：武夫石似玉，长沙临湘出之，赤地白，文色笼葱不分明。唐张谓《长沙风土碑》云：碔砆昭耀于岩阿。《湖南方物志》云：武夫一作碔砆。

谷山砚石

《一统志》云：谷山在长沙县西七十里，产青纹花石，可为砚。《砚史》云：潭州谷山砚，石色淡青，有纹如乱丝理漫，扣之无声，得墨快发，墨有光文。《房肆考》云：长沙绿石砚，又名洮石，多是滁石之表，或云长沙谷山石也，但润而光，不发墨。

拜岳石

明统志云：岳麓山下有石，方平，土人于此望拜南岳，名拜岳石。《一统志》云：岳麓山右有石，纵横二丈，出岩外，平砥可憩。土人构亭其上，如望衡岳而拜，因名拜岳石。《图书集成·职方典》云：在岳麓山右，有石方二丈馀，俗呼飞来石。于此望拜南岳，旧有亭在上，今颓。《续岳麓志》云：石在玄帝祠下，建亭其上，奉真武祖师像。

宋赵抃《拜岳石》：片石倚中天，云深鸟道间。人多祝尧寿，登此拜南山。

明黄焜《拜岳石》：蓊蔚霭芳丛，攀磴几回曲。怪石似飞来，嵯峨削寒玉。微风动琅玕，衣裾染新绿。俯临百仞溪，虚危不任足。箕踞坐长松，六月饥生粟。倚杖动云根，忘记来时溽。埽石且餐霞，拟看阳初旭。

杨德远《飞来石》：我闻岳麓峰，顶上飞来石。不知是何时，尚有行人迹。群动相往来，未觉神形隔。以此望南岳，只如盈咫尺。南岳岂不远，与我相主客。云烟了一隅，山青水能白。林木等蓊翳，逶迤无鞭策。安知一片石，不自伤畴昔。遥遥望相似，但见天空碧。

吴愉《飞来石畔拜先慈墓》：石骨嶙峋转，云阿曲折开。飞峦侵几出，远水接天回。松顶鹤方定，崖前鹿不猜。奠椒歌陟屺，飒飒晚风催。

寿字石

省志云：在长沙临湘都智度寺，路傍大石，平坦，上镌寿字，径五尺，楷法隽妙。凡来往观者，必卧其上，以较其长短，未有人身适与之齐者。相传语云，有人睡得寿字倒直，与寿字同到老。今智度山有洞宾岩，云寿字为纯阳所书。

鸡冠石

《一统志》云：在长沙县北二十里，石形高耸，状如鸡冠。明统志云：在长沙县北二十五里，江滨石形似鸡冠而高耸。《山堂肆考》云：长沙县北江滨石，其形高耸似鸡冠。

梅花石

《图书集成·职方典》云：在湘春门外关圣祠内。《广阳杂记》云：长沙北门外有关帝庙，神座下有石，上有自然之（文）〔纹〕，俨如梅树根也。

附录

西山经

湘水西六里曰岳麓山，中有麓山寺。其支山有玉屏、碧虚。山之上有云麓峰，一名洞真墟。下有拜岳石，左有禹迹溪。溪下有抱黄洞，洞口有苍筤谷。再下有步虚岭、清风峡、兰涧、石濑。岳麓书院背山面湘，其前建坊，下临湘水。书院内有朱张祠、六君子堂。书院前有道林寺、屈子祠。山左有道乡台，又有极高明亭、道中庸亭、杉庵、山斋。山北有景德寺，山西有兴化寺。白鹤泉在步虚岭之上，太尉井在道林寺之后，岣嵝禹碑在山顶，麓山寺碑在山脚，均有亭覆焉。禹碑石壁左有刘汝楠石刻诗。麓山寺碑阴有米黻、程皞、曾思、王仁甫、沈畤、王容、梁全、集贤学士等题名。吴道行墓在云麓峰后。

其湘西书院、汉文帝庙、洞真观、古雪观、明白庵、香雨庵、西林寺、南台寺、古舍利塔、汉皇圹、真君岩、西屿、飞来湖、禁蛙池、濯缨池、石浴池、咏归桥、清风桥、六朝松、朱子樟、欧阳颇故宅、风雩亭、濯清亭、汲泉亭、拟兰亭、吹香亭、赫曦台、吹香、赫曦，今存其名，非旧址也。四绝堂、清富堂、射蛟台、谕苗台、抱黄阁、尊经阁、深固轩、百泉轩、道林寺碑、岳麓寺诗刻、欧阳僧宝墓，皆在麓山，今废。

又西曰金牛岭，即古金牛冈，有裴休书堂，今废。

又西三十里曰云盖山，上有云盖寺，即古海会寺。

又三十里曰华林山，上有华林寺。

又十里曰稽架山。

由岳麓西二十里曰谷山，上有谷山寺、谷山石。

又五里曰尖山，一名圭峰。

又三十里曰乌山，山上有灵石岩，旁有青天寨。

南山经

出黄道门即古碧湘门，径王道桥，绕城左一里至醴陵坡，谒理灵祠。祠后有蔡道宪墓。

又一里至锡山，下有锡山潭，俗名老龙塘，及白沙井。

又四十四里至关山，有龙回关，俗名跳马涧。

又四十里至白石冈。

出黄道门绕城右至西湖桥，即翟公套。

又一里曰陶公祠，为古惜阴书院址，祠左有灵官渡，一曰古渡、朱张渡。有吴嵝山故宅。

又一里曰妙高峰，下有城南书院。其十景曰琤琮谷、丽泽堂、卷云亭、听雨舫、采莲舟、蒙轩、月榭、书楼、南阜、纳湖。湖一曰东湖，又曰南湖，俗称南湖港。

又六里至太乙寺。

又四十五里至暮云市。

又五里曰昭山，上有昭阳观，下有昭潭。

东山经

出浏阳门十里曰龟塘，二十里至榔梨市，曰临湘山。上有陶真人庙，旁有东冈书院。又横迳二十里，曰鹿子岭。龙喜故城、常丰故城即在此二处地。

又四十里曰白石尖。

又横迳二十里，曰宝盖山。

出小吴门三十里，曰龙潭山，有李真人庙。

又十里曰天雷山。

又横迳十里曰天井山。

又四十里曰青山，有大阳市、大阳堠遗制令碑。

又二十里曰古华山，有望麓台，旁有飘峰山、影珠山。

北山经

出湘春门至铁佛寺，有湘春塔旧址。

又四里曰紫薇山，有开福寺，为古会春园。有碧浪湖，为古流杯池。

又四里曰罗洋山，又十里曰鹅羊山。

又四十里至桥头驿，旁有书堂山、书堂寺、麻潭山、黑麋峰、智度山、智度寺、洞宾岩、寿字石、龙门泉。

又横迳十里曰铜官山，一曰云母山。下有云母溪、铜官渚、铜官驿、故尉城。

湘城访古录卷十二

水类

湘江

《汉书·地理志》云：零陵阳海山，湘水所出，北至酃过郡二，行二千五百三十里。《水经》云：湘水出零陵，始安县阳海。山《水经注》云：即阳朔山也。应劭曰："湘出零山，盖山之殊名也。山在始安县北，县故零陵之南部也。魏咸熙二年，孙皓之甘露元年，立始安郡。湘、漓同源，分为二水。南为漓水，北则湘川，东北流。"罗君章《湘中记》曰：湘水之出于阳朔，则觞为之舟，至洞庭，日月若出入于其中也。《天中记》引《地志》云：长沙，湘江环城而下，源出广西兴安县海阳山。西北流至分水岭，分为二派，曰漓水，流而南曰湘水，流而北由灵渠与灌水会。湘犹如也言有所合，漓，犹离也，言违湘南流。湘水至永州，与潇水合，曰潇湘；至衡阳，与蒸水合，曰蒸湘；至沅州，与沅水合，曰沅湘，会众流以达洞庭。

按，湘江源流甚远，而诗人题咏之作亦最多，因非专指长沙，故尽弃勿录。后录湘水记者，以其考证详明也。

国朝王文清《湘水记》：潇湘、蒸湘、沅湘，三水皆纬流，而经之者湘水也。湘源出阳朔，至永州，潇水入焉，曰潇湘；至衡州，蒸水来会，曰蒸湘；卒与沅水合于沅江，曰沅湘。此三湘之所由名也。顾考之者往往于三湘则详，而湘之源则略焉。阳朔山，或以为属零陵，或以为属兴安，说已不一。甲戌秋，余至粤西，探湘水所自出，呼土人为前导，草苙芒鞋，蹁跹而行，始得探其源而记焉。湘水发源于海阳山，海阳山即《志》所谓阳朔也，属今桂林郡灵川县，向以为在零陵或兴安者，皆误。山高七八十丈，广五六十丈。山下有洞门，广约二丈余。洞内逶迤，甚昏黑。因持火炬入，可容十余人并行。履下作金石响，风凛冽如在重泉冰窖中。偶一言咳，辄轰然有山鸣谷应之致。行二十余丈，遇一潭，广可三十余步，深不可测。映以火炬，盎然发清光。间以小石投之，良居镗铬有声。火光闪烁，明灭无定，亦未知其中有鱼龙异物否。潭周围无径路有缘，不可以渡。土人告余曰："此即湘、漓二江之源也。"徘徊久之，寒气不可留，遂出洞口。有清浅小水，吐入一石涧中，涧广才尺许。土人指之曰："此涧涓滴细流，四时不绝，乃湘、漓二水之咽喉也。"沿涧行半里许，有宋时海阳山神惠济侯庙址。又里许，见小涧一线窅深，渐下渐阔。至兴安之山东村、太平堡诸处，其水遂成一大江。盖小江日夜所注，渟滀既盛，而又别有两大水自东西来助之也。东则一水逆来，起于兴安之东乡白水洞，洞下有深塘名杉木江。逆过车田村，穿龙虎岩，跗岩再上，南折至江东村，约百余里入大江。西则一水西流，自灵川、兴安之长岗岭，顺过豪猪田村，至太平堡，约二十里入大江。盖大江为主，而东西二水为之附庸，至此合流以成其盛。湾漩至渼潭，潭深且广，水停积若不流，计程去海阳洞口已九十里。潭下半里许，江水洪流中横一洲，名铧嘴。嘴长数里，广不过二十步，高止数尺，逆大江而踞其中央。江水至此，辄分左右二江。夫沿江上下二十余里，两岸多危岩绝壁，独此嘴砂石碎砾，无巨石陡岸，乃独当金江奔腾之冲而力捍之，俾分为二。土人云："此嘴低且薄，往往春夏暴涨，亦不能汩没之，水退如故，终古完固，不见其有溃决崩坏之形。"亦一奇也。

江上有伏波庙，意者伏波之灵爽，实为呵护之乎。嘴北有大天平坝一座，南有小天平坝一座，此二坝即楚、粤二水分界承流之处。南流者为漓水，北流者为湘水，此湘水所由出也。而从此入零陵，达衡阳，过长沙，会沅朗，三湘于是争汇矣。

潇水出九嶷三分石，经零陵县西北入于湘。蒸水《汉志》作"承水"。出邵陵界邪姜山，至重安县，又合界塘水，再经重安之南，又受零陵之武水，至湘东临蒸县今为衡阳之北，注于湘谓之蒸口。志所称："水气如蒸"是也。沅水出益州牂牁郡，经辰溪今麻阳。诸溪洞，水若渐，辰、溆、沅、酉诸水俱附此。过武陵，东注龙阳，至沅江，与湘水合，此三湘之所由称。

此数水者，一经而三纬，皆出深崖幽邃中，行二千余里以合于江而达于海。其渊源有本，其流行有渐，其支派有条，其分合有序，皆余所目击者也。夫三湘既合之后，固极浩荡之势矣。究其滥觞，不过三十步之潭。潭外涧不过尺余，细流而涓涓绵绵，遂至于此。天下事，由浅而深，积小成大，下而善受之不穷者，固如斯乎。

靳江

府志云：在善化县西南十里，一名瓦官水口。《一统志》云：在善化县西二十里，一名瓦官水口，一名剑江。源出湘乡大凫塘，东北流经宁乡麻山。南七十里，又东北入善化县界，至黑石头注于湘。过楚大夫靳尚墓前，因名。《水经注》云：湘水又北，左会瓦官水口，湘浦也。《太平御览》云：《湘州记》曰，"靳江在新康县西八里，水出衡山县界紫嘉山，东流入湘江，二百八十里，昔楚大夫靳尚所封之地，因以名之。"《元丰九域志》云：长沙有靳江。《明史·地理志》云：善化县有靳江，流入湘江。

国朝张埴《出靳江往长沙溪行即景》：之子港何之，曲潭流几曲。

两岸薜萝垂，半篙春浅绿。草际野花香，鸳鸯暖自浴。把钓忽惊飞，(白)〔鱼〕小竿陆续。旋取活流烹，引满酌醽醁。颓然醉复醒，消受溪光足。

孙良贵《靳河口》：回望昭霞合，行看靳口迟。寒波明藻荇，白石曝鸬鹚。远客归何晏，逢人问岁时。江梅含欲放，于役亦知期。

黄本骐《雨渡瓦官口》：阴翳漫江昼不开，蹇裳唤渡客(裵裒)〔徘徊〕。寒流一线盘沙出，细雨孤帆背岳来。云树微茫分甸郭，烟涛汹涌动楼台。问情多被梅花约，又见东风两岸催。

乔口河

《一统志》云：在长沙县西北九十里，自益阳县界入湘江，即高口水也。《明史·地理志》云：长沙县西北有乔江，与资江合流处。

唐杜甫《入乔口》原注：长沙北界：漠漠旧京远，迟迟归路赊。残年傍水国，落日对春华。树密早蜂乱，江泥轻燕斜。贾生骨已朽，凄恻近长沙。

宋范成大《乔口别游子明》：马首欲东舟欲西，洞庭乔口暮寒时。三年再别子轻去，万里独行吾早衰。遥忆美人湘水梦，侧身西望剑门诗。老来不洒离亭泪，今日天涯老泪垂。

僧惠洪《岁穷僧家米竭自往湘阴乞之舟载夜归宿乔口寒甚未寝时侍者知观坐而假寐作此诗有怀资钦提举》：老去生涯无窖子，隔城荒寺到人稀。岁穷百里叩门乞，夜棹孤舟载米归。隅坐小僧寒附火，联拳羸仆睡和衣。故人醉里闻芗泽，应背银釭照翠微。

明薛瑄《乔口溯流往长沙》：楚岫无边翠，湘流不尽清。香兰屈子赋，苦竹鹧鸪声。风景常年事，云霞万古情。沙头旧鸥鸟，谁肯与寻盟。

国朝江阊《过乔江口》：奔走乔江口，春阴客思赊。淹留牵墨绶，书疏隔京华。空岸随烟断，孤帆引雨斜。前贤曾去住，莫更怅云沙。

胡光泮《泊舟乔口》：画阁问遥吹，帆停一水澄。村霜鸣宿犬，鱼火上秋灯。寺古疏钟度，烟寒野树凝。吟怀追杜甫，索句愧无能。

范秉秀《乔口次韵》：不作西南客，邮书应到家。闲愁生细草，乡路出长沙。白首春花老，归心暮鸟斜。已知栖息好，何必向天涯。

杨超曾《过乔口》：三十年前记此经，弱龄初着一衿青。菜花黄处频关眼，村酒浓时每罄瓶。自入樊笼身役役，有怀乡国水冥冥。片帆风送曾游地，会见霜髭映浦汀。

孙良贵《入乔口步杜韵》：子舍行来近，君门万里赊。一身轻似叶，两鬓渐生华。市舶喧朝集，江村哄日斜。田园芜尚未，聊复就平沙。

唐仲冕《入乔口用杜韵》：湘北洲渚近，湖东云水赊。铜官初度引，玉笥已披华。村市孤烟直，岸边小树斜。因怀旧风景，落雁指平沙。

杨瑞《舟发乔口至罗洋》：大江湁潗波淙淙，鲸鬣骋怒驱龙宫。放帆美满料峭风，日落不落涛头红。鳌极六足撑溟濛，翻风转石千丈虹。鬼物撇捩奔蛟龙，白马蹴列冰绡空。明月珠子光熊熊，金拟玉戛相撞舂。贝阙倒翻愁波童，飞廉挟势当其冲。飏飓欲拔横江风，罗洋一点明灭中。与波上下青丰茸，湘妃汉女珮琤琮。翠蕤云罕纷导从，烟回雾薄暝色同。苍水使者真神功，一气回斡渀错综。阳开阴阖回长虹，麓山峨峨眉黛浓。快哉不辨风雌雄，吕梁滮濒阴则同。济川之策神明钟，须臾风止舣孤篷，江帘酒渴闻晨钟。

吴柼《乔口》：泽国淹晨夕，茫茫发旅愁。湘云迷北望，湖水涨南流。市有鱼虾集，人为雁鹜谋。嗟予困行役，聊复对沧洲。要识沉沙意，怀王入武关。臣惟将死报，君已不生还。竖子张仪计，妖姬郑袖鬟。感恩容起草，风起泪潸潸。

明月夜郎西，东归下武溪。乐章调玉笛，幽愤动金鸡。算有行骑鹿，浑忘醉似泥。犹怜瘦工部，李杜旧齐名。

去国山河在，移家鬓发苍。旧君思献赋，好友忆登床。讵欲依崔焕，聊为避段璋。天将作流寓，文采动三湘。

自改阳山谪，江陵此溯江。长歌宁有几，明月定无双。河北能驱马，潮阳再下龙。诗人信馀事，百斛漫为扛。

南国李宾之，流传乐府词。保全周士类，开济在明时。不耐求题笔，那堪或献诗。草深迷赐第，怀麓有幽思。

贺熙龄《舟过乔口》：日落气苍苍，长沙望渺茫。一星高出树，百舸远连樯。小市鱼盐聚，荒村灯火凉。坐看秋色好，冷露湿衣裳。

不定星光闪，无声汉影流。千艘收渡口，一棹上潭州。故友多朝贵，浮生此客舟。临风吹铁笛，感慨结长愁。

黄本骐《入乔口用杜工部韵》：春风吹客醉，村酒不须赊。旷荡心如水，艰难鬓有华。壮怀双剑冷，离思一帆斜。回望湘流渺，寒流走白沙。

徐受《渡乔口》：春山如画拥烟螺，立马危桥唤渡河。杨柳人家烟里住，杏花时节雨声多。馀霞未散鱼堆市，新水才生鸭踏波。便要五湖垂钓去，一竿黄竹伴渔蓑。

吴淮《泊乔口》：浣花人死石湖去，尘海鸿飞不计年。十里滩高晚风急，买鱼沽酒呼别船。

毛国翰《宿乔口》：风江夜有声，羁心对南斗。水宿方自兹，初程问乔口。山川自寂寞，浪迹竟谁偶。往者沧溟客，蹉跎杜陵叟。乾坤有孤舟，契稷空自负。胡为耻干谒，穷年事奔走。当时伤心人，于今骨已朽。雄笔参造化，诗名复何有。寥寥千载前，安知千载后。泥涂倦旅食，蓬转岁时久。一纪滞鄘南，饥驱更湖右。不寐百感生，更深独搔首。

《晚泊乔口》：辞家已昨日，长路方北征。川深风色利，百里朝夕程。倚泊集行舟，风止沙水清。烟溆敛馀景，芦洲连暮声。远火湘南村，暝色长沙城。潭空水云夕，夜永羁愁生。徒为生事牵，犹负沧洲情。回首故山月，浩荡飞蓬轻。

新康河

《图书集成·职方典》云：在长沙县西北五十里，源自宁乡县沩水，由玉潭江历善化注于湘。杜少陵有北风诗，自注云：新康江口信宿方行。《明史·地理志》云：长沙有沩水。《水经注》云：沩水出益阳县马头山，东径新阳县南，晋太康元年改曰新康矣。沩水又东入临湘县，历沩口戍东南注湘水。《陈书·岳阳王叔慎传》云：隋薛胄乘胜入湘州城，生擒叔慎，邬居业率其众自武川来赴，出桥江，闻叔慎败绩，乃顿于新康口。

案，据《水经注》则新康河即古之沩口戍也。

唐杜甫《北风》原注：新康江口信宿方行：春生南国瘴，气待北风苏。向晚霾残日，初霄鼓大炉。爽携卑湿地，声拔洞庭湖。万里鱼龙伏，三更鸟兽呼。涤除贪破浪，愁绝付摧枯。执热沉沉在，凌寒往往须。且知宽病肺，不敢恨危途。再宿烦舟子，衰容问仆夫。今晨非盛怒，便道即长驱。隐几看帆席，云山涌坐隅。

明陶汝鼐《还新康江口》：江岸人烟废，鱼矶草木深。羽鳞欣有托，天地似长阴。无处询前辈，徒劳辨旧林。馀生还数过，未忍赋愁心。

国朝唐仲冕《杜诗北风篇原注新康江口信宿方行今次其韵》：顺飙催片席，息困胜皋苏。影度桥头驿，光生竹火炉。九秋一色水，三十六湾湖。泽畔寒鱼跃，洲边落雁呼。稻粳无滞穗，萑苇半芟枯。望国村烟近，还家钓艇须。虽多耽岁月，已渐尽程途。天上长沙子，人间屈大夫。昔贤当侘傺，吾道免驰驱。遄过新康市，维舟岳麓隅。

涝塘河

《一统志》云：河源出浏阳县石柱峰，名黄泥港，西流至长沙县北十二里西入湘江。《水经》云：浏水出临湘县东南，浏阳县西北，过其县东北与涝水合，西入于湘。

按，涝水即涝塘河水，浏水即骆驼嘴水，浏水、涝水俱系分流，其入湘之处相隔十里。《水经》云合流，误也。

昭潭

《水经注》云：昭山下有旋泉，深不可测，故言昭潭无底也，亦谓之湘州潭。《太平御览》云：宋永初《山川记》曰，昭山下有旋潭，深无底，是湘水最深之处，昔有舟人覆舟于此。潭其槽并甑有名题号，后于洞庭寻得，即知暗通也。又引《湘中记》曰：岳阳有昭潭，其下无底，湘水最深处也。或谓周昭王南征不复，没于此，潭因以为名。《元和郡县志》云：昭山下有旋潭，甚深，无底，州之得名以此。《舆地广记》云：昭山下有旋泉，深不可测，人以为昭潭无底。《岳阳风土记》云：《湘州记》曰，“岳州有昭潭，其下无底，湘水最深处。”今岳州无昭潭，昭潭自属潭州。《画墁集》云：丁卯，晴无风，抛东岸，牵行五里许，过车子矶，西岸有小山，又行十里，过昭潭，其水澄湛如墨，俗云傍通江。南明统志云：潭水澄湛如墨，深不可测。

国朝罗汝怀《昭潭考》：吾邑有昭山，山下有昭潭。《元和郡国志》：“隋改湘州为潭州，取昭潭为名。”《水经注》：“湘水又北，径昭山西，山下有旋泉，深不可测，故言昭潭无底也，亦谓之湘州潭。”《湘中记》谓周昭王南征不复，即此地。《寰宇记》亦以为周昭王至此，故名。《广舆记》谓楚昭王南征至此，因名。案，《水经注》：“沔水又东径左桑，昔周昭王南征，船人胶舟以进，昭王渡沔，中流而没，死于是水。”庾仲雍言：“村老云百姓佐昭王丧事于此，成礼而行，故曰‘佐丧’。‘左桑’，字失体耳。”据此，则胶舟之事在沔而不在湘矣。且《水经注》时引《湘中记》，而昭潭之下不曾及此。则郦善长已未以君章此说为然。或《湘中记》本无此文，后人之所搀入。又或《湘中记》“周”字为“楚”字之讹，而《寰宇记》又沿《湘中记》而误者也。《广舆记》多本明《一统志》，未知何据，而顾栋高《春秋大事表》云：“楚之经营中国，先北向而后东图，历世自南而北，其所吞灭诸国，未尝越洞庭一步。”则似楚昭王亦未尝南征。

然江西袁州府之萍乡县，本宜春县地。三国吴宝鼎二年析置，云以楚昭王渡江得萍，实于此而名。又楚山在县北九十里，相传楚昭王曾经此，山巅有昭王台遗迹。又萍实桥在县西南，杨吴置，后圮，明初复建。又《一统志》云：“县西北七十里醴陵界有香水渡，即昭王渡江得萍实处。”然则楚昭王南征之说流传已久，而略可据矣。

唐刘禹锡《赠长沙赞头陀诗》：外道邪山千万重，真言一发尽摧锋。有时明月无人夜，独向昭潭制恶龙。

罗隐《湘南春日怀古》：晴江春暖兰蕙熏，凫鹥苒苒鸥着群。洛阳贾谊自无命，少陵杜甫兼有文。空阔远帆遮落日，苍茫野树碍归云。松醪酒好昭潭静，闲过中流一吊君。

杜易简《湘川新曲》：昭潭深无底，橘洲浅而浮。本欲凌波去，翻为目成留。愿君稍弭楫，无令贱妾羞。

宋胡宿《寄昭潭王中立》：高弦一弄武陵深，六幕天空万里心。吴苑歌骊成久别，楚峰回雁好归音。十千美酒花期隔，三百枯棋弈思沉。莫上孤城频送目，浮云西北是家林。

张栻《寄赵漕》：想得昭潭上，儿童夹道迎。皇华今日使，竹马旧时情。梅蕊冬前折，山光雨后清。使君桃李客，当为驻车旌。

国朝赵而忭《和寄山长并呈幼隗》：正在沧江晚，昭潭入梦深。舟航环九面，天地入孤吟。世事桃花笑，幽人明月心。相期居早卜，肯直学浮沉。

施闰章《发昭潭》：瘴路已深入，蛮江更独行。摇摇逐峰影，飒飒随滩声。硐壑蛟蜓出，衣裳蜃气生。戈船思汉将，从此向南征。

张祖铭《夜泊昭潭》：情深不可极，隐傍翠岩生。秋月寒流碧，江风夜送清。萧疏双鬓发，磊落几人名。莫惜登高屐，云山寄远情。

李辙《通昭潭》：秋色澹如此，四山青可怜。吟催孤月上，愁压半舟偏。苇港出渔火，橹楼生晚烟。挑灯还独酌，小醉抱书眠。

贺熙龄《四月六日自昭潭旋长沙》：风绉波纹绿似油，片帆飞挂下潭州。烟光荡作湖中雨，云气吹来水上楼。语燕穿樯原似客，落花辞树竟如秋。半生踪迹浮萍惯，好作家山一夜留。

孙鼎臣《昭潭》：昭潭深不极，梅雨楚天滋。石犯江悬急，帆兼鸟没迟。竹埋山鬼径，花蔓水仙祠。已是伤春了，山山尚子规。

莲花潭

《一统志》云：在善化西南橘洲旁，中产莲花。《图书集成·职方典》云：在湘江橘洲边，深不可测，有莲花出水面，香浮袭人。

溁湾潭

《一统志》云：在善化西五里，可通舟楫。《岳麓志》云：溁湾水出麓山左，自之字港来，曲折数十里，为溁湾港，可通舟。滨江三里穿孔道，绕溁湾市北以出，将入大江潴为潭。

案，溓湾水源出曹家河，家一作塘。云之字港者误也。考省志云：曹家河在善化县西三十里，水出溓湾河，可通舟。《一统志》云：之字港水由靳江出，其流曲折。《湘潭县志》云：之字港水出青山傅仙峰东十里之山也，嘉树不凋，双源并佩，西为之字，东则任陂。

泉水潭

《一统志》云：在善化县西北七十里，广袤三亩，清深不测，下有龙穴，虽盛暑寒气逼人。

锡山潭

《一统志》云：在善化县东南三里锡山下。《图书集成·职方典》云：锡山潭水之勾而覃者曰潭，在善化县南三里，俗名老龙潭。水溢则通湘江，分清浊，涸则潭清如镜。上有龙王祠，祷雨多应，旁有五色土。宋真德秀请封锡山龙神状云："锡潭方可数亩，上旧有龙神祠，其水清激，四时旱潦，未尝盈涸。"

国朝毛国翰《老龙潭》：连山东南断，壁立对江口。百尺龙窟深，移来岁时久。积气号泱漭，嵌空湿牛斗。当时裂地轴，开辟存虚受。安知根源底，不落太古后。炎天下霜霰，细碎写林薮。苍茫云气腥，尚蓄雷雨黝。频年理舟楫，厌逐波涛走。蛟室与鼍宫，所历无不有。归来梦犹悸，取笑山村叟。对此更欷歔，临深一回首。

南湖

《一统志》云：在善化县南，一名东湖。《图书集成·职方典》云：南湖港水之窄而长流者，曰港。善化县南三里，近大江，水源二十里内，河聚舟，但所容不多。肯开浚深广，商舟鳞集，长沙之大利也。又云：内有深港，郡大江，面北，难于泊舟，以故客商不到，贸易少而民无所资。守道金学曾、知府刘泉，见此处地势污下，即未经开浚，可以泊舟，且内多泉塘沟坝，水源长而土松易取，捐资议开，未果。后知县唐源等俱议开挖未竣。至康熙十二年，巡抚卢等亲临度地，议即开浚，又因逆变而罢。倘牧民者实，能开挖小河，诚百世之利泽也。省志云：乾隆十一年，巡抚杨锡绂奏请开浚南湖，旋复淤积。二十一年，巡抚陈宏谋筑分水坝以刷沙泥，开月形渠以畅水势，商民便之。

明唐源《浚南湖港议》：嘉靖四十三年，推官翟台议将南湖港开河未成。万历二十八年，守道金学曾、知府刘袘奉两院又议南湖港开通，中以入觐寝。四十一年，知县唐源复具详申。

窃照：来百工则财用足，通百货则生计饶。善化之民，性拙而习懒。其务本者，不过从事一熟之田，至于麦、豆、竹、木，皆可生利，而彼不事。其逐末者，不过肩一瓜一蔬，及持网罟，觅蝇头于苍莽烟水之间。夫资生无策，则病在民。民生无资，何以责之完国课？则其病又在官。兹欲上下两利，莫于复水利一节。盖府城逼近湘江，而船只不泊者，以沿江不得小港。风起涛涌，则有漂撞之虞。若随便星栖，声援孤孑，又未免盗贼之患，此商船之所以远徙也。

今查本县南湖港，在城外咫尺。先是推官翟台请开成小港，一时称便。但开浚浅狭，未尽肯綮。又，所起之土多堆港上，雨水淋漓，岸复倾圮，泥复堆积，故未久遂塞，然其迹尚在也。若加工开浚得法，有四利焉。

本港开成，可容百船。每船可十馀人，日用柴米蔬菜，称是，则一日有千馀人之费也，小民贩者不日增千馀人之售乎？其利一。商舟多往湘潭，以舍湘潭无可栖泊。计一县所需，宁敌一府？且府有上司衙宇，车马辐辏，货物易售，不但利民，且利商。其利二。今此肩脚之民，不过竹木砖瓦，虽有余力，无所用之。此港开而担负累累，是贫民衣食之薮也。其利三。商贾聚则四方之人聚，以四方之财，供一方之利，所得倍常，兼可转瘠而为饶。其利四。至于兴工之费，则就县每年登报赎银，申详借支，后而逐年洒补。此可不劳民间之财而坐享成功者也。若夫监督之得人，开浚之有法，工食之依期散给，皆可以运筹而算者。开一港而有四利无一害，亦何惮而不为?

原系地方兴利缘由，合宜申详。

唐戴叔伦《暮春游长沙东湖赠辛兖州巢父二首》：湘流分曲浦，缭绕古城东。岸转千家合，林开一镜空。人生无事少，心赏几回同。且复忘羁束，悠悠落照中。

回环路不尽，历览意弥新。古木畲田火，澄江荡桨人。缓歌寻极浦，一醉送残春。莫恨长沙远，他年忆此辰。

李群玉《三月五日陪裴大夫泛长沙东湖》：上巳馀风景，芳辰集远垧。彩舟浮滉荡，绣毂下娉婷。林榭回葱倩，笙歌转杳冥。湖光迷翡翠，草色醉蜻蜓。鸟弄桐花日，鱼翻谷雨萍。从今留胜会，谁肯画兰亭。

又《东湖诗》：晚景微雨歇，逍遥湖上亭。波闲鱼弄饵，树静鸟遗翎。性野难依俗，诗元自入冥。何由遂潇洒，高枕对云汀。

雨气消残暑，苍苍月欲升。林间风卷簟，栏下水摇镫。迥野垂银镜，层峦挂玉绳。重期浮小楫，来摘半湖菱。

纳湖

《一统志》云：即南湖，引锡潭水通浚以成。其地旧属纳氏，又名纳湖。宋张栻建城南书院时置听雨舫、采莲舟于内。《合璧事类》云：城南书院乃南轩先生讲学之地，其间凿池以汇息泽之水，本属纳氏，故名纳湖。

宋张栻《纳湖》：源源锡潭水，汇此南城阴。岸花有开落，水盈无浅深。

朱子《纳湖》：诗筒连画卷，坐看复行吟。想像南湖水，秋来几许深。

陶侃湖

影宋本《寰宇记》云：在长沙县北八里，周回七里，湖中出菱藕，今俗谓陶湖塘。

碧浪湖

《图书集成·职方典》云：碧浪湖即开福寺后黑罗塘。省志云：在长沙县北开福寺后，一称黑潦塘，为楚王马殷避暑处，广千馀亩。

国朝李元度《开浚长沙城北碧浪湖议》：长沙郡城西濒湘江，地势少湾曲，水急，不便泊舟，每遇风涛暴作，舟多漂溺撞碎，苦之。多泊隔江水陆洲，其在商船起货、载货，率用小舟，剥运既多不便。其在州县漕船、饷船、淮纲盐船、滇省铜船、外国贡船、大府及群有司往来官船，皆须与城中交际，亦借小舟接渡，其不便于官者尤多。且水陆洲亦系直流，遭风往往失事。其有一年失事数次者，言之寒心。以舍此洲更无可泊处，故仍勉强停泊，实则无可如何耳。此虽地势使然，固此邦之大缺陷也。明推官翟台、守道金学曾、知府刘䄙、知县彭堣、唐源均有开河通商之议，而唐源请开南湖港四利之说，通志具录之。可见留心利济者，有同心也。

顾长沙在前明一府城耳，国朝康熙三年，分置湖南布政使司，移偏沅抚治于此，则西南一大都会也。官商往来，百倍繁庶，而仍无地泊舟，以省会之大反不逮湘潭一县。坐视城外数千艘栖泊险地，如处堂之燕雀，于心安乎。昔人有忧之，是以有新开河、南湖港之役。志称康熙初，巡抚王公艮于城北相度，新开引河，泊舟甚便。后因河身逼窄，岁久淤废。巡抚赵公申乔重浚，今复淤。又称乾隆十一年，巡抚杨公锡绂奏请开浚南湖港，旋淤。二十一年，巡抚陈公宏谋筑分水坝以刷沙泥，开月形渠以畅水势，商民便之，通志所书如此。

今南湖港如故，惜泊船无多。新开河则咸丰中巡抚骆公秉章因寇警，委员重修，以石多中止，可见从前大府莫不拳拳于此。惜未得要领，故无成功耳。议者欲从北门转小吴门，遵陆路而东，凿通回西渡。无论地势不便，庐墓尤难，措置亦犹未得要领也。要领维何，孟子曰："为下必因川泽。"语曰："善创不如善因。"今明明有基可因，而顾熟视之若无睹乎，请得备举其说。

长沙城北四里许，有碧浪湖，五代时楚王马希范避暑处也，俗称黑罗塘，一称黑潦塘，盖方音转注耳。志载，碧浪湖在城北开福寺后，即黑罗塘。有流杯池，池上有亭，马希范凿为上巳祓禊之所。又有会春园，即开福寺地。《五代史·楚世家》："天福四年，马希范作会春园、嘉宴堂，其费巨万。"《张南轩文集》："长沙开福兰若，故为马氏避暑之地。所谓会春园者，下临湖光，举目平远，为此邦登览胜处。"此湖之见诸载记者也。湖广袤约二三十顷，周四五里，春夏成巨浸，至冬渐涸。上有九尾冲小溪来注之，并可凿通浏河水以杀涝塘水之险。湖与江只隔一堤，堤即大路也，长约二十余丈，广二丈有奇，水涨时船多泊湖内。水乍退，则阂于堤，不易出，故多未便。今拟掘其堤，改其路，则湖与江通，泊舟当以万计。此可因之基，亦自然之利也。

惟江底较湖约低五六丈，须乘冬涸时雇工挑挖，使与江平。庶湖水不虑外泄，再于掘堤处砌石岸，照运河式于水口立闸，以时启闭，则湖虽略高，水亦不至倾泄矣。至挑挖之法，土以方计，每方纵横各一丈，厚一尺。估需工食钱四百七十八十文，以十万方计之，约需五万缗。若令驻防勇丁协力挑浚，更可省其半。透底积算，每五十方可得五丈深，纵横各一丈，宽若十万方，即可得二千丈宽，一律五丈深，而泊舟不可胜计矣。就中仍可略分界段，挖极深数十处，借以潴水。界段略高，使江水缩而所潴之水不随以缩，舟行则循洪路以进。狭其口而广其腹，所容必多。是又在督工者之因地制而大略则具此矣。

兴工须在十月至次年正月止，春水一生即可泊船，迟则罔济，所贵预为之备也。是有四便，有八利，请更详陈之。

凡开凿河道，多碍坟墓田庐。坟墓须改葬，田庐须价买。所费不赀，人仍有愿有不愿。兹湖自五代至今九百年，汪洋巨浸，无寸椽片甓、孤冢尺田之碍工，便一。新开河之难凿，以土坚而石确也。今湖底悉淤泥松土，锄镬易施，便二。南湖港之易淤，以水面窄而乏来源也。今湖之上游，有九尾冲小溪来注，若将浏河水开通，分一支入湖，计凿港不过二百丈，即有源头活水，可以流恶而刷沙，便三。凡开河虑无堆积新土处，若购民田堆土，亦殊费事。今湖之下岸为抚标三营牧地，堆土成丘，草必愈茂，彼此有益，便四。

若夫工成之后，湖与江通，千艘万舶宾至如归，无漂泊耗折之患，而百货日益流通。行商坐贾取多用宏，可以运掉如意，其利于商，一也。客艘云集，凡无业之户，挑运之夫，可以小舟贸易、负贩营生，养活贫民不少。至日需之煤米转运者多，则居奇者少，日用亦觉裕如，而湖内鱼虾并可为资生之助，其利于民，二也。赴任调任之员，挈家来去，因事羁泊江干，动淹旬日，一遇风涛猝起，心旌摇摇。若解粮、解饷、解铜、解运军火，诸委员责任匪轻，尤虞失事。今泊舟得所，如在堂室，风雨无惊，其利于官，三也。湖工告成，北门外百货所屯，行栈栉比，会馆典肆皆将次第兴修，视昔日之南门，必且远过。即城中隙地，亦将化为列肆高墉，人烟繁盛，地比寸金，其利于地主，四也。咸丰二年，粤逆围长沙，踞南门外，其时倘有战船环击，贼必难支。迨四年春，曾侍郎以舟师至，又苦无地泊船，分扎南湖，势终涣散。今湖中可容战船数百，不特锁钥北门，四面皆可援剿。老营既固，出入均得自由，其利于防守，五也。省脉自平、浏而来，至湘岸循江而下，凡数十里，堪舆家皆谓之顺水，走窜阳宅阴基，皆未尽善。今开浚此湖，停蓄随龙诸水，可以贮旺气而挽回澜，加以市廛鳞次，水口益有关拦，气象迥异。至新土堆积下岸，种树成林，重门叠嶂，皆以培护省城，其利于风水，六也。浏水在城北十里西流入湘，谓之浏口，亦名涝塘河。其地有骆驼嘴，矶流迅急，舟行常易失事。今凿通浏河，分一支由湖以入江，则遇风狂水涨时，可由内湖出进，以避浏口之险，其利于舟，七也。湖水溉田数万亩，居民赖之相仍不废者近千年。今加挑深广，则潴水益多，虽旱不竭，其利于民田，八也。

至若工作之费，则请于盐厘局借支，分三年归款。筹款之法有四：湖成后设局，另抽船厘、货厘，岁可得万缗，此一说也。南省淮盐咨明每斤加价一文，由督销局代收，岁可得六七万缗。如谓普加未便，则派入省岸轮销者，每票抽捐四十两，岁可得千四五百金，此一说也。城内十八省皆有会馆，公积均多，此举为各商所深愿，若传集劝捐，善导之，可得万金，此又一说也。各州县船帮各分码头，各有公积，令船行传谕各帮，分别捐助，可得巨款，此亦一说也。四说并行，一年可以弥补，即用其一二，亦不过三年。若当轴主裁径提公款，不事补苴，则尤快事也。

同治四年冬，同人有建此议者，言于中丞李公瀚章。公甚韪之，命往勘三次，议且定。有尼之者，遂不果行。尼之之说曰：湖水溉田数万亩，居民虑绝其荫。不知天下有填湖而荫绝者矣，岂有浚湖而荫反绝者乎。水且十倍于前，何虑之有？又曰：省运方隆，是年同乡任外官者，凡五督、五抚、五藩、五臬，可称一时之盛，若轻易动土，虑有伤夷。其说尤陋，查省脉自南门天心阁入城，壬子八月贼挖地道，官军掘濠以御之，宽深各数丈，宜其伤矣。乃自时厥后，湘人士立功平贼，膺封爵、任疆圻，及建牙专阃者，不可数计，而以一甲第二人赐及第者，亦迭见焉。岂非地灵以开凿而愈显乎。咽喉之地尚尔，城外可知，此皆过虑之说也。昔者史郑开渠，利任万世。白、苏二公先后浚西湖，至今俎豆尸祝。古名臣兴利除害，往往注意一二事，即可千秋。尤其识精力定所见者大，故所被者远也。前抚军赵恭毅、杨勤悫、陈文恭、骆文忠皆当代名臣，于此举皆有志而未逮。岂非常之功百世之利，天固留以俟后之君子乎。方今景运休明，大府励精图治，百废具兴，有能举而措之，一举手之劳耳，而其利赖生民，则虽百世不祧可也。谨议。

飞来湖

府志云：循江岸，登岳麓山，足遮江滨，内有横塘数亩，可钓可泛，今废。

宋僧惠洪《湘西飞来湖》：武陵散烟鬟，一峰螺髻孤。烟云有奇态，草木秋不枯。理公何许来，望见辄轩渠。曰此灵鹫峰，何年飞来湖。个中有白猿，为予抵掌呼。至今呼猿涧，飞波跳碎珠。竭来楚南国，万山争走趋。精庐开横塘，青可照须眉。高人家武林，致此从东吴。那知湘水西，乃有飞来湖。连荡满秋色，小艇藏菇蒲。闲来倚危槛，对立鸥炯如。我与湘峰色，俱堪入画图。

赐闲湖

《湖广通志》云：颜鲸，慈溪人，嘉靖隆、庆间督学湖广，后退居长沙城北。吉藩赐以池，名赐闲湖。《图书集成·职方典》云：赐闲湖，明吉藩赐颜副使者，旧有亭台桥榭，今废。

按，湖在贡院侧。光绪二年间，因添修号舍，湖遂废。

禹迹溪

《一统志》云：在湘江西岸岳麓山左，一名大禹拖船坳，为神禹疏凿开山之径。

云母溪

在云母山下，山本铜官山之别名，疑溪即铜官渚也。

唐刘长卿《湘中杂诗云母溪》：云母映溪水，溪流知几春。深藏武陵客，时过洞庭人。白发惭皎镜，清光媚渊沦。寥寥古松下，岁晚挂头巾。

麻溪

《一统志》云：在长沙县北。《水经注》云：湘水右，合麻溪水口，湘浦也。《胡氏通鉴注》云：据《水经注》，麻溪水口在临湘县北浏口戍。《南明史·地理志》云：麻溪流入湘江，曰麻溪口。

国朝陶之典《附舟至麻溪》：有客上扁舟，晓发资江浒。双桨远烟鬟，江气豁天宇。迥听北塔钟，随风落遥浦。沿岩补苍云，明镜流青薮。曲邃入溪阿，山深面墙堵。水逼无峰阴，雾近多细雨。长汉泻怀间，双壁开云户。沙尽石巉巉，疏凿劳神斧。浮江满鸥凫，踞岸横豹虎。十里九下滩，飞雪奔霆鼓。长年习险浪，退潮不用弩。群叶纷如翰，百里日未午。运舟犯涛来，涛声怒相拒。辗侧侮波间，众力疲寸武。篙师不瞬目，舟中皆慄股。半日洗濯心，翻使生危怃。日昃维柳阴，麻溪指前坞。登岩缓步行，思深输挽苦。吁嗟长沙民，万石无停橹。阴阴滟溷情，夕怀远朝昨。投宿桑麻村，悠然见太古。

巴溪

《九国志》云：马希萼举朗州之众以攻湖南，列棹于水，而军势甚盛。彭师暠登城观之，白希广曰："朗人骄而轻袭以蛮兵，其势易破。请假臣步卒三千人，南自巴溪渡江，趋岳麓后，夜击之。请令许可琼以舟师阵于山前，破之必矣。"希广因与可琼谋，坚沮止之。

靖港

《一统志》云：在长沙县西北五十里，自宁乡县流至东北入湘。明统志云：唐李靖讨萧铣，驻兵于此。《长沙县志》云：在长沙县北六十里，乃沩水入湘之口，唐李靖驻兵于此，军令严整，秋毫无犯，百姓德之。名其水曰靖港，以志不忘。

国朝陶之典《立秋日抵靖港口》自注：玉潭水出靖港：林叶飞宫渚，商飙转日车。只疑鼙鼓壮，吹出古云沙。地以李卫公屯兵得名。

铜官渚

《一统志》云：在长沙县北铜官下，一作铜官浦。《水经注》云：湘水右岸铜官浦出焉。明统志云：渚在府城北六十里，有洲。旧传楚铸钱处，其山亦名铜官山。

按，俗称彤关，以音相类而误。考李东阳诗有"长沙城北是彤关"之句，则相沿已久矣。

唐杜甫《铜官渚守风》：不夜楚帆落，避风湘渚间。水耕先浸草，春火更烧山。早泊云物晦，逆行波浪悭。飞来双白鹤，过去杳难攀。

明王夫之《铜官》：湘近波千缬，湖馀势一青。自然成气象，终古幻苍冥。影转帆随曲，苍来岸落汀。正馀吟兴好，新发洞庭舲。

又《铜官戍火词》调寄蝶恋花，自注：铜官浦在长沙北三十里，芦汀远岸水香生于始，夜渔灯戍火，依微暮色间，如寒星映水。打鼓津头知野戍。万里归舟，认得云中树。日落长沙春已暮，寒烟猎火中原路。 何处停桡深夜语，江黑云昏，莫向天涯去。旧是杜陵飘泊处，登山临水伤心句。

国朝赵永怀《秋日返长沙留别广陵亲友》：烟云岳麓爱朝晖，舟近铜官家不违。黄叶村连红叶墅，黑头人到白头归。乍看幼子疑生客，远见长松识旧扉。收拾丝纶寻钓叟，罗洋山下赤鳞肥。

易宗瀛《舟过铜官渚》：老杜题诗处，今来一棹过。晓山红不定，秋水澹初波。浪迹愁鸥鹭，高吟记薜萝。布帆风正便，回首白云多。

余廷灿《湘中诗》：乔口铜官渚，飘零出峡身。诸侯老宾客，先帝拾遗臣。避盗仍戎马，高歌有鬼神。中原归未得，花鸟友于亲。

唐仲冕《铜官渚用杜韵》：落槽浦溆出，捩柂浅深间。风送黄陵庙，烟横紫气山。病嫌船偶侧，欢怪酒常悭。云母堪为饵，停桡欲一攀。

欧阳辂《舟行自永衡路过长沙》：长江东极指天流，石马铜官路阻修。多谢西风为料理，夜来歌舞过湘州。

贺熙龄《铜官渚守风》：湘水澄清湾复湾，凭君流梦到家山。寒香馆里梧桐雨，一夜潇潇鬓欲斑。

行尽江关一日程，潭州城郭尚分明。西风萧瑟铜官渚，饱听潇湘夜雨声。

黄本骐《过铜官渚用杜工部韵》：绿涌天无际，层波渺渺间。乘风来一叶，流梦过重山。樯雨花飞涩，江春柳破悭。铜官云几叠，翘首远难攀。

秦关《过铜官渚用杜工部韵》：春水涨江绿，舟行缥渺间。篷窗拭游目，隔岸见青山。此地几人隐，仙缘终我悭。高歌怀杜老，访古无能攀。

骆驼嘴

《一统志》云：在长沙县北十里。《胡氏通鉴注》云：浏江口有骆驼嘴，因谓之驼口。《方舆胜览》云：骆驼嘴在浏口。《夷坚志》云：长沙古语尝有“骆驼嘴断状元出”之谣。骆驼嘴者，山也，其形似之。在州北正直水口，其下曰麻潭，皆巨石屹立。淳熙七年，辛幼安作守创始营作，广辟衢陌，许僧民得以石赎罪，皆凿于潭中，所取不胜计。后帅林黄中又增益南街，取石愈多，迨丙午之夏，驼嘴中断为两。不一岁，而南强应之。省志云：今浏水入湘处，名浏口，亦名驼口，俗呼骆驼嘴，去麻潭三十馀里。今凿石正在麻潭山下丁字湾、大字岭一带，皆有矶头峙湘滨，久已凿去。知《夷坚志》所谓骆驼嘴即此是也，若驼口则并无石可凿矣。

按，王南强，名容，潭州湘乡人，原名午，改名容之。继复除去之字。淳熙丁未，廷对第一，官至礼部侍郎。

白露水口

《水经注》云：麓山北有白露水口，湘浦也。

按，今竹山口在麓山北，以地证之，疑即白露水口也。

汲湾

《图书集成·职方典》云：在驿步门外，为中汲湾，潮宗门外为下汲湾。

丁字湾

省志云：在长沙县北四十里，砠石崔嵬，横出岸外，水至此出入（纡）〔迂〕回，形如丁字，故名。俗讹为金子湾，为省城水口，亦名金紫湾。有拗风，舟人于此落帆乃过。

国朝舒在中《舟泊烂柴港吊先师骆苑游墓》：丁字湾回溯港名，舟人遥指认佳城。一时泪滴萋萋草，无复洲头鹦鹉声。

贺熙龄《丁字湾》：翠竹亭亭舞碧霄，松杉千尺拂云梢。悬岩绝径无人到，管岭烟霞太古樵。

船官

《水经注》云：湘水又北，左会瓦官水口，湘浦也。又径船官西，湘州商舟之所次也。北对长沙郡，郡在水东州城南，旧治在城中，后乃移此。

案，船官既列在瓦官水口下，盖亦水口也。瓦官为今靳江口，靳江之下，湘水之东，止有南湖港。与《注》云北对长沙郡，形势相符，岂即船官故址耶。

漏水穿水

明统志云：平地涌泉，曰漏，其水有九，六在长沙县境，三在善化县境。水伏流曰穿，其水有三，二在长沙县界，一在善化县界。

五美水

《太平御览》云：《湘中记》曰，五美水在长沙县东二十五里，光武时有五美女居于此溪之侧，后因为名。

石濑

《岳麓志》云：在清风峡下。府志云：泉流触石有声。

宋张栻《石濑》：流泉自清泻，触石短长鸣。穷年竹根底，知我读书声。

朱子《石濑》：疏此竹下渠，漱彼涧中石。暮馆绕寒声，秋空动澄碧。

兰涧

《岳麓志》云：在石濑下。《一统志》云：涧畔多兰，故名。

宋张栻《兰涧》：艺兰北涧侧，涧曲风纡馀。愿言植根固，芬芳长慰（子）〔予〕。

朱子《兰涧》：光风浮碧涧，兰杜日猗猗。岁竟无人采，含薰只自知。

铁坝

《元史·崔斌传》云：至元十二年十月，围潭州，崔斌攻西北铁坝。阿尔哈雅中流矢不能军，斌以军夜集栅下，黎明毕登不利。斌曰：彼军小捷而骄弛，今焚其角楼，断其援道，堑城为三周，则城可得。诸将然之，乃誓师衔枚，潜登铁坝，人赍刍稓，梯其楼，火之。且竖木栅，城上诘旦，布云梯，鼓噪而上。

橘洲

《一统志》云：在善化县湘江中，俗名下洲。明统志云：橘洲在善化县西四里，上多美橘，故名。《画墁集》云：橘洲在湘江中，南北与州城等，有巡检司、僧寺两三所，居民业渔者数百家，景物最佳处。秦少游死藤州，其子护丧，藁殡潭州，黄鲁直诗云：长眠橘洲风雨寒。《方舆胜览》云：湘江中有四洲，曰直洲，曰誓洲，曰泉洲，曰橘洲。夏月水泛，唯此不没。影宋本《寰宇记》云：橘洲在长沙县西南四里江中，时有大水，诸洲皆没，此洲独浮，上多橘，故以为名，晋惠帝永兴二年生此洲。《初学记》引《舆地志》云：橘洲在郡南，对南津，常看如下，及至夏水，怀山诸洲皆没，橘洲独存。《能改斋漫录》引《舆地志》曰："潭州橘洲"云云。故杜子美《岳麓道林二寺行》曰"橘洲土田仍膏腴"。然橘洲有二处，其一在龙阳，子美之诗所本乃长沙之橘洲，距湘十里。《太平御览》引《湘中记》云：或曰"昭潭无底橘洲浮，昭潭湘水最深处"也。橘洲每大水诸洲悉没，而橘洲独存焉。

国朝郭焌《橘洲赋并序》：潭城之南，得洲者三焉，盖衡山、湘水之吭嗌也。其最胜者为橘洲，俗又谓之水陆洲。或曰："橘生其间，故名焉。"予谓是洲不必以橘传也，其吐纳风水，映带山郭，秀色绝人区，恍惚遇之，盖在蓬壶方丈间矣。乙卯秋半，与钟子下帷其中。流连光景，吟啸水曲，栩栩然不知身去尘寰远也，遂不揣而为之赋。其词曰：

繄湖南之清绝，幻灵境于江汀。忽三洲之并峙，讶一水之中分。溯遗踪于志乘，有嘉橘之棱森。美媲湘妃之竹，甘齐楚子之萍。饱足秋霜，红透夕阳之照；舒残新叶，绿分杜若之春。惟此洲之绝胜，遂因之而著名。

尔其隔水盈盈，累石碌碌。城百雉以几横，水双流而带束。恍玉案之浮青，类绮琴之结绿。映带洞庭，几八百余里，截湘流而独坐中权；瞻顾衡岳，七十有二峰，迤麓岭而长舒左足。怀瀛壶而不见，舟子难招；幸砥柱之犹存，龙门易凿。斯天巧之独钟，亦人工之最渥。

则有云台矗矗，月殿层层；南天高瞰，北斗遥撑。影倒清流，恍兮露蛟宫之隐隐；势凌绝汉，忽兮幻蜃气之腾腾。烟霭霭而宝鼎耀彩，风骚骚而铁马飞声。光灿灿而朱栏环绕，炳烺烺而金额标名。响动鲸钟，夜送重阳之雨；帘垂绮户，时栖渡水之云。

况复拨竹树之蒙密，带烟水以濛洄。千竿秀出，一径潜偎。作迎声兮风历历，抛碎玉兮月皑皑。闻语响兮人难觅，逗江光兮目易猜。或短吟而刻句，更长啸以浮杯。树垂垂以交密，路冥冥而忽开。尔乃见烟火之成村，值渔樵之错处。俨三市与六街，仍鹤汀而烟渚。尚得草屋万千间，土阶四五步，寒菜数十畦，柔桑百余树。岸多结网之渔人，檐有负暄之老父。三叉路口，交通水陆之行；十字街头，半杂乡城之语。

于是事与地殊，亦且景随时易。若夫水澄波，峰净色，和风翔，皎月出。鼓双飞之燕翦，渔艇斜骞；拖六幅之湘裙，风飒乱叠。瞩天宇之四垂，混水光于一碧。灿暮景之陆离，眩冰壶之明灭。半天霞起，江水都红，两岸沙明，芦花共白。灯悬十万户，清莹之波影俱摇；露下二三更，欸乃之渔歌未绝。若乃天惨惨而云低，风冽冽而江寒。雨巡檐而箸下，浪净空而雪翻。声如裂石，势欲崩山。两岸林深，猿啼不住。孤灯夜照，客梦将残。系缆蒹葭之畔，卧舟杨柳之湾。仿佛乎落星之浦，依稀乎独石之关。

凡此皆兹洲之胜概，历游子而方多；挽波靡以孤撑，叹人类其几何？

唐僧齐己《游橘州》：春日上芳洲，经春兰杜幽。此时寻橘岸，昨日在城楼。鹭立青枫杪，沙沉白浪头。渔家好生计，檐底系扁舟。

《谢橘洲人寄橘》：洞庭栽种似潇湘，绿绕人家带夕阳。霜裛露蒸千树熟，浪围风撼一洲香。洪崖遣后名何远，陆绩怀来事更长。藏贮待供宾客好，石榴宜称映舟光。

宋姜夔《送左真州还长沙》：吴儿牵挽醉莼鲈，今日西归略自如。

别路冷云随驿马，望乡乔木记吾庐。湘中花月偏携酒，淮左儿童待拥车。凡我旧游君更历，橘洲相见讶无书。

僧惠洪《上元后候季长不至作此寄之》：和风疏雨上元后，断岸橘洲春水生。村寺独归江路熟，竹篱谁系小舟横。偶成诗句长哦罢，漫折梅花一嗅清。想见连床成夜雨，此篇先慰远来情。

明陈宗禹《橘洲晚霁》：嘉树何年植，秋风万顷黄。寒沙频弄影，落日远浮光。锡贡珍堪拟，侯封富莫强。孔明亦贻后，负郭只田桑。

吴愀《橘洲泛月》：疏风一舸影江楼，云满潇湘似不流。寒涩渔翁声扣月，湘城无处不宜秋。

国朝黄景仁《题橘洲僧楼》：搴裳涉若洲，泽国草萋碧。湘柳摇青春，湘花照颜色。淼淼烟波独倚楼，楚天望断木兰舟。此间自古多离别，日暮江空我欲愁。

又《春夜杂诗》自注初六游橘洲归有月：香草满泽国，兴言泛兰舟。飞花荡江水，日暮游人愁。盼远漠无寄，缄情溯回流。残阳浦云外，半月烟林头。解衣坐当槛，宿鸟方啾啾。

黄土《对橘洲雨眺用杜工部次晚洲诗韵》：湘浦橘洲浮，登眺兴殊壮。天地忽黯惨，咫尺各异状。白浪夹樯奔，湿云缘岭上。危楼耸中央，杳霭空无当。环珮湿阳台，兰芷益惆怅。须臾蚌吐胎，欸乃歌声放。

萧大经《长沙竹枝词》：橘洲杨柳绿差差，洲畔人家短竹篱。好是潇湘新雨后，船篷斜日晒鸬鹚。

黄承吉《由橘洲趋湘潭》：晚入南津路，襟和百籁清。村连竹树密，冈叠水云平。风过交禽语，舟行研石声。剧怜赪绝处，山色太娟明。

碨礧昭山侧，深潭带古愁。向东峰又起，直北水空流。网静鸣榔急，帆回引笮遒。城阛看欲近，翻恋木兰舟。

石承藻《由橘洲渡岳麓》：汀洲微雨后，碧草正萋萋。远水数帆出，春城一角低。泥香看燕掠，树密有莺啼。共话船斋事，亭亭日又西。

又《同张螺山饮橘洲江楼》：张公湖海客，词赋气凌云。破浪移尊去，江楼正夕曛。岳岚高欲堕，汀草细含薰。醉倒月光出，狂歌两岸闻。

水陆洲

《一统志》云：在善化县西橘洲尾，湘水至此入长沙界。《府志·拾遗》云：司马头陀过长沙，叹曰："可惜水陆洲，江水两边流。富贵无三代，清官几到头。"

明佘嘉宾《泊舟水陆洲望岳麓》：一望苍烟阔，徘徊泊橘洲。放兹舟内眼，看出岳山秋。照水平分翠，如云但不流。谁能生羽翮，吟笑最高头。

叶子奇《水陆洲》：长沙城西湘水流，客来城下系孤舟。隔江几树残阳柳，留与啼乌伴白头。

国朝周宜武《舟发长沙遇风泊水陆洲》：朝来飞鹢破沧溟，绝渚冲涛泊绿汀。远水连天云涌白，狂风走石雾翻青。情闲闷拥书千卷，腰瘦愁悬带万钉。怅望同舟何处驻，遥占鸦语细丁宁。

文上杰《水陆洲》：水落沙成市，波平月到门。分明成岛屿，隐约见烟村。渚尽双流合，山连远树昏。回舟馀兴在，便拟吊湘魂。

兴马洲

《府志·拾遗》云：在善化县南四十里，马殷王长沙，故名。《湘潭县志》云：湘水中有鹅洲，鹅字又作我，其上为兴马洲，马殷所改名也。旧志以为橘洲，而不言其证。今案，《水经注》曰：湘水又北，径南津城西，西对橘洲，或作吉字，为南津洲尾。水西有橘洲子戍，故郭尚存。湘水又北，左会瓦官水口，是南津在蕲口上明矣。《注》上言，“昭潭无底，下即南津城，以马王改名”言之。当时重扼昭山，屯兵洲上，西接子戍。洲本名吉，因为兴马，是则兴马为南津洲。莪洲为南津洲尾，俱接昭山，西通子戍。子戍盖今探塘渡，湘津途必由此渡。渡亭题曰“诞登商旅”，因号为诞登渡，音讹而为探塘。形势既符，莪洲当为橘洲兴马，即南津洲，旧本一洲，故马氏唯改一名耳。

案《湘潭县志》云：兴马为南津是矣，以莪洲为橘洲则非，盖莪洲本古吉洲，而橘洲则在今省河中。历来亲履其地者，纪载都无异词。郦《注》云：橘或作吉。是不知湘中形势，又夙闻橘洲之名，遂不敢遽断为吉。两存其说，致启疑端。余以南津城西之橘洲当作吉洲，橘洲子戍当作吉洲子戍。考《梁书》云：太清三年，遣鲍泉讨萧誉军于石榔寺，誉逆击不利而还。泉进军橘洲，誉又大败。于是焚长沙郭，徙民城内。此明指今之橘洲而言。盖泉军由洞庭溯江而上，始军石椁，继屯橘洲。若橘洲即莪洲，则将从湘水上流沿江下，以此证彼，是非判然。况郦氏为魏太和中人，去梁太清不过四十馀年，地名相沿断无移易。鹅洲之为吉洲，非橘洲，此其确证。又《舆地志》云：橘洲在郡南，对南津。《晏公类要》云：在长沙西南四十里。皆承郦《注》之讹，不足据此相辨难也。

国朝张廷仪《兴马洲怀古》：湘流如带浪粼粼，目断芳洲杜若春。草色六朝迷北渚，水声五代咽南津。河山久据分封地，烟月空存吊古人。欲问向时歌舞处，萧萧芦荻旧城闉。自注：潭州旧有南津城。

往事何劳话战争，波涛犹作鼓鼙声。洲环湘水人烟淡，月暗鄢陵墓木平。帆影夕从汀际落，江花寒向涧边生。当年带砺雄南楚，可奈金瓯再世倾。

龙洲

《一统志》云：在长沙县西北，合涝塘、浏（渭）〔阳〕二水，出湘江。有龙洲阑激而上，其水倒流，俗谓之倒流水。《图书集成·职方典》云：倒流洪水在长沙县北，合涝塘、浏（渭）〔阳〕二水出湘江，有洲拦水，激而上流，至白泥厂。星家谓是长沙水口有逆流，极贵之征也。

古渡

府志云：在府治西，古皆于此渡江，无风波之险。朱、张讲学岳麓，亦由此渡，又名朱张渡。立坊曰“道岸”、“文津”，今废。《图书集成·职方典》云：（临）〔灵〕观古渡在善化县西河街，今废。此古渡也，以长江面甚阔，上下俱有风波之险，惟此处江心有中洲，虽大风，无浪。于此过渡至洲，横行百步，江心一带有浮桥。在岳麓书院前登岸，里人最称便焉。《一统志》云：灵观渡在善化县西，宋朱、张二子讲学麓山，多由此渡，又名朱张渡。《续岳麓志》云：朱张渡亭初呼古渡，又曰中渡，又曰灵官渡。乾隆八年，巡抚阿、御史胡、巡抚蒋溥捐修有记，旋圮。嘉庆中建复，院长袁名（耀）〔曜〕记。咸丰十一年，胡瑞澜重修。渡东岸曰“文津”，西岸曰“道岸”，皆朱、张讲学时所名也。

案，盛宏之记岳麓山云：自湘西古渡登岸，则古渡之名由来久矣。

国朝明英《重建灵官古渡碑记》：湘波设险，秋水旋湍。落叶萧萧，细雨洒征夫之泪；寒流淼淼，断槎迟过客之踪。芳草黄昏，白鹭洲边人彳亍；鹧鸪班〔啼〕，黄陵溪畔月夷犹。杜宇催归，何处烟芜小艇；芦花逆旅，谁来野渡横舟。岂徒贾傅，泪尽长沙；奚翅少陵，心怀剑阁。纵有成规而莫举，畴废古渡；空存故迹之依然，孰贻利涉。

兹逢钦命，侍郎署大中丞阿、御史胡，停旌楚泽，念切庥民，泊驾昭潭，欣解清俸。继以大中丞蒋宏襄盛事，力济巨川。因行路之多艰，庆安澜于此日。环碛建往来之渡，半汀憩风雨之亭。

慈云蔼蔼，枯木皆春；朗日辉辉，洪涛亦福。鸾和隔岸，不同溱洧乘舆；鸿爪印泥，永快西东襆被。厉揭何需，陋杜预泻长江之闸；潺湲无恙，迈张纶锢巨石之堤。一苇可杭，不滞伊人于带水；三门汲浪，欢呼我友之卬须。第见岚村入幕，靡忧小径羊肠；飓母号风，宛似卧江虹影。洞庭橘柚，鹢头稳下危樯；岳岫烟霞，蟹舍不惊杯渡。瘦马走山城之驿，乍看破浪齐归；舣乌释游子之情，耐可担囊待客。夕阳古道，啸蝉高柳秋阴；衣杵河干，归燕雕梁社雨。士民感激于浩荡恩漪，诗删匏叶；泳游于澄清化日，歌满桃花。峰峰传弦诵之声，八百孤寒此日，中流自在；派派绘文章之状，三千锦绣今朝，济胜何多。惟有载道口碑，如拜陆宣公万家之渡；庶几缕镌心版，长铭颜师鲁漳南之口云尔。时乾隆癸亥冬月。

袁名曜《朱张渡亭记》：嘉庆十七年，名曜厕岳麓讲院。冬十一月，学使者汤敦甫先生按试长郡毕，命驾书院，集诸生堂上，训以敦品励学诸大端。既乃扪萝蹑石，摹禹碑，登高明、中庸亭，寻咏归桥、苍筤谷诸胜迹。时名曜方与诸生重修朱、张渡船筏。先生韪之，乃殷然临岸，历文津、道岸古石坊基址，登牛头洲。揆揽形势，顾虑洲东西水程，各宽若干里，谓洲中间宜构屋数椽，为半渡骤遇大风雨者栖所。乃捐俸二百两，属杨生璋、严生正基鸠工为屋，建亭横径中。

既竣，先生临亭观之，诏诸生曰："壮于往或终厉，少需焉，而利有攸往也；躁于进则忘危，姑待焉，而无危勿安也。见险能止，相时而动，兹亭亦有裨万一乎。”

名曜以兹亭之有裨于涉川者宏也；兹言之有裨于涉世者大也。爰寿其言于石。

舒东《朱张渡怀古》：我游岳麓游其颠，我游湘水游其渊。吁嗟古人不可见，纷纷讲学谁为贤。紫阳夫子有遗迹，耳目所及心茫然。万言封事读未得，缅维此地占天山。后世无复陆子静，当时乃有张南轩。西屿南阜两登涉，寻梅踏雪分幽妍。风雨桥亭古渡口，想当兴发同翩跹。流风遗韵今未歇，居民撷秀怀芳荃。行潦之水尚可荐，颇以涧毛充豆笾。山中尊酒固未乏，要使胡纮口流涎。

毛国翰《灵官渡》：歇马平沙际，回船古渡头。雨悬青嶂色，潮打白蘋秋。落叶沉湘浦，飞云挂驿楼。悠然湖海兴，虾菜一扁舟。

刘蓉《朱张渡送郭筠仙之湘阴别后追赋》：渡头春涨碧如油，渡口闲鸥去复留。我来挥泪送行舟，泪眼盈盈水不秋。把酒问君重来夕，君指关山秋月白。秋月重圆又复缺，天边盼断飞鸿翮。独上愁台三弄笛，一声飞入暮云碧。

东屯渡

《一统志》云：在长沙县东十里。宋张栻梅园诗序云：癸巳仲冬二十有八日，始与客游，过东屯渡，十馀里间玉雪弥望，平时所未见也。

国朝柳廷方代撰《重修东屯渡碑记》：古者乡邑都鄙之间，沟洫纵横，而民不病涉。考其制，有徒杠，有舆梁。郑公孙氏以乘舆济人，孟子讥之病，失政也。先王鸠工庀材，岁用民之力以为常，故力不劳而政举，虽然断港绝潢，阔不盈咫，计步聚石，里中有力者，一夫优为之矣。至若寻丈之溪，假舟以济，而任辇车牛，走涯汜者如骛，则力非一人之力，而事期众举。众举矣而缮舟楫，募水手，更或置田产，储羡馀以备岁修，费不赀也。

综理不善，奸弊丛生，非临以有司之绳尺，则利未举而害集。国家承平百馀年，梯航远达万里，近钦奉恩旨，修葺各处桥梁，以通行旅，便邮递，厥惠至渥。而县令奉大吏命，为朝廷守土，境以内纤急之利，知无不为，其有一桥、一梁、一津渡之阻，一职之未修，一民、一物之失所，守土者胥以为病。

余按治长沙之明年，百废递举。邑人士某等以邑属之东屯渡义渡圮败，吁请捐资举行。稽东屯渡界邑治东南，水源若数百里，迤(逞)〔逦〕西折入湘河，而地颇洼下，两岸平夷，岁春夏之交，雨溢四乡，输灌旁纳涧谷之水不时泄。湘流暴涨，反啮水则都以为宫，溢平原者，弥漫十许里。而地东走浏阳，远达岳属之平江，以通豫，近趋明道、万寿诸乡，聚毂击肩摩，绠縻相属。会舟楫摧败，不独行者坐守终日；即官吏有事，火驰星递，亦辄畏苦之。余喜邑人士之能急公也，立下其事曰可。先是平、浏两邑有争，董其事者人更数手，历十馀年而绪迄不就，沿岸居民怨望鼎沸，遂讦讼成狱。余按讯得状，庭斥之。再查所置田产四石，系将契押长邑郑某银五百两作价，舟楫既敝，舟子缺食弃职。居民有承其乏者，又中持其事而中伤之。狱具，询诸邑议佥同，因以是役移属本邑。老成之士冀事之有成也，抑余尤愿与邑之人约，前车既覆，后者览焉，天水违行，讼端见矣。而君子作事谋始即以之是役也，灵台不日之攻有厚望矣。兹据郑某缴契捐银，估计章程，除前田四石外，其增产置船、建亭甃级诸事，约费千金，俭是则不支也。邑人士尚其克体余志，共襄斯举，以通行旅，以便邮递，以纾守土者一日之责，而广国家爱民无穷之惠，端在于此。他日事成勒石，可以余言弁首而志之碑阴。

龟塘

《录异记》云：长沙县东，太始中，有神龟，皎然白色，长四五尺，出水中，巡行岸上，因名龟塘。《太平御览》云：《荆州记》曰，“长沙郡东有龟塘，周回四十五里，有灵龟出其中，故塘因名焉。”影宋本《寰宇记》云：在长沙县东八里，塘下有良田数百顷。晋太始中，有神龟，皎然白色，其形长四尺，数出其塘，土人名之。《宋史·食货志》云：初，马氏于潭州东二十里，因诸山之泉筑堤潴水，号曰龟塘，溉田万顷。其后堤坏，岁旱，民皆阻饥。绍兴七年，守臣吕颐浩始募修复，以广耕稼。《一统志》云：在善化县南，延袤二十里，灌田数千顷。府志云：年久颓苐，明知县唐源修筑。至康熙六十一年，讼经知县贾汝翼清丈。《善化县志》云：经清丈垦后，中建石坝二座，塘遂废。

案，龟塘之名，《录异记》等书皆云起自晋太始中，马氏盖踵而修之耳。《宋史》云马氏所创，误也。

鱼塘

见郭金台诗。今端履街左湖北会馆前有塘一亩，俗曰鱼塘，即旧藩故址也。

明郭金台《同陶五徽过旧藩鱼塘坐马公新刹有感》：旧识灵光殿，鱼塘幛幕开。重门仍锁钥，环道此楼台。厩草熏风转，官蔬照日培。百年游豫地，会见象王哀。

闻道淮南第，元臣拥骑过。穷鳞犹唫呷，荒沼半陂陀。纵酒陶彭泽，论兵马伏波。相看交涕落，回首一悲歌。

东池

《一统志》云：在城东，唐杨凭观察湖南时所凿。

案，杨凭以潭州刺史兼观察，故在长沙。唐观察使之治在衡州，统志所云误也。当作刺潭时所凿。

唐符载《长沙东池记》：诸侯之封茅受土，荷天子心膂之寄者，有旌旗车服之盛，有生杀赏罚之重，宜有以鼓钟池榭而张大之，况长沙一大郡也。江山亘千里，道途控百蛮越，有主人焉，有大宾焉，浑浑四来，击楫摩轩。主人苟不以享宴观游而礼之者，即诗人以为(编)〔篇〕，故我有东池之制焉。

壬午岁，皇帝命御史中丞杨公领湖南七郡之地。公方厚简重，气岸恢大，以文章礼乐，藻缋绩德，义践右史，历文昌，登少常伯，朝廷之休声茂绩沛然也。以素望膺盛拜，故捧诏之日公卿贺，登车之日道路喜，下车之日童老庆。期月而苛细去，周岁而兵食足，三年而风俗清。即观游池沼之作，出于余力矣。

先是佛庙之旁有泉沚焉，阴流沮洳，不能错杯于其上，加以隙田数百亩，硗瘠渗漏，不产嘉谷，莞莎薄稗，狼藉纽织。公以重价赏僧而求之，僧满志也。于是相地形，凿水路，掘卑壤，筑高岸，尽(东)〔束〕其势，渟深注浅。公以羡利僦民而营之，民悦随也。居是累月，池成。大水既潴，长江□□。平澄无边，天空镜明。一来窥临，百骸以清。江湖思远，着人襟灵。右有青莲梵宇，岩岩万构。朱甍宝刹，错落青画。左有灌木丛林，阴蔼芊眠。不究幽深，四时苍然。柯叶吟风，声若哀弦。自北徂南，复邈悠悠。鹳鹜凫鹥，差池淹流。太阳晨曦，金波暝浮。气象诡怪，恍惚瀛洲。湘西有山，黛色沈沈。或时无风，影堕池心。中间乃背城郲之局束，追风物之遐旷。盛啸宾客，泛舟而游。驻彩旌，动兰桡，逍遥远去，兴随趣往。萦涯绕屿，不记沿溯，晤言始欢，间以壶觞。丝桐缘云以凄切，罗绮从风而翠灿。有美一人，蛾眉婵娟。绮袖自障，清歌采莲。声发波中，宛宛神仙。当是忧者泰，褊者旷。劳者逸，惛者爽。豁七情之底滞，荡百灵之疴恙。岂彼夫高阳习家之所可同年而语哉。何长沙之卑湿，贻搢绅君子之虑也。

夫贤达之蕴才智也，不得其时，则腾陵宇宙，鼓铸万物。且兹地也，朝为蹄涔，夕为蓬壶，茫茫平地，波澜在我。识者睹公之为事也，量细以度大，详近以惩远，伏知异日必能成天下之务，利天下之物，斡运元化，变调正气。致君雍熙，与皋夔为徒者，于此而见之矣。

载顷年庐岳，（堂）〔尝〕辱公颜闵之顾，贺荣拜宠，自旧山而来。拂拭孱弱，屡陪游泛，睹盛美而不书，君子或以为阙也。乃抉谀才，颂贤能，以耀乎将来者也。

洗笔池

府志云：在长沙县书堂山，唐欧阳询父子读书台侧。

流杯池

明统志云：在府城北五里，五代马希范凿，为上巳祓禊宴集之地。

五代徐兰皋《流杯池》原注：在长沙城北，五代马希范凿为上巳祓禊地：梵王宫阙楚王宫，惟有江山带旧风。属玉不知兴废事，双双飞入藕花丛。

禁蛙池

明统志云：善化县岳麓书院前有池，夏无蛙声。相传宋张栻读书于此，厌蛙声聒耳，禁之，蛙自息。《图书集成·职方典》

云：在城南书院张栻读书处，相传夜蛙聒耳，栻投砚其中，蛙声遂止。

荷花池

《一统志》云：一名莲花池，在府城内。《挥尘前录》云：绍兴元年，荆湖南路总管孔彦舟言，于州城莲花池内收得玉一片，堪篆刻御宝，诏却之。《宋史·五行志》云：绍兴元年，潭州得白玉于州城莲花池中，孔彦舟以献，诏却之。前史以为玉变近白，祥。后彦舟为剧盗。《长沙县志》云：乾隆初年，池上建远香亭，匝以回栏，池中杂植芰荷，旁驾飞桥，环砌花墙，颜其门曰"纳凉"。深处内建台榭，额曰"有君子风"。巡抚杨锡绂联云："时倚曲栏贪看水，不安四壁怕遮山。"为游憩胜地，嘉庆中旋废，咸丰年间重修，亭桥花石诸胜皆复旧观。

濯缨池

《岳麓志》云：在百泉轩下，宋安抚刘珙建。

石浴池

《岳麓志》云：在道林寺旁。《图书集成·职方典》云：在麓山道林寺边，长一丈宽二尺。

万春池

《三蕉馀话》云：万春池，吉王凿，即今大四方塘。

明月池

《长沙县志》云：在城西大街。明统志云：在府城内，世传池在长沙星下，故未尝涸。宋政和中，尝命取醴陵明月石置诸溪上，因名。

国朝张雄图《明月池》自注：蔡江门尽节处：小池如井刚三尺，传道千人饮不竭。一碧涵天不染尘，只缘曾沁江门血。

王立楷《明月池》：古浏光如刀，波平吹不起。千人万人掬，是血不是水。夜夜江门心，明月亘如此。

白鹤泉

《南岳总胜集》云：麓山西有白鹤泉。《画墁集》云：法华台下有白鹤泉，涓涓有声，味极甘冷。《图书集成·职方典》云：在岳麓山清风峡上，泉出岩石中，仅一勺许，最甘洌。相传尝有白鹤飞止其上，故名。石刻有“白鹤泉”三字。古建有亭榭，今废。俗指观音阁，后者非。

宋赵抃《白鹤泉》：灵派本无源，因禽漱玉泉。自非流异禀，谁识洞中仙。

张栻《和石通判酌白鹤泉》：谈天终日口澜翻，来乞清甘醒舌根。满座松声间金石，微澜鹤影漾瑶琨。淡中知味谁三咽，妙处相期岂一樽。有本自应来不竭，滥觞端可验龙门。

国朝黄本骥《白鹤泉》：仙鹤去不返，流泉清复清。本无出山志，聊作在阴鸣。偶尔煮佳茗，翛然忘世情。此中有真味，一啜道心生。

凌玉垣《白鹤泉》：石泉漾苔发，乳窦寒云遮。白鹤不可见，铜瓶来几家。秋心落岩月，幽影洗山花。道味知弥淡，林间倘试茶。

又《白鹤泉》：朱藤白石度烟霞，烧竹闲僧索煮茶。寒玉一泓清未了，晚风吹落水蘋花。

龙门泉

明统志云：在智度山顶，内有龙居之，祷雨有应。

贾太傅井

《北堂书钞》云：盛宏之《荆州记》曰，湘州南寺贾谊所穿井，井旁有扃脚石床，可容一人，坐其形制甚古，皆传曰即谊所坐床也。《史记正义》云：《湘水记》曰，贾谊宅中有一井，谊所穿。极小而深，上敛下大，其状如壶。傍有一扃脚石床，容一人坐，形流古制，相承云谊所坐。《续谈助》云：《殷芸小说》引盛宏之《荆州记》曰，湘州有南寺，东有贾谊宅，宅有井，小而深，上敛下大，状似壶，即谊所穿井，傍扃脚石床，容一人坐，即谊所坐也。《草堂诗笺》云：盛宏之《荆州记》曰，湘州南寺之东贾谊宅有井，即谊所穿，宅今为陶侃庙，种柑犹有存者。

唐杜甫《清明》：朝来新火起新烟，湖色春光净客船。绣羽衔花他自得，红颜骑竹我无缘。胡童结束还难有，楚女腰肢亦可怜。不见定王城旧处，长怀贾傅井依然。虚沾周举为寒食，实籍君平卖卜钱。钟鼎山林各天性，浊醪相饭任吾年。

韩愈《题张十一旅舍井》：贾谊宅中今始见，葛洪山下昔曾窥。寒泉百尺空看影，正是行人渴死时。

宋梅尧臣《送邵郎中知潭州》：张铙叠吹洞庭外，缘虎带刀蛮帅迎。且谕汉家绥抚后，莫言湘守事权轻。木奴洲近霜包熟，斑竹林昏野鸟鸣。贾谊宅边寒井在，暂留千骑漱馀清。

乐雷发《登潭州怀雪（蓬）〔逢〕姚使君》：贾井裴亭遍短筇，红尘归骑又匆匆。我寻桂树吟招隐，君对莲花诵易通。今日江山劳别梦，他年灯火课新功。濂溪最念初平老，浪听连床语未终。

国朝刘元熙《贾太傅古井歌》：贾傅祠前有古井，下阔如壶上如颈。临街傍宅千百年，苍苔满甃沉云冷。世阅沧桑井不移，津枯润竭无穷期。洛阳年少好才子，井渫不食我心悲。汉文贤与成康比，夜半前席诚勤矣。治安不问问鬼神，万言不值一杯水。湘流却绕长沙城，辘轳一转秋风生。至今窾坎鞺鞳井中水，如听当年痛哭太息声。

周有声《贾傅井》：大西门近古城边，太傅居邻旧井传。不与人间供濯锦，甃寒心恻忆当年。

唐仲冕《贾傅井》志言井上狭下广如壶形：定王台载建，贾傅井依然。孝思常瞻屺，忠谋若涌泉。壶瓶深百尺，绠繘汲千年。不信甘先竭，升沉莫问天。

柳廷方《贾公井》：荒凉遗井故城墟，太傅当年此谪居。人抱怀沙终古恨，恩承宣室一生虚。穷途三载行吟泪，伏阙千秋痛哭书。寂寞斜阳空巷掩，清凉持灌野人疏。

陶太尉井

见齐己《白莲集》。《岳麓诗钞》云：省志载，井在城南陶侃庙中，并附录此诗于后，误矣。盖未考原诗题上有“湘西道林寺”五字也。

唐僧齐己《湘西道林寺陶太尉井》：太尉遗孤井，寒澄七百年。未闻陵谷变，终与姓名传。影浸无风树，光寒有月天。林僧晓来此，满汲洒金田。

白沙井

《图书集成·职方典》云：在善化县东南二里，府来龙边，井仅尺许，清香甘美，不溢不竭，长沙第一泉。明末泉分为二出，遂缓。府志云：此泉上应长沙星，当事游赏，建有亭榭。《湖南方物志》云：泉应长沙子星，汲之桶底，浮于桶面，参以他水则否。

国朝旷敏本《白沙井记》：星沙城之南二里所，有井曰“白沙”，其泉洌然清浅，从山崖下沙石间喷出。井从袤尺许，横倍之，深赢于从而视衡犹絅。凡井皆阑甃，而此则坦迤无隔。凡汲水者以瓶引以修绠，而此则利用舀来舀，以至井所之后先为班次，担头各挂一瓢，班可容两人并舀，频舀而不虞其竭，即或久不舀而不见其溢。时炎夏，近井居民净夕舀之，贮以巨缸，平日担入城，担可得钱七八，不移时而缸胥罄。其旁有新井，从衡深广亦如之，或云水味视旧井稍逊，然舀者无分，饮者莫辨，盖其渊源同，其臭味亦自无差也。

予考宇内泉之著者，山左之趵突，黔中之漏趵，江左之惠山，然以方兹泉之流而不溢，挹而不匮，疑未之或逮也。嘻，神矣哉！

昔孟子因圣人叹水而原泉至，放乎四海。海之量，百川归之不盈，尾闾泄之不虚。白沙之盈虚消息，其微近之乎？而圣人之时行时止，不于兹露其倪乎？

朱子曰：“为有源头活水来。”大都君子之泽物，其灵台自有活水洒之，以润生民，予于斯时有会心焉。

其南岳祝融峰有泉曰“虎跑”，其泉从峰顶涌出，寺僧以石枧引其流直达斋厨。予益叹大地之不爱其宝，而造物之无尽藏也。

张九思《白沙泉记》：白沙泉距长沙郡城南门外可一里许，上为土阜，亘而堑，其下为田。泉出阜腹，不溢不竭，其井不甃，其汲不以绠。汲者至，人肩二桶，手一瓢以待，以至之先后为次。先者两人对坐，迭举瓢，俯仰若献（酹）〔祷〕。汲满，以次进就，举瓢如初，竟日暮不一息，无哗者。

其泉清香甘美，夏凉而冬温。煮为茗，芳洁不变；为酒，不酢不滓，浆者不腐；为药齐，不变其气味。若他泉也则否。三伏日饮者，霍乱、呕吐、泄泻病良已，城之居民咸汲取焉。余谓斯泉，功能厌物，而其出之也甚约，均之也有渐，君子之道也！

闻长老说，泉随山脉来，甚远。今长沙山自江西之袁州，迤逦北奔至此入城，盖术家有谓之荫龙泉者。异时一老僧尝偈识云其然，则斯泉之泉千有余里而发于是者，居人固不见也。

蔡以偁《白沙二泉记》：长沙城南五里地，鸡犬成村，桑麻可绘。沿城而行，不巷不衢，略行成野地。编茅藉竹，三四茅屋豁出，平芜迤逦。石路数百步，过此以往，半山垄，半田墅。沙石浴雨，列若棋阵，瑟瑟咕履有声。倒树张伞，罅漏日影，布落金点，然泉即出山下焉。满注不溢，取之不竭。俯视石底，脉隙一线，似鱼吹沫，出无痕迹。甘逾醇酒，凉能醉人。折十笏之西，又得一泉，盖即御泉，同老泉脉有如开双奁者焉。举瓢一吸，（冷冷）〔泠泠〕清洌，凄神寒魄。若僵卧冰雪。徒倚水憩，倦而思卧，因草铺席，捡叶堆枕。四望远色忽来，窥人断岩，若人时露半面。尖峰卓笔，江城一幅图画，遁入毫吻，骇青缛绿，远走未了。移晌，赤日仄午，树影斜长。牧童驱犊，横笛叱拨。山僧赤脚出汲野寺，不觉有忘归意。追至心凝境惬，暝烟一缕，吹出野外，而后知此游之与物适也。同游为李南州仲子鲁岩，并余成三人。

唐仲冕《三月三日观白沙井用工部太平寺泉眼韵》：照见洁士心，皎然出榛莽。泉脉千里遥，汲养与终古。凝自天一生，来从清虚府。万派何由侵，纤尘不敢侮。细听岂有声，熟视若无睹。弗竭且弗盈，可暵亦可雨。我昔违乡井，衣沾软红土。归来酌寒洌，绝胜斟膏乳。饮水思其源，始达由半缕。恰逢修禊辰，于此参静趣。甚欲濯沧浪，底事灌园圃。功在中泠上，品泉笑陆羽。

石井

府志云：在府城东牧马塅，有石阜，高七丈，生成石井，圆径五丈，罗纹盘旋而下，莫测其深，不溢不竭，时有鳞介上浮，多异常类。

浏阳门井

府志云：在城内右侧，旧名天心台，俗名高井。井下四旁各宽丈馀，中心突出一峰。值甲乙年，峰东有水，南北西三方各应岁星。戊巳，水周四旁色赤，味甘称之，重于他水。水井泥治疫甚效。

鸳鸯井

《一统志》云：在善化县治北，一井两孔，四时清洁。洗胭脂者得此水，其色鲜艳，异于寻常。明统志云：在府城东北，一井而二眼，四时清洁。洗胭脂者，得此水其色鲜明。

鸳鸯井

《图书集成·职方典》云：在北门外二里县学后，清洌甘美，汲者如市。昔有阴谋风水盗葬井边者，其水即污。觉而掘之如故，诚龙之津泉之醴也。《长沙县志》云：在北门外旧学宫后，清洌甘美。

寒泉井

影宋本《寰宇记》云：在长沙县南一里。引宋永初《山川记》曰：长沙有寒泉，炎夏饮之，令人寒颤。引郭仲产《湘州记》云：其水清美，汲之则注而不竭，不汲则满而不溢。今按其泉有穴，相去四尺。

案，今城南外一里有白沙井水，亦清美，疑即古之寒泉井也。

程浦

影宋本《寰宇记》云：在长沙县南一十里，对今古城。吴黄武二年，使将程普为都尉，征战立盟于此。后人语讹湘人或谓郑浦，非也。

含香沼

影宋本《寰宇记》云：《郡国志》曰，湘州城东池湟名含香沼，水不曾竭，竭则有兵。

金牛堤

《太平御览》云：《郡国志》曰，长沙金牛堤，汉武时，有异人牵牛走入此堤内，因以名焉。

柳堤

明吴道行《岳麓山水记》云：滨江约四里为古柳堤。

宋张栻《柳堤》：前年种垂柳，已复如许长。长条莫攀折，留待映沧浪。

朱子《柳堤》：法华初出水，堤树亦成行。吟罢天津句，熏风拂面凉。

成功堤

府志云：在草场门外，自老勘至矮子洲，长八九里，以堤障之。贾舟内泊，风涛无虞。旧有通货门，盖言货所从入也。明初攻城，消水树云梯，遂毁之，水退时尚有堤滩故址。

潆湾堤

省志云：在善化县西十里，湘水之西。

陆公堤

《一统志》云：在善化县南二十里，明知县陆南阳筑，外防江水，内溉民田。

浦石

府志云：旧名黑石，湘江东南岸边，高三四丈，如狮形。上有石，如狮头，下有深潭，渔人每于此设祭。明崇祯壬午仲夏，司理蔡忠烈公江门有事湘中，郡人冯一第、尹长民、吴愀、郭金台，载酒候别，因登石上，各拟一名易之，时杨德远读书南湖过而著焉。得郭子浦字，遂各赋诗纪其事。《善化县志》云：浦石，高三四丈，如狮形，上一大石，如狮头翘首昂立，下有深潭，渔人时从此设祭。相传无心推之即转动，奇险可观，俗呼猴子石。

按，府志谓江门登临事，在壬午，并所纪与会诸人，均有误，当从郭记为是。

明郭金台《浦石记并序》：沿长沙东上十里许，有石巉巉然，堑江荡波，昂首西望，屹如狮子立。舟经其下，势森欲搏人，以故人无系舟得跻其巅者。

辛巳冬初，蔡江门师观风于潭，从行周子圣楷、杨子德远、吴子愀、徐子芳、宁子振武暨予六人。载酒呼舟，会朝雾，迷不见涯际，前后逐柔舻声进。行十里，雾半彻，始识师舟处。师问榜人："此何地?"曰："古黑石头。"命停舟呼诸子登石，日光逼露，回望岳麓，青青一抹出岚中。移时喧笑语为叩石曰：“旧号狮子，象形也。因(名)〔石〕肤理黑黝，名黑石，象色也。疑形与色皆不足以辱吾石，宜易名。”杨子曰：“聚石，云百里贤人聚也。”吴子曰：“烟石，是时有烟出没村墟渔艇之间也。”郭子曰：“浦石，记周子言湘浦，浦始此也。”质于师，师从卜，卜从周子言。

师酹酒贺石，命郭子纪事镌勒，属诸子各赋浦诗。

舟行切朝光，寒烟幕江浒。潆回信所适，群心澹太古。愿从夫子游，跻石开听睹。西山晃异色，领落各自取。黯惨奇石姿，命名压乡土。夫子采元夷，周伯孔著。云是湘之浦。叶卜从人谋，兹游异畴伍。李白郎官湖，宗元愚溪主。斯文不磨灭，勒石戒风雨。

国朝黄湘南《猴子石》：临江俯穹嵌，蹲伏一伽孤。何年凿奇迹，形乃如愁胡。信当风雨际，往往闻啸呼。恍惚峡江畔，不堪过征艄。云生树更拥，黯黯冈岑纡。石根几时露，夕照翻春蒲。遂令远游子，过此重踟蹰。

铺石

《图书集成·职方典》云：在湘江西南近岸，有巨石数片，细白平坦，如铺毡耸出水中，渔人群憩于上。

国朝戴炯《铺石潭刊木记》：洞庭而南，衡、湘、全、道之间多悬滩石，舟行必量水曲避，然后得脱于险。若善化铺石滩上流有木妖者，不知起自何年。树不五出，去岸十馀丈，盘踞河泓，宽不丈许。敧侧附滩干，尾枝根森，若虎牙槎锯。秋冬水涸，虽熟由此路者，舟被穿覆，岁数见焉。于是呼号求救而利其灾者，直半其货以为偿，非是则袖手观望，不少进。康熙五十年间，粮艘为破，长、善二邑侯往勘，欲抉去之，询诸钓舫，皆云千百年牢不可去，遂中止。

铜溪有僧曰应适者，雅善而有胆智。乾隆十年冬，熊君幼苏偕余与寺僧游，话及此。时有为吊诡者，谓此木根固而深，大四围，长五六丈，鼋鼍隐现出没，渔人敬祀之，意有神凭，犯之恐速祸。予曰："不然，古有功德于民者，则祀之。今为民害，且当千年，胡神之云？且妖不胜正，宜善其策以除之。"僧乃乘水涸，伐竹数十茎，作巨缆百尺，夫若干、饭数石、酒数瓮入水，而系者倍偿。于是人争助功，于上流则牵挽数日，不少动，众怠且止。僧苦劝，持酒劳之，移而就中，不一日，竟拔其一，长五丈，大四围，坚至不可斧斤。阅二日，持粮催夫向下流，又拔其二三。转向上流，决其泥沙，斧锯断凿，无不拔者。如是者三旬。熊君又走函，趣余同觅。舟过，览是溪，连樯而下，放乎中流，若平地然。莫不拍掌称快。来自远方者，相告问，莫知为谁何之力。僧复不自多其功，不以示人。

呜呼，彼向舟人托钵与沿河击磬，以求一钱之惠，而毫无利便者，去此何翅万万也。古之强有力者，兴利除害，建无前之烈，大不世之勋，彪炳史册。积之既久，人往往享其利，莫知其初。矧此僧去积害，建成劳，利与名不设于心，苟不铭于册而勒之石。不将积久，而忘其募众刊木、一劳永逸之功耶。古语云：天下事有可忘，有不可忘。僧自忘其功也，安澜而过者，其可忘耶。予深嘉僧力之强，而不自多其功也。故记之。

观音石

《图书集成·职方典》云：在善化县西观音港内，长二丈，立江中，俨如观音。

吴王桥

省志云：在长沙县东北七十三里，桥左相传为汉长沙王吴氏墓。土人尝于山圮时见墓道，故桥以吴王名。

杨柳桥

《方舆纪要》云：在长沙县西。《九国志》云：乾祐三年，马希萼攻湖南，命何景真率步骑三千出竹栅，屯兵杨柳桥，以逼其城。湖南指挥使韩礼率步骑五千阵于桥西，景真登桥望之，见旗帜不整，曰："此非我敌也。"乃纵兵击之，潭人大乱，奔入城中，礼被斫伤，至其家而卒。明日城陷。

长史桥

《九国志》云：乾宁元年，刘建锋领众自豫章至。邓处讷遣其乡豪首蒋勋等领兵卒三千，断龙回关。殷先至关，召勋等谕以祸福，仍许奏授官秩，勋众皆喜。是夕，乃弃铠甲旗帜直趋潭州，薄城东门。守陴者不之觉，且谓邵军之回也，门启，前锋兵径趋府中，将吏惊走。是日，处讷内宴集僚属，而无备御，裨将宋全节就擒，处讷斩于长史桥侧。

咏归桥

《岳麓志》云：在梅堤下。

宋张栻《咏归桥》：四序有佳趣，今古盖共兹。桥边独微吟，回首忘所之。

朱子《咏归桥》：绿涨平桥水，朱栏跨小桥。舞雩千载事，历历在今朝。

明吴愑《咏归桥》：芩落长堤古涧声，委蛇独拥野花迎。当年归咏人何处，留得春风属后生。

国朝李文炤《咏归桥》：行矣忽归欤，临流发天籁。四山悄无言，翠入晴空外。

洗药桥

《湖广通志》云：在善化县学前，玉沟水径其下。府志云：善化县学南，相传孙真人洗药处。

潆湾桥

《图书集成·职方典》云：在善化县西过江五里，下通小河。嘉靖元年，吉简王建石巩。知府杨表倚山建关王祠，镇焉。

西湖桥

省志云：在善化县西。府志云：旧石砌，明嘉靖间，推官翟台开湖泊舟，易以木。万历间，兵备道李天植复甃以石。

国朝周应遇《西湖桥访旧》：散发沧浪外，狂歌绿水傍。荷风初扇暑，梅雨乍生凉。堞雉皆趋席，桥虹半饮塘。几人池上影，能共鹭鸥翔。

王道桥

府志云：在南门外，俗名金鸡桥。万历知府吴道行鼎建石桥，郡人周之屏有记。崇祯丁丑，小寇薄城下，以木代石，广为隍池，康熙年间重建石桥。

麻林桥

《一统志》云：在长沙县东北八十里。

明黄学谦《胡近云将军自湘阴移镇麻林桥过访山中》：初春行幕到山隈，挥戟如君济世才。青草湖平朱鬣过，黄陵风响绿弦开。铙歌乍听前车出，楛矢曾看绝域来。他日庙堂论将略，何人标烈在云台。

避世聊同野鹿群，姓名何意动相闻。自怜抱犊山中卧，空忆卢龙塞上勋。据几共谈黄石略，搴旗喜近棘门军。汉廷勋望须公等，只合羊裘老白云。

湘春桥

省志云：在长沙县北湘春门外，即古吊桥。

水经

湘水自湘潭县治北流四十里，径昭潭入善化县境。又西北一里至暮云市，五里牌水自东来注之。五里牌水源出善化县，接湘潭县界之昭峡，西流入湘。

湘水又西北五里，为兴马洲，板石港水自西南来注之。板石港源出湘潭县石牛峰，东南流十八里入湘。

湘水又东北五里为莪洲，戊寅港水自西南来注之。戊寅港源出湘潭县湖塘，北流六里入湘。

湘水又东北一里，下港水自西南来注之。下港源出善化县杉木冲，东南流二里至庙湾入湘潭县境，又东北七里入湘。

湘水又西北六里，东窑港水自东北来注之。东窑港源出善化县下托铺西南，流五里入湘。

湘水又西北三里，任陂港水自西南来注之。任陂港源出湘潭县鹤岭东北，流五里入善化县境，又三里至结家坝，合铁港水。源出湘潭县山汉塘东北，流五里来会。又三里，至白泉合石坝水，源出湘潭县竹篙冲，北流三里径石牛峰入善化县境，又北三里合湘潭县长塘水，北流五里至白泉入任陂港。又东北十里入湘。

湘水又西北三里，观音港水自西来注之。观音港源出善化县沈家冲，东流五里至观音堂。又三里合古塘水，又北折东二里，至观音港入湘，西岸有铺石。

湘水又北，少东十里，至平潭，龙王港水自东南来注之。龙王港源出善化县南境，西北流至平潭入湘。

湘水又东北六里，又北四里，至靳江市，靳江水自西南来注之。

靳江一名建江，源出湘乡县两头塘，东流三里经赵公桥入宁乡县境，又百三十一里至灵石桥入湘潭县境，又七里径贺家湾西岸入善化县境。合善化涧山水，里许仍入湘潭县境。又北五里至碑头市，入善化县。又东北三里，合云泽桥水。又东二里，合曲潭港水。又东五里，合之字港水。源出湘潭县山汉塘，北流三里，径凤池岭入善化县境。又北折流二十里入靳江。又东北三里，至九江庙。又东北至瓦官水口入湘南岸。有浦石，俗名猴子石。

湘水又北，少东八里，南湖港水自南来注之。又北五里，径长沙府治西，为水陆洲。曹塘河塘亦作家。水自西南来注之。南湖港水源长二十里，湘江中洲、上洲，即直洲、誓洲、白小洲，有人家百馀，望之如带，实不相连。故长沙谶语云：三洲连，出状元。水陆洲即橘洲，上有水陆寺、拱极楼。中有莲花潭。曹塘河源出善化县西境，东北流三十里，径竹山口，即白露水口，水出溹湾潭入湘，旁有溹湾市、溹湾桥。

湘水又北入长沙县，又北五里，施家港水自西北来注之，浏水自东来注之。湘水径潮宗门（城）〔成〕功堤，江中有矮子洲。又径湘春门，西有新开河水注之。施家港水源出长沙县谷山麓，东南流入湘。

浏水一名浏阳河，有二源，一曰大溪，一曰小溪。大溪源出浏阳县东大围山东峰三湾坳上壮高泉，小溪源出大围山中峰湖岭之南天泉，俱分流至双江口，始汇为浏水，合流百馀里。至金塘港东岸入善化县，金塘港水来会。源出浏阳县永安市，南流一里入善化县境。又十里至一字墙，又五里入浏阳县境，经梅花桥，又五里经石湾桥，又五里经湘山桥，与乌川水合。乌川源出善化县南，流八里经上花桥，又六里至石壁，又八里与金塘港水合。又二里经盐水桥，经回龙桥，又三里入浏。又折入浏阳县百嘉山渡头市十馀里，径流至八斗湾西岸入善化县。又二里至团头河，又北二里，又西北二里，又西北三里，至仙人市。又西北五里，至螽斯港。又西北四里，至杨梅河。又三里，至眠羊山西岸入长沙县。又西北八里，至东山市。又北四里，为磨盘洲。又北少东三里，至杜家河。又东北五里，又东四里，又东南一里，至善化港口，合善化港水。港南属善化，港北属长沙，源出善化县三乐庵。十里至打卦岭，又十里经善化桥入浏。又东北一里，又西北一里，至榔梨市，合鸦灵桥水。源出孙山寺，西流五里至石子塘。又过曹家坪，合杨公坝水。又五里，至阴山。又三里，径响水坝。西经鸦灵桥，又七里至榔梨市，下入浏。又西北一里，又西南四里，为莪江洲。又西南四里，至杉木港渡。又西北三里，至花桥港，合花桥港水。源出东山托，北流十二里，经花桥，又三里入浏。又西北三里，至东屯渡。又西南四里，又西一里，至长套湾。又西北二里，为洪矶滩。又西南二里，又西半里，又西北半里，至湖迹渡。又东北五里，又北二里，又西六里，至陈家湾。又二里，至骆驼嘴入湘。即驼口，亦名浏口戍。

湘水又北五里，涝塘河水《水经》曰涝水。自东来注之，三汊矶港水自西来注之。

涝塘河一曰潦浒河，源出浏阳县石柱峰钟鸣潭。径流至永安市，为潦浒河。又西至界碑桥，入长沙县境。又西径横坑，又西为大阳滩，又西过春华山，诸水为涝塘河。又西径郭公渡，又西过黄丝渡，又西至赤石河，与枫林港水会。源出长沙县，接平江县界之龙头尖。西南流径罗戴塅，又西南过涧山，合石板桥水。又西南合蒲塘冲水，又西南至金井，合脱甲桥水。又西南经范林桥、高桥，至燕江，合学士桥水。又西南经石门屐至上杉市，受九牧塅新塘桥水。又西南至大坝桥，受大冲桥水。又西南至杨泗庙，合麻林桥水，又合寻龙河水。又西南出枫林港口，入涝塘河。又西经崩坳，又西过清塘湾，又西历竹筒港，又西径龙潭山，又西过大王港，又西为水渡河。又西与白沙河水合。白沙河一名阳江水，源出湘阴县黄福源，径流至阳江桥，为阳江水，二里入长沙县境。又南三里，左合汉家山水。又南经河上桥，右合沙湘桥水。源出湘阴县陈家洞、张家坑诸水，合流出沙湘桥，入长沙县境，又南入白沙河。又南至罗汉庄，会涝塘河水合流入湘。三汊矶港源出长沙县谷山东麓，自黄丝岭东流，径白云寺，又东至张家冲口，合贺家垅水。又东至三汊矶入湘。上有土城山，为古北津城。

湘水又北，少西三里，樟木港水自西来注之。樟木港源出长沙县河西都，东流数里，至上城下，又东至欧家河入湘。

湘水又北，少西五里，王家港水自西南来注之。王家港水源出长沙县谷山东麓，自八家寨东北流径金甲冲。又东北过赵家庄耳多湖，出港口入湘。

湘水又北，少西二里，径鹅羊山。又西北十里，下泥港水自东北来注之，寨头港水自西南来注之。下泥港源出长沙县，接湘阴县界之土梯坳，南流经龙家桥至洋桥，合罗家山水，源出罗家山。又南合旺谷岭水。源出旺谷岭。又西南径长湖洲，又西南经桥头驿，又西南至王新桥，左合桂花垅水，右合落马桥水，又西南出港口入湘。寨头港源出长沙县谷山东北麓，自虞家山东北流，合七封山石子岭水。又东北过吴家冲，又东北径龙王坝、牯牛坝。又东汇大塞湖，出港口入湘。

湘水又西北十里，至白沙洲，丁字湾水自东北来注之。丁字湾水源出长沙县麻潭山，西南流经周家冲入湘。

湘水又西北五里，桐树港水自西南来注之。桐树港源出长沙县乌山南麓虎仑岭，东北流径狮子口，合栗板塘水、青天寨水。又东北经三多桥、符佳桥，又东北经报母桥、杉木桥、马桥、艾家桥，又东经泥港桥。至三节渡合玉带桥水，东北至小湖围入湘。

湘水又西北一里，包茅港水自西来注之。包茅港源出善化县河西都，东北流径龙塘坝。又东北过亭子庙，会包茅湖，出港口入湘。

湘水又西北五里至新康，八曲河水自西南来注之，石株港水自东来注之。八曲河源出宁乡县，接善化县界之嵇架山，北流经梁荐、石坝、印塘等处。东岸属善化，西岸属宁乡。又北合罗陂河水，源出善化县南岳庙下，西北流经白箬桥入八曲河。又北经茅江桥，入长沙县境。又东北经麻石桥，至洪山庵。又东北经新桥，历周家坝，又东北经徐家桥，至八弓潭。又东北经赵家桥，径枫树河，又东北过大湾，至团山下数里八曲，为八曲河，又东北合十婆桥沙河水。又东北经谭家湖，二合围。又过窑头山、罗家湖、邓家围，至新康市，与梅树港水合，流入湘。石株港源出长沙县九峰山，南流经戴公桥。又西南经板桥、河上桥。又西南经新桥，出港口入湘。

湘水又北十里经铜官山至靖港，沩水自西南来注之，誓港水自东北来注之。

沩水源出宁乡县花马仑，东北流二十五里，经沩山，名沩水。径流百馀里，至双江口赵家河，分为二支。南支至沱市前入长沙县境，东流至新康市，为梅树港，与八曲河合流入湘。北支至沱市后长宁围，入长沙县境。又东北十馀里至挖子口，又东十里至靖港入湘。誓港一作市港，源出长沙县兜子塘，至黄河坝桥，出港口入湘。

湘水又北，少西四里，又西北一里，罾子港水自东来注之。罾子港源出长沙县狮子岭，西流经乌龙坝，又西径胡家大坝，又西经宋家桥、庵子桥入湘。

湘水又西北五里，至乔口市，乔口河水自西来注之。乔口河即高口水，资水分支，自毛角子口东南流，会益阳县烂泥湖诸水，由水矶口出乔口市，东流入湘。

湘城访古录卷十三

往迹类

石床

《水经注》云：贾谊宅傍有一脚石床，才容一人坐形。流俗相承云，谊宿所坐床。

国朝唐仲冕《贾傅石床》：井畔银床在，留痕坐宛然。固应牵百丈，亦可玩三泉。卑湿又斜日，沉沦空少年。何如穿膝客，一榻白云天。

铁镬

在督学署前。府志云：郡庭有大铁镬六，各衙门有之，狱中亦有。约可贮水数十石，当是积水备灾之具，非官司煮盐者。乱后多为奸胥所毁，旧府治大门内尚存其二。

落星石

《湖南方物志》云：长沙布政司治后有落星石，不见前人纪载，即郡县志亦未及。予客西安时，得唐垂拱三年《上护军庞德威墓志》，叙其父师仕履云：辅分珪于五岭，道洽泣珠之乡。扬别扇于三湘，恩浃落星之境，盖由合浦令迁潭州倅也。落星二字始见于此。

铁械

省志云：在长沙德润门外河边，重数千斤。相传许逊逐蛟，以此镇之。府志云：一名铁石，其形如锭，重数百斤。相传许旌阳逐蛟过此，掷以镇之。又谓，晋王浚楼船锁墩。

案，《游宦纪闻》云：绍定癸巳七夕后一日，予甥董若金忽语予曰，适有自弋阳来者言，县境桃花步渔人，入水见一物，长八尺，博四尺有五寸，约四百馀斤。两头如燕尾，腰有眼，其二圆，其二如半月。非铁非石，图形以示云。渔人舁至县市火，复舁至桃花步又火，迁于神祠，始息。众莫识。予应曰：此不难，别其制绝。类岳阳楼下铁枷，必县傍溪中古有龙，祟时得道之士，如许旌阳者，铸为此物，以镇塞妖蜃穴。岁月深久，又岳阳沙上数枚，人以为厌胜铁枷，或以为湖贼王么矴石。或云昔人拒敌，穙江之具，《图经》皆疑其非。或有附会者曰，晋太康元年，大举伐吴，二月戊午，王浚、唐彬击鼓丹阳，监吴人于江迹要害处，并以铁锁横截之，以为必此物。今观弋阳所出，可名之穙江之具乎。以此验，彼厌胜之物明矣。

九鼎

府志云：长沙九鼎，俗传多妄然，明末尝见散置文庙及郡土地祠等处。范铜为之，高四尺馀，三足两耳，质素无款识。各重二百馀斤，黝光可鉴，古物也。

按，今府学宫大成殿内，陈设古鼎五，即是物也。

古祭器

府志云：康熙二十二年六月初十日，府学墙外西边居民刘介拾得铜爵一只，有长沙府学字样。随往得爵处，掘出祭器共一百零五件：铜钟十二，无字。石磬一，无字。铜笾豆二十二，铜爵一，系崇祯癸酉岁广东岭南道三省监军参政洪云蒸捐置。铜簠簋二，有盖无字。铜雀九，无字，内损一只。铜爵十九，系正德戊辰知府赵维藩造，内损四只。铜爵二十五，系成化丙戌知府钱澍造，内损六只。铜爵九，系嘉靖丙午知府樊景麟造。又雍正八年，教授段海生掘泉司井，得器十一件，古玉磬二，古鼎一，铜瓶二，铜爵五，石磬一。

国朝宋俊《长沙府学得旧祭器记》：古者命将出师执有罪，而反必释奠于学以讯馘告，岂徒曰有文事者，必有武备乎。夫亦谓偃武之后，厥在修文已耳。康熙十三年，逆藩倡乱滇南，毒流三楚。长沙实被其冲，窃据者将六载，黉宫泮水夷于马埒。己未，天威震叠，僭乱削平。学校之新，宏于旧制。然器用未备，无以禀陟降而荐馨香。越癸亥六月十日，里民刘介于文庙西偏辟草莱，获铜爵一，按其文，为学官旧器，纳诸官。遣干吏于硗确荆榛中，抉土得铜钟十有二，石磬一，簠簋二，铜爵九，损其一，馀俱完好，无款识。续得铜爵十有九，损其四，为正德戊辰知府赵维藩造。铜爵二十五，成化丙戌知府钱澍造。铜爵九，嘉靖丙午知府樊景麟造。铜爵一，铜笾豆二十二，俱崇祯癸酉岭南参政郡人洪云蒸造。于是教授张维霖、训导陈兆玉白其事于上官，藏诸圣庙，春秋献享。陈之殿庑，所以昭彝器、备法物也。

呜呼！兵火频年，物之不化，为昆明劫灰者鲜矣。而兹际百五，独于干戈后炳露其机，谓非先师之式凭在，是不可也。记云：天地之气，始于东南而盛于西北，长沙故南徼也。然则圣朝止戈之自，而文教于以聿兴者，其必由于此矣。故记之。

大柑树

《水经注》云：贾谊宅有大柑树，亦云谊所植也。宋吴淑《事类赋》云：《湘州记》曰，州故大城内有陶侃庙，是贾谊故宅，谊尝种柑，犹有存者。《续谈助》云：《殷芸小说》引庾穆之《湘州记》曰，谊宅今为陶侃庵，时种柑，犹有存者。

六朝松

《湖南方物志》云：岳麓有六朝松，唐刘长卿《麓山寺诗》所谓“松老问谁栽”也。《续岳麓志》云：六朝松在观音阁前，旧有双松，相传为六朝时植，昔人呼为松关，又曰松门。乾隆中大风拔其一，今仅存一，株如虬龙然。

按，麓山寺佛殿前曾有二株，古干参天，绿阴匝地。予于光绪元年犹见其一。至二年，又为风雨所拔，无复存矣。其遗材遂琢成二磴，长三丈许，今置之讲堂侧者是也。

国朝蔡以偁《六朝松赋》：夫何黄云大野之漫漫，凛然见古之大英雄参天地而独立。六朝送金粉之灰，百战走龙蛇之血。既雷电丁甲而长呵卫兮，又神奸古鬼慑孑魄。朝往来于七十二峰云兮，夕形影于三十六峰之月。蛇子蛇孙，蛮烟蛮雨。逍遥兮不计岁年，倔强兮不随仰俯。金碧斜阳，江山千古。石号飞来，碑名岣嵝。不见入地四十围，擎天一尺五。衣冠非故人，第宅皆新主。剩支离兮此身，独抑郁而谁语。重为告曰：

太上无功，至德无名。其用也，以无为；流水不腐，户枢不蠹。其天也，以劳全。自今而后，吾与子将或推或挽，趋趋焉以媚世取寿乎？抑将不雕不琢，睢睢焉而忍与终古也？

秦文超《岳麓双松》：托根千仞上，双干耸云霄。翠色横三径，涛声带六朝。龙吟曾澈晓，鹤梦在深宵。下有孤高侣，谁能慰寂寥。

张圣羽《六朝古松行》：橘洲西岸湘水澄，麓峰攒簇碧层层。洞壑幽邃石磴滑，烟岚晻暧无朝昏。怪石夹路狞狞立，熊罴俯瞰虎豹蹲。穿石摩崖始得寺，寺楼突兀入高旻。楼前一树长松古，偃盖延荫数峰青。大木轮囷可蔽象，小枝连卷亦作鳞。垂条撇捩蜺饮涧，悬针倒卓猬毛森。皮皱枝蟠虬龙蛰，脂结节簇瓮瓷擎。凉飙谡谡天末起，长夏洒面含霜清。层阴霭霭卷地来，白昼昏黑雷雨冥。夜归云汉撼星榆，牵牛破轭朱鸟倾。朝凌旸谷若木低，羲车回辔阳乌惊。排云直薄岣嵝顶，翻涛响落洞庭滨。我来箕踞蟠根上，摩挲竟日为沉吟。种时亦自毫末始，问松何能葆其真。佥云此松由来远，树之传自六朝僧。六朝已去千馀载，沧桑瞬息如转轮。烟花长埋芳径寂，禾黍高下故宫沦。庭前玉树人罢舞，堤上垂柳鸦暮鸣。苍髯老叟人间世，欲数甲子仆几更。有材不尽梅作殿，有枝不代尘谈经。尘枝樵供刁斗爨，殿梁飞化烽烟尘。岿然直寄双树侧，恒河沙劫藐升沉。贞心岂受元驹穴，芳蕤曾宿九苞禽。撑扶古今万牛力，酝酿元气还乾坤。试问华林万年树，斜阳衰草无处寻。

张九镒《龙寺六朝松大风拔一感赋》：翻风啸雨插云根，百尺森然独踞尊。共说六朝留古迹，已非双树立僧门。虎岑堂护虬髯影，鹤井泉空蜕骨痕。倚石坐看偏缺一，眼前灰劫竟谁论。

凌玉垣《六朝松》：阅世存孤直，虬枝出远天。空山聚风雨，白日独云烟。梁栋材非偶，山林气若偏。勉从雷雪表，潇洒尽乔年。

朱子樟

《湖南方物志》云：朱子樟相传为朱子手植。《续岳麓志》云：一名紫阳樟，在监院后，相传为朱子所植。盘郁青葱，愈古愈茂，远望之，犹蔚然而深秀也。

国朝吴敏树《朱子樟》自注：岳麓书院侧古樟一株，相传晦翁手植，呼为朱子樟：万木仰一秀，大根蟠众灵。昔贤留仿佛，兹树见仪型。干抱风霜黑，枝扶天地青。当年习礼处，槐市愧谈经。

听雨舫

见张栻《南轩集》。

宋张栻《听雨舫》：风吹渡头雨，槭槭篷上声。欣然会心处，端复与谁评。

朱子《听雨舫》：彩舟停画桨，客兴得敧眠。梦破篷窗雨，寒声动一川。

采菱舟

见张栻《南轩集》。

宋张栻《采菱舟》：杖策下亭柯，水清鱼可数。却上采菱舟，乘风过南楚。

朱子《采菱舟》：湖平秋水碧，桂棹木兰舟。一曲菱歌晚，惊飞欲下鸥。

船斋

《岳麓志》云：中洲即古渡，旧有浮桥，去岳麓仅一带水。宋安抚刘珙置船数十，以待往来学者游息，名曰船斋。

宋张栻《船斋》：窗低芦苇秋，更有江湖思。久已倦垂纶，游鱼不须避。

朱子《船斋》：考槃虽在陆，滉漾水云深。正尔沧洲趣，难忘魏阙心。

湘城访古录卷十四

第宅类

吴王殿

《府志拾遗》云：吴芮本秦番阳令，故曰番君。项羽封衡山王，都邾，即今黄州地。高祖徙封长沙，都临湘，一年薨。今指郡正厅为吴王殿，谓芮为王时所居。

案，元冯子振《星沙杂咏》诗有“吴殿风熏宫鸭暖”之句。

元冯子振《星沙谷雨杂咏》：一从结绶侍青闱，几度吹箫月下归。吴殿风熏宫鸭暖，汉台霜早野鹰飞。帆开弱水蓬洲隔，局覆商山橘坐非。莫咏离骚闲草木，湘汀杜若正芳菲。

贾太傅故宅

《水经注》云：晋怀帝以永嘉元年分荆州湘中诸郡，立湘州，治此城之内。郡廨西有陶侃庙，云旧是贾谊宅。《史记·索隐》云：《荆州记》曰，长沙城西北隅有贾谊祠，及谊坐石床在。《太平御览》云：郡国志曰，长沙南寺贾谊宅，亦陶侃宅在焉。《通典·州郡部》云：长沙有贾谊宅，井仍存。《元和郡县志》云：贾谊宅在长沙南四十步。影宋本《寰宇记》云：贾谊庙在长沙县南六十步，汉时为长沙王傅庙，即谊宅也。中有井，上圆下方，与洪州禅林寺井通。谊没后，晋有道人许旌阳入井趁龙，仍出彼井。谊有扃脚石床，犹在庙中。庙与孙破虏庙相并，坚亦有石床棋扃，并庭松一株存。明统志云：在府城中濯锦坊，旧有太傅井，并庙尚存。明李东阳《太傅祠记》云：太傅在长沙，人至今习知之，其故宅为卒伍所居，有井存焉。成化某年，我长沙守钱侯募郡人以财赎其宅地为祠，塑像其中，请著祀典。《长沙县志》云：万历八年，兵道李天植增祀屈原，改为屈、贾二先生祠。

案，故宅在今大西门内太平街濯锦坊，虽屡经名流题咏，而唐李商隐已有“贾傅承尘破庙风”之句，其荒凉可想。厥后，明成化间更拓基鼎建，历国朝屡有修葺。光绪元年粮储道夏献云募资重建，另祠屈子郡校左。仍就故宅专祠贾傅，兼祠屈子。祠旁曰清湘别墅，曲槛回阑，颇饶佳趣。有楼曰“大观”。麓山耸其侧，橘洲横其前，诚胜境也。

晋庾阐《吊贾谊辞》：中兴二十三载，余忝守衡南。鼓枻三江，路次巴陵。望君山而过洞庭，涉湘川而观汨水。临贾生投书之川，概以永怀矣。及造长沙，观其遗像，喟然有感，乃吊之云：

伟哉！兰生而芳，玉产而洁。阳葩熙冰，寒松负雪。莫邪挺锷，天骥汗血。苟云其隽，谁与比杰！是以高明倬茂，独发奇秀；道率天真，不议世疚。焕乎若望舒耀景而焯群星，矫乎若翔鸾拊翼而逸宇宙也。飞荣洛汭，擢颖山东。质清浮磬，声若孤桐。琅琅其璞，岩岩其峰。信道居正，而以天下为公；方驾逸步，不以曲路其通。是以张高弦悲，声激柱落。清唱未和，而桑濮代作。虽有惠音，莫过韶濩；虽有腾鳞，终仆一壑。呜呼！大庭既邈，玄风悠缅。皇道不以智隆，上德不以仁显。三五亲眷，其轨可仰而标；霸功虽逸，其涂可翼而阐。悲矣先生，何命之蹇？怀宝如玉，而生运之浅！

昔咎繇谟虞，吕尚归昌。德协充符，乃应帝王。夷吾相桓，汉登萧张。草庐三顾，真若兰芳。是以道陷则蠖屈，数感则凤睹。若栖不择木，翔非九五。虽曰玉折，隽才何补！夫心非死灰，智必存形；形托神司，故能全生。奈何兰膏，扬芳汉庭。摧景飙风，独丧厥明。悠悠太素，存亡一指；道来斯通，世往斯圮。吾哀其生，未见其死。敢不敬吊，寄之渌水。

明李东阳《汉长沙王太傅贾公祠记》：古所谓大臣者，必先大体后庶务，其所设施，皆足以型天下及后世。然其自负甚重，不苟合于人，人未必能识，识之未必能用，此治所又恒弗成也。

汉屈群策，豪杰并起而从之。高帝之初，所不能致者，商四翁、鲁两生之外，天下其无遗贤矣。明法律，时则有若萧何、曹参；治兵旅，时则有若韩信、彭越、周勃；出入筹策，时则有若陈平、郦生。此皆创业拨乱之所为用，非所以经世建统也。

文帝时，可当大臣者，惟贾太傅一人。少而荐于朝，且显矣。卒短于大臣，困于长沙，老于梁。呜呼！以文帝为君，而太傅不得为之相，是故汉之礼乐微矣。吾观其论天下之所置，则先仁义后刑法；论天下之势，则先夏后夷，先身后臂指；论吏治，则先风俗；论世所以长久之术，则先太子；论大臣，则先廉耻。此其言皆治乱之大体所在，战国而下无能言之者，岂不可以为大臣乎哉！使太傅竟作相，得有施设，必能刮去秦习，成汉之一制，非萧、曹而下可拟也。不用而死，文帝固未尝仇之，天下后世盖自不能无憾。而司马迁作《史记》，徒以吊湘之赋，遂与屈原同传，则亦甚矣。

太傅在长沙未久，长沙人至今习知之。其故宅为卒伍汪伦所居，有井存焉。成化某年，我长沙守钱侯，募郡人以财赎其宅地为祠，塑像其中，请著祀典。诏以仲春祭，用羊一、豕一、粢盛备，复其民一家，使其祀事。翰林编修李东阳省墓，归自京师，实拜祠下。侯请祀事立石于祠，太傅史书之详矣。予为之记，使后来者知兹祠也建自钱侯始。

唐刘长卿《长沙过贾谊宅》：三年谪宦此栖迟，万古惟留楚客悲。秋草独寻人去后，寒林空见日斜时。汉文有道恩犹薄，湘水无情吊岂知。寂寞江山摇落处，怜君何事到天涯。

戴叔伦《过贾谊宅》：一谪长沙地，三年叹逐臣。上书忧汉室，作赋吊灵均。旧宅秋荒草，西风客荐蘋。凄凉回首处，不见洛阳人。

又《过贾谊旧居》：楚乡卑湿叹殊方，鵩赋人非宅已荒。漫有长书忧汉室，空将哀怨吊沅湘。雨馀古井生秋草，叶尽疏林见夕阳。过客不须频太息，咸阳宫殿亦凄凉。

李商隐《潭州》：潭州官舍暮楼空，今古无端入望中。湘泪浅深滋竹色，楚歌重叠怨兰丛。陶公战舰空滩雨，贾傅承尘破庙风。目断故园人不至，松醪一醉与谁同。

宋刘克庄《湖南道中》：贾生废宅草芊芊，路出长沙一怅然。今日洛阳归不得，招魂合在楚江边。

明邓庠《长沙吊贾太傅》：江城峨古庙，怅望月华娟。蔓草依荒井，残碑记汉年。忧时过秦论，洒泪吊湘篇。千载忠良恨，凄凉对晚蝉。

邝露《过贾太傅宅吊三间大夫庙》：□□浮湘礼三间墓，□寻贾太傅故宅。浮湘孤月下灵渠，牢落残云伴索居。庚子日斜逢野鹏，端阳沙漏见江鱼。天高未敢重相问，年少何劳更上书。此去樊城望京国，定从王粲赋归与。

国朝查嗣瑮《贾太傅祠》：陈书痛比秦庭哭，作赋情同楚奏哀。已遣长沙忧不返，如何宣室召空回。身逢明主犹嗟命，天夺中年亦忌才。此日题诗还下拜，也如君吊屈原来。

顾嗣立《贾傅故宅》：治安策上众狺狺，谪向长沙卑湿滨。生遇汉文犹痛哭，放同屈子竟忘身。洪炉久已为铜炭，宣室何劳问鬼神。绛灌不知才子贵，漫轻年少洛阳人。

袁枚《长沙谒贾谊祠》：江口瞻遗庙，长沙最少年。才虽王者佐，运是汉家天。屈子堪同调，相如敢比肩。虚无宣室问，卑湿楚江迁。道大功臣忌，心孤鹏鸟怜。三湘知数尽，七国悟机先。飘泊伤灵化，秾华委逝川。绿萝蟠败壁，饥鼠拱残筵。神鬼真无状，风云合有缘。长怀夫子哲，转忆孝文贤。遇合终如此，功名更惘然。我来刚弱冠，流涕返吴船。

又《再题贾太傅祠》：一别先生五十年，洛阳年少也华颠。自怜枉受吴公荐，白首重来意惘然。

尽把封章奏玉阶，一时绛灌自难开。经生汉代知多少，屈指谁为王佐才。

多情容易损年华，一哭梁王寿竟差。若把湘兰比君子，春风只发二分花。

事定方知硕画高，徙薪端不动弓刀。如何七子连兵日，不祀长沙一少牢。

一篇鹏赋断声闻，看破浮生水上云。只恐魂归还痛哭，千秋几个汉文君。

夏逢夔《贾太傅宅》：湘水悠悠流万古，荒凉汉傅空庭宇。渫井当年迹尚留，我心恻恻为谁语。繄昔周衰政不纲，祖龙灰劫昆明士。礼衰乐废诗书焚，天漏应须炼石补。乃公马上本倥偬，绛灌随陆皆侪伍。代邸纯资洛下才，成王践作姬公辅。如何谦让还未遑，官礼彬彬无复睹。阖辟乾坤架漏过，何自茫茫寻坠绪。太息流涕在千秋，岂惟痛哭筹吴楚。却怪髯公论不平，诡遇丘陵非所取。生能用文文用生，落拓长沙卑湿处。莫邪为钝铅刀铦，吊屈之文心独苦。我来扪石过荒祠，欲奠淑浆倾桂醑。旷怀千古发长歌，飒飒惊风来户牖。

黄景仁《屈贾祠》：雀窥虚幕草盈墀，日暮谁来吊古祠。楚国椒兰犹自化，汉庭绛灌更何知。千秋放逐同时命，一样牢愁有盛衰。天遣蛮荒发文藻，人间何处不相思。

汪彦博《长沙谒贾傅祠》：长沙九死吊三闾，谪宦栖迟此卜居。年少摧残鹏鸟赋，才高痛哭治安书。同朝将相疑难释，七国侯王计岂疏。漫道汉文恩意薄，朝衣东市更何如。

詹应甲《长沙吊贾谊宅》：太傅祠堂近市廛，丰碑犹自卧荒烟。苍生未免虚前席，青史何曾屈少年。旧将君臣逾骨肉，诸王宾客俨神仙。治安有策终无用，才笔还凭鹏赋传。

钱大昕《贾太傅宅》：石床柑树迹云徂，故宅犹传贾大夫。世已治安偏上策，贤如绛灌尚嫌儒。洛阳太守封章荐，宣室君王礼数殊。如此遭逢良不薄，未应问鹏寄揶揄。

李銮宣《贾太傅祠》：清风水面拂徐徐，太傅祠堂返照馀。文帝本为恭俭主，汉庭谁识治安书。生逢盛世才仍厄，天夺中年志未舒。我爇瓣香来下拜，也如君昔吊三闾。

周有声《屈贾祠》：江甸新秋雨易沉，古祠云幂昼阴阴。逋臣迁客原同感，野鹏江鱼共此心。合传不详宣室对，遗经如听汨罗吟。湖南万古兴嗟地，斑竹苍梧怨更深。

黄承吉《谒贾傅祠》：寂寞长沙渚，湘舲带晚风。荒祠一凭吊，落日上孤篷。此地偏飞鹏，其人合梦熊。酹君明发去，春草碧濛濛。

陆继辂《贾太傅祠》：斑斑清泪渍遗文，草草荒祠拜夕曛。聊以哀音酬正则，直留故事误刘蕡。蛮乡秋早萎芳杜，帝里天高隔暮云。犹胜后来狂阮籍，穷途一哭更谁闻。

李仕进《屈贾祠》：楚怀去国汉兴年，逐宦孤臣今古怜。只道椒兰偏惑主，岂知绛灌共谗贤。荒凉旧井寻秋草，幂历寒湘带晚烟。莫向遗（编）〔篇〕征往事，问天赋鹏并茫然。

陶必铨《过贾长沙故宅》：长沙太傅渺何处，湘江一带寒烟雾。柑林郁郁万人家，濯锦坊前秋一树。当年吴公称治平，洛阳年少蒙殊遇。云车风马起苍龙，茂才蒸蒸向皇路。宣室自结贤主知，绛灌何人逢彼怒。遂令痛哭不永年，黯黯湘云斜日暮。寂寞空庭千载馀，鹏鸟无复来前除。肝胆尽摅向天地，尚有治安一卷书。愿翦井中千尺水，秋风袅袅湘波起。

周燮祥《贾太傅祠》：治安三策挟风雷，宣室高谈气壮哉。英主岂终淹国士，谪居应欲老奇才。华年逝水天难问，斜日悲风马亦哀。愁对灵祠卑湿地，一泓寒井锁莓苔。

黄本骥《屈贾祠》：一祠风雨傍湘城，吊古犹传屈贾名。被放但容天可问，投书莫恨水无情。千秋史为同迁合，两代才因众忌成。芳草不随人共去，至今还向井边生。

贺熙龄《贾太傅祠》：迁谪南来意未平，犹馀祠宇镇孤城。苔深古砌秋无色，鸟宿寒林夜有声。宣室空劳问神鬼，才人何必到公卿。投书不尽江流恨，一读遗文一怆情。

具眼吴公果识贤，书生犹得汉君怜。万言涕泪忧天下，一代文章让少年。落日长沙初过雁，云分湘水只如烟。灵均不作先生死，兰芷何人荐几筵。

杨季鸾《贾太傅祠》：一篇鹏赋叹文章，濯锦坊前吊夕阳。闻道绛侯高冢上，于今秋草亦荒凉。

当时年少谪湘湖，千载论才尽感吁。等是西京人第一，偏教愁杀董江都。

凌玉垣《贾太傅故宅》：上书不策治安功，秋草寒林故宅空。万古长沙一迁客，当时汉室几吴公。薜萝夜冷荒山雨，野橘香沉废井风。寥落千秋犹怅望，风期谁复与君同。

谪宦天涯竟不回，江山文藻未全摧。秋风湘水古人去，落日空庭野鸟来。礼乐直将三代续，文章力为两京开。少年抑塞寻常事，谁惜天生命世才。

吴敏树《贾太傅祠》：沅湘自是骚人国，天遣先生吊屈来。汉氏已非名世运，长沙偏得洛阳才。荒祠尚许寻遗宅，旧井犹看渍古苔。迁客从来亦无限，过秦年少始堪哀。

黄忠故宅

府志云：蜀汉黄忠故宅，今为长沙卫署，其盔甲器械贮北门城楼上。明时巡按查验登报，后毁于兵。明统志云：长沙卫在府城内东北，洪武三十五年自城北移建于此。

按，府志云：卫署明初及靖难诸武臣屯田养兵之地，洪武五年指挥邱广创署于德润门内，三十五年指挥殷钰复创于新开门内，崇祯癸未毁于兵。国朝顺治初，因旧址建立。康熙二十七年裁卫署，遂废。余按，忠之故宅当在新开门内也。

邓粲故宅

《晋书·本传》云：粲，长沙人。唐张谓《长沙风土碑记》云：式邓粲之宅，可以厚儒风。

案，省通志云：引作“式蔡邓之宅”，非也。当从《全唐文》作“邓粲”为是。考，长沙人物无姓蔡者，况下句“表古初之坟”专指一人，其为邓粲无疑。

陶淡故宅

《晋书·隐逸传》云：陶淡，字处静，太尉侃之孙也。父夏，以无行被废。淡幼孤，好导养之术，好读《易》，善卜筮。于长沙临湘山中结庐居之，养一白鹿以自偶，亲故有候之者。辄移渡涧水，莫得近之。州举秀才，淡闻，遂转逃罗县埤山中，终身不返，莫知所终。《御览》引《晋中兴书》云：陶淡，字处静，太尉侃之孙，一身了然，无有同产。龆龀之时，雅好导养，谓仙道可祈年。至十五六，便服食，绝谷。不婚娶，居长沙临湘县。去家十里，立小草屋，才足容身。时还家设小床，常独坐不与人共。于野得白鹿子，驯而养之，至七八岁时，恒与之俱往，还后，遂乃不复还家。

案，长沙榔梨市有祠祀陶淡，并其侄陶烜，俱肉身，惟烜无考。《长沙府志》称为叔侄，不知何据。又《湘阴图志》云：《晋书》，淡结庐长沙临湘山中，州举秀才，转逃罗县埤山中，盖由隐居山转入白鹤山，今白鹤山下有淡故宅。余按此说非确，长沙见有临湘山，且庙祀肉身二千馀年，何得以隐居山。当之《晋书》所云临湘山即今榔梨市之临湘山也，所云埤山即今湘阴之白鹤山也。殆由长沙入罗县，未几得道，仍返故居耳。

孙淡寓居

《南齐书·本传》云：孙淡，太原人，居长沙，事母至孝。母疾，不眠食。豫章王领湘州辟骠骑行参军，建元二年，蠲租税，表门闾，卒于家。

欧阳頠故宅

《陈书·本传》云：字靖世，长沙临湘人，庐于麓山寺旁，专精习业，博通经史。

刘蜕故宅

《一统志》云：在长沙县城西北湘江边，唐进士刘蜕所居。

天策府

《通鉴注》云：王举《天下大定录》曰：希范建天策府于州城西北，造天策、光政等一十六楼。又造天策、勤政等五堂。《通鉴》云：楚王马希范作天策府，极栋宇之盛，户牖栏槛皆饰以金玉，涂壁用丹砂数十万斤。地衣春夏用角簟，秋冬用木棉，与子弟僚属游宴其间。《五代史补》云：殿之成也，用丹砂涂其壁，凡用数十万斤石。每僚吏谒见，将升殿，但觉丹砂之气，蔼然袭人，其费用也皆此类。初教令既下，主者以丹砂非卒致之物。相顾忧色。居无何，东境山崩，涌出丹砂，委积如丘陵，于是收而用之。

九龙殿

府志云：在德润门外。《通鉴》云：楚王马希范奢欲无厌，宫室园囿服用之物，务穷侈靡。作九龙殿，刻沉香为八龙，饰以金宝，长十馀丈，抱柱相向。希范居其中，自为一龙。其幞头脚长丈馀，以象龙角。《三楚新录》云：马希范大兴土功，建天策府，中构九龙殿，以沉香为八龙，各长百尺，抱柱相向，作趋捧势。而己坐其间，自谓一龙也。凌晨将坐，先使人焚香于龙腹中，烟气郁然而出，若口吐焉。《册府元龟》云：马希范车舆服玩，池馆第舍，颇事华靡。壁珰轩槛率以金银为饰，所造九龙殿，垂珠帘，绣幕帷帟，悬金香囊流苏，盘中花果，金枝玉叶，妓房歌室，朝夕兰薰。

侯元亮寓居

《清异录》云：侯元亮，马氏时湖湘宰，退居长沙，门常有客，宴会无虚日，人目为闹侯。《十国春秋》云：元亮仕武穆王，为湘潭县令。

易元吉故宅

《一统志》云：在长沙县西。《宣和画谱》云：易元吉，字庆之，长沙人。于长沙舍后开圃凿池，以乱石丛篁，梅菊葭苇，驯养水禽山兽，伺其动静，以资画意。故写动植，无出其右。尤善画獐猿，评者谓徐熙以后一人而已。《宋史》云：刘元瑜知潭州，补画工易元吉为画助教。

宋秦观《观易元吉獐猿图歌》：参天老木相樛枝，嵌空狂石衔青猗。两猿上下一旁挂，两猿熟视苍蛙疑。萧萧丛竹山风吹，海棠杜宇相因依。下有两獐从两儿，花餐草啮含春嬉。易老笔精湖海推，画意忘形形更奇。解衣一扫神扶持，他日自见犹嗟咨。金钱百万酒千鸱，荆南将军欣得之。老禅豪取囊为垂，白昼掩门初许窥。房栊炯炯明冬曦，榛藜革分毫厘。残编未终且归读，岁暮有闲重借披。

刘挚《易元吉画猿》：槲林秋叶青玉繁，枝间倒挂秋山猿。古面睢盱露瘦月，毻毛匀腻舒元云。老猿顾子稍留滞，小猿引臂劳攀援。坐疑跳踯避人去，仿佛悲啸生壁间。巴山楚峡几千里，寒岩数丈移秋轩。渺然独起林壑志，平生愿得与彼群。吾知画者古有说，神鬼为易犬马难。物之有象众所识，难以伪笔淆其真。传闻易生近已逝，此笔遂绝无几存。安得千金置遗纸，真伪常与识者论。

孙氏故宅

宋刘挚《孙成象墓表》云：公姓孙氏，世家长沙，祖匡替，为扬州广陵主簿，以清白著名。生旧居郡城南，轻财乐施，教子有方，里人以为长者。湖湘衣冠论，凡治家可法者，至今指城南孙氏。

谭章故宅

宋汪藻撰墓志云：谭章，字焕之，其先衡阳人。四世祖徙家洞庭，过长沙昭潭而爱之，因家焉。曾祖裕、祖映、父盛，三世居，乡称善人长者。章隐居昭潭六十馀年，弟升、子世勣，皆擢进士，显于时。

张浚寓居

《宋史·本传》云：浚，字德远，汉州绵竹人。《宋史·万俟卨传》云：张浚寓居长沙，卨妄劾浚卜宅逾制，至拟五凤楼。会吴秉信自长沙还，朝奏浚宅不过众人常产可办，浚乃得免。

国朝李文炤《怀张德远故宅》自注：今为城南书院：元臣矢庙算，力战绝和书。蜀道安磐石，平江返日车。亭台芳草合，池沼白蘋疏。弦诵留遗泽，承家仰硕儒。

吴铨寓居

宋张栻撰墓志云：乾道六年七月十八日，右承议郎浦城吴君卒于长沙之寓居。君讳铨，字伯承，居湘城盖几二十年。

宋张栻《挽过吴伯承留饮》：推门野路竹毵毵，落日天寒相对谈。可是主人风韵别，自斟白酒擘黄柑。

杨声伯寓居

见宋姜夔《白石道人集》。

宋姜夔《湘月词有序》：长溪杨声伯，典长沙楫棹，居濒湘江。窗间所见，如燕公、郭熙画图，卧起幽适。丙午七月既望，声伯约予与赵景鲁、景望、萧和父、裕父、时父、恭父大舟浮湘，放乎中流，山水寒咽，烟月交映，凄然其为秋也。坐客皆小冠练服，或弹琴，或浩歌，或自酌，或援笔搜句。予此曲，即《念奴娇》“鬲指”声也，于双调衷吹之。“鬲指”亦谓之过腔，见《晁无咎集》。凡能吹竹者，便能过腔也。

五湖旧约，问经年底事，长负清景？暝入西山，渐唤我，一叶夷犹乘兴。倦网都收，归禽时度，月上汀洲冷。中流容与，画桡不点清镜。　谁解唤起湘灵，烟鬟雾鬟，理哀弦鸿阵？玉麈谈元，叹坐客，多少风流名胜。暗柳萧萧，飞星冉冉，夜久知秋信。鲈鱼应好，旧家乐事谁省？

尹谷故宅

《宋史·本传》云：尹谷，字耕叟，潭州长沙人。登进士第，擢知衡州。需次于家，潭城受兵，帅臣李芾礼以为参谋，共画备御策。三月城不下，援兵不至。谷知城危，与妻子诀别已，乃积薪扃户，朝服望阙拜已，先取历官告身焚之，即纵火自焚。邻家救之，火炽不可前。但于烈焰中，遥见谷正冠端笏，危坐阖门，少长皆死焉。芾闻之，命酒酹谷曰：尹务实，男子也，先我就义矣。务实，谷号也。

赵淇寓居

府志云：在南门外王坛岭前。赵淇，字元德，号太初，宋刑部侍郎，居善化。宅有流觞池、潇湘一览亭、木犀海棠洞。宋理宗赐联云：“忠孝江南第一，英雄天下无双。”自署其门曰：“门下书生拜相，马前吏卒封侯。”入元，授湖南宣慰使，赐佩金虎符。大德十一年冬卒，葬宁乡原塘坎山。理宗褒之曰“忠孝第一”。不旋踵而佩虎符，其尚得为英雄乎，知人其难矣。元虞集撰神道碑云：赵氏世为临淄人，唐末抚州刺史霍，避地衡州，至宋族益盛，奉议郎士庠，始居衡山之崇岳乡。奉议生楚国公世勣，楚公生鲁国公棠。鲁国弟常，生端明殿大学士太师衡国忠肃公，方为鲁公后。忠肃生武安军节度使太师冀国忠靖公葵。公讳淇，字元德，忠靖公次子也。七岁以郊恩补承奉郎，举童子科。历官真龙图阁、广南东路发运使，加右文殿修撰、尚书刑部侍郎。又明年，自广州饷兵海上。我国家既取宋，以宋太后手书罢诸军之为宋守者，师至广州，公得书再拜，恸哭而还，是为至元十四年也。十五年行省承制，署公广东宣抚使，趣入觐，秋见世祖皇帝于开平。拜中奉大夫、湖南道宣慰使，佩金虎符，赐衣冠鞍马而遣之，比还居。七年，天子思其材，命召公。足疾不能造朝，明年遂致其事。居二十三年，大德十一年十一月辛未，卒于长沙里第，年六十九。至大元年十二月庚午，葬宁乡之原塘。翰林学士涿郡卢挚为之志。公尝飘然有神仙之思，作太初道院居，使方士烧水银、硫黄、朱砂、黄金等物为神丹，以资服食。斫琴度曲，为文辞图画以自乐，遂终身焉。文集二十卷，名之曰《太初纪梦》。

明潭王府

省志云：在府城正中，有门四。南曰端礼，北曰广智，东曰体仁，西曰遵义，殿曰承运。今其地建仓，土人名曰王城堤。《明史·地理志》云：洪武三年，建潭王府，二十三年除。永乐元年，谷王自宣府迁于此，十五年除。二十二年建襄王府，正统元年迁于襄阳。天顺元年，建吉王府。明统志云：吉府成化十四年分封，因潭府旧址改建，又长沙王府、谷城王府俱同城。府志云：

在府治城中，以紫金台为后户，以王府坪牌楼为前门，东西牌楼为左右翼，其府久废。今改建万寿宫，旁建粮仓，外为民居，其地尚名王城堤。国朝张晋本《调梅和尚传》云：调梅和尚者，总佛寺僧也。辛巳夏，余移寓大花园，长伏苦热。寺在紫荆园右，高而敞，受满城风。亭临四方塘，风掠波过，袭人毛发。遂与僧因缘，茗碗蒲龛，间理旧劫。前明藩基占省垣大半，内宅为今万寿宫。前之可指者为东西牌楼，王府坪后为大花园，俗呼麻园，误也。右侧为更衣亭，再右为王城堤。今总佛寺为梳妆楼，塘为万春池，府署侧为小花园。院署为四将军府老照壁，或其屏墙欤？北门之营盘街，盖其护卫之所居也。又《花园三老图说》云，省会大小麻园之名，其来旧矣。余订以为花园，考明藩邸制，五殿三宫，设山川社稷庙于城内。城垣周以四门，堂库等室在焉。总宫殿室屋八百间有奇，故省会几为藩府占其十七八。今遗迹之流传者，曰端履履当作礼街，曰王府坪，曰东西牌楼是也。又明初护卫少者三千，多者万九千馀，则今日之营盘街，殆兵役所栖止乎。大麻园置官仓后，盖在宫殿之间，此何所用麻园耶。旧《善化志》云，明人有《登东城望园林》诗曰："柳絮飞疑梁苑雪，花香啼尽楚台莺。林林净绿烟如织，片片裍红蝶故迎。"谓吉府园林也。《长沙县志》云：明吉藩堆石成山，名紫荆山。嵌空磊砢，石径逶迤。杨永斌《楚南纪事》云：雍正七年补授湖南布政使，初到长沙时，见会城凡事草率。余就明吉藩邸故址，创建行宫，以为朝拜之所。门阙间须石狮子一对，计购运费需数百金。姑缓之，偶掘地得狮二，拽而植之，狰狞巍垒。盖昔时宫阙故物，不特完好如新，而追琢工致，远胜时手。淹没若干年，而辐辏于此时，亦一奇也。

按，府志云，顺治十年癸巳，洪承畴经略湖广，驻兵长沙，下令毁明吉藩故宫墙。民争取之。其基址遂荡然无存矣。惟西牌楼尚存石柱二对，峙街中，居民以为墙址。柱剩半断，高丈许。其形方，每方横二尺。石柱傍有铁缸一，高约四尺，口径三尺，重三百馀斤，想亦宫内遗物。又储备仓后尚有无数乱石堆没墙腰，满径荒凉，无复玲珑之致也。

国朝蔡以偁《吉王宫怀古赋》：楚王台榭离离黍，黄昏月夜无人语。东风吹上紫金堤，胭脂血蘸桃花雨。茫茫百岁古潭州，物换星移今几秋。湘竹湘花已无主，萤苑荒寒团扇兜。钗堕井而无颜，镜沉水而已污。吹笙杨柳之道，湿雨芙蓉之坞。白杨燕子盼盼楼，红心宫草垒垒土。海忽变而禽化，日系绳而乌去。秦皇不报黄门更，汉武难听官街鼓。赵家飞燕，唐宫玉环。人空凤去，心共金寒。织锦曲已尽，图龙烛不然。一碎明珠抛十斛，剩留罗袜看百钱。三月三日湘江滨，细柳新蒲愁杀人。池底休铺锦，飞乌还街巾。锦襜褕，绣裆襦。消金帐，油壁车。不见君王面，空留绝世图。玉沟谁拾流红叶，延秋空蹓头白乌。朱华灭，翠辇歇。香冢伤心七十抔，凄凉草葬胭脂碣。

又《吉王宫词》调寄百字令：桃花零落，指吉王宫殿，斜阳残树。近了清明寒食节，过客愁听杜宇。玉碗金蚕，龙栖鸳瓦，芳草王孙去。茫茫一带，西风高下禾黍。 当年金策承家，银潢演牒，带砺归何处。犹剩城东香半壁，七十二抔黄土。裯福侯王，河山感慨，无故情如许。紫金堤上，幽灵夜夜潜语。

明文士昂《吉藩夜宴》：筵前乐奏动流霞，殿上珠明映绛纱。天子周京分宝玉，亲王南国宴皇华。龙珍香起麋裔美，琥珀光生鹊尾斜。感激帝臣无寸报，愿将乐善奏长沙。

国朝骆化麟《长沙故宫》：燕子何须问画梁，故宫瓦尽散鸳鸯。万春池上花俱没，三洞山头石自僵。永巷无人吹玉笛，短墙有鬼泣香囊。许多歌舞承恩宠，输与芃狐作戏场。

江有溶《过吉王故宫》：峥嵘南服此山川，茅土于今二百年。戎马销残凄故鬼，谷山回望剩荒田。粤中帝子悲华表，水底王孙泣杜鹃。吉王走粤，世子溺水。纵使劫灰烧欲尽，香花不散是宫烟。

陈之驱《吉王府遗址》：寂寞龙孙去，萧条鹤院空。掖庭存夹道，孤殿受斜风。草色伤春绿，残杨覆地红。遥遥北隅上，犹见数株枫。

张埴《过吉藩废址有感》：尧阶三尺禹卑宫，墙外车音听可通。何俟鞭长思远驭，却嫌袖短请增封。楼高势欲星辰摘，苑阔遥疑岛屿逢。一夕咸阳传炬火，可怜马鬣骨堆红。

杨瑞《春日登长沙城》：控吴襟粤旧称藩，十字街西碣尚存。金碗玉鱼销应尽，行人犹自说王孙。

王伟寓居

《沅湘耆旧集》云：伟世居长沙，有赐宅在城北，今长沙北门王公祠是也。

明商辂《赠王伟侍郎告归》：科甲登名自少年，历官宁说古人贤。赐归独荷先皇眷，宠召多蒙圣主怜。誓竭忠贞调鼎鼐，那堪疢疾卧林泉。江湖身在心廷阙，一骑还朝早着鞭。

刘大夏《送少司马王公养病归长沙》：十年踪迹寄林丘，重荷君恩未白头。司马入朝谁不羡，茂陵多病若为留。行经草色三湘路，梦到钟声五凤楼。衰朽正烦频爱护，老身犹是济川舟。

杨德远故宅

明郭金台撰志铭云：长沙故人杨九仲先，讳德远，先世籍燕之彭城，自三世祖某以方伯客长沙，因家焉。相传长衢坊额，有父子尚书兄弟方伯者，即其家谱也。自其父某好挥金，始鬻阿祖居，今长郡所置督学司，即其故址也。

按，此为旧督学司，明至万历己卯，湖南始分设学道。考府志按，旧在府学官之西建学道署，以明伦堂为考棚。康熙四十七年，以府署北迁，即旧府署为今督学署。今府学官大成门外尚有康熙初学道蒋永修造士铭碑石，横卧阶墀下，可为旧督学署之证。杨仲先之三世祖，名守约，官贵州布政。而守约之父，名志学，官尚书。其兄，名守谦，亦官尚书。其弟，名守鲁，官布政。三人均未流寓长沙，而《明统志》、《湖南通志》、《沅湘耆旧集》、《京师长郡馆志》皆列之，长沙究未免借材异地之诮也。

冯一第读书处

国朝余廷灿撰传云：蔡忠烈司理长沙，心契一第，注意宾筵。一夕，马踏夜城巡逻，遥望南郊灯火，知为一第读书处。时漏下三鼓，忠烈下令启鱼钥，走诗索和，其诗曰：“好月霜难下，高城独马看。遥怜山影外，人在剔灯寒。”其相慕重如此。

吴道行故宅

在城南古渡。道行，字见可，善化诸生。其季子愀有《故池悲诗》。

明吴愀《故池悲诗有引》：余世滨古渡门外，堤桥委婉通湘浦。树木苍古，翳如山谷。有池二区，一种鱼，一植莲。池旁构屋数椽。堂庑亭楼轩敞深邃，颇擅林壑之胜。先大人课予兄弟叔侄，读书其中，好友时来赋诗饮酒。麓山湘水遥相酬应，国中人莫不知为吴氏园池也。予友胡三尔恺卜居河上，造池乞莲以诗见贻曰：君门临清溪，平地飞香雪。江陵曹子国朴过访，赋诗亦曰：信步寻君路莫猜，人言门对藕花开。丧乱以来，国中父老犹有存者，经予里亦莫不指顾兴叹，是吴氏旧池园也。近者感念先业，小筑自憩。而荷池竟为一公卒所据。薄言往诉，逢彼之怒。予世外遗民，雅不欲以此细事烦上官，且自愧。嗟乎，今三及秋矣，例以恳芜新，则亦应还我故物，乃负隅如故。世无知己，谁与质成。忆先朝万历丁巳秋，先大人撤故居而新之，捡所覆瓦中有“至大元年谢公造”七字。按，至大属元武宗号。迨明神宗时，已三百二十有馀岁矣。丙丁之际，刘衡麓先生归休，过晤先大人。予兄弟侍，顾相笑曰：每过黄叔闇西墅多富贵气，不及君家山林本色，使人情移。嗟乎，先人敝庐，经营古渡历有年所，不幸遭劫，鞠为茂草，今且承平，门外半亩为之后者，弱不克势，扪心浩叹。岂独吾爱吾庐，清秋月晓，幽泪盈襟。漫赋此诗，无聊排闷尔。时癸卯七夕。

吾家古渡头，因地成清筑。亭楼次第安，林塘相倚伏。有池种菡萏，四面香风扑。葭菼郁成林，菱芡森满目。清飙一来过，波纹荡绮縠。好鸟时过从，流连每信宿。野外无供给，岳翠与湘缘。乐天池上亭，杜老瀼西屋。鱼鸟共歌舞，草木同幽嘱。年来兵火仍，到处榛莽簇。惊心桑田海，骇目神州陆。攘夺固其所，凶暴谁敢触。今者渐承平，纲纪亦已肃。公然肆陵暴，何以安井牧。主人前致辞，彼狡肆诋诱。曰世经乱离，故物谁克复。骄横方势力，欲语但局促。忽逢故老来，相见额频蹙。君世家此中，谁敢肆子毒。虎狐欲谁凭，雀鼠不足速。再拜谢丈人，谁能平此狱。不见沧桑来，阅世几陵谷。立野重叹息，质成非所欲。归来独掩门，长歌聊当哭。

湘城访古录卷十五

园亭类

蓼园

任昉《述异记》云：长沙定王故宫有蓼园，真定王故园也。

案，《述异记》所云真字有疑，为真伪之真，与真定王之真者，皆非也。考《天中记》引作长沙定王故宫有蓼园，云定王故园也。盖陈耀文素称博洽，其所征引，必依据古本，且云字与真字，辞意较圆，后人辨驳可冰释矣。此据稗海刊本《述异记》，而汉魏丛书刊本，则并上行“芙蓉园”在“洛阳汉家置”之一条下，即接长沙定王故宫云云，误混为一行。近人撰《定王台志》遂望文生义，以汉家置之长沙为句，谓长沙亦有芙蓉园，荒谬殊甚。

国朝周锡渭《湘中怀古》：楚水湘山望不穷，几回惆怅与君同。如何一片新秋色，又向苍茫落照中。贾傅祠堂苔甃雨，定王台殿蓼园风。悲来不独缘陈迹，我辈行踪半雪鸿。

会春园

宋张栻题开福寺云：长沙开福兰若，故为马氏避暑之地，所谓会春园者。《五代史》云：天福四年，马希范作会春园嘉宴堂，其费巨万。宋陶岳《荆湘近事》云：马氏作会春园开宴，徐东野作诗，有数联为当时所称。云：“珠玑影冷偏粘草，兰麝香浓却损花。山色晓堆螺黛雨，草梢春夏麝香风。衰兰寂寞含愁绿，小杏妖娆弄色红。旁搜水脉湘心满，静谒泉根楚底通。深浦送回芳草日，急滩牵断绿杨风。藕梢逆入银塘里，蘋迹潜来玉井中。败菊篱疏卧野渡，落梅村冷对江枫。翦开静涧分苗稼，划破莲漪下钓筒。”

国朝孙绳武《春暮寻会春园饮花下作》：落花三月春风煦，游丝袅空千尺悬。流莺欲语语不圆，满堤芳草青芊绵。此时不饮心茫然，径须沽酒酒垆边。会春园中□□□，愁红乱绿交翩翩。桃花颜色亦可怜，回头一笑生清妍。劝君百斛酒如泉，且复暇日相周旋。古人不作今千年，曲池台榭冷荒烟。幽苔细藓埋珠钿，清商激徵悲管弦。春山无人啼杜鹃，桑叶渐老蚕欲眠。人生扰扰苦世缘，何不及此开芳筵。沉醉便卧桃花前，长歌白眼望青天。

黄景仁《过马氏宫址》：此地当年歌舞盈，沉沉别殿宴三更。一时粉黛齐回首，东野新填乐府成。

俄令野屋化千门，匹手居然帝业尊。开遍夭桃又秾李，东风忙煞会春园。

才从官树听啼乌，旋见荒台叫鹧鸪。不用官家亲饮马，一鞭已塞洞庭湖。

长驱红粉出荆关，旧日承恩数阿蛮。老大飘零人不识，月明低唱望家山。

周有声《会春园》：马家父子相承日，草创难将割据论。一等荒寒野人屋，不知曾是会春园。

熊少牧《会春园瓦砚歌》：湘春门外古兰若，荒阶僧卖前朝瓦。土花斑驳字半存，沧桑霸局南唐马。武穆当年割据雄，起家裨将奏肤功。兵精地险守藩服，封建异姓旌王忠。钱茶管算裕财用，嗣主文昭日骄纵。九龙衔衔雉尾开，侍臣齐上升平颂。离宫别筑会春园，流觞避暑驻銮轩。碧浪湖边花柳艳，紫薇山下管弦喧。御宴芬芳荐橘柚，宫娥脂泽焚兰荪。猎罢云梦日未午，学士传宣天策府。徐廖登瀛拟杜房，气夺秦王较英武。再传同气坐疑猜，朗州纵斧荆花摧。五十六年如反掌，至今殿址秋蛩哀。摩挲片瓦裁方砚，坚润坐令龙尾贱。案头铜雀汉遗珍，他年好事为合传。

蔡以偁《会春园五代马希范故宫词》调寄帝台春：北门路，会春园，空尘雾。金谷重来，春色可怜，野花无主。扑蝶打球人不见，但斜阳、钟磬禅扉暮。问如今，猴弟羊兄，断碑何处。　壮瑶服，标铜柱。陂池荡，荒狐兔。一望凄迷，冷烟寒食。僧塔风摇铃语，轳转繁华鸳井，月不照、当年细腰舞。燕子尚来栖，蝶化饥魂去。

文昭园

府志云：在小西门外，马殷建。《一统志》云：府城西南有文昭园，马殷建，今废。

宋何承矩《文昭园闻提壶有感诗》：马家公子好楼台，凿破青山碧沼开。啼鸟不知人事变，数声犹傍水边来。

葵园

府志云：在府治北，马氏立，有石刻“葵园”二字。

明月圃

《渔隐丛话》云：《西清诗话》曰，五代马殷据潭州时，建明月圃，命幕客徐仲雅赋诗云：“凿开青帝春风圃，移下姮娥夜月楼。”

梅园

《一统志》云：在长沙县东十五里。

按，张栻《南轩集》有《题王长沙梅园》与《王长沙约饮县圃梅花下》二诗，则梅园确在县圃中，统志所云误也。王长沙，疑即朱子所撰墓志之王师愈。志云：师愈，婺州人，知长沙县。一日幕府下文书，有不便于民者。师愈以利害争之不得，将引去。时张栻在郡，疑之曰：行而无资，奈何。师愈曰：某之来此，已先办归装矣。栻面叹加敬，事亦竟寝。

宋张栻《王长沙梅园分韵得林字》：令君五亩园，不问蓬蒿深。江梅忽秀发，邂逅成赏音。一笑领诸客，扫地坐墙阴。清芳到酒面，落蕊飘衣襟。月出未忍去，起舞独微吟。人自赏晤耳，问花亦何心。花虽有开落，意则无古今。须君戒勿折，佳实看成林。

又《王长沙约饮县圃梅花下分韵得梅字》：平生佳绝处，心事付江梅。县圃经年见，芳尊薄暮开。朗吟空激烈，烧烛且徘徊。未逐征书去，穷冬尚一来。

梅坞

见宋张栻《南轩集》。

宋张栻《旧闻长沙城东梅坞甚盛，近岁亦买园其间，念欲一往未果也。癸巳仲冬二十有八日始与客游，过东屯渡十馀里间，玉雪弥望，平时所未见，归而为诗以纪之》：半生客荆楚，历览非一隅。宁知城东路，有此梅万株。瘦马路晓寒，清风起菇蒲。渡溪上平坂，顿觉景物殊。霏雪下晴昼，香雾迷前驱。近坡与远岭，玉立同一区。老树固瑰特，小枝亦敷腴。有如众君子，汇聚德不孤。精粗无可拣，酥酪与醍醐。千株未觉多，此言信不诬。班荆或小憩，沾酒时一壶。赏胜谅难尽，昭质知不渝。我有十亩园，丘壑正盘纡。念此缟袂侣，岁晚足我娱。来游自今始，琴书与之俱。回首桃李场，冷淡莫揶揄。

又《次韵周畏知问讯城东梅坞七首》：城东幽事如许，一见定胜百闻。苦雨斜风无奈，断桥流水馀芬。 谁知牛铎黄钟，寡和阳春白雪。如君句法饱参，妙处不关言说。 春意新回庭树，角声莫起江城。更着水仙为伴，真成难弟难兄。 可是看花不厌，城南更欲城东。多谢诸君着语，莫教孤负春风。 堤上已垂新柳，屋边尚有残梅。雪尽春生湖水，野航竟日悠哉。 人情自尔变迁，此道不渝燥湿。未妨静处闲观，要知二五即十。 短筇遍历溪山，欵段时讳邻里。遇酒聊一中之，得句亦偶然耳。

丛桂园

府志云：明谷城王建。

明庄天合《偕郡大夫饮丛桂园》：偶从冠盖后，长啸狎名园。五马如龙过，三春负日暄。酒香花自媚，歌细鸟无言。醉眼双横白，都忘郡牧尊。

赏心无限好，最是草元亭。处处堪浮白，行行更踏青。竹垂风自袅，柳暗日初暝。竟夕兰膏续，清谈入窈冥。

榕树园

府志云：明庄太史建，今废。明李腾芳撰《庄如岱墓表》云：有园城东，备亭沼之胜，箨巾布袍，来往于柳烟竹露、红叶碧带之中，望之若仙也。明叶灿撰《庄学士传》云：于室左辟园林，自额其堂曰“小隐”。联曰：“地偏不信容冠盖，俗俭真堪顿腐儒。”明洪云蒸《书庄学士遗事》云：相传先生住新开门内，有楼高三层，奉屡锡思纶其上。

案，墓表云，则园之创建实自如岱始。如岱者，庄太史天合之父也。

明庄天合《园中杂咏十六首》：自笑从前癖，终年苦闭关。不知精舍迩，只讶夙缘悭。问竹寻幽径，披林见远山。偶然心境会，相对日忘还。

暂因逃暑至，习惯却重来。风涤烦襟爽，云移望眼开。无奇谁问字，有兴或衔杯。随意秋原上，悠悠步履回。

敧枕横清簟，时从午梦惊。野泉穿石溜，空响落松声。转觉山中静，浑忘世上名。起来披宝偈，且欲学无生。

书阴当午合，老树任婆娑。风入琴尊悄，凉侵薜荔多。狂来歌白纻，醉里把青荷。更踏嫦娥影，留欢待月歌。

空塘明素练，隔浦泻寒流。花是凌波出，鱼因戏藻浮。烟轻时带雨，月浩回临秋。最爱王摩诘，翩翩辋口游。

兰亭如在眼，攀磴一相过。拔地临丹壑，凭虚到绿波。觞随流水曲，竹倚茂林多。莫道山险巇，争传晋永和。

水树披襟处，中流日夜清。客来杯里渡，鱼乐镜中行。桥影支灵鹊，波光荡石鲸。一尊聊复尔，不必问蓬瀛。

瑟瑟风千里，盈盈水一湾。自天移碧汉，拥地入青山。蜃气岑楼外，蝉声古树间。何如彭泽令，醉卧北窗闲。

白日移轻棹，沿溪引兴长。岸花明锦缆，林雀下牙樯。浦逼蒹葭乱，洲回橘柚香。自谙渔父意，鼓枻咏沧浪。

颇忆烟波叟，真思与世违。不须元灞去，已似鉴湖归。返照临高阁，空山隐翠微。白衣相送罢，乘月下渔矶。

水穷仍有地，谷邃更成原。结束空斋小，皈依大士尊。野阴低竹槛，岚气湿松门。似得登山路，潮音回欲翻。

昔闻南海岸，今日礼山阿。想像青童引，依稀白雀过。花间馀净土，洲际见恒河。坐觉尘嚣远，须臾到普陀。

环水盘飞阁，丹梯倚凤楼。窗间云气湿，阑外飒风秋。岳麓低西岭，湘江影北流。何时仙子下，愿托赤松游。

木天经岁隔，聊此陟崔巍。已觉凌三岛，谁能赋七哀。芙蓉千顷抱，堞雉万家回。赏胜看如此，明朝好更来。

湖海容高卧，乘秋望不穷。天连飞鸟碧，霞散远山红。荡漾浮瀛海，虚无到祝融。楚台如可接，直欲啸雄风。

高栋方移午，城阴半覆墙。不知云漠漠，更觉树苍苍。斗逼银河下，秋空玉宇凉。倩谁携美酒，邀月据胡床。

寄思园

在善化县治后，唐源有记。《一统志》云：唐源，钱塘人，万历中知善化县事，六年考满，以劳卒。

明唐源《寄思园记》：万历庚戌岁，余辜长安看花之愿，谒选得善化之邑，绾符视事。偶修颓垣，见隙地半亩，荆刺丛生。问之役夫，曰："此县中馀地也。"余思荒芜坑堑，非宅旁所宜，命工锄去草莱，浚为方沼。取其土筑高，平地五尺，取杂卉植之，中构竹亭，遂成佳境，名其园曰"寄思"。

寄思者，何寄余思也？园有竹，池有莲，可以寄蓼莪之思。有葵，可以寄向日之思。有桃有李，可以寄公门树人之思。有梅有柳，可以寄向白杼丹之思。锦鳞游泳，百鹤翩翩，可以寄鸢飞鱼跃之思。其他杂卉奇葩，种种悦目，可以寄步武河阳之思。至春日舒迟，夭夭吐艳，则畅焉有万物同和之思。夏日可畏，清风徐来，则穆焉有扬仁慰庶之思。严霜着地，草木凄清，油然寓慈惠于刑法之思。冬日煦燠，孤标独秀，时或琼瑶缀树，则温焉皎焉有令人爱、令己洁之思。余焉知此园非余益友，又焉知游观之非余箴鉴也。

昔嵇生愁对簿书，不能遂散发披襟之兴。余得片时之适，即可谢片时簿书之劳，且情志怡和，则精神益旺。其裨益余政事之所思者，又此园之所助也。

他日释此而去，眷我群黎，皆此园所以寄余思也。或曰“甘棠憩茇，相戒勿翦。”焉知此园之非甘棠所以系召伯之思者，不在兹乎？则余兢兢滋愧矣。

东圃

明李腾芳撰《长沙王墓志》云：王，讳翊铤，别号禹山，封曰长沙郡王。盖吉端王之子，宣王之弟，而庄王兄也。己未之春三月，予小草出山，谒王于其邸之东圃。有屋数楹，牙签数万。其后方池一区，长三其方缭以周垣，夹以棕栝。风起木鸣，水动鱼跃。其前则树以紫英，绿茎丹华，碧叶婵媛阿那，极幽胜之致。

按，方池一区，疑即万春池，今俗称大四方塘是也。

湘水亭

省志云：在长沙县西，唐魏万成所居。

唐刘长卿《魏万成湘水亭》：何年家住此江滨，几度门前北渚春。白发乱生相顾老，黄莺自语岂知人。

又《题魏万成江亭》：萧条方岁晏，牢落对空洲。才出时人右，家贫湘水头。苍山隐暮雪，白鸟没寒流。不是莲花府，冥冥不可求。

楚秀亭

省志云：在长沙县西，唐裴休建。《长沙县志》云：一名裴公台。

按，张栻有《野步城南晚饮裴台诗》。又王以宁《裴公亭词》云："人在子亭高处，下望长沙城郭，猎猎酒帘风。"范成大《楚秀亭诗》有"且登裴公台"句。据此则为亭，与台称名不一。细绎各诗语意，其在长沙断无遗议。至元以后，故址无存。益阳白鹿寺之裴公亭，建自明季，盖亦裴公旧游之地也。明郭都贤《游白鹿寺裴亭诗序》云：裴亭建自甲子，载酒赋诗无虚日，迨后予以庚辰出山，旋以甲辰入山，风景不殊，举目有新亭之泪矣。

宋张栻《二月十日野步城南晚与吴伯承诸友饮裴台分韵得江字》：春日烟沙岸，禅房风竹窗。有时倾绿酒，随处见清江。世路纷多辙，吾生老此邦。千林看不尽，白鸟去双双。

又《二月二十五日登裴台坐上口占》：朝来风雨好，抱病亦登临。故国江山在，荒城花柳深。忧时空百虑，望远只微吟。春事如樱笋，幽明可重寻。

又《上巳日晚登裴台自仲春凡三登》：前日看花地，重来对落晖。雨馀山着色，沙没水初肥。寒食家家出，残红树树飞。还同二三子，及此咏而归。

范成大《舟泊楚秀亭》：雨从湘西来，波动南楚门。不知春涨高，但怪江水浑。舟行风打头，陆行泥没鞍。且登裴公台，半日心眼宽。

王以宁《裴公亭怀古》调寄水调歌头：岁岁橘洲上，老叶舞愁红。西山光翠依旧，影落酒杯中。人在子亭高处，下望长沙城郭，猎猎酒帘风。远水湛寒碧，独酌绿蓑翁。　怀往事，追昨梦，转头空。孙郎前日豪健，颐指五都雄。起拥奇才剑客，十万银戈赤帻，歌吹壮军容。何似裴相国，谈道老圭峰。

流杯亭

《一统志》云：在府城内，五代马氏修禊之所，下有池。

按，据此则池与亭同在一处，而于流杯池下。又云在城北五里，何所说大相径庭？以意揣之，盖会春园本为别墅，其池与亭当在园之左。近城北五里之说，似较确也。

金波亭

《九国志》云：周显德三年，世宗征江南，诏王逵为南面行营都统，以所部兵逼鄂州，攻其长山寨而还。复领众逼宜春，道出长沙，耀兵金波亭，有蜜蜂集伞盖中，占者以为不利，遂留长沙。

春晖亭

一统志云：在长沙县北。

宋苏轼《寄一本无寄字题潭州徐氏春晖亭》：曈曈晓日上三竿，客向东风竞倚栏。穿竹鸟声惊步武，入檐花影落杯盘。勿嫌步月临元圃，冷笑乘槎向海滩。胜概直应吟不尽，凭君寄与画图看。

卷云亭

在城南书院。见张栻《南轩集》。

宋张栻《卷云亭》：云生山气佳，云卷山色静。隐几亦何心，此意相与永。

又《长沙历冬无雪，正月十日与客登卷云亭望西山始见一白，莫夜复大作，竹声萧然，是日坐上分韵得云字》：冬温气苦鳌，元冥未书勋。薄雪殿馀腊，一夜收楚氛。欢欣想农圃，润泽到蒿芹。我亦破晓出，唤客来卷云。苍苍西山树，栖此万鹤群。爽气入病眼，幽怀惬前闻。意到自举酒，语多只论文。薄暮势未已，飞花复缤纷。还将萧瑟声，一一付竹君。洗盏且更酌，清绝未酣醺。

朱子《卷云亭》：西山云气深，徙倚一舒啸。浩荡忽搴开，为君展遐眺。

国朝凌玉垣《卷云亭》：联袂展良觌，探幽陟崇冈。春风浩荡来，山花各已芳。危亭翼烟岑，四顾青茫茫。远色揽城郭，遥情接清湘。一啸乱峰遥，载驱群木当。暇豫未可淹，微贱马诮狂。行歌互相劝，倾榼须尽觞。不见山中云，风吹作雨茫。

风雩亭

明统志云：在岳麓书院南，宋刘珙作亭其上，以为门人游息之所。张栻作序。张南轩《与朱元晦书》云：岳麓书院相对岸，山颇有形势，屡为有力者睥睨作阴宅。昨披棘往看，四山环绕，大江横前，景趣在道乡、碧虚之间，方建亭其上，以“风雩”名之，安得杖履来共登临也。

宋张栻《风雩亭词》：岳麓书院之南有层丘焉，于登览为旷。建安刘公命作亭其上，以为青衿游息之地。广汉张某名以“风雩”，又系以词。

眷麓山之回陕，有弦诵之一宫。郁青林兮对起，背绝壁之穹窿。独樵牧之往来，委榛莽其蒙茸。试芟夷而却视，翕众景之来宗。擢连娟之修竹，森偃蹇之乔松。山靡靡以旁围，谷窈窈而前通。翩两翼兮前张，拥千麾兮后从。带湘江之浮渌，矗远岫兮横空。

何地灵之久閟，昉经始乎今公。恍栋宇之宏开，列栏楯之周重。抚胜概以独出，信兹山之有逢。予揆名而诹义，爰远取于舞雩之风。昔洙泗之诸子，侍函丈以从容。因圣师之有问，各跽陈其所衷。独点也之操志，与二三子兮不同。方舍瑟而铿然，谅其乐之素充。昧所陈之纡馀，夫何有于事功。盖不忘而不助，示何始而何终。于鸢飞而鱼跃，实天理之中庸。觉唐虞之遗烈，俨洋洋乎日中。惟夫子之所与，岂虚言之是崇。嗟学子兮念此，溯千载以希踪。希踪兮奈何，盍务勉乎敬恭。审操舍兮斯须，凛戒惧兮冥濛。防物变之外诱，遏气习之内讧。浸私意之脱落，自本心之昭融。斯昔人之妙旨，可实得于予躬。循点也之所造，极颜氏之深工。登斯亭而有感，期用力于无穷。

溪亭

宋陈仲思建，张栻南轩有诗。

宋张栻《陪舍人兄过陈仲思溪亭，深有买山卜邻之意，舍人兄预以颛壑见名，因成古诗赠仲思》：筑居湘水滨，岁月亦已久。宁知贞郭东，胜处入君手。回环烟坞深，有此溪十亩。朝暾穿林薄，荷气熏户牖。堂堂吾州牧，下马唤宾友。主人故喜事，一笑具殽蔌。汲泉泛崇莲，洗盏倾樽酒。淋漓壁间书，自可传不朽。我独留薄暮，并溪时矫首。人言君不偶，此岂落人后。观君眉宇间，似亦挟所有。隔溪更幽绝，古木荫高阜。却立望遥岑，四序列钟卣。买山吾计决，便欲翦榛莠。居然颛一壑，岂羡印如斗。未知邻家翁，还肯见容否。

又《人日游城东，晚饮陈仲思茅亭分韵得香字》：绝怜梅事晚，与客到林塘。瓦碗村醪酽，杯羹野菜香。旧游看壁字，新岁尚他乡。一笑俱真率，悠然意未央。

楚翠亭

省志云：楚秀亭在府城内，宋黄钧取唐韦迢诗“楚岫千峰翠”，建于转运使治东。

按，省志作楚秀亭，误也。张南轩诗序云，匾以“楚翠”，盖取杜陵所谓“楚岫千峰翠”者。然此句本章迢作，亦非杜陵诗也。

宋张栻《广汉黄仲秉即转运使所治之东作亭，匾以楚翠，盖取杜陵所谓楚岫千峰翠者，属客赋诗》：维衡屹南方，作镇自开辟。蟠根结地厚，面势倚空碧。陂池数州境，高下相接迹。麓山乃其趾，神秀固未极。定王十里城，处处见山色。知谁长在眼，嗟此尘中客。观风君独暇，延纳到几席。得句恍忘言，寄兴渺今昔。自君之东来，民瘼极深索。仁言彻九关，宁惧虎豹厄。诹询遍南亩，民肥吾则瘠。筑亭一舒啸，逮此百忧隙。看山倘不愧，隐几亦聊适。寄语后来者，此意当无斁。

祓禊亭

宋张栻《题开福寺》云：寺之西祓禊亭，下临湖光，举目平远，自为此邦登览胜处。

濯清亭

在岳麓山。见宋张栻《南轩集》。

按，明吴道行《岳麓山水记》作濯清池，考朱子和张敬夫《城南二十咏诗》石刻及南轩集，本池皆作亭，当不误也。

宋张栻《濯清亭》：芙蓉岂不好，濯濯清涟漪。采采不盈把，怊怅暮忘饥。

朱子《濯清亭》：涉江采芙蓉，十反心无斁。不遇无极翁，深衷竟谁识。

翠微亭

《一统志》云：在善化县西天马山，宋乾道间建，朱子题额。《岳麓志》云：在江边天马山上，帆樯城郭，一目千里，景色最旷。朱晦庵题额，旧址久废。康熙丁卯，巡抚丁思孔重建。

国朝赵宁《翠微亭》：抱膝望湘江，江云自舒卷。愿将云作衣，湘君为予翦。

秦文超《翠微亭》：一雨千峰瘦，遥看秋色分。中流飘落叶，孤屿没浮云。空忆琴樽侣，徒伤麋鹿群。徘徊遗址上，林杪已斜曛。

王公亭

《画墁集》云：发潭州，循西岸，牵行舣舟王公亭。又云：王公亭，湖民为王宰少卿所立。

按，《折狱龟鉴》云：王罕大卿知潭州。《宋史》云：罕知潭州，郡人传为神明。此云王宰者，疑即王罕之讹也。

湘江亭

《一统志》云：在长沙县西湘江滨，一名望湘亭。

按，张栻有题唐兴寺湘江亭诗，自注引郑都官尝题诗云："湘水似伊人，湘人非故人。"考唐兴寺本在湘潭。《一统志》云：亭在长沙者误矣。然《鹤林玉露》载，真西山帅长沙，宴十二邑宰于湘江亭，作诗曰："从来官吏与斯民，本是同胞一体亲。既以脂膏供尔禄，须知痛痒切吾身。此邦素号唐风古，我辈当如汉吏循。今日湘亭一杯酒，便烦散作十分春。"据此，又似在长沙境，岂两地各有一湘江亭耶？

仙巢吹香亭

《词海遗珠》云：宋理宗书“仙巢吹香亭”五字。有诗云：“放鹤去寻三岛客，任人来看四时花。”亭为仙巢钟尚书闲居之地，今碑在岳麓山苍筤谷。

按，“放鹤、任人”一联系杜荀鹤《题衡阳隐士山居》诗，非宋理宗作，殆爱此联诗以书赠仙巢耳。仙巢不知其名，宋史无传。考乐雷发《题许介之誉文堂诗序》云：端平丙申，桂林伯尚书钟公以遗逸荐东溪先生许侯于朝。又有《送桂帅钟尚书赴召题钟尚书北往诗稿二首》，其出处约略可见，而名终隐晦，考索其难也。

宋乐雷发《寄仙巢先生钟尚书》：吹香亭上送飞鸿，且把行藏寄蜀桐。老境只须留远志，世途还要避沙虫。公于天地初何憾，道在丘园固未穷。曾是辕门投卷客，应怜听雪卧萨蒡。

极高明亭

《续岳麓志》云：在禹碑下一岭。

国朝李文炤《极高明亭》：振衣上峰巅，下视人寰小。列宿低茫角，白云相缥缈。

赵宁《极高明亭》：亭高抗青冥，坐见千里外。山气杂江烟，纷霏落衣带。

道中庸亭

《续岳麓志》云：在极高明亭下，二亭皆朱子题额，旧址久废。康熙中，巡抚周召南、丁思孔先后重建，寻毁。道光初复，仍各泐朱子题额竖于亭。

国朝赵宁《道中庸亭》：半岭憩孤亭，长松倚危石。春云澹碧空，去来总无迹。

三友亭

元欧阳玄撰《段士龙墓碑》云：公字云亨，其先庐陵人。父真逸处士，始迁长沙城中。公于城东作三友亭，常领客觞咏。

北海碑亭

《续岳麓志》云：在半学斋后，明成化己丑，长沙太守钱澍建。舍人钱木纪颠末，书石嵌壁。

三芝亭

府志云：在旧府治今督学署后，明嘉靖辛卯，园桑产芝三本，癸巳复产芝一本，知府潘镒建亭。

后乐亭

府志云：在旧府治后，明长沙知府吴道行建。

禹碑亭

《岳麓志》云：在山左绝顶，明嘉靖三十年郡守张西铭创建。崇祯三年，兵道石维岳重修，后尽毁圮。国朝康熙二十六年，布政使黄震性建复。

明石公允《登禹碑亭憩望》：为觅神碑夏后铭，丹梯陡绝屡回经。危峰拔地雄南楚，远水蟠天漾北溟。渺尔尘寰犹列俎，飘然身世此孤亭。九州何处罡风吐，环佩空疑拱万灵。

简徐芳《过岳麓登禹碑亭绝顶，同杨仲宣、郭幼隗、吴去慵、冯棍公、周圣生》：拂衣穿翠磴，磅礴出云霄。不毁千春石，更呼几代樵。字摩苍藓驳，亭望古城摇。渔渡烟波上，先畴未觉遥。

汲泉亭

《岳麓志》云：在拟兰亭北，古井一泓，可鉴须发，内有明顾璘诗刻。

国朝赵宁《汲泉亭》：涓涓闻细流，苍苔积古井。照见井边人，亭空一寒影。

拟兰亭

《岳麓志》云：在圣殿右，引水为流觞曲水，有明季宁乡陶汝鼐诗刻。

国朝赵宁《拟兰亭》：家住镜湖滨，兰亭日来往。此中正依然，曲水流清响。

李文炤《拟兰亭》：莫学宴安客，流觞作儿戏。敛襟危坐馀，岳色闲相对。

戴氏堂

《一统志》云：在府治东东池上，唐戴简筑。

唐柳宗元《潭州东池戴氏堂记》：弘农公刺潭三年，因东泉为池。环之九里，丘陵林麓距其涯，坻岛洲渚交其中。其岸之突而出者，水萦之若玦焉。池之胜于是为最。公曰："是非离世乐道者，不宜有此。"卒授宾客之选者谯国戴氏曰简，为堂而居之。堂成而胜益奇，望之若连舻縻舰，与波上下，就之颠倒万物，辽廓眇忽。树之松柏杉槠，被之菱芡芙蕖，郁然而阴，粲然而荣。凡观望浮游之美，专于戴氏矣。

戴氏（党）〔尝〕以文行，累为连率所宾礼。贡之泽宫，而志不愿仕。与人交，取其退让。受诸侯之宠，不以自大，其离世欤？好孔氏书，旁及庄文，莫不总统，以至虚为极。得受益之道，其乐道欤？贤者之举也必以类。当弘农公之选而专兹地之胜，岂易而得哉！虽胜得人焉，而居之则山若增而高，水若辟而广，堂不待饰而已奂矣。戴氏以泉池为宅居，以云物为朋徒，据幽发粹，日与之娱，则行宜益高，文宜益峻，道宜益懋，交相赞者也。既硕其内，又扬于时，吾惧其离世之志不果矣。

君子谓弘农公刺潭，得其政；为东池，得其胜；授之，得其人。岂非动而时中者欤?于戴氏堂也，见公之德，不可以不记。

裴氏书堂

《一统志》云：唐裴休镇长沙，尝读书金牛冈，今有裴氏书堂。

四绝堂

《草堂诗笺》云：袁皓侍御《道林记》曰，长沙四宝在道林，沈传师、裴休笔札，宋之问、杜甫篇章。《方舆胜览》云：道林寺有四绝堂，保大中马氏建，谓沈传师、裴休笔札，宋之问、杜甫篇章。治平间蒋颖叔作记曰：彼以杜诗、沈书为绝，吾无敢言，若夫遗欧阳询而取裴休，置韩愈而取宋之问，则未然。乃为诠次，沈书一也，欧书二也，杜诗三也，韩诗四也，此之谓四绝。《一统志》云：在岳麓山下道林寺中，唐乾符中建，袁皓作记，盖指沈传师、裴休笔札，宋之问、杜甫篇章。宋治平中，蒋之奇谓沈、杜固无闲言，裴本学欧阳询书，寺幸有询四大字，当为一绝。又不应近舍韩愈诗，远及之问，乃更为诠次，去裴、宋，增欧、韩。其后周必大又合古今同异之论，衍四为六，作六绝堂。

宋释惠洪《四绝堂分题诗序》：宣和三年秋七月，青社张廓然罢长沙之教官。十五日渡湘，将北归，馆于道林寺，携家遍游湘山胜处，如人经故乡，恋恋不忍去；门弟子相守不舍，又如痴儿之嗜蜜。日追随于晴岚夕晖之间，笑语于千崖万壑之上。二十二日，会于四绝堂者十人，而余适至。廓然顾嗟叹息曰："爱山，吾天性。所以迟留未发者，眷此邦之多奇士也。不然吾何适而不可乎?"余曰："东坡尝曰'故山去千里，佳处辄迟留。'此语殆为公今日之游说也。"于是分其字以为韵，赋诗纪其事。未及点笔，会余有急客至，驰归。廓然与诸公登清富堂，汲峰顶之泉，试壑源茶，下鹿苑寺，散坐于青林之下。久之，并岸而北，遂经槲林坞至南台，暮夜矣。呼灯小酌，剧谈赋诗，诗成而情不尽，饮少而欢有余。是夕，风高月黑，万树秋声，廓然长揖，飘然而归道林。余使人秉炬追送之。明日，诸公皆以诗来。廓然曰："湘西盖冠世绝境，而吾客皆韵人胜士。兹游也，无愧山阴治城，予宜序以冠群诗之首。"余曰唯唯。

周必大《题潭州道林寺六绝堂》：唐乾符中，袁皓作《道林寺四绝堂记》。盖指沈传师、裴休笔札，宋之问、杜甫篇章也。本朝治平四年秋，蒋之奇别为记，谓："沈、杜固无闲言，裴本学欧阳询书，寺幸有询四大字，当为一绝。"又不应近舍韩愈，远及之问，其去取如此。今三人诗各载集中，众所共知。惟袁记与裴、欧字画则不复存。予既稍葺其堂，访沈碑而归之，复临阁本欧书并襄阳僧舍所作八大字，并刻于石。盖欧实郡人，裴尝牧此，俱不可废。今古异同之论，衍四为六，其在兹乎。后数日，寺僧于朽壤中得大中十一年断际禅师《传心法要序》，字乃小楷，亡其后段，亦作裴笔，真赝未可知也。先是堂之题梁，著马氏五代时职位，近岁修长沙志，遂谓此石创于马氏，误矣。

文天祥《道林寺衍六堂记》：余行部长沙，道湘西，登道林寺。旧有四绝堂，指沈传师、裴休笔札，宋之问、杜甫篇章也。堂之颜，吾乡益国周公书之。至是百二十年，公又有记，述蒋之奇语。之奇取欧阳询书、韩愈诗，而黜裴、宋。公独合古今异同，有衍四为六之说。人之意度，相远如此。僧志茂以屋压字漫，寿公字于石，取公之意，易名衍六，将揭于新堂。予嘉其有二善焉：补唐贤故事，宝乾淳遗墨，非俗衲所为，为之嘉叹而记其后。

唐释齐己《游道林寺四绝堂观宋杜诗版》：宋杜诗题在，风骚到此真。独来终日看，一为拂秋尘。古石生寒仞，春松脱老鳞。高僧眼根静，应见客吟神。

又《怀道林寺道友》：四绝堂前万木秋，碧参差影压湘流。闲思宋杜题诗版，一日凭栏到夜休。

长春堂

《十国春秋》云：文昭王会燕长春堂，出玉杯赏赋诗者。李宏皋诗先成，得之石，文德继进加美焉，王复赉以玉蟾滴。

慈堂

《新五代史》云：马希萼攻破长沙，马希广率妻子匿于慈堂。

清富堂

《岳麓志》云：在西林寺中。

宋释惠洪《题清富堂》：此堂冠绝湘西胜，枯木名多道不穷。用谷量云当衣钵，以江盛月展家风。买山归隐真寒乞，借竹为轩落笑中。绿锦涨连青玉浦，翦裁磨作费诗工。

敬简堂

府志云：在旧府治后。《一统志》云：在府治后，宋张孝祥建。两壁书“中庸”、“大学”，中屏篆颜渊《问仁》章。明统志云：在府治后，宋张紫微建，以为燕室，两壁书“中庸”、“大学”，中篆颜渊《问仁》章，皆紫微自笔，张栻为记。

宋张栻《敬简堂记》：历阳张侯安国治长沙，既逾时，狱市清净，庭无留民。以其闲暇，辟堂为燕息之所，而名以“敬简”。他日与客落之，顾谓某曰：“仆之名堂，盖自比于昔人起居之有戒。子其为我敷畅厥义。”某谢不敏，一再不获命，因诵所闻而言曰：

圣贤论为政，不曰才力。盖事物之来，其端无穷，而人之才力，虽极其大，终有限量。以有限量应无穷，恐未免反为之役，而有所不给也。君子于此，抑有要矣，其惟敬乎？盖心宰事物而敬者，心之道所以生也。生则万理森然，而万事之纲，总摄于此。凡至于吾前者，吾则因其然而酬酢之，故动虽微而吾固经纬乎。古之先事虽大，而吾处之若起居饮食之常，虽杂然并陈，而釐分缕析，条理不紊。无他，其纲既立，如鉴之形物，各止其分，而不与之俱往也。此所谓居敬而行简者欤？若不举其纲而徒简之务，将见失生于所息，而患起于所忽，乃所以为纷然多事矣。故先觉君子谓：“饰私智以为奇，非敬也；简细故以自崇，非敬也。”非敬，则是心不存，而万事乖析矣，可不畏欤？虽然，若何而能敬？克其所以害敬者，则敬立矣。害敬者，莫甚于人欲。自容貌颜色、辞气之间而察之，天理人欲，丝毫之分耳。遏止其欲，而顺保其理，则敬在其中。引而达之，扩而充之，则将有常而日新，日新而无穷矣。侯英迈不群，固已为当世之望。诚能夙夜警励，以进乎此，则康济之业可大，而岂特藩翰之最哉。

侯曰：“然则，请书以为记，以无忘子之言。”

又《安国置酒敬简堂分韵得柳暗六春字》：桴鼓息荒村，袯襫盛南亩。永日省文书，咏客共樽酒。主人出尘姿，宛是和灵柳。行归帝所游，此地岂淹久。

公卧百尺楼，馀子可下瞰。我每奉谈尘，汲古得深探。身外皆为馀，此道要无憾。从渠梅雨天，阴晴递明暗。

公憎孔壬面，怪石乃寓目。夜堂发深藏，林立惊满屋。我亦苦嗜此，一见下风伏。何当载而归，妙策三十六。

堂下列丝竹，堂上娱佳宾。相看夜未艾，乐此笑语真。风流今属公，我辈但逡巡。文章千古意，翰墨四时春。

江藻《敬简堂》：煌煌夜方中，农隙孟冬月。君侯敞斋屏，华匾正新揭。我来适兹时，亦有大夫笈。清觞不留行，晤语得超越。更看雷雨势，翻动龙蛇窟。襟怀真能豁，肝胆亦已竭。老仙来何方，湖海气硉矹。君侯敛袂起，颠越承履袜。主人惊创见，引去殊卒卒。伊今不忍逝，顿首愿有竭。人生均秉彝，天造岂停歇。云何利害判，所辖无一发。兹焉辨不早，大木将恐蹶。吾言实自箴，君听未易忽。

丽泽堂

在城南书院。见宋张栻《南轩集》。

宋张栻《丽泽堂》：长哦伐木篇，伫立以望子。日暮鸟飞归，门前长春水。

朱子《丽泽堂》：堂后林阴密，堂前湖水深。感君怀我意，千里梦相寻。

尊美堂

省志云：府城东，南宋黄洧建。

宋张栻《尊美堂记》：湖南转运使判官所治，旧置潭州城之东南；

中更兵革，徙于子城之中。比岁，复即其旧，为东西两厅，今且十载矣。东则倚冈阜，来者相继立亭观于上，有登览之胜。而西独病于迫隘，燕闲舒适无所可寓。又，西隔垣有地数亩，盖茀不治也。

乾道八年冬，建安黄公来为判官，实治西厅。历三时，兴革刺举既以次上，而漕事益简，乃以暇日视其地而加剪辟焉。气象平旷，若有待者，将规以立宇。会有主管文字，废厅易之，得羡缗，市材缉工，为堂五楹。仅逾月，郡县不知而堂已克成。植梅竹于前，而其后为方沼，向之茀不治者，一旦为靓深夷衍之居。于以问民事、接宾客、奉燕处，无不宜者。于是始与其东之亭观隐然相望，而其迫隘之患忘矣。

公独过某而言曰："子为我名之，使有以垂于后者。"某谢不敏，则不可，请退而思之。他日言于公曰："公之名堂，岂独为是物景之美哉，其将有补于政也。孔孟论政之载于《鲁论》。独所以告子张者，反复为甚详焉。所谓五美者，于以正己而施诸人，益无不备；顾为政者力行何如耳。其曰'尊'云者，言当谨乎是而不可慢也。将以尊美名公堂，其可哉。"公曰："诺，是吾志也。"某又曰："虽然，不特是也。圣人于五美之后，复继之以四恶之屏。其儆戒方检之意深矣。今虽以'尊美'名堂，而所谓屏恶之义，盖亦不可不察也。公既以是二者体其身，而推于有政，又将以是察夫郡县之吏而进退，则善善恶恶之理，庶几其亦得矣。"公曰："善哉！请书圣人之言于堂之中壁，朝夕观览，以比夫几杖盘盂之铭戒。而子为之记，俾来者有考焉。"于是乎书。

公名洧，字清臣云。

思亲堂

宋监潭州户部酒库承议郎吴铨建。张栻撰《吴伯承墓志》云：

君讳铨，字伯承，浦城人，筑居湘滨，有亭榭华竹之胜，而名其堂曰“思亲”。

观政堂

宋姜夔《白石道人集》，《一萼红词》序云：丙午八日，余客长沙别驾之观政堂，堂下曲沼西负古垣，有卢橘幽篁，一径深曲。穿径而南，官梅数十株，如椒如菽，或红破白露，枝影扶疏。着屐苍苔细石间，野兴横生。

彩衣堂

元欧阳玄撰《许熙载神道碑铭》云：公讳熙载，字献臣。任长沙税使，迁临江、抚州两路总管府照磨。先是生七岁孤，宋夫人年二十八，居嫠守节，自誓迄公成人，教育甚。至公逮事，终身子职无阙，司征长沙，作彩衣堂，以志其乐。宋夫人病，利力求去职侍疾，寝食为废。初丧，号恸绝而复苏。旅殡原上，苫块庐墓者三年。每昼端坐木下，状如泥塑樵夫牧竖，迫而视之，始惊为公。年逾五十，时祭必哭，哭必致哀。临江之除迓吏再四，必后其妻孥守丘垅乃去。今长沙人即公庐墓之地作书院，以表其孝，请于中书，得允赐额，所植松柏爱护之成林。

定王台

《长沙县志》云：在浏阳门内，善化县境。明统志云：在府城东北，汉长沙定王发，乃景帝第十子。既之国，筑台于此，以望其母唐姬墓。《方舆胜览》云：台在潭州，俗传汉长沙定王载米抟长安土，筑台于此，以望其母唐姬。张安国名曰定王台，自为书匾。

按，台废已久，自乾隆四十九年创辟基址，嘉庆十九年重修。后亦日就荒芜。至光绪五年，粮储道夏献云捐资鼎建，栋宇辉煌，遂为觞咏之地。

唐萧莬《定王台》：王已分封受汉恩，长沙终不及中原。后来争得三分气，却是东都六代孙。

宋朱子《定王台》：寂寞番君后，光华帝子来。千年馀故国，万事只空台。日月东西见，湖山表里开。从知爽鸠乐，莫作雍门哀。

张栻《用元晦定王台韵》：珍重南山路，驱羸几度来。未登乔岳顶，空说妙高台。晓雾层层敛，奇峰面面开。山间原自乐，泽畔不须哀。

真德秀《司理弟之官岳阳，相别于定王台，凄然有感，为赋诗以饯其行》：定王百尺楼，长安万里目。昔人思亲心，山川讵能局。于焉共登临，使我增感触。微霜陨陔兰，悲风撼庭木。银山在何许，白云但空谷。搔首重徘徊，冥冥江树绿。

念昔戏彩时，欢娱共晨夕。天风吹惊鸿，一散不并翼。相逢重湖南，感叹复凄恻。王事不可留，去指重湖北。层楼相怅望，茫茫楚天碧。数寄平安书，老怀庶宽释。

忆我将漕年，适如子今日。于焉四闰馀，过眼风雨疾。壮强岂足恃，进德当汲汲。永怀古之人，闻道在四十。我惭已过之，因循悼前失。子盍猛自鞭，圣门本无梱。

李炎子《定王台》：长安辇土筑高台，帝子规模亦壮哉。无事几经羊胛熟，边愁多趁雁声来。城头烟树旌旗合，柳外云山水墨开。万里乾坤归老眼，不堪西望正风埃。

姜夔《一萼红词有序》：丙午人日，予客长沙别驾之观政堂，堂下曲沼西负古垣，有卢橘幽篁，一径深曲，穿径而南，官梅数十株，如椒如菽，或红破白露，枝影扶疏，着屐苍苔细石间，野兴横生，亟命驾登定王台。乱湘流入麓山，湘云低昂，湘波容与，兴尽悲来，醉吟成调。

古城阴，有官梅几许，红萼未宜簪。池面冰胶，墙腰雪老，云意还又沉沉。翠籐共、闲穿径竹，渐笑语、惊起卧沙禽。野老林泉，故王台榭，呼唤登临。　南去北来何事，荡湘云楚水，目极伤心。朱户粘鸡，金盘簇燕，空叹时序侵寻。记曾共、西楼雅集，想垂杨、还袅万丝金。待得归鞍到时，只怕春深。

元许有壬《定王台》：黄叶纷飞弄早寒，楚山湘水隔长安。荒台蔓草凝清露，犹似思亲泪未干。

明李东阳《长沙竹枝词》：马殷宫前江水流，定王台下暮云收。有井犹名贾太傅，无人不祭李潭州。

刘象贤《过长沙王祠遗址》：大横中炎兴，再叶启云裔。德馨为菁茅，幅小安舞袂。广允衍南垂，原寝分连溢。代谢虽靡常，明禋终不替。眇眇念孤茕，幽微有附蒂。敬因千载心，思酌山中桂。如何悼荒丘，寒云凄薜荔。事守非所堪，流光诚有系。惆怅伫寒郊，白云空迢递。

王夫之《长沙旅兴》：禹迹千峰碧嶂回，湘波东绕定王台。楼船拟趁桃花水，钓艇闲倾竹叶杯。露布星邮飞蜀锦，灵光丝管访骚才。当年玉女盆前客，笑指彤云几度开。

国朝李文炤《定王台怀古》：虽居卑湿地，恻恻念咸京。危台一矫首，云中识帝城。身非母氏出，恩爱若亲生。湘流不入渭，秦树岂联衡。惟存陟屺念，瞻望暂摅情。西京群帝谥，南郊冠孝名。惟王克缵绪，至德通神明。笃生舂陵裔，汉室正扶倾。真人起白水，赤县复炎精。天哉裕后泽，造物岂偏荣。

赵宁《寻定王台故址》：帝子思亲处，层台倚碧空。至今湘水上，杜宇泣残红。

王文清《定王台怀古》：登临远眺客心愁，夜月寒帏几度秋。台榭己同湘水渺，孝思恒在岳峰头。白云岭畔猿声断，绿树池边鹃泪流。寂历荒烟无限恨，古人陟屺与同游。

孙起楠《定王台》：古意苍茫上汉台，定王藩邸夕阳开。当时七国纵横盛，谁肯逡巡舞袖回。

唐仲冕《上定王台用朱子韵》：轸垣分辖在，壤士建藩来。故国曾无邸，高冈尚有台。寸心青草合，极目白云开。千载登临者，同深陟屺哀。

周有声《定王台》：台上风烟自渺茫，台边草树倍凄凉。若令别子宜为祖，肇祀还应及定王。

阮文藻《定王台》：朝上望亲台，暮上望亲台。沅湘之水何辽阔，但见流去不流回。水若流回山若转，不到黄泉母能见。儿前儿前作楚舞，儿当举袖舞回旋。长安王妃冢铸铁，珠襦玉匣被人发。母比辰嬴班在九，棠梨独覆墓前碣。望不见兮泪眼枯，母在魁封兮子处沮洳，诸王骄蹇兮多膏腴，侦梁使者长安来，争门笮指后啼呼。

黄承吉《定王台歌》：定王台，高安极。我欲寻之不可得，倚舻东望长叹息。汉家分封遍九州，子王母春诚可忧。回旋不得职母由，台崇岌岌湘悠悠。何似淮南百尺连天楼，过之者攀棂怆咽，亦远胜灵光之杰作，九成层曲看星流。呜呼！有亲可望故如此，台盛台荒阅人子，湘流北下长已矣。

左仁《定王台》：单衣匹马走尘埃，泪洒寒花首重回。异地高山徒屺岵，墓门宿草久蒿莱。东风不返慈乌哺，南国空啼杜宇哀。今古伤心同一哭，斜阳独上定王台。

杨季鸾《九日登定王台》：孤城落日画图开，佳节登临第几回。黄菊半畦秋色晓，寒林一抹雁声来。西风且醉陶潜酒，南国空怜贾谊才。倚剑长歌缘底事，乡心催上定王台。

熊少牧《定王台》：城东百尺倚崔嵬，迫递长安载土来。一片夕阳春树绿，慈乌飞绕定王台。

王德基《定王台》：古郡池台丽，层城日月寒。碑题亲北海，祠中碑字，谭编修鑫集李北海书。文物肃东莞。父老移花至，鲜民掩泪看。还怜楚山远，未得见长安。

万里思亲意，扁舟忆楚乡。砖寻二千载，祀冠十三王。江燕晴归垒，林乌晓怨霜。番君旧祠庙，松柏失苍苍。城北长沙王吴芮庙，久废。

射蛟台

《岳麓志》云：在抱黄洞侧，相传洞有妖蟒伤人。晋陶侃镇长沙，引弓射殪之，后人建台旌其功，名“射蛟”。

明陆相《射蛟台》：烧丹人去但空崖，古洞年深锁绿苔。我有张弓无用处，春风闲上射蛟台。

国朝陶必铨《湘中怀古》：射蛟台下春波绿，射蛟台上晴岚覆。晋世衣冠事已陈，湘江伟绩犹麟麟。我来台畔问年华，寸寸光阴晨鼓挝。斋头百甓风和雨，四十二年功莫补。

法华台

《画墁集》云：岳麓寺后有法华台，高绝山顶。晋僧法崇者，笺《法华经》于此。有杉檑数本，其大如菌，云陶士衡手植也。

宋张栻《登法华台》：山间景物转流年，台上风光处处传。放目便应云梦小，凭栏平挹祝融颠。忽寻故国占天际，谁看孤舟系岸边。百感还将山下去，肯同槁木堕深禅。

赫曦台

宋朱子《云谷记》云：予尝名湘西岳麓之顶曰“赫曦台”，张伯和父为大书，甚壮伟。《续岳麓志》云：明嘉靖戊子，知府孙存建亭，旧址俱失考。乾隆庚戌筑前亭，寻改名前台。道光初重葺之，始额以“赫曦”，存朱子迹也。

宋朱子、张栻《登岳麓赫曦台联句》：从舟长沙渚，振策湘山岑元晦。烟云渺变化，宇宙穷高深。怀古壮士志，忧时君子心敬夫。寄言尘中客，莽苍谁能寻元晦。

明王守仁《望赫曦台》：隔江岳麓悬情久，雷雨潇湘日夜来。安得轻风扫微霭，振衣直上赫曦台。

谕苗台

《一统志》云：在岳麓山右，朱子帅潭时建。《岳麓志》云：在书院右，朱子谕（瑶）〔苗〕处，遗址尚存。

八景台

明统志云：在府城西，宋嘉祐中筑。宋迪因作八景图，僧慧洪赋诗，更名八境。陈傅良复其旧，并建二亭于旁。国朝瞿中溶《金石文编》云：澹山岩有嘉祐八年宋迪题名，考，迪，字复古，洛阳人，与兄道，字公达，皆以进士擢第，并处曹郎，悉善画山水，师李成。运思高妙，笔墨清润，当时以为秘重。又善画松，或高或卧，或双至于千万株，森然可骇。见宋郭若虚《图画见闻志》及元夏文彦《图绘宝鉴》，潇湘八景之名，盖始于唐末五代，米元章谓李营丘已有图。据《事实类苑》云：度支员外郎宋迪，善为平远山水，其得意者，有平沙落雁、远浦归帆、山市晴岚、江天暮雪、洞庭秋月、潇湘夜雨、烟寺晚钟、渔村夕照，谓之八景。好事者多传之，与沈括《梦溪笔谈》所载略同。又《湘山野录》谓：长沙八景台，宋迪度支工画，有平沙落雁等名，谓之八景。僧惠洪各赋诗于左，则又似此图名目实始于迪。盖八景图正迪官荆南转运判官时作，而湖南旧志职官无其姓名，故为表而出之。

国朝张九镡《八景台记》：大湖以南皆湘也。古长沙，南至零陵，北界下隽；而湘水合蒸潇，经九嶷、衡山而汇于九江。中州清绝之地，于是为最。攀佳景而临眺者，浮空泛景，万象在目，疑造物之有无，而人自得于湖山千里之外。

长沙故城之西有八景台，宋嘉祐中筑，因作八景图。陈傅良复建二亭于旁，八景之名可不举而知也，而台之兴废可胜慨哉。然吾以知景之不系于台也。余尝访其遗址，登高而观，南北一天，东西四隅，波涛汹涌，风云阊阖。北望洞庭重湖，吞吐日月，乾坤浮浮；南则有潇湘之泉，白沙露，赤崖立。每当晴霁雨收，岚气若无，斜阳倒垂，梵音乍续，渔歌互答，雁行起伏之处，皆可目送。而或寒江积雨，涨沙舞雪，伏万里之鱼龙，呼寒天之鸧鸹，则又有风帆浪泊，出入于江涛浩渺、烟云杳霭之间。景则佳矣，而八景之擅名，可谓领其胜矣。

夫屈原之赋《怀沙》，杜陵之行湘浦，见于歌辞篇什者，无景不收矣。迄今披元章之图，诵惠洪、奚斯之诗，未尝不想见其余风，而并叹台之荒废为可惜也。若夫景之不朽而人自得之者，吾又乌乎惜之。

宋米芾《八景诗序》：潇水出道州，湘水出全州，至永州而合流焉。自湖而南皆二水所经，至湘阴始与沅水会，又至洞庭与巴江之水合，故湖之南皆可以潇湘名。若湖之北，则汉沔汤汤，不得谓之潇湘。潇湘之景可得闻乎？洞庭南来，浩淼沈碧，迭嶂层岩，绵衍千里，际以天宇之虚碧，杂以烟霞之吞吐，风帆沙鸟，出没往来，水竹云林，映带左右，朝昏之气不同，四时之候不一，此则潇湘之大观也。若夫八景之极致，则具列于左并纪于诗。

潇湘夜雨并序：苦竹丛翳，鹧鸪哀鸣。江云黯黯，江水冥冥。翻河倒海，若注若倾。舞泣珠之渊客，悲鼓瑟之湘灵。

大王长啸起雄风，又逐行云入梦中。想象瑶台环佩湿，令人肠断楚江东。

山市晴岚并序：依山为郭，列肆为居。鱼虾之会，菱芡之都。来者于于，往者徐徐。林端缥缈，峦表萦纡。翠含山色，红射朝晖。虚不盈乎一掬，散则满乎太虚。

乱峰空翠晴还湿，山市岚昏近觉遥。正值微寒堪索醉，酒旗从此不须招。

远浦归帆并序：晴岚映波，落霞照水。有叶其舟，捷于飞羽。幸济洪涛，将以宁处。家人候门，欢笑容与。

汉江游女石榴裙，一道菱歌两岸闻。估客归帆休怅望，闺中红粉正思君。

烟寺晚钟并序：暝入松门，阴生莲宇。杖锡之僧，将归林渚。蒲牢一声，猿惊鹤举。幽谷云残，东山月吐。

绝顶高僧未易逢，禅林长被白云封。残钟已罢寥天远，杖锡时过紫盖峰。

渔村夕照并序：翼翼其庐，濒涯以居。从从其艇，依荷与浦。有鱼可脍，有酒可需。收纶卷网，其乐何如。西山之晖，在我桑榆。

晒网柴门返照新，桃花流水认前津。买鱼沽酒湘江去，远吊怀沙作赋人。

洞庭秋月并序：君山南来，浩浩沧溟。飘风之不起，层浪之不生。夜气既清，静露斯零。素娥浴水，光荡金精。倒霓裳之清影，来广乐之天声。纤云不起，上下虚明。

李白曾移月下仙，烟波秋醉洞庭船。我来更欲骑黄鹤，直上高楼一醉眠。

平沙落雁并序：霜清木落，芦苇苍苍。群鸟肃肃，有列其行。或饮或啄，或鸣或翔。非上林之不美，惧矰缴之日将。云飞水宿，聊以随阳。

书断衡阳暂此回，沙明水碧岸莓苔。相呼正喜无矰缴，又被孤城画角催。

江天暮雪并序：岁暮江空，风严水结。冯夷剪冰，乱飘洒雪。浩歌者谁，一篷载月。独钓寒潭，以寄清绝。

蓑笠无踪失钓船，彤云黯淡混江天。湘妃独对君山老，镜里修眉已皓然。

余购得李营丘画八景图，拜石余间，逐景撰述以当卧游，对客即如携眺。元丰三年夏四月襄阳米芾书。

苏轼宋复古《潇湘晚景图三首》：西征忆南国，堂上画潇湘。照眼云山出，浮空野水长。旧游心自省，信手笔都忘。会有衡阳客，来看意渺茫。

落落君怀抱，山川自屈蟠。经营初有适，挥洒不应难。江市人家少，烟村古木攒。知君有幽意，细细为寻看。

咫尺殊非少，阴晴自不齐。径蟠趋后崦，水会赴前溪。自说非人意，曾经入马蹄。他年宦游处，应指剑山西。

元欧阳玄《八景台》：山几层兮水几重，晴岚夕照有归鸿。潇湘八景丹青画，尽在高台指顾中。

道乡台

《方舆胜览》云：麓山绝顶有道乡台。昔邹道乡谪新州，道过潭，潭守温益下逐客之令，逆旅之人不敢舍。夜渡湘江，湘西林禅师，公乡人，以火迎之。公赠诗："八年之中三往回，道人一意金石开。非关桑梓有分好，自是针水无嫌猜。焚香说了四句偈，把手直上千尺台。洞庭青草不我隔，东吴可归归去来。"浩，字志完，为右正言，因论元符事贬。明统志云：在岳麓山，宋邹浩，号道乡，仕为右正言，谪衡州经此，守臣温益下逐客之令，旅店不敢容。风雨夜渡湘江，有僧列炬迎之。张敬夫为筑台，朱文公刻石曰"道乡台"。《岳麓志》云：万历丁巳，提学道邹志隆，浩裔孙也，复建祠以祀。《续岳麓志》云：旧址均废，康熙四十九年，巡抚赵申乔改筑今地。

明邹志隆《重修邹道乡先生台记》：岳麓书院之道乡台也，所由来远矣。道乡先生讳浩，字志完，家世晋陵。宋哲宗朝，先生为右正言，抗疏立后，事忤章惇，得黜。徽宗寻召为凤阁舍人，蔡京忌之，出判衡州，时崇宁二年也。道经于潭，潭守温益阿诸贵人意，下逐客令，旅店不容。风雨夜渡湘江，山僧列炬迎之，大倡理学。此岳麓书院有道乡先生，而道乡先生有台之始也。越数十余年，晦庵朱先生、南轩张先生讲学湖南，称为小邹鲁，访遗迹而绍明之，一筑台，一刻石。夫亦两先生之深有当于道乡先生也者，而谋为志不朽乎！

会隆视学南楚，驻星沙，距岳麓襟带水也。褰衣从之，跋草涉苇，吏属毕集，爰度爰谘，婆娑废墟荒壤间，不胜屋社之悲。而“道乡台”三字碑摩崖剔藓，则不啻灵光之岿然存也。岂人与地别有神物护呵其间，故造化不终阏其实耶！夫人亦有爱剑履不以形而遗也，矧宗伊祖洛，滴滴归源有真焉者乎！人亦珍手植者不以微而忽也。矧抗颜折槛，扶纲植常，凛凛然生气有大焉者乎！且朱、张两先生固一世之大儒也，千古所望而宗焉者也。而高山景行，辄相引以为重，则知生同其揆，没亦同修文地下者耳！两先生有灵，其割半席以迎知己也，明矣。即以六君子论，如宋之垂范李公、共父刘公，国朝坚远陈公，皆以守土儒吏，无靳庙食。夫岳麓亦衡土也，判于衡亦司土吏也，与李、陈诸公相剖符而理、画疆而守者，何以异？乃进不得共登朱、张之堂，退不颉颃六君子之列，岂寓贤一节足尽先生耶？抑当年纂修诸君子，固议而不计耶？固兴而有待耶？

礼可义立，道以人行，若有俟于今日者。乃相乃度，惟山之阳，高者夷之，棘者薙之，即僻在湫隘乎！而孕毓秀灵，吞吐云气，居然沂浴雩风，而山瞻斗仰者矣。是役也，捐资如千缗，构宇三楹，中设一木主，神有依也。左横列“道乡台”碑，旧可仍也；右横列《道乡台记》碑，事足征也。乃立高门，颜其额曰“道乡遗址”，俾途之人皆得过而问也。至“筑之登登，削屡冯冯，环堵具兴”而竣矣。

台成，置祠田如干亩，总岁敦而会计之。以输税之余，半给郡学，博举祀事，无忘春秋；半给祠僧膳香火，责之洒扫除涤，无他逼处。此亦以存山僧列炬之遗，亦庶几续传灯于不灭云。尔时，长沙守何公节，四川人；郡佐师公承宠，四川人；程公文律，广西人；黄公元声，江西人；宁公绳武，南直隶人；长沙令赖公朝选，福建人；善化令潘公之楫，广东人。一时诸贤，各协乃心，共襄厥事，为堂构肯者。佥云，无遏佚名贤，以光祖德，视向者下逐客令而风雨凄其止，有山僧作朋好者，其人之端邪，贤不肖相去万万。司李宁公耑董是事，以修明书院，诸贤于阐微覲徽有大功焉。善化潘公亦以其地隶治内，故一切劳任之。而拮据督工，则善化佐令谢国端也。是为记。

国朝赵申乔《重建道乡台并祠堂记》：余莅潭治事之馀，即稽旧典应秩祀者。所司详列具报，内有道乡祠，而其祠所在，并祀者何，官俱不可问。是名存实亡，俎豆之缺久矣。及览《府志》，载道乡先生谪衡，过长沙，守臣温益下逐客令，旅店不容，风雨夜渡湘江，至岳麓，山僧列炬迎之。后南轩张先生为筑台，晦庵朱先生刻石曰“道乡”以表焉。

明万历丁巳，学道邹志隆始于赫曦山下建屋祀奉，今废。余为徘徊慨叹久之。夫先生抗疏危言，植纲常而忤权贵，功名既所不顾，身家亦不遑恤，何有于台？何有于祠？第以先生廉顽立懦，闻其风者，莫不肃然敬，油然爱，愿得其遗迹，一瞻庙貌，以附于私淑之列，而因以激励有位，扶进人心。何为一台一祠，听其废而不复也！因问其台，台在，不过苔藓剥蚀已耳；问其祠，祠在，不过庭垣倾圮已耳。此仅仅木石畚筑者，犹非烦难之务也。何载笔者竟书以为废，而守土者遂缘此以废其祀也！前哲芳猷，忽焉泯没，岂朱、张两先生垂示不朽之意乎？

予于楚南理学忠义之祠，久而渐湮者，悉以修复，荒坠清其基址，焕其规模。而先生居歆之地，尚委草莽，是予之责也。岳麓隶善化境，乃与善邑章令谋所以兴之，俾先往相度。章令复予曰：“邹学使建屋三楹，置主祀于中楹，今木主已失，而左为道乡台碑，右为邹学使自撰碑，此即志所谓建屋奉祀者也。然地处洼僻，屋太浅隘，不足以容骏奔，光祼献，似宜举台碑中立，以崇朱、张之迹，而改卜建，以隆禋祀之规。”予深然之，爰于书院前左方得隙地一区，构材鸠工，为祠三楹，缭以周垣，中为祠门，栋宇台榭，一准程式。其台碑既迁于中楹。视榱桷之朽者更之，瓦甓之损者易之，墙壖之颓缺者补而完之。凡阅四旬，始竣厥事。台祠相望，一时并成。自此春秋致祀，济济跄跄，可无叹于寒烟蔓草矣！

嗟呼！先生之没已数百年，而眺其台如见先生焉。彼章惇、蔡京、温益辈，虽得志乱朝，至今齿其姓氏，牧竖犹为唾骂，则先生可无憾。而后之为惇、为京、为益辈，嫉正若仇、误国流殃者，不亦当瞿然悔悟，以免为山僧之所窃笑哉！余固先生同里之后学也，叨抚是邦，藉兹台兹祠，纪数言以光于兹土，而更期后之人，时加治葺，勿忘今日之举焉可耳！至邹学使置有祠田，按碑清厘，以资香火，亦崇奉久远之一助也。

宋张栻《腊月二十二日渡湘登道乡台夜归得五绝》：三年不作山中客，才踏船舷眼便明。曳杖直登千尺蹬，尚欣脚力慰生平。

旧日书堂倚翠屏，只今栋宇尚高明。门前恍若闻弦诵，瀌瀌绕墙流水声。

道旁老松高拂云，刳心取节彼何人。说与往来须爱护，雪霜时节看长身。

人来人去空千古，花落花开任四时。白鹤泉头茶味永，山僧兀自不曾知。

湘江岁晚水清浅，橘洲霜后犹青葱。归舟着沙未渠进，且看渔火听疏钟。

潘牥《牥题道乡台》：坡仙不谪黄，黄应无雪堂。道乡不如湘，此台无道乡。青山非其人，山灵能颉颃。一落名胜手，境与人俱香。悲吟倚空寂，临眺生慨慷。道乡不可作，承君不能忘。

范成大《题岳麓道乡台》：山外江水黄，江外满城绿。城外杳无际，天低到平陆。长烟贯楚尾，远势带吴蜀。故园东望馀，游子阑干曲。

国朝施闰章《道乡台》：凭轩岳麓洞庭开，明月湘江夜静来。逐客莫忘贤太守，孤峰留得道乡台。

李文炤《道乡台》：十万长沙户，不容迁客住。犹存一荒台，鬼神相呵护。

秦文超《道乡台》：孤臣严谴日，一苇渡江滨。风雨空山夜，流离万里身。高台空突兀，直道自艰辛。叹息碑旁草，偏于秋后新。

李文煌《道乡台怀古》：无复当年列炬僧，山馀净尽水空澄。共寻禹迹刊苔认，独傍溪岩觅径登。北海断碑经野火，南郊荒畤落枯藤。秋高韵客贪怀古，欲赋三湘暂未能。

张汝润《登道乡台用晦翁定王台韵》：孤臣还见逐，风雨夜帆来。一宿曾无地，千秋竟有台。江光如练渺，岳色共云堆。往哲吁难见，茫茫览物哀。

文上杰《道乡台》：列炬当年事，于今见古台。薜衣生不尽，野鸟去还来。客渡湘江远，僧迎夜雨回。高贤遗迹在，长吊白云隈。

萧衍守《道乡台》：衡峰尽处障清湘，中有崇台表道乡。放逐一帆寻屈贾，淹留片席待朱张。萤辉古砌延僧炬，鸦噪残碑诵露章。莫怪当年风雨恶，渡江吹送姓名香。

张眉大《道乡台怀古》：衣上双蝉谶竟成，谏臣遗址尚书名。谁怜朝上无公议，稍喜山僧不世情。北望天门犹虎守，南来萧寺只狐鸣。空令湘水添骚憾，千载谁消哽咽声。

陶必铨《道乡台怀古》：道乡之台何森爽，萋萋芳草青春长。开廊架广蔚山腰，千里长江望如掌。自来使节轸车间，征鞍驯息恣游赏。先生有道被南山，太守奚为绝依仗。湘江更阑双桨荡，列炬辉煌照银榜。非关逐客效秦皇，鸾栖故在孤桐上。春寒冶游未几时，人非老大焉伤悲。短鬓东风牵醉眼，鼠须殊费惜春辞。壮志肯遭盛时贱，浮生虚负皇天慈。酴醾贳得山僧酒，独倚高台自咏诗。

黄本骥《道乡台》：迁客偶留宿，斯台传至今。如何萧寺衲，反识逐臣心。列炬苍皇渡，投林感慨深。隔江见渔父，犹似昔人临。

凌玉垣《道乡台》：逐臣去已远，台势尚崚嶒。公论无权相，穷途有野僧。云山京国泪，风雨寺门灯。将母寒江夜，孤忠自可凭。

望麓台

省志云：天华胜境石碑，在长沙县北九十里天华山寺内。碑高七八尺，镌“天华胜境”四大字，不署年月及书人姓氏。寺前大石壁立明嘉靖辛亥青山杨廷相镌擘窠“望麓台”三大字。摩岩跋云：予尝读《易》此山，每遇天朗气清，竚立石上，南望岳麓，烟云缥缈，因思云麓之下，湘水之涯，予师友在焉。庸镌斯石，以志怀也。《湖广通志》云：杨廷相，长沙人，嘉靖壬子举人，少力学，博通经史。世居青山，即以其地为号，结庐晦迹，足不履市尘。

国朝毛国翰《读书台并序》：前明杨孝廉廷相所筑也，台曰“望麓”，在长沙城北之天华山，孝廉曾读《易》于此。旷逸自乐，泊于荣利，留题山石，至今犹存。

扶风尚薄郡功曹，铅椠何如抚字劳。自是任棠真有托，非关矫慎独成高。楮冠藜杖游云壑，华戟朱幡拥节旄。厚录故人空论荐，读书台上老青袍。

东楼

唐裴休建。见李群玉诗。

唐李群玉《长沙九日登东楼观舞》：南国有佳人，轻盈绿腰舞。华筵九秋暮，飞袂指云雨。翩如兰苕翠，婉如游龙举。越艳罢前溪，吴姬停白纻。

慢态不能穷，繁枝曲向终。低回莲破浪，凌乱雪萦风。坠珥时流眄，修裾欲溯空。惟愁捉不住，飞去逐惊鸿。

北楼

唐裴休建，见李群玉诗。

唐李群玉《长沙陪裴大夫登北楼》：严嶂随高步，琴尊奉胜游。金风吹绿簟，湘水入朱楼。朗抱云开月，高情鹤见秋。登临多暇日，非为赋消忧。

平楚楼

《大金国志》云：潭州天宁寺有平楚楼。《挥尘馀话》云：张邦昌僭位，国号大楚，其坐罪，始谪昭化军节度副使，潭州安置。既抵贬所，寓居郡中天宁寺。寺有平楚楼，取唐沈传师“目伤平楚虞帝魂”之句也。朝廷遣殿中侍御史马伸赐死，读诏毕，张徘徊退避，不忍自尽。执事者趣迫登楼，张仰首急睹二字，长叹就缢。

按，宋刘麟瑞《昭忠逸咏》有“平楚楼头矢石惊”之句，此吊李芾作，据此，则楼在潭州城内也。

书楼

在城南书院。宋张栻《与朱子书》云：书楼欲藏数百卷书，及列诸先生像，此二字亦求兄写，当不惜也。

宋张栻《书楼》：高楼出林杪，中有千载书。昔人不可见，依槛意何如。

朱子《书楼》：君家一编书，不自圯上得。石室寄林端，时来玩幽赜。

白鹤楼

《图书集成·职方典》云：在城外西湖桥下白鹤观也，宋时移建城上，尝有鹤群绕之，今废。

拱极楼

《图书集成·职方典》云：在水陆洲寺后，约高七八十尺。西瞻岳麓，俯（瞷）〔瞰〕（潭）〔湘〕流。草树参差，帆鸟映发，若出若没，亦近亦远，风纹霞绮，月练烟鬟，清光奔会，自然情移。古有联云：“拱极楼中，五六月间无暑气；潇湘江上，二三更里有渔歌。”洵快境也。若乃湖平江涨，莲怒橘浮，青天半落，主人孤岛徘徊，其际倍难为怀。国朝余廷灿代撰《江神庙碑记》云：湘江滥觞阳朔山，迤逦汇潇、蒸诸水，北折而下，至长沙江澜澄涵，不怒作，则橘洲浮其中，《水经》所注橘洲子戍者也。考湘江清照五六丈，下见底，石为（摴蒱）〔樗蒲〕齿。宜若空明，净澈千里一碧者，独橘洲匹练，曳水面，如荇藻牵风。湘人传其初无根蒂，能与下上。盖江之瑰奇灵异谲诡，正于是乎聚。昔人尾洲建拱极楼，雄视俯瞰，所以培护墉隍，夹辅形势，与岳阳、黄鹤名胜相望也。

国朝陶之典《辛亥社日，奉陪楼冈方太史令弟邵村侍御过橘洲，登拱极楼，遂小憩天外禅师方丈室读其遗文》：仙舟肯为麓山维，更拨轻舠向碧涯。烟寺晴岚重有阁，岸花樯燕久无诗。双珂直步星垣上，九面青随殿角移。何意柴桑无匹懒，得陪高瞩御长思。

道乡台畔瘴云扶，莫怪春归九畹虚。橘树已随城鹤化，皇华曾记土风馀。只应北海名山迹，堪入浮湘太史书。咄咄建安孙子在，竟携遗笥出精庐。

萧大经《拱极楼消夏》：两岸垂（阳）〔杨〕护橘洲，中流倒影耸危楼。二三更后渔歌歇，谁写新诗在上头。

楼外凉生雨过时，荷花香里日迟迟。游人亭午凭阑处，携得冰弦谱竹枝。

十上朱栏面面开，纳凉人在小蓬莱。桃笙石枕清眠熟，柳外微风一阵来。

楼俯澄江暑气微，枣花莲子隔清晖。晚凉不用蒲葵扇，清露盈盈上客衣。

蒋湘培《登拱极楼次少陵万丈潭韵》：长江西北来，烟水莽空晦。孤洲压龙窟，盘束积水内。崒然立高楼，结构入青霭。俯乘绝壑隘，横据石根大。却望灵麓峰，气力两坚对。浮尖嵌虚无，削面射清濑。沵漫散百灵，波浪浩破碎。云宫失绝险，极目飞鸟外。东南指城堞，缥缈摇旌旆。丹甍丽馀照，倒影落孤濑。山川既清美，风流自谁辈。凭江发新兴，胜地兹游最。浩荡长风来，惨澹白日碍。矫然江海思，苍茫惬幽会。

石承藻《雨中登拱极楼》：危楼悬百尺，四面敞檐楹。雨重云迷岳，江空浪撼城。千樯收浦暗，一鹭立沙明。清绝潇湘地，应深吊古情。

柳廷方《橘洲拱极楼》：湘水潆回绕碧汀，中流飞阁入空溟。江天北走无分岸，泽国中撑此一亭。远浦涛回风飒飒，虚堂云起昼（冷冷）〔泠泠〕。湾环几面皆渔市，落日归船鱼气腥。

陈圭《登拱极楼》：腾身飞鸟上，天影四围看。人语响空碧，江心生暮寒。云开三楚地，风扫五溪蛮。岁宴应闻捷，斜阳同倚栏。

张世浚《晚登拱极楼》：高阁临波峙，凭栏敞暮烟。遥空孤月映，分野一星悬。帆影龙湾失，钟声岳麓连。苍茫人境远，吟啸落江天。

毛国翰《登拱极楼》：积阴云气昼濛濛，沙白洲青一望同。槛外远山回斗北，尊前急雨过湖东。秋风万里空吹浪，铜柱三年尚伏戎。西去五溪消息断，隔江鼓角暮城中。

忆江楼

明堵胤锡建，有诗自注云楼在蔡公祠左。

明堵胤锡《登忆江楼》自注：楼在蔡公祠〔左〕：江水汤汤江影黄，使君三度哭湘江。初哭湘流水欲竭，再哭江流水尽赤。孤城万里孤帆扬，三哭湘江三断肠。长声漫兮短声续，为尔从头仔细哭。有客有客余将军，张公逐贼大虎坪。手刃七贼身劈裂，山头白日催云昏。我友我友江门子，黑鬓颀身好司理。三年冰雪府琴堂，呕尽心肝民屋里。一朝剧贼和江吞，十万户变鱼虾羹。南朝侍郎惟一蔡，北面儿曹重见人。口喷骂贼贼不了，贼不杀公公独恼。千秋正气生跨箕，五丈原头星照草。刘公刘公烂绣衣，月晕孤城鸡夜啼。拨刺阵前马脚失，槎枒枝上乌肠饥。蘸血祝笔笔不语，万段肝肠数行字。惶恐零丁滩与洋，再拜君恩臣万死。三复冯君辞祖篇，两耳不全两目全。生归拜母死骂贼，死死生生作孝廉。西宁丘令死不变，厉鬼冢边磷夜见。三十六湾杨令哀，汨罗千载令重开。李幕吴丞今已矣，一名完贞一义士。名从父命士从君，舍生成名君两人。岿然赤帻者谁子，半日泥涂扶不起。更有阉心全化贼，肉食储君前献食。接天江水奔滔滔，尽日阴风长怒号。作书笔力愧南史，欲斩书生无宝刀。吁嗟乎，长哭江流兮澄复浑，清者如君浊者腥。江流万古同澄浊，哭断归来兮谁醉醒。

西楼

在府城中，见明邹统鲁诗。

邹统鲁《长沙郡中西楼》：览胜凭高槛，乘危俯大川。泉声悬夜雨，石气散朝烟。好日游人屐，长风估客船。故人诗句满，流水应朱弦。

天册阁

《天中记》引《宋高僧传》云：马氏霸湖南末年，天册阁为天火焚。朗州寺此夜闻空中呵喝言“迴避天册阁来也”。云中腾沸，若千万人舁荷重物然，累日，方潭州火矣。

按，天册疑即天策之讹。

唐齐己《谢虚中上人寄示题天策阁诗》：天策二首作，境幽搜亦玄。阁横三楚上，题挂九霄边。寺额因标胜，诗人合遇贤。他时谁倚槛，吟此岂忘筌。

抱黄阁

《续岳麓志》云：抱黄阁因抱黄洞而名也。米芾诗有“我思岳麓抱黄阁”。是先有阁，久废无存。国朝道光初，构亭于苍筤谷口大池上，额以今名。

熊湘阁

明统志云：在府城中，元兵围城，宋安抚使李芾坐阁中，命帐下沈忠杀己即此。《宋史·李芾传》云：元兵于德祐元年十二月除夕破潭城，芾坐熊湘阁，召帐下沈忠，遗之金曰：吾力竭，分当死，吾家人亦不可辱于俘，汝尽杀之，而复杀我。忠伏地叩头，辞以不能。芾固命之，忠泣而诺。取酒饮其家人，尽醉，乃遍刃之，芾亦引颈受刃。忠纵火焚其居，还家杀其妻子。复至火所，大恸，举身投地，乃自刎。幕属茶陵颜应焱、安仁陈亿孙皆死。潭民闻之，多举家自尽，城无虚井，缢林木者累累相比。

明陶汝鼐《熊湘阁有序》：宋末景炎元年，元围潭日久，知州李芾慷慨登陴，力率兵民画守，日以忠义勉其将士，（插）〔歃〕血殊死战。有来招降者，辄奋骂杀之以徇。数月力不能支，至除夕，元兵登城。衡守长沙尹谷，时寓城中，乃为子行冠礼毕，与其家人举火自焚。芾命以酒酹之，因留宾佐会饮。夜传令手“尽忠”二大字为号，达旦，芾坐熊湘阁，召帐下沈忠，遗之金曰，吾力竭，分当死，吾家人不可辱于俘，汝尽杀之，而后杀我。忠泣而诺，取酒饮其家人，尽醉，次第手刃之，芾亦引颈受刃。纵火焚其居，回家杀其妻子。毕乃复至火所，大恸，而自刎。潭民感之，多举家自尽，城无虚井，其缢于林者相望，烈矣哉，赋熊湘阁。

熊湘高阁不可迹，罗雀掘鼠作除夕。熊湘高阁不可下，焚玉燔珠作除夜。作除夜，悲何极。三家举火千烟熄，旦日长沙比寒食。

国朝周锡渭《湘中览古》：熊湘山阁俯重湖，少昊开天置此都。青草白波趋梦泽，片云孤影落苍梧。千春兰蕙离骚国，九面芙蓉奥密区。便欲忍饥从采药，可能薯蓣乞仙癯。

孙起枬《湘中览古》：熊湘高阁倚青濛，裙屐登临兴未穷。秋水湖波生落木，夕阳林表没飞鸿。汉廷郡领长沙远，唐镇兵连九道雄。更上西风送归路，梅山溪峒雨声中。

熊少牧《熊湘阁怀古》自注李忠节公芾祠：此军飞渡湘江水，守吏非降则逃耳。围城汹汹烟尘昏，存亡恃一安抚使。使者精诚金铁坚，读书兼读阴符篇。赵宋偏安丁未造，南园葛岭纷蔽贤。河山破碎国步蹇，大事去矣孤臣肩。潭州日夜严刁斗，按册点兵十亡九。仗剑登陴振臂呼，饿卒僵羸一抖擞。鼓衰矢尽无援师，鸺鹠啸雨妖狐驰。衣冠向阙九顿首，以死报国先皇知。帐下健儿泪休堕，先刃家人次刃我。更无马革裹尸还，碧血苍凉葬以火。忠魂空赴海天遥，风涛痛哭厓山舸。祠堂奕奕北城隈，拜荐荔椒酬桂醅。日斜剔藓读碑碣，青天无云奔疾雷。

尊经阁

在府学明伦堂之后，明长沙知府钱澍建。

明李东阳《长沙府学尊经阁记》：金坛钱公自给事中擢守吾长沙，数年，政修而人悦，乃作尊经阁于府学明伦堂之后。其制宏达壮丽，广概而疏节，牖槛相冲，甍楹交辉。巨岳当其前，长江泻其旁，登此阁，而吾郡之形胜可坐而见也。吾郡故藏书皆毁于火，公置书数千卷，其中国朝所颁定者为先，《六经》次之，子史百家又次之，居兹阁，而天下之图籍可坐而尽也。

成化壬辰，予归自长沙，实与教授梁君恒及诸生登之，相与窃叹钱君之功。越翼日，梁君率其诸生诣予馆，请曰："惟兹阁不可无述，今建且二年，而石未立，此固有待，敢以请。"予曰："诺。"乃谂于众曰："观治者必观其所尚，而治效从之。秦任刑法，国用以亡。汉习法律，其政杂伯。两晋尚黄老，卒颓以败。梁武氏好佛，饥而死。唐工词赋，而士寡实行。宋虽富儒术，而未能用，其治亦不古。惟我朝敦德崇礼，以经治天下，于兹百年，治化休著，风俗醇美，视今较昔，其效甚明。岂惟有国家，以至于郡县皆然。钱公之治，巍乎其莫尚已。今年祠贾谊，明年祠李芾，又明年祠长沙诸贤，修先师庙庭以及儒学。兹阁之成，多于前功。于是时，政事闲暇，教化隆美，居师儒，招俊髦，或瞻以登，或息以游，讲习之暇，必有感乎其中者矣。是故南瞻庙堂之尊，思先贤之遗训，若严师在前，惴焉而不敢肆；西望岳麓之高，慨考亭故址，怀高山之仰，悚焉若有所不及；北拱宫阙，怀江湖之幽思，仰答圣天下作养教育之盛意；而东望府治，则思我公之功，日惟无负，以能有成功，无愧于天下后世。则兹阁也，岂直游乐为观美而已？请与吾乡之善士共勖之。”众皆曰：“诺。”退，相与刻石于阁中。

兹阁也，起始于某年月日，成于某年月日。越某年月日，翰林编修郡人李某记。

尊经阁

明杨茂元《紫阳遗迹序》云：长沙实朱子游宦之地，然其遗迹，问诸故老亦鲜有知其详者。若岳麓书院亦其遗迹之一，吾友陈坚远既重建之矣。其后有隙地，茂元构一阁以庋诸书，榜曰“尊经”，暨讫工，乃考文公年谱，遗事之有系于长沙，命为八题曰“麓山讲学，衡岳同游，安抚湖南，谕降洞獠，更建书院，节制虎军，考正礼仪，录旌忠节”。每题书年谱于首，命工分绘为图，而各为之赞，合而名之曰“紫阳遗迹”。既成，以授郡庠生杨剑、陈大用，揭于阁之四壁，冀夫登而览之者，兴起尊贤尚德之心，而思读其书，以学其道，是或风化之一助也。

明吴愉《尊经阁》：空中楼阁蔽松杉，此日谁人问六经。尽在水深山色里，年年芳草逼人青。

天心阁

府志云：在城东南堞上。

国朝乾隆四十二年李汪度《重修天心阁记》：会城东南隅，地脉隆起，崇墉跨其脊，青乌家所云：“巽龙入首，文治之祥也。”冈形演迤，遥与岳麓对，上建天心、文昌二阁以振其势，后乃额天心于文昌而省其一焉。阁后下瞰平畴，稻畦鳞次。左右凝睇，则澄波环绕，沙岸参差，帆影樯风。与黛色烟鬟，如列户牖，盖极城南之胜概萃于斯阁。而位置适当书院之左，人文之盛所自来欤？其创建不知所始。

乾隆甲午，中丞长白觉罗敦福公建节湘南，既修岳麓讲堂，复葺城南书院。谓阁祀文昌，居文明（生）〔众〕望之乡，且冠郡垣龙首之脉，宜蔚为美观。乃饬所司，庀材鼎新，俨乎文宿熊光，上腾霄汉。既蒇事，公嘱余考义以祀之。

余按《周礼·保章氏》星土之义，郑注："翼、轸，荆也。"《宋书·天文志》："长沙一星在轸中，主寿命。"而文昌天宿，东近上台，司命，主寿，与长沙一星，异躔同宫。荆南首郡锡名，上应象纬，又当轸之左辖，为公侯辅弼之位。郡志谓为天心所属，是以代有贤良，道德文章、忠义勋名间见叠出，以扶世翼教而跻民于仁寿。今公之抚是邦也，仰体圣主德意，以敷政安民，兴贤育才，将使济济多士胥邀阴骘，炳蔚其文，出符景运，以彰寿考作人之化，则所以振人文而答天心者于是乎在，岂徒为青乌家占形胜，漫作游观之地也哉！颜曰"文教昌明"，公之志也。仍"天心"额，永存其旧也。或曰："心，旧作星。"长沙一宿，实为首郡主星，盖祭星之典著于六宗，守土者崇祀星主，犹宋人祀商，晋人祀参义也。是说也，于志无考，姑存弗论云。是为记。

国朝毛国翰《登天心阁》：高阁平南斗，居人俯万家。晴江春树外，古堞暮云斜。天路惭飞鸟，泥头怨落花。浮沉感生事，极目更尘沙。

沈道宽《天心阁闲步》：野步黄花满意开，乌藤七尺女墙隈。斜阳滄霭杂骚国，一片秋声客雁来。

蔡以偁《大风登天心阁》：四山青欲过江城，人到天心羽翼生。残照炧随鸦去影，狂风猛似虎来声。摩空两手星辰摘，放眼千秋草木惊。不是襟怀霄汉上，那能意气任纵横。

群忠阁

府志云：长沙乡绅董良琼没于伪籍，其园亭建群忠阁，示劝戒也。祀屈原而下十一人，皆死忠者。

月榭

在城南书院，见宋张栻《南轩集》。

宋张栻《月榭》：危阑明倒影，面面涌金波。何处无佳月，惟应此地多。

朱子《月榭》：月色三秋白，湖光四面平。与君凌倒影，上下极空明。

蒙轩

在城南书院，见宋张栻《南轩集》。

宋张栻《蒙轩》：开轩仅寻丈，水竹亦萧疏。客来须起敬，题榜了翁书。

朱子《蒙轩》：先生湖海姿，蒙养今自闷。铭坐仰先贤，点画存象系。

葵轩

宋张孝祥建，见张栻《南轩集》。

宋张栻《安国晚酌葵轩分韵得成字》：桐花三月寒，风雨满江城。使君晚被酒，千骑过友生。名谈宿雾卷，逸气孤云横。挥斤看墨妙，笑语皆诗成。人物有如此，尔辈赖主盟。更呼南邻客，共此樽酒倾。爱我庭下竹，头角方峥嵘。永怀冰雪姿，宁复世俗情。新篇一湔祓，凡木不足程。愿言谨封殖，岁晚长敷荣。

深固轩

在岳麓山，宋僧惠洪有诗。

宋僧惠洪《题岳麓深固轩》：湘西峰顶寺，楼阁藏烟翠。危台占冢颠，小轩寄幽致。游人常不到，石壁照溪邃。于是复何求，此生眠食耳。翛然亦何有，蒲团空曲几。凭高俯城郭，车马环磨蚁。城郭望诸峰，时见孤云起。

百泉轩

《岳麓志》云：在曲水上书院左，朱、张二公建，元吴澄有记。

元吴澄《重修百泉轩记》：昔孟子之言道也，曰“若泉始达”，曰“源泉混混”。泉乎泉乎！何取于泉也。泉者，水之初出也。《易》八卦之中，坎为水；六十四卦之中，有坎者十五。水之在天为云为雨，而在地则为泉。故坎十五卦，象水者十一，象云者二，象雨者一，独下坎上艮之。《蒙》水出山下，其象为泉，而以拟果行育德之君子。岳麓之泉，山下之泉也。

岳麓书院在潭城之南，湘水之西，衡山之北，固为山水绝佳之处。书院之左有泉不一，如雪如冰，如练如鹤，自西而来，趋而北，折而东，还绕而南，诸为清池。四时澄澄，无毫发滓；万古涓涓，无须臾息。居于其间，名“百泉轩”，又为书院绝佳之境。朱子元晦、张子敬夫聚众同游岳麓也，昼而燕坐，夜而栖宿，必于是也。二先生之酷爱是泉也，非止于玩物适情而已：“逝者如斯夫，不舍昼夜”，惟知道者能言之。呜呼！岂凡儒俗士之所得闻哉。

中经兵火，轩与书院俱毁。至元丁亥，始复旧观，上距乾道丁亥二先生游处之时，百二十一年矣。延祐甲寅，潭治中瑮陵刘郡侯又重修之。侯与余相好也，余亦深知侯之为人，故其修是轩也，余为之记。

国朝曹耀珩《百泉轩》：朱洞兴文学，书堂为肇始。千秋续正脉，卓哉两夫子。元公产营道，光霁无渣滓。二程从之游，与点展然喜。考亭接渊源，静观得精理。伊为南轩子，而索去糠秕。身侍紫岩公，流寓屈贾里。城南辟院宇，五峰正学迩。二贤合并时，昼夜论不已。豁然心理同，太极会其旨。每渡文津西，赫曦共徙倚。泉窦白鹤来，涓涓无歇止。兰涧石濑俱，漪涟清见底。百道尽潺湲，泻入亭台里。爰构百泉轩，轩楹有沼沚。高峡敞清风，层云肤寸起。花晨并月夕，吟赏必于此。敬夫既主席，众英奉杖履。紫阳未几时，官潭州刺史。嘉绩不胜书，文教尤增美。治事之休暇，辄拥皋比几。考德而问业，讲贯未停晷。州郡于于至，上舍一千士。绎络车骑纷，马饮渴池水。乾道咸平间，誉髦少伦儗。人传洙泗风，吾道今南矣。忆昔魏晋降，儒术伤卑靡。雕绘在语言，问学徒口耳。二贤宗濂洛，性天为根(祇)〔柢〕。雅怀诱后进，湖南撷兰芷。斯文遂在兹，末俗狂澜砥。薄劣厕河汾，斯行缅芳址。昔时游赏地，莽苍生荆杞。逶迤溯泉流，啸咏空尔尔。悠悠白石下，谁踵朱张趾。

山斋

《岳麓志》云：宋刘珙建，在岳麓山下。续志云：国朝道光中，山长欧阳厚均复建，题曰“山斋旧址”。

宋张栻《山斋》：叠石小峥嵘，修篁高下生。地偏人迹罕，古井辘轳鸣。

朱子《山斋》：藏书楼上头，读书楼下屋。怀哉千里心，俯仰数椽足。

恕斋

宋张栻《南轩集》云：在潭州右司理治后，海陵周俊卿建。又《潭州重修左右司理院记》云：其在郡者，旧有子城院、军巡院。开宝六年，命子城院毋得收系，改军巡为司寇，始以士人为参军。天下巨镇，得置左右两院者，凡十有六，太宗朝复，更司寇为司理。

宋张栻《恕斋铭》：潭州右司理之治后，海陵周俊卿请予名其斋。予名之以“恕”，为之辞曰：

行成不变，君子尽心。明动丽止，象著羲经。所存曷先，其恕之云。自尽于已，以察其情。意有所先，则弗敢成。见虽云独，亦靡敢轻。幽隐之枉，是达是申。毫厘之疑，是析是明。俾尔寡弱，无有或困。于尔强慝，靡袜靡遁。及得其情，又以勿喜。古人于此，恕有馀地。我名于斋，意实在兹。嗟嗟来者，尚克念之。

北庄

《长沙县志》云：明王侍郎伟隐居处。

明王伟《北庄清隐八景诗有序》：北庄去长沙百十里许，在桐树山中，静室山人之隐居也。山自平江发脉，至此起十二峰峦，左右拱在峨眉峰下。山阴二里许，巍然特立，以捍水口，曰鹅羊山，即道家所谓七十二福地之一。偃月峰下有泉，冬月不竭，掬饮之，心神洒然。山外有湖，平漫可爱。远景如岳麓秀峰、湘江清流，水陆洲如毡浮水面，涝塘人烟丛萃，树色微茫，登临瞩望，皆在目间。于是随义立名，为八景。予以衰年卜居得此，亦复何幸，不有赋咏，曷抒雅怀。诗凡八首，辞鄙意浅，不足传诸大方，特寄一时之兴云。

《鹅羊福地》：湖南福地说鹅羊，叠嶂层峦接大荒。云气四时连岳麓，山形千古捍潇湘。径危苔藓沾衣润，树老松花满地香。日暮严城催鼓角，平沙惊起雁行行。

《桐树名山》：梧桐曾种遍山隈，桐死梧枯凤不来。十二峰峦飞翠绕，几千年地待时开。拟于幽处营书屋，还傍清流筑钓台。卜此便为终老计，名场利府已心灰。

《清泉醒心》：一泓泉水碧涵天，白罅流来不计年。圆净正疑丹凤眼，清香还讶老龙涎。静观炎暑浑消去，掬饮精神顿洒然。嗟我久为尘土客，相依终日竟忘还。

《平湖豁目》：平湖如掌对山河，纳尽潇湘万顷波。箬笠每来垂钓客，兰桡时听采莲歌。玉壶湛露宁由斫，宝镜涵空不用磨。试向连珠峰上望，满怀清思费吟哦。

《岳麓晴峰》：云开岳麓翠屏张，点点峰峦接混茫。远瞰洞庭雄七泽，高标翼轸俯三湘。弯环不让峨眉秀，曲折还同鸟道长。千古桐山相望处，好为云雨救年荒。

《涝塘烟树》：涝塘树色晓苍苍，尘土交驰正渺茫。十里通衢烟火杂，一湾流水芰荷香。穿林啼鸟声声巧，竞渡行人日日忙。暇想不如抛俗累，绿阴深处醉壶觞。

《湘江澄练》：梧桐山下是潇湘，曲折南来绕北庄。万顷波光澄素练，一天星彩浸微芒。势穷今古人何在，流尽年华恨更长。老我已为疏散客，纶竿时复钓沧浪。

《水陆铺毡》：天生洲渚似铺毡，界破湘江在两边。蟠地铁根应不朽，倚空楼阁尚依然。谁开清镜雄千古，回隔红尘息万缘。俨若印星浮水面，桐山一望势钩连。

南湖别墅

明郭金台撰《杨仲先志铭》云：庚辰筑茅椽，与予择南湖别墅夹居。杨子挟其徒，子夜读罢，歌呼出篱外。予与王子玉社读罢，自山楼弄琴，送音过草堂。每花晨月夕，笑语两相接，兴尽，乃伏枕起视，晨星落落矣。

按，仲先，名德远，长沙人。

湘城访古录卷十六

冢墓类

汉长沙王吴芮冢

《一统志》云：在长沙县西北，冢旁有庙，今废。明统志云：在长沙县治西北，汉高帝以吴芮有功，封长沙王，卒葬于此。《元和郡县志》云：在长沙县北四里。《水经注》云：临湘县北有吴芮冢，广逾六十八丈，登临写目，为城郭之佳憩也。引郭颁《世语》曰：魏黄初末，吴人发芮冢，取木，于县立孙坚庙，见芮尸容貌、衣服并如故。吴平后与发冢人于寿春见南蛮校尉吴纲曰："君形貌何类长沙王吴芮乎？但君微短耳。"纲瞿然曰："是先祖也。"自芮卒至冢发四百年，见纲又四十馀年矣。《三国魏志注》引《世语》云：黄初末，吴人发长沙王吴芮冢，以其砖于临湘为孙坚立庙。芮容貌如生，衣服不朽，后豫发者见吴纲曰："君何类长沙王吴芮？但微短耳。"纲瞿然曰："是先祖也，君何由见之。"见者言所由。纲曰："更葬不?"答曰："即更葬矣。"自芮之卒年至冢发，四百馀年。纲，芮之十六世孙矣。影宋本《寰宇记》云：吴王庙、吴王墓在长沙县北四里，诸葛诞长史吴纲时，有人见纲云："君酷似吴芮，但微短。"纲惊曰："君何由知之?"客曰："黄初二年至长沙，见人发芮冢，内多玉器。芮僵尸，容貌俨然如生，衣服不朽。”纲曰：“是吾十一世祖，所见玉器今复何在?”云在孙坚庙中。

汉双女墓

明统志云：在长沙县，即汉长沙定王葬程、唐二姬处。影宋本《寰宇记》云：双女墓，即汉长沙王葬程、唐二姬之冢，坟高七丈，在长沙县侧十里，号曰双女坟。《汉书·列传》云：定王母唐姬，故程姬侍者。景帝召程姬，程姬有所避，不愿进。而饰侍者唐儿使夜进，上醉不知，以为程姬而幸之，遂有身。已，乃觉非程姬也。及生子，名曰发。

汉长沙定王刘发墓

省志云：在东门外。《府志拾遗》云：汉长沙定王墓，及其母唐姬墓，各高十三丈，周回三里，其间相去三丈。

汉司徒刘寿墓

《太平御览》云：《荆州记》曰，长沙郡东十馀里有郡人刘寿墓，有石阙四所。寿，汉顺帝时为司徒。其东有龟塘，周回四十五里，有灵龟出其中，故塘因名焉。《汉顺帝纪》云：永和三年九月己酉，光禄勋长沙刘寿为司徒。《章怀太子注》云：寿，字伯长，临湘人也。

汉孝子古初墓

《一统志》云：在长沙县北。即唐张谓所称“表古初之坟，足以敦素行者”也。影宋本《寰宇记》云：古初坟，后汉古初遭父丧未葬，邻人失火延及初家，力不能迁柩，乃伏其上，以身捍火，火遂灭。长沙异之，以为至诚所致。《东观汉记》云：长沙义士古初，父丧未葬，邻人火起，及初舍下，棺不可移，初冒火伏棺上，俄而火灭。《后汉书·郅恽传》云：恽再迁长沙太守，先是长沙有孝子古初遭父丧未葬，邻人失火，初匍匐柩上，以身捍火，火为之灭。恽异之，以为首举。

东汉长沙太守韩玄墓

府志云：在学政治西。《三国志·先主传》云：先主南征长沙，太守韩玄降。《华阳国志》云：建安十三年，曹公南征，先主屯樊。曹公以轻骑追先主于当阳长坂，求救于孙权。权即遣周瑜、程普助先主，大破曹公于赤壁。曹公引归，先主表刘琦为荆州刺史。又南征四郡，武陵太守金璇、长沙太守韩玄、桂阳太守赵范、零陵太守刘度皆降。会琦病死，群下推先主为荆州牧。

案，玄墓实在大堂暖阁下，至今犹有灵异。后圃之冢，乃其虚土也。

国朝汪应铨《韩玄墓记》：长沙府城西有古冢隆然，相传为三国时长沙太守韩玄之墓。其前祠屋三间，卑陋下湿，守冢人以苇席蔽其旁居之，秽气触人。余游湘东，过而伤之。

先是墓南为府治，前后太守数见灵怪。或闻堂上叱呵声，风雨之夕，俨衣冠坐立，或数处皆见之。太守不自安，徙治所，今为提学校士之馆，然怪异不绝云。

玄领守长沙，自荆州刘表之时，魏武克荆州，未暇易置守令，故黄忠、刘磐共守攸并仍旧任，而统属于玄。至昭烈南征四郡，玄以城降，其见如史者如此。

余尝以谓黄忠勇毅冠三军，当群雄披攘之际，能事玄而为之下，玄降，而忠始委质入蜀，盖其威信智略必有足以服人者矣。昭烈，汉之支裔，宽厚爱人。玄与三郡俱降，兵不血刃，百姓安堵，可谓识逆顺之理，有安全之德矣！稗官小说流传委巷，如罗本忠之徒，盖以蜀书略无称纪，遂并抹杀其事迹，颠倒其本末。至于玄之死事，或在吕蒙袭夺之日，而移之壮缪。壮缪奉使据荆，在玄既降之后，其入益阳，更在吴夺长沙之后。壮缪之英风义烈，震耀无穷。玄以驭众之材受见杀之。诬归刘之实，冒拒敌之名。世人复以传奇为史记，耳食为多闻，终古霿雺莫能剖白，宜其二千年之灵爽，不能不为异于兹土也。

意者表而出之，使不没其实。官为置守冢一，冢作新宫而祠之，使神有所栖，庶有豸乎？余既叹世所谓之然者，往往不然也！故尝为之说而记之，抑官斯土者或有取焉。

晋都督长沙郡公谥桓浔阳陶侃墓

《一统志》云：在善化县南。《元和郡县志》云：在长沙县南二十里。影宋本《寰宇记》云：在长沙县南二十里。晋永兴二年，帝遣吏掘断陶侃冢冈，日夜并工，日掘夜合。有人夜闻人云，“若以青布袋盛土抛于江中，此须为断”，后人语闻官，即时穿断，今犹谓之“陶冈”。省通志云：《晋书·侃传》，侃遗令葬国南一十里，国即长沙郡，侃所封也。又侃子《瞻传》亦有送侃丧还长沙之语，惟所载里数与《元和志》异。

梁屯骑校尉欧阳僧宝墓

《陈书·欧阳頠传》云：頠父僧宝，屯骑校尉。頠少质直，有思理，以言行笃著闻于岭表。父丧，毁瘠甚，至家产累积让诸兄。州郡频辟不应，乃庐于麓山寺傍。《唐书·世系表》云：僧宝，字士章，荔浦令。

案，据《陈书》，则僧宝墓当在麓山，硃因庐墓于其地也。

五代楚王马氏疑冢

府志云：在东南北城外，相传三千三百六十七冢。

明王庄《疑冢诗》：疑冢何劳苦用心，没堆青草独相寻。屈原衹葬江鱼腹，留得芳名直到今。

国朝柳廷方《马王坟》：蔓草寒怜送夕阳，人传武穆旧封疆。瓜分有国同吴越，草窃乘时在晋唐。极目山河空铁券，伤心鸡臛少嗣王。可怜千载惟荒冢，不见遗民哭野棠。

楚武信军节度使马希振墓

《青箱杂记》云：马希振亦殷之子，清泰中卒，葬长沙之陶浦。掘得石碣，其文曰："乱石之壤，绝世之冈，谷变庚戌，马氏无王。"盖马氏诸王雄于周广顺辛亥岁，迁于江南，然其国之变，实在庚戌岁故也。

案，府志云：陶浦港在善化县南。又云，陶埠迹在县南十五里，盖一地二名，岂即古之陶浦耶。

楚王马希广墓

《九国志》云：乾祐三年十一月，希萼陷长沙，戊申希广被害，葬浏阳门外。《通鉴》云：戊申赐希广死，希广临刑犹诵佛书，彭师暠葬之于浏阳门外。

案，溪州铜柱记作彭师杲。《通鉴》及《五代史》均误。

宋处士孙成象墓

宋刘挚撰墓表云：葬郭下乡露仙里。

宋刘挚撰《孙成象墓表》：公讳成象，字乾曜，姓孙氏，世家长沙。五代末，马氏据有湖南，将吏皆其所自补。公之曾祖全以材武为潭州醴陵县镇遏使，庇忧捍患，当危乱中，众恃以休戚，实有德于一方。生匡替始，仕皇朝，为扬州广陵主簿，以清白著名。生隽隐曜潜行，始居郡城南，轻财乐施，教子有方，里人以为长者。而湖湘衣冠论凡治家可法者，至今指城南孙氏，是为公考。生子五人，而公次居长。性情笃孝，事亲能竭其诚力，而友其弟以爱，居父丧致哀谨礼，乡里称之。好学问，为文章，长于歌诗，善书有法，有名场屋间。闻善见义，笃好而力行之。娶夫人李氏，家多资，尝析其屋，同门婿以女分，每将有诉。公曰："婚姻以利，末俗事也，而又以讼乎？是非士人之所为！"因谢绝之。复以事出旁郡，而母夫人以疾亡。既还，伏棺悲摧，累日不能饮食。忽抚其子曰："吾不为无后，死当免于圣人乎！其从先君游，无所恨。"语已，号顿而终，年三十三。

天圣元年三月二十七日，夫人后公二十四年卒。二子颀，今为朝议大夫、荆湖北路转运使，颙，守贵州灵川县令。一女适进士丁咸，孙男四人，曾孙男六人。朝议君以才显，于是，自其升朝。每国家有事，于郊庙推恩其子以及其亲，于是累赠侍郎。

呜呼！公虽无所飨于其生也，而没也，被名爵、燕世绪，子荣而孙承之。则为善必有报，顾迟疾异焉耳。

公既没，二年十月二十三日葬于郭下乡露仙里。又五十三年，当元丰四年三月二十七日，开封府推官奉议郎充秘阁校理刘某以文表于墓。夫人李氏，万年旌德县太君，自有志铭。

呜呼！公之死可谓过于厚者也，古之人制中以为常，然亦曰丧乎哀，虽过而不可议者，厚故也。公视其子足以立，知其不为无后而死，则公文志可矣，而尤有可哀焉。诚在公有高于人者，未及施而止，独施之其身而已。此其命也夫！此其可哀也夫！

宋侍御使龚夬墓

《古今书刻》云：宋龚夬墓石刻在长沙县北二里。孙克宏《碑目》云：龚夬墓碑在长沙县北二里。《宋史·赵汝谠传》云：汝谠以江西提点刑狱徙湖南，既至，则表直臣龚夬墓。

宋大理寺丞狄栗墓

欧阳修撰墓志云：在长沙县西三十里新阳乡梅溪村。

宋欧阳修撰《大理寺丞狄君墓志铭》：距长沙县西三十里新阳乡梅溪村，有墓曰狄君之墓者，乃予所记《谷城孔子庙碑》所谓"狄君栗"者也。

始君居谷城，有善政，尝已见于予文。及其亡也，其子遵谊泣而请曰："愿卒其详而铭之，以终先君死生之赐。"呜呼！予哀狄君者，其寿止于五十有六，其官止于一卿丞。盖其生也，以不知于世而止于是；若其没也，而又无传，则后世遂将泯没，而为善者何以劝焉。此予之所欲铭也。

君字仲庄，世为长沙人。幼孤，事母，乡里称其孝，好学自立。年四十，始用其兄棐荫，补英州真阳主簿，再调安州应城尉，能使其县终君之去无一人为盗。荐者称其材任治民，乃迁谷城令。汉旁之名惟邓、谷为富县，尚书铨吏常邀厚赂以售贪令，故省中私语以一二数之，惜为奇货。而二邑之民，未尝得廉吏，其豪猾习以赇贿污令而为自恣。至君，一切以法绳之，奸民大吏不便君之政者，往往诉于其上。大吏虽案覆，率不能夺君所为。其州所下文符有不如理，必辄封还。州吏亦切齿求君过失不可得，君益不为之屈。其后，民有讼田而君误断者，诉之，君坐被劾。已而，县籍强壮为兵，有告讼田之民隐丁以规避者。君笑曰：“是尝诉我者，彼冤民能自伸，此令之所欲也，吾岂挟此而报以罪耶?”因置之不问，县民由是知君为爱我。是岁西北初用兵，州县既大，籍强壮而讹言相惊，云当驱以备边，县民数万聚邑中。会秋大雨霖，米踊贵，绝粒，君发常平粟赈之。有司劾君擅发仓廪，君即具状事闻，朝廷亦原之。又为其民正籍之失，而使得岁免破产之患。逾年，政大洽，乃修孔子庙，作礼器，与其邑人春秋释奠而兴于学。

时予为乾德令，尝至其县，与其民言，皆曰：“吾邑不幸有生而未识廉吏者，而长老之民所记才一人，而继之者今君也。”问其一人者，曰：“张及也。”推及之岁至于君，盖三十余年，是谓一世矣。呜呼！使民更一世而始得一良令，吏其可不慎择乎？君其可不惜其没乎？其政之善者，可遗而不录乎？其用谷城之绩迁大理寺丞，知新州。至则丁母夫人郑氏忧，服除赴京师，道病，卒于宿州，实庆历五年七月二十四日也。曾祖讳崇谦，连州桂阳令；祖讳文蔚，全州清湘令；父杞，不仕。君娶荥阳郑氏，生子男二人，遵谊、遵微，皆举进士。女四人，长适进士胡纯臣，其三尚幼。其铭曰：

强而仕，古之道。终中寿，不为夭。善在人，宜有后。铭于石，著不朽。

宋左丞相馀干赵汝愚墓

嘉庆省志云：在善化县南高峰寺后。光绪省志云：案《宋史·汝愚传》，汝愚安置永州，至衡州病作，为守臣钱鍪所窘，暴薨。明统志谓，汝愚谪永州，道卒，旅殡于湘东开福寺，州请于朝，得旨归葬。据此则汝愚无葬长沙事，旧志所载，或归葬过潭时权殡处也。

案，《宋史·罗必元传》云：元知馀干县，赵福王府骄横，以汝愚墓占四周民山，必元直之。据此则墓之不在长沙，明矣。较明统志归葬之说更确。而近人不学，乃于妙高峰置冢树碑，以实其事，妄也。

元征士庐陵段士龙墓

欧阳玄撰墓碣云：葬善化县龙坑之留思岭。

元欧阳玄撰《元故征士段君礼廷墓碣铭》：有元征士段君礼廷既葬之十年，其孤德辅、德文，介余故人之子聂孟宣以君之行实谒余，请铭其墓道之石。余始辞之，孟宣请益谨，乃述其行而为之铭。

维段氏，庐陵之龙溪人，入唐以来，代为显官，有积阶至银青紫者。君讳士龙，字云亭，礼廷其号也。曾祖仲仁、祖文郁。父子开，字叔茂，号真逸处士，始迁长沙城中。三世皆有德之士，君本真逸族子。宋季，段氏有登进士第，卒官成都华阳主簿讳文焕者，君所生曾祖也。以词赋两请漕贡进士，讳义孙者，所生父也。内附初事多艰，贡士往安成，依妻家刘氏以居。前至元辛巳，君生刘氏家。年九岁，外祖刘梅窗先生奇其颖悟。真逸无后，询之族属，求可为后者，见君拊之曰："吾行四方，阅人多矣，是儿能振吾宗者，请以为子。"贡士持不可。贡士没，母刘氏辛勤自立，教君从师受学甚谨。又九年，真逸申前请弥切，乃许以为后。时真逸以资雄于长沙，得君干蛊，甚副所愿。

君事真逸及母李氏尽孝，遇弟士虎能友。士虎字文亨，本从姑之子，与君同继真逸。虎性刚，君每济之以宽，内笃恩爱，外极弥缝。家务大小，咸当其可，君之助居多。由是家益日裕，又加润色焉。真逸晚岁优游之趣甚适。君所生由文焕而下，六丧未举，君竭力营厝，悉如礼。同气四人，兄可珍、弟可立，揭家徙长沙，君赒之有方。既而两人夫妇俱亡，君殡其二丧，抚其诸孤，使之咸有所凭藉。女兄适印冈罗氏，相距六百里，馈问无虚日。其他赈贫恤难，施诸外人，无所难色。每岁发廪，务平其值。庚午大祲，则捐值倾积以济，存活无算。生平读书，一见随了大义，有所得辄加体验而行。当道荐以文学掾，力辞不就。家居命僮仆治生，一经指画，即不以婴怀。惟与士大夫游，乐而忘倦。蓄古书画，暇日把玩，清谈洒洒不绝。城东作三友亭，常领客觞咏。岁癸酉，游南岳，登祝融，夜半望海日，超然有从方外之志。乙亥归庐陵，遍修先茔之祭，退而会诸族党姻友欢甚。是年，真逸年九秩，归为真逸寿，击鲜高会，绕膝奉觞，鬓发斑白，座客歆羡。未几，真逸病，侍病劳勚。及卒，哀慕过情。丧事甫毕，君亦感疾，逾三旬未瘳。一日，忽呼二子语之曰："民生在勤，勤则不匮。汝曹勉之。"越数日，疾复作。濒殆，有僧怪牛素所往来，问之曰："究竟若何？"举手画一圈，曰："生平受用，不离乎此。"子问家事，不答，启手足示之，翛然而逝，后至元二年丙子五月十有二日也。三年丁丑十一月庚申，葬善化县龙坑之留思岭。

君性忠厚，喜愠不见颜色，训子弟能以身教，有质必中理。得年五十有六，未弱冠来继真逸，始终几四十载，父子慈孝如一日，中外无几微间言，难矣哉！初娶胡，女一人，适广东宣尉副使聂公以道次子孟宣；刘氏，子一人德辅；李氏，子一人德文，皆克肖，孙男女各一。铭曰：

人生至难，为后于人。其难为何？尊尊亲亲。亲既区别，尊有隆杀。君子处之，先识其大。所继所生，置身其间。不爽其宜，得誉非艰。吁嗟礼廷，动适厥中。于分则严，于情则通。岁逾三纪，恩义周浃。至诚感孚，靡间靡谍。坟墓我省，谱图我修。两宗欣合，二郡绸缪。庐陵长沙，地壤天涯。段氏蝉联，克昌厥家。里称善人，邦曰善士。生有誉处，没蕃祚祉。湘江之壖，卜兆允藏。魂魄所之，咫尺故乡。庆源川增，后人其承。惇史作铭，诒尔云仍。

明吉简王朱见浚墓

府志云：在善化县南关山。《明史·诸王传》云：吉简王见浚，英宗第七子，生于南宫，天顺元年封时甫二岁，成化十三年就藩长沙。刻《先圣图》及《尚书》于岳麓书院，以授学者，嘉靖六年薨。府志云：天顺丁丑封王，生岐嶷长，敏学好古，以（简）〔检〕讨张廉、李晟为辅导，乙未之国，懋德乐善，游岳麓书院，访古哲贤遗迹，命工梓《先圣图》及《尚书》，以时诵观。暇则挥藻染翰，披《贾谊新书》，年七十二薨。

吉悼王朱祐楧墓

府志云：在善化县南关山。《明史·诸王表》云：简庶一子，初封常山王，改封世子。正德五年薨，以子厚焆袭封，追封王，谥曰悼。

吉定王朱厚焆墓

府志云：在善化县镇南山。《明史·诸王表》云：悼庶一子，嘉靖八年袭封，十八年薨。诸王传云：定王厚焆，请湘潭商税益邸租，不许。

吉端王朱载钧墓

府志云：在善化县境大智山。《明史·诸王表》云：定庶一子，初封光化王。嘉靖二十九年袭封，四十年薨。

吉庄王朱翊镇墓

府志云：在善化县南关山。《明史·诸王表》云：端嫡二子，嘉靖四十二年袭封，隆庆四年薨，无子。

吉宣王朱翊銮墓

府志云：在善化县境凤凰山。《明史·诸王传》云：庄王庶兄，由龙阳王嗣。万历四十六年薨，孙由栋嗣。崇祯九年薨，子慈煃嗣。十六年，张献忠入湖南，同惠王走衡州，入粤，国亡，后死于缅甸。府志云：宣王翊銮，端王庶一子，隆庆壬申封王，醇懿朴茂，留心经史，养老恤民，隆师爱士，色温气和，飧粗服浣。万历十四年，守令士民以其贤闻之院道，题请褒嘉建坊。万历丁巳，寿七十五薨。子常淳早薨，天启七年，谥曰宪。宪王第一子由栋，天启辛酉封王。英资天纵，敏德性成，辟馆崇儒。一时荐绅，觐光乐就，时若黄明。治张守臣左右承弼，所著有“兰雪”、“堂政”、“暇草”。所书有明德堂墨帖，皆为远近脍炙，两台疏题建坊。崇祯九年薨，子慈煃嗣。崇祯十六年八月，张献忠陷长沙，与惠王常润走衡州，衡州陷，走永州。后走广西，居梧州，国亡，死于缅甸。

明陶汝鼐《雄州逢吉藩中使，凄然话旧时吉王在殡，世子居庐，且返国未有日》：故国经年天地荒，逢君百粤泪沾裳。寒梅度岭香犹细，孤雁离云影自伤。怅望楚宫虚夜月，心期帝子下潇湘。春来兰雪堂前鸟，解向枝头忆旧王。

吉宣王次妃何氏墓

李腾芳撰圹志云：葬善化县二十八都凤凰山。

明李腾芳撰《吉王次妃何氏圹志》：吉之先简王，以英宗皇帝第五子国于长沙，历五传至今王。

王于英宗皇帝为第五世孙，而今天子之诸兄也。有国四十年，端静乐道，读书好善，无声色嗜欲之慕。今年秋，予从京师归见王，体恭貌肃，气温语洁。退而私于王之相云：王居常寡言笑，不饮酒，衣粗食淡，嘿然终日，喜怒不形于色，盖贤王也。而私于王之左右云：王宫中肃雍和畅，其卑者共以承其尊。而其尊者，俯以接其卑，无淫媟之言，无嫉媢之行，无侈靡之事，内政一统于王妃。而夫人以下靡有间言，由是言之，不独王贤，而其妃亦贤媛也。

自其妃薨，国之人莫不咨嗟涕洟。而王亦哭之痛曰：噫嘻！丧吾良友。其将葬也，天子遣官护丧，视他恤礼有加。其相右长史某，次妃行事琢隧道之石，以王命属予志之，予无以辞。

按状，妃姓何氏，长沙县人。父名某兵马指挥。何氏为长沙望族，而其先有大阴德。妃生秀慧特异，娴于诗书，年十五选入王宫，册封为夫人，后二十年册封为王次妃。子男三人，长封吉世子常淳，次封德化郡王常汶，次封福清郡王常籔。妃薨于万历戊申年正月二十九日，距其生嘉靖丁未，享年六十有二。其薨之明年十一月初八日，附葬于善化县二十八都凤凰山之原。妃性仁孝，幼事父母甚谨，视诸姊妹甚有恩礼。及入王宫，为王夫人。事王与王之妃，如所以事父母者。拊同辈以及婢妾，如所以视姊妹者。故王与王之妃咸爱之，而同辈以下莫不附焉。洎为王妃，事王益谨，如初入宫时。而拊王夫人以下，及于婢妾，益有恩礼，如其为夫人时，王益爱之，而夫人以下益莫不附。王之自治以勤，治家以俭，妃一一先迎王意，牢其躬，濇其养，以教其家人。故家人靡不辛苦约素，象王指者。王喜独居，妾御希得进，妃尝协比群星，与均管簟，故王之子最多。王雅性宽厚，不欲重谴人。妃自以意简约其下，使无逾逸，而一以慈佐王，故终妃之身，宫中无以过罹谴责者。呜乎，妇之德如是，是诚贤媛已。

长沙恭简王朱翊鋋墓

李腾芳撰墓志云：葬善化县十一都七里山。《明史·诸王表》云：长沙王翊鋋，端庶三子，嘉靖三十六年封薨。府志云：嘉靖丁巳封。王雅度宏才，博通经史，摛词赋诗，著有《碱砆集》等书。忠孝友于下贤，乐善名高，藩国台省郡邑咸称焉，寿七十三薨。

案，墓志云，王生嘉靖丁未，享年七十三岁，以已未卒，时万历四十七年。明史云，嘉靖三十六年封薨，以生于丁未，推之至三十六年丁巳，始十一岁，盖“薨”字上另有年号，明史遗落也。

明李腾芳撰《长沙王墓志铭》：已未之春，予以小草出山，谒王于其邸之东圃，有屋数楹，牙签数万。其后方池一区，长三，其方缭以周垣，夹以棕栝，风起木鸣，水动鱼跃。其前则树以紫英绿茎，丹华碧叶，婵娟阿那，极幽胜之致。王送予，既别，犹延伫者久之。予且行且还视王，绛颜雪鬓，锦衣玉带，绰约花间，真神仙人也。乃才一年所，予自京师归，而王殁矣，过而吊王，岂不悲哉！王之子常淠将襄大事，以刘给谏状来乞志其墓，予安得辞？

按状，王讳翊鋋，别号禹山，封曰长沙郡王。盖吉端王之子，宣王之弟，而庄王之兄也。端王有子数人，庄王为嫡子，宣王为庶第一子，王为庶第二子。端王之父曰定王，定王之父曰悼王，悼王之父曰简王，是为吉始封之君，英宗皇帝之子，而王其五世孙也。王载震时，母毕太夫人不坼不副。甫三四龄，聪慧日异。一日，端王抱王坐膝上，方宴奏乐。宴毕，王辄能颂其乐章，端王大奇之。自此，日课以嘉言孅行而为之训其意，曰：嘉言者，所说之善言也；孅行者，所行之美事也，王领之。洎长，受《学》、《庸》、《论语》、《孟子》

义于何生，受《书》于故学士庄公，受《易》于故中牟令欧公，受《诗》于故教授刘公。最后，读《春秋左氏》而心悦之，不忍释手。自是议论雄悍精辨，每登堂抗音，湖南文学掌故，莫不连拄。其为文与诗，雕率皆如其意。尝与予论唐史，称李道宗勇且贤，有战功，乃今传奇，摹其状甚丑，何故？予答以不解。王笑曰："是不过嗤吾侪不读书，但堪打诨捧人腹耳。"予不觉大噱。又曰："故事，藩国子弟授书，但以老奄人为师。夫岂无娟秀者？顾安所投贽耶！且今宗禄匮极矣，若不开仕进之路。何以支？虽有宗学特名耳。不言春秋有额，何以劝？此礼部责也。公官词林久，日后倘佐雍，当筹其便。"予曰："然。"顷读江西乡书，言天子重明丽正，薪槱之始，加广解额，而宗生得隽者一人，固为掩卷太息，恨王之不及见也。

王天性甚孝，平生事毕太夫人色养俱备。状称其吮乳而痈愈；刺血写经而痰痒愈，尤为奇行。而又颂其有社稷功二：为孝之大，当庄王殇无子，有挈瓶而走者矣，卒之宣王当璧，此则王之功也；比岁，宣王薨，安惠世子又薨，有逐虎而起者矣，卒之今王嗣服，此又王之功也。夫是二者，由后言之，其迹显，国之人皆知之；由前言之，其故隐，即状亦不能明其实也。予忆王曾出嘉靖时历日一本示予，载龙阳王继封事颇具。龙阳，宣王之初封也。然则古所谓有心人者，王其当之。而状指社稷功，洵不诬云。若夫煮糜以活饥，和剂以疗厉，折节以礼士，倍赏以恤卒，服浣濯以昭俭，远腥血以明慈，其盛德懿美，固未易更仆数矣。

王为人，长身鹄立，年七十老矣，行尚能趋风。向无疾痛，因宣王父子相继殒落，遂欷歔不自禁。语人曰："吾其鲁灵光耶，吾岂能为鲁灵光耶！"念自简祖以后，独端考徽猷，尚未有刻石，是宣王尸之，今已矣，乃涕泣请于予，为碑其陵之左。碑既具，拜而送之，一恸而仆。自是寝疾，不复起，然犹日诵《华严经》一帙。逝之先一日，语诸子曰："吾禄食六十一年，念今东事剧，无以佐县官急，汝辈各勉为忠孝。"遂不复言。明日，挥手而瞑。时已未之八月十有四日也。距其生嘉靖丁未三月十二日，享年七十三岁。讣闻，上震悼辍朝，遣官祭葬，而赐之谥之曰某王，皆如令甲。

元妃吴氏，先王卒。今月某日，常浖奉王柩与妃合葬于善化县十一都七里山之原，礼也。子男五人，常浖、常潴、常濯，皆吴氏出。万世，副刘氏出；万代，副刘氏出。常浖今当嗣为王，而万世、万代俱府庠生，万世以高等食饩。常濯有子三人，永昌、永国、永盛。万世有子一人，永年。常潴、万代皆早殇，而常浖尚无子。铭曰：

帝子诸侯王，食租衣税兮，岂不逸康。矻矻穷年兮，连屋编箱。胸罗云汉兮，手织天章。散为国华兮，光被湖湘。吮乳刺臂以愈母疾兮，神明来相。丁国祚之屡阨兮，炳大义以匡襄。奠焘土如磐石兮，绵嗣服以无疆。国人皆云王之功兮，虽没而不忘。衡山苍苍兮，湘水汤汤。王灵去丰隆而出游兮，将下憩于王之幽房。予铭以昭之兮，永保其藏。

长沙昭靖王朱常浖墓

府志云：在善化县西七里冈。《明史·诸王表》云：长沙王常浖，翊鋌嫡一子，万历四年封，长子天启元年袭封。府志云：天启癸亥封王，忠君敬上，法祖和宗。事亲五十四年，时加谨凛。居丧二十馀月，愈切哀思。监司旌以纯孝格天，郡邑仰其大孝永慕，勉攻典索，虔心竺乾，宾礼儒贤，力廛储教，称名藩（岭）〔领〕袖。崇祯己卯年七十四薨，长子由棤，崇祯己卯封。

谷城昭宪王朱翊铉墓

府志云：在善化县西七里冈。《明史·诸王表》云：昭宪翊铉，端庶四子。嘉靖三十八年封，万历二十年薨。

谷城温裕王朱常滥墓

府志云：在善化县南洞井铺。《明史·诸王表》云：常滥，昭宪嫡一子。万历八年封，长子二十四年袭封。府志云：万历丙申封王，英爽聪敏，工书翰，善诗赋，著《秀野园集》，好贤下士，有古梁园风。

福清王朱常潊墓

府志云：在善化县西龙洞。《明史·诸王表》云：常潊，宣嫡三子，万历二十四年以镇国将军加封。

国朝李文炤《经废藩墓》：荒烟蔓草临古道，断碣残坊倚斜照。猿鹤沙虫迹已非，一抔犹自增凭吊。凭吊兴亡恨事多，炎炎赤县洽洪波。金瓯尽化新亭泪，玉碗空传薤露歌。遥想素车临穴日，下锢三泉饰幽室。齐纨蜀锦岂足珍，宏璧天球那复惜。中野萧萧如室家，残魂终古拥繁华。讵料冬青啼杜宇，惟馀衰柳噪寒鸦。嗟哉奸民徒嗜利，盗珠适遇骊龙睡。肌销骨烬玉颜污，石马铜驼应下泪。我闻厚葬圣所非，曝尸中原岂爱之。昭陵法帖犹沦落，虽锢南山会有亏。古无不亡之家国，悠悠冥路何终极。阴为野土物皆然，托体山阿诚达识。九嶷云树转苍苍，民到于今未忍忘。富贵何常在德耳，君看南国庇甘棠。

明兵部侍郎攸县王伟墓

省志云：在长沙县境秀峰山，成化五年赐祭葬。《图书集成·职方典》云：在涝塘江秀峰山。《明史·列传》云：伟，字士英，攸人。年十四随父谪戍宣府，宣宗巡边，献《安边颂》，命补保安州学生。举正统元年进士，改庶吉士，授户部主事。英宗北狩，命行监察御史事。集民壮守广平，于谦引为职方司郎中。军书填委处分，多中款会。遂荐擢兵部右侍郎，出视边。叛人小田儿为敌间，谦属伟图之。会田儿随贡使至阳和城，壮士从道旁突出，断其头去，使者不敢诘。伟喜任智数，既为谦所引，恐嫉谦者目己为朋附。尝密奏谦误冀自解，帝以其奏授谦，谦叩头谢。帝曰："吾尝知卿何谢为。"谦出，伟问上与公何言。谦曰："我有失，望君面规我何至尔耶。"出奏示之，伟大惭沮然，竟坐谦党罢归。成化三年复官，请毁白琦所镂板。逾年，告病归，卒。《楚纪》云：天顺初，为石亨所构免，归。成化初，复召为兵部右侍郎。初亨诬谦党逆，榜行天下，并诬伟同谋。至是，上特命追揭榜，以雪其冤。伟以谦为言，乃并毁之。《攸舆诗钞》云：英宗复辟，士英坐谦党罢归。《七修类稿》载，王镇弹文与王伟、于谦同其丑，诋则谓伟为谦所引，又阴叛谦者，非也。史称，成化三年，伟复官，即请毁白琦所镂谦等罪榜，雪其冤。于殁后而伺其误于生前，有是理乎？家居十载，乃复起用，甫二年以病乞归。计其时宦情已淡，则谓伟夤缘宦官复用者，亦非也。方薛文清之为大理也，王振诬其故出人罪论死，得伟申救，乃免。见《明史·儒林传》，既与君子为朋，又附小人以进，亦必不然。后之论者，没其功而毛举其过，亦太甚矣。

大名府通判茶陵曾宗正墓

张治撰墓碑云：葬善化县十一都易家山。

明张治撰《大名别驾曾君墓碑》：史张子曰：予每阅曾别驾事，未尝不叹其世之能大，而又悲夫天之未定也。别驾讳宗正，字克明，别号麓峰。其父东山公，肮脏负大志，以雄俊震于乡，乡之人咸望而震也。成化丁酉，领湖广乡荐，名目藉藉，起未几，赍志以卒。别驾年始髫，与其母吴氏，茕茕然形影相吊也。吴氏朝夕携别驾，泣而号曰："何天祸我良人哉！尔成立，俾尔曾氏不堕绝，予则于良人无愧，容未亡人亦奚忍，为曾氏谢荼苦耶。"乃以别驾托诸东山之友鲁公政，曰："惟公不丧友道，公克树子，子则予良人不死，公则于良友亦无愧容。"鲁公曰："诺。"别驾遂黾勉，日诵读古今名人文字，久益旁贯百氏。母吴事纺织助供亿弗倦，别驾学乃大就，补郡庠弟子员，每试有司，辄褎然称首。正德庚午，举乡试第，几归，忻忻拜母吴堂下，吴喜曰："予自是可无愧尔先人矣。"别驾益淬厉，屡试春官，竟弗第。丙子，元子述复举于乡。别驾扬扬然若矜曰，吾不僘，吾子必僘，吾乌能栖栖然与儿辈共奔走，竞青紫哉。嘉靖癸未，乃谒选为大名府通判，理河政。国家定鼎北平，岁漕江淮粟四百万石，以输于京师。黄河每东决，漕辄淤，乃于郡县设专官董其役。别驾日周视河上，每夏秋水至，则号工筑塞卷（扫）〔埽〕。千寻役夫，万指昼夜，弗休息。久之，两足苦瘇，不能良行。别驾曰："吾仕以老母也，今疾，其何以事吾母馀年乎。"乃弃印绶归，会抚按咸疏荐，坚弗起。訾曰："裕晨夕，具甘旨，奉其母，怡如也。"逾岁，子述死。又逾岁，子选死。别驾哭曰："天不福吾嗣，吾何以慰吾母耶。"遂郁郁作疾。庚子，季子造复举于乡，别驾喜扬扬若初，然竟以足疾不能愈，疾亟，执母吴手泣曰："吾母所以忍死以至于今者，为不肖也，不肖乃不能忍须臾，死以奉吾母，可恨也。"已语毕而逝，辛丑二月三日也。

壬寅五月，张子以南铨赴召而北，便道省先墓于茶，归舟涉长沙，子造衰绖谒江上，既而子造跣足走数百里来乞文。张子所居之里，与曾氏相去数百武。而子述则同举于乡者，每观曾氏自东山公以儒起家，科第萌发不绝。然皆不能大其所施，以庸明当世焉。是岂所谓天之未定者，与翕而舒之物道，则尔曾氏之后，将其有昌大也哉！因感其事而识焉，其他美东洲之志备矣。曾氏之先泰和人，宋景祐名学禄者，以连州判徙茶陵之月江，曰奇英，曰昺，曰策，元时相继举进士。至琼祥生永隆，永隆生理，号东山先生，始居长沙。理生别驾。生六子，曰述，举人。曰选，曰逊，曰追，俱庠生。曰造，举人。曰逅，习学子业。女二，长适百户谭邦治，次适同知鲁政之孙朝东。孙男子四人，子唯，子约，子孝，子省，孙女四人。别驾生成化壬辰八月，寿七十，娶高氏。壬寅十一月，葬于善化县十一都易家山之原。

南京吏部侍郎谥恭懿李棠墓

李幼滋撰墓志云：在长沙县六十一都新安铺浣家山。《明史·列传》云：棠，长沙人，由吏部郎中累迁右副都御史、巡抚南赣，终南京吏部右侍郎。仕宦三十年，以介洁称。天启初，追谥恭懿。

明李幼滋撰墓志铭：万历四年，岁次丙子六月乙未，长沙石塘李公卒于家。讣闻，天子震悼，命有司治葬赐，谕祭甚厚。诸子以余习知公，持黄大夫所为状乞铭。忆昔嘉靖甲午岁，余与公及今大司徒同举于乡时，同举者八十有五人，而余三人独相善。嘉靖中，事有可忧危者，时公官客部，今张少卿官史馆，余官给事中，相继谢病去已。而约登南岳，临绝顶，盖计几度来倾否。还泰之道有预议，而默定者矣。呜呼，孰有始进之善而终，无负所预议而默定者，皆身亲见之耶。顾公则先逝矣，岂不悲哉，铭非余孰宜者。

公姓李氏，讳棠，字叔思，世为长沙人，所居地名石塘，因以自号。公生有异质，其在孕时多奇征。生四岁失恃，父命继母陶抚而成立。长，补邑弟子员。初领乡举。归，父病亟，公祷请于天，以身代，不可得。哀毁骨，立庐墓不归。父遗逋券千金，白于兄，相而焚之。服阕，中嘉靖戊戌二甲进士，公则慨然曰："于此而遂可以仕乎！"乃谢病归，取古今书闭户读之，尽窥其大略，以至天文、地理、医卜、星命之微，亦莫不探其奥。至岁丙午始出，而拜礼部主事。未三年，又以母陶归。自是而公专以静修授徒讲学为事，而绝意于仕进。又二十年，为隆庆丁卯，适穆宗庄皇嗣德，言官交荐，公始应诏，起官南京刑部主事。寻调仪部比主值京考，以衡鉴属公进考功郎。公承命焚香，矢曰：“有一不法者天谴之。”事竣，缙绅啧啧称曰：“真考功。”旋擢通政参议太常少卿。值大计天下，群吏执政以公南考功之善，进公都察院右佥都御史，赞议其事。公又矢心如南考功时，侃侃直言，不使有受诬者，舆论益翕然，称之亦如南考功时。偶两广山贼煽乱，升公副都御史，抚巡南赣、汀韶等处，提督军务，节制四省。公至，先定谋而后战，奋不顾身，竟摧剧贼而殄灭之，而地方底宁。转南京兵部右侍郎。公仍躬历要害处，设防守以善后图。民歌士颂，去之日，男妇襁负遮道，不欲公行，南韶士民建祠以祀。寻转南京吏部右侍郎，因劳兵革，中岚瘴，而公病矣。恳请骸再三，乃允归山。调摄岁馀，弥留竟不能起，距所生正德甲戌年六月二十九日，寿六十三。卒之日即其诞之次日也，亦异矣哉。

先夜有大星陨于宅畔，其日以诞日，故犹正襟与宗族会食，若无疾，然语不及乱。公忠孝大节得于性者，独至当父没时，哀毁尽礼，迨继母陶卒亦然。其事君，常以古之忠臣烈士自期待。每叹曰：“临事而不能以死效者，非夫也。”平生乐善好施，与人言，必尽其是非曲直，无所避忌。于财利，则澹然无所好，惟义之急，则如饥渴之于饮食。幼聘王氏，未娶而卒，至今仍恤其家。蒙师贫，周之终身不厌。给事中周公怡以谏议忤旨，上怒不可恻，公力救之，得不死。公在客部时，有权贵欲挠公事，执不可，且欲上疏劾之。彼权贵方得上意，撄之者立碎。余力劝公已之，公不听，且诟余曰：“非为公重死，顾兹不足死也。”公意坚不可解，而陶母之讣适至，向令其讣迟一日，则疏必上。上则公之生死不可知，岂非天之笃佑哉。此无人知者，余独知之耳。

祖讳源聪，父讳仲升，皆以公贵，赠通议大夫、都察院右副都御史。祖母唐氏，母许氏，继母陶氏，妻彭氏皆赠淑人。继魏氏，封淑人。子三：长灯，娶御史邓槐孙女。次熯，娶知州戴陶显公女。次熵，娶衡州刘少卿女。熵，魏淑人出也，馀皆侧出。女四：长适布政司董策子庠生登，次许聘举人周之翰子周衢，馀幼未字。以戊寅年十二月二十日，葬于长沙县六十一都新安铺浣家山亥山已向为茔。

余尝窥公之衷寸与其行事。人之利于进也，往往借口于牛鼎，而公居常无所艳慕。人之所计，只为身图，而公也殉国家之难，急民之急，若已约之沟中，而不敢宁止。人之交情，饮食笑语，即以为相知。而公也相勉以正，闻人之过，必面折之，宁以法言厉语，逢彼之怒，而有不忍人之终于过者。公之经世非特称官守，即天下之重，无不任也。公之推赤心，置人腹，非特移时，即终始无以易也。盖其难进易退之节，皭然不染之操，洞达无隐之心，卓立不挠之守，必为圣贤之志，超然物外之表，实吾楚山川之胜所钟者矣。铭曰：洞庭之流不可息也，衡岳之峙莫有极也。李公之藏与之偕也，百世之下信斯言也。

处士庄如岱墓

李腾芳撰墓表云：在长沙施家湖。

明李腾芳撰《封右庶子庄公暨配宜人粟氏合葬墓表》：某月日，庄学士得全葬其父封奉政大夫、右庶子兼侍读少屏公于长沙某里施家湖之原，而以母粟宜人附焉。铭其隧石者，学士吴公道南也。表其墓者，不佞李某也。庄氏本定远人，国初，祖壶以布衣从军，战采石，为百夫长。子孙世其官，至于今二百四十年，散居凤阳、长沙，以武功递为指挥使、佥事同知者数十人。惟学士始以儒奋，而公其父也。公讳如岱，字子寿，别号少屏。祖讳琇，父讳位，皆隐者。公生沉毅有胆决，弱冠能文章，达时务。湘水绕郡城西出于背，故司理翟公议凿渎引流其前，工甚巨。檄公为督，是时公年才十九，役均工办，人以为能，然亦因此废学。家贫，与室粟宜人苦身勤行，澹澹寡嗜，奉抚养供，宾祭微细缓急，宜人皆商公意，庀给撙节有法度。学士早慧而弱，公课之急，宜人不能无心。怜及连蹇场屋，宜人窃捧其卷而泣，公取读之喜曰：“儿如此何忧。”学士举进士，入史馆。宜人已先卒世，公潸然曰：“念宜人泣儿卷时，不见今日也。”寓书戒学士以约己力官，毋负所学以光而母，无念我。自是操苦节澹益加，稍馀辄以丐贫者，市田宅常取其下，而多予之。值岁潦，常倾橐百金，为邻邑湘阴人治桥。熟《内经·脉难》诸篇，喜煮咀以疗人。伯父建江，卒于宜都学舍，无子，亲往负其柩归。性不饮酒，不乐，御冠带，见宾客，郡邑乡饮勉一往而已。晚年须发鬒黑，健餐饮，无疾痛，有园城东，备亭沼之胜，箨巾布袍，来往于柳烟竹露、红叶碧带之中，望之若仙也。

岁之某月，因病中满，遂不起。学士方请急归省，就道时，距公逝已十有八日矣，恸哉！公历封翰林院编修、右中允、右谕德、右庶子。粟氏宜人初赠孺人，累赠宜人。有子曰少詹事兼翰林院侍读学士天合，曰天祐。继室黄宜人，初封孺人，累封宜人。有子曰廪生天质、天柱，孙男廪生以临等七人，曾孙男二人，曾孙女三人。公生于某年月日，卒于某年月日，享年六十三岁。粟宜人生于某年月日，卒于某年月日，享年□□□岁。呜乎！自予与学士同举于乡，以犹子谒公屡矣。美容貌，长辨说，凡市井田里、官府国计，巨细繁要之事，无不了了，盖智计才能之杰也。因子贵，务恂恂为长者。长沙之人莫不贤其长者焉。噫，长者足以尽乎公哉！

礼部侍郎庄天合墓

府志云：在善化县新开铺。

案，今墓地名石人冲，因墓前翁仲犹存，遂得此名。省志及《长沙县志》谓墓在新开门外者，误也。

明叶灿撰《庄学士传》：先生讳天合，字得全，号冲虚。湖广长沙卫人，生而韶秀，方在襁褓，有小恙。父封翁，见一绯衣人，执戟以护。及稍长，丰姿玉立，器宇凝重。终日匡坐读书，且读且录，尝三日书埤雅一编，无一脱误。操觚为文，波涌云兴，不数千言不止。年十四，补邑诸生，每试褎然前列，搢绅、里党交口器重之。戊子举于乡。初本房已摈弗录，寻为常熟邵墟莲公得之，以呈主考琢庵冯公。冯公执卷太息曰："微公几失才士。"遂为璧经之冠，位置第三人。是科楚中得人最盛，如郝敬、李腾芳、郭正域、袁宏道皆一时名士，于是琢庵先生声腾都下。已丑成进士，选庶吉士，辛卯授编修，壬辰管理诰敕教习内书堂，充会试同考试官，册封西粤靖江王。乙未奉敕纂修《郡国志》，己亥升右春坊右中允。庚子典试，留都，得李允昌等一百四十人，张以诚、缪昌期、左光斗、钱龙锡、吴宗达，及不佞灿皆是榜也。壬寅升谕德，甲辰升右庶子，同考会试。先生以璧经名家，当事者钦其博雅，借阅春秋，所获多伟俊。先是先生既奉典闱之命，焚香载祷，冀得真才，以副上眷。夜梦朱衣老人长揖相庆曰：喜得洞务。既觉，莫测所云。及拆卷，麻城梅之焕洞字七号，桐城马人龙务字号也。二人当代名儒，果符所祷。丙午升詹事府少詹事，兼翰林院侍读学士，充东宫日讲官。值神宗程督甚严，光宗在储邸，英明天纵，手不释卷，史称岐嶷不凡，读书成诵，作字有法是也。故事讲必已刻，遇寒暑传免，至是定以寅刻，亦不传免。先生竭蹶供事，漏下三鼓，星驰赴候，祁寒暑雨，休息无期，启迪开陈，勤苦万状。帝慰劳有加，赐之御服、御馔。同官若焦弱侯、刘幼安、陶石篑、董思白、吴曙谷和衷协恭，笙镛艺苑，文章盛事，亦本朝所不多遘。先生经术名儒，尤殚精韬钤家学。时承平日久，举朝讳言兵。独先生以为治乱安危相为倚伏，不胜积薪厝火之忧。数请东宫勤御经筵，凡兵屯要务，战守机宜，靡不于讲筵进规。居恒或形诸嗟叹，至忘寝食。未几，三大兵兴，所虑悉中膏肓，一一如操左券。先生道德日隆，声名藉甚，四方名宿每以不出门墙快睹风采为恨。丁未，以少詹知贡举廷试，充读卷官，寻推礼部右侍郎。会神宗晚年倦于万几臣僚章疏，或留中，或数月命始下推升，未奉俞旨。闻封翁疾甚，亟疏请归，上哀其诚，一疏得请。戒途五日，而封翁讣闻，哀毁骨立，宿疾转增，戊申卒于家，年仅四十有七。

时边鄙宁谧，百姓乂安，海内望治如饥渴，知与不知引领先生，爰立以为社稷之福。讵意昊天不吊，惜哉！先生服官凡二十年，通计历官五任，讲读六年，历事两君，绸缪省闼，未尝一挂吏议。居家不事产业，或有相怂恿者，辄应之曰清白家声，易与继也，我何尝不为子孙计哉。岁禄所羡推以赡宗族之贫者，故三族待而举火者若干人。至于褆躬履道，则臬矱截然不爽尺寸，辞受交际，尤介特不苟。门生知旧，或竿牍相讯，绝不及私。与门人论学，及课子弟以《论语》首篇“孝悌忠信”，时切究之，曰士不敦本务实，行而徒侈张鞶帨，即华霍绚美何益为？于室左别辟园林，自额其堂曰“小隐”。联曰“地偏不信容冠盖，俗俭真堪顿腐儒。”当勋名赫奕之候，已存急流勇退之思。较汩汩尘劳膻逐不止者径庭矣。他如孝事继母，恭处异弟，德被桑梓，光流奕叶，则湘人口碑载道，非寸管所能罄。

熹庙改元，子以临走长安，上请恤典，言臣父通籍以来，食蘖清修自矢，廿年扬历，四壁萧条，年未五旬，不幸早逝，恭逢圣仁，如天何忍，使先臣含恸九京。不蒙帷盖伏读大明《会典·内》一款，凡经筵讲读诸臣，子孙乞恩荫，叙者备查。祖父年劳，已及三年，送中书舍人，习字出身，又泰昌元年钦奉光宗皇帝圣旨：“朕东宫讲读侍书各官，俱效有勤劳，现任在籍的，仍加优擢起用，其效劳年深已没的，或量加祭坛优恤，录荫以示朕念讲幄旧臣之意。”该部作速开具，明白所籍，来看臣父，查得臣父同官全天叙全给祭葬，赠荫庶子冯有经以五品，赠侍郎。臣父四品讲读，六年勤劳。比天叙为深，官品在有经之上，祭葬录荫似当稍优。所赠官阶亦宜不止三品，伏乞敕下该部，查照典例，从优给予，则恩加枯朽，可慰先帝在天之灵，而礼笃师儒，益彰皇上继志之孝。奉圣旨，该部勘议。礼部勘语云：查照本官文迥驾马之澜，理探程、朱之窟，成就期君德，不愧经筵；入告必嘉猷，无负所学。行已澄神秋水，抡才朗鉴冰天。词林有声，恤典用渥。

工部勘语云：器局彝鼎，词赋珠玑，呈金镜于南畿，棘院俱罗俊乂；窥玉轴于东观，经筵屡进谠言。正心诚意，订谟茹蘖。饮水节概，盖公论自在人心，故言大而非夸也。得请赠礼部右侍郎，加祭一坛，仍给全葬，荫一子中书舍人。习字出身门人钱春巡案楚中，躬谒先生寝园，且捐俸建坊，题曰“泰山梁木”。四方名卿硕彦，迁客骚人，舟车所至，登临凭吊者，留题户壁常满。不佞受知先生，今三十馀年，陆沉牛马，无一善状。年来时事多艰，仕途荆棘，词林素号冷局，昔人有京华杜诗之诮，以今观之，何可复得。犹忆长安承笑语时，先生耳提面命，怡然父子之情；每遇国事盘错，先生抵掌指画，不假思议，风雨集而江波流，坐而言起，可见诸行事真禁廷颇牧也。荏苒风尘，恍如隔世。待罪纳言，茫无寸补。深恩未报，面目难施。政暇偶述先生大节，以志不忘，且称信史之采择焉。所著《学士集经筵直讲》向已锓版行世，一时纸贵洛阳。兵燹之后，板籍散失，孙潜掇拾煨烬，家贫不能重梓，仅为枕中之秘云。

国朝唐仲冕《石人行用工部石笋行韵》：村里石人高过门，峨冠大剑双虎蹲。相传头上金钱积，痴子摹想缄函痕。乃有贪夫贪且猛，枪雷椎椁莫敢论。首坠于前失所望，其一既毁其一存。嗟哉俗情尚蒙蔽，妄意存者尤贵尊。天公凭怒夜轰击，祛愚豁疑大造恩。独怜墓中庄学士，当时宠赉官骏奔。百年翁仲遭残缺，况匪金石埋山根。

长沙府推官谥忠烈晋江蔡道宪墓

《明史·忠义传》云：道宪骂贼，被磔。健卒凌国俊等九人随不去，贼并杀之。四卒奋然曰，愿瘗主尸而死。贼许之，乃解衣裹道宪，瘗之南郊醴陵坡，遂自刭。道宪死时年二十九，赠太仆少卿，谥忠烈。《广阳杂记》云：蔡道宪，辛巳改长沙府推官。癸未崇祯十六年，贼张献忠陷武昌，七月陷岳州。公督战不支，为贼所执。降将尹先民说公降，公骂贼不屈。贼支解公，公骂不绝口。贼遂据长沙，十二月进陷衡、永，还忽拔众渡江。明年甲申正月，王师恢复长沙。三月堵公复任，始发丧治墓，虚葬公于长沙府城南醴陵坡。堵公为之志圹，复建祠肖像以祀之。《沅湘耆旧集》云：墓在醴陵坡。余刊公遗集时，曾得公钞本行状为世所不传者，知公骨已归晋江，此其虚葬。

明堵胤锡《江门蔡公墓志》：悲哉，予之志蔡子也。蔡子与予，生同时，名同籍，仕同地，苦危同患。独恨后期不及同死，以此愧蔡子。惟予能前知蔡子必死，亦惟蔡子能信予后死者之究竟能死。两人不同死而同归也，有同心矣。其心同者，其言利。非予孰志蔡子？抑蔡子非予志孰妥之归处哉。

谨按，蔡子之先，居于泉之（塔）〔晋〕江，几传而为艺伯公讳毂；又传而为仰滨公讳佐；又传而为葵一公讳维忠，即公父。葵一公以功曹为府幕，即不以五斗萦怀，萧然寄傲，深得儒者之乐。生三子，长钟殿、仲道宜，俱庠生。公居季，讳道宪，字元白，号江门。生而傥奇，过诵矢咏俱绝，性至孝友，宗间无间。十七岁癸酉入泮，即领乡荐。悯叔昆季之孤，告于葵一公曰："古有九世同居者，今儿不获与仲母同堂，儿耻之。食被冠婚，何有何无，皆儿责也。"即广灶具迎归与处。迄数十指，怡怡不知贫如一日。二十一岁丁丑，魁南官，授滇南司理。迎养至中途，闻讣音，晨夕跣趋，哭不绝声。公故癯，至是益削，杖而起。以太母黄故，勉一粥三年，茕茕不出户。暇则坐展《离骚》、咏《正气歌》一过，辄淫淫不置一二，有心人咸为之危。

岁辛巳，改理星沙，予亦授守是郡。公即锄暴雪冤，爱民课士，美无不尽。予师事公，时方多故，予复戆迁，动遘闵侮。公苦心绸缪，暇则促膝道古，心腹相勉；急则分痛同患，手足互应。每于迫不及待、万难一措之际，两人支吾起蹶，悉其能以从事。殆矣，犹恃弗孤。期月间，兴大狱，起大师，定大难。敕使雷轰，檄书毛集。民不知罢，予已创而公亦病矣。壬午十月，公有事于曾城。予以觐行，过公小楼，秉烛子夜，语不可尽。公语予曰："子乌得去，子去，是无星沙也。"予亦曰："子速归署，死而后已，吾子勉之！"此时，一二凄楚声，不过无聊共激耳。孰知两人即此永诀，而两言竟成凶谶也。

是岁十二月，贼陷荆永；癸未五月，陷武昌；七月，陷岳州。一时，名藩重臣大帅劲卒皆溃，长莫能自固。有广镇尹先民者，称能弁，公结以卫。时，民大窜，一城内外，皆绛衣游悍，且掠且市。又文武率属相扞不和，贼朝渡夕溃，尹降。公督战不支，乃下马释戎服、整衣冠，北面拜泣曰："臣不职，以死谢至尊！"为贼所执。贼降阶语曰："我素知公，公勿苦。"公怒骂，贼缚公，公益骂，释而复缚者三。乃嗾降弁尹款语公，公嗔目直视曰："尔为卫律耶？朝廷何负尔而反？"奋缚揕尹胸而搏之，贼数万咸股栗。公数贼罪，又扬天朝威德，大辱贼，贼乃剐公。公就剐，骂不绝。左右皆流涕发喟曰："南朝仅见李侍郎也！"贼遂踞长。

十二月，进陷衡、永，还，忽拔众渡江。明年春正月，王师乃恢长。

三月，予复任。肖像建祠，为公发丧，率诸同人而哭之。噫！公死矣。岂至今日始知公死耶？忆壬午之春，公将部漕，即促嫂侍太母归，予沮之行，不从。后不卒漕，予劝之迎，又不从。私于予曰："吾与子俱处燕在堂也。俗悍而犯，民敝而赋重；上下儳沓以出，治乱至无日。吾无死所，忍使慈母目见壮子乎？"奋题其壁曰："许多上将薪谁徙，正在中流楫自悲。"盖自期有素矣。兹之痛公传公者，公其以恝然无憾夫。

公生于万历乙卯年九月二十七日，被难于崇祯十六年癸未八月二十六日，年二十有九。登丁丑进士，官长沙理刑。元配谢氏，生子一，名知远；女一，许配慎庵黄先生次子。以甲申五月二十日，虚葬公于长沙府城南醴陵坡。主丧者，亲兄道宜；司丧者，郡守堵子胤锡及别驾周子二南也。铭曰：

忠孝惟两，生而怀来。失其怀者，形溃神灰；得其怀者，生荣死哀。繄明蔡公，充怀不回。同居食贫，怡怡中闺。不遑将父，其容梅梅。不遑将母，啴啴孔悲。遭时忧危，厥矢崩摧。何以支之，一肩崔嵬。肩仔身蹶，星陨风吹。颜舌张齿，浩然言归。暴骨丘野，沅芷湘荾。升爽在天，耿耿辉辉。繄公生三，两全弗亏。载虔我榱，载崒我碑。尚公陟降，闻公謦咳。是之谓求生而得生也，岂仅曰虽死而不死已哉。

国朝丁思孔撰《蔡忠烈公墓表》：自古忠臣烈士，殉难捐躯，历数百千年，观诸史册，得之传闻，犹感慨思慕，嘘唏而不能止。况事既昭著，年非久远，乃藏魄之地，荒堙漫没，健儿牧竖，得以樵苏踯躅于其上，司斯土者，能无恻然心恫乎？

明季长沙司理忠烈蔡公，讳道宪，号江门，闽之晋江人。起家进士，补官于兹。适郡守入觐，公摄太守事。而献贼破武昌，陷岳州，蜂拥南下，声势震虢，人无固志。公力度不支，令百姓窜山谷，以孤城独守。时总兵尹先民翻城应贼，贼入城，百计胁降公。公终不屈，因断公手足，剜眼劓鼻，极惨毒以死。义役凌国俊脱衣裹公骸骨，瘗城南醴陵坡，亦自经以殉。已而贼去，太守还，始具衣冠礼公于旧所。

洪维我朝扫除群孽，混一区宇，天戈所指，虎狼之类悉就殄灭。又令所在官司，凡祠墓之合乎祀典，岁时致祭，一如旧制。于是公之祠宇聿新，贞珉重勒。经略洪公承畴、司空赵公开心、铨部黄公钦为之志传，而国俊亦得从祀焉。嗟呼！九原之心，公能一吐其气否乎？

此者，吴逆叛乱，城郭空虚，公墓榛莽，几不可辨识。蚩蚩之氓，从旁侵轶，有司莫以告。岂公昔日躬撄刀锯，血肉淋漓，骂不绝口，群贼咋舌叹息，其声灵气焰乃不足庇此一抔耶？抑结念君亲，他无足惜，即脔割支解，亦且含笑从容，则遗骼委之荒烟冷草，有所弗顾者耶？虽然式闾表墓，圣主所以崇奖正人，维持风教，良为万世法，非为一人计也。

余巡抚湖南，承凋敝之后，振颓举废，饬所在忠孝名节故陇长阡，咸加修整。越二载，摄善化县篆桂阳州倅孙自仪，以公墓在境，请加封树。余既令其鸠工庀事，方伯黄君静庵迁自岭，同城文武，多公之乡人，相率拜于墓下，登其享堂，毅然仔肩，共襄斯举。于是榱桷松楸，顿尔改观，黄君乃请记于余。余谓公之节烈，潭人道之，赫赫若前日事耳。洪、赵诸公记之详矣。使马鬣无伤，丽牲有石，都人士以及四方来者，过孤坟而酹酒，对丰碑而堕泪，庶几与浮湘吊屈原同，一寄其悲思乎！况公碧血如新，灵爽熠熠，塞天地，泣鬼神，千秋万世，历久弥光。以视一时守土之吏，当贼焰方张，望风远遁，甚至稽首迎降，冀苟活旦夕之命而声名俱辱者，其人之贤不肖相去为何如哉？后之君子，有纲常之任，继此而加毖焉。俾春秋俎豆，永而弗替，则今日之举，所系顾不重欤！窃以一言，表于公之墓道云。

赵申乔撰《蔡忠烈公墓表》：呜呼，此有明赠太仆卿，前长沙司理忠烈蔡公江门先生之墓也。公以骂贼寸磔死，曷为乎有墓？公之幕卒凌国俊，将从公死，而先裹公骸以葬于此也。

公讳道宪，江门其号，闽之晋江人。少颖悟，博览群书，兼通韬略。崇祯癸酉举于乡，年十九，洎丁丑成进士，筮仕云南司理，以父艰未任，服阕补长沙。献贼陷鄂、岳，前骑猝至湘阴，长沙戒严。吉、惠二藩走衡州，抚军以下监司僚佐皆遁去。当是时，公方摄太守事，与守将尹先民誓死，先民阳许诺，而阴与吉阉输款于贼。八月朔围长沙，一夕，公单骑临城，会贼十馀攀堞而上，公悉手刃之。先民出战，诈溃，引贼逼城下。贼呼曰："推官，吾素知公名，请勿死。"公弯弓射之，贼少退，乃急出城中民十万家。城陷，公还署，朝服北面拜，遂被执，幕下卒九人皆从。及见贼令公跪，不屈，以刃斫其膝，仆地。使尹先民诱降，公厉声叱曰："吾即死耳，恨不杀尔，尔尚何言。"奋拳击之，先民避去。贼又谓九人者说："公降不降，尔曹亦死。"九人曰："吾公可降，不至今矣。吾辈畏死，不至此矣。"贼怒，先戮其五人以惧公。公不动，且笑且骂。掷刃椹公，胸血溅贼，首贼即仆，诸贼皆失色。顷之复摩其颈以刃。公起便旋，扬眉举足，笑自若骂，亦不绝声。贼乃断其股，裂其眉。公复麾手作击贼状，骂益厉。已而两腕皆断，舌亦钩出，齿尽毁。公含血噀贼衣，犹以眼鼻为窸窣声向贼。贼怒甚，复命抉眼劓鼻，支解尽，乃绝。睹贼观者皆为股栗泣下，此癸未年八月二十六日事也，时年二十有九。明年正月贼溃走，事闻，赠谥如今称，更立祠祀焉。

当公之死也，幕下卒九人戮且尽。国俊独跃而起，谓贼曰："缓我须臾死，俟葬吾主后杀我。"遂枕公尸，大恸，解衣裹其骨肉，血淋漓并拾朱履，藁葬城南醴陵坡下。其明年兵使者堵公允锡，易衣冠改葬之。今谓之理灵，盖以公官司理，司理而易名也。国俊诣贼所，请杀，贼欲活之。俊不可，遂自刭也。昔李忠节公全家死义，有帐下卒沈忠自杀以殉。今公死而俊殉，岂皆其后身耶。余初闻先君子称说，即慕公之为人。及抚长沙，即拜公之祠，复率僚属将吏拜公于墓下，为言公殉难本末，闻者皆欷歔感愤不自胜。呜乎！公之死距今六十馀年矣，而兴起激发乎人者如此，非其忠义大节，诚足以风百世而无穷乎。今读郡志中山阴宋俊为公传，其言公被执，乃尹先民诱而缚之以降贼。呜乎！先民负心卖国，偷生一时，今亦安在？而公侠骨在地，忠魂在天，孤陇长松，一抔千古。文山云，奸雄过此，子细思量，岂不信！凌国俊，字瑞甫，湘乡人，冢在公墓旁。

明吴应台《吊蔡忠烈公》：翠柏森森映碧渠，孤臣遗祀古城墟。哭将贾傅同遗策，揖就灵均共卜居。香骨纵埋卑湿地，丹心长照汗青书。男儿几过真忠死，一笑风前竟自如。

陶汝鼐《从幼隗寓中读忠烈蔡江门遗集有见怀一首感而有作一寄知己之痛云》：瘦然一鹤想神清，哭断城南碧血茔。午夜似闻鸾凤啸公啸善，孤魂宁与鬼磷争。平生何意推王粲，当日谁能叹泉卿。秋夜见怀诗尚在，读来奚止泪纵横。

国朝李文炤《吊蔡江门先生墓》：中原失驭奋群雄，彗孛飞光赤县中。万里提封都瓦裂，烽火欲被未央宫。非无武夫提劲卒，河上逍遥惟果腹。亦有文臣坐庙廊，袖手欢娱蟋蟀堂。佥言天下事去矣，悲哉先生志未已。半壁乾坤上可扶，千秋正气将谁委。壮士吞声泣杜鹃，先生投袂穷城里。泣谕吏民甘就死，长啸危楼夜月寒。挥戈四壁夕阳起，山河破碎泪沾衣。稽颡东城别帝畿，我为官家心已碎。为怜万姓复谁依，千骑拥入狼庭去。左陈轩冕石刀锯，谈笑从容贼胆寒。身骑箕尾知何处，碧血荧荧染芳草。玉骨纵横委长道，一抔收拾千秋恨。湘水为枯麓峰老。

陶士偰《谒蔡忠烈墓》自注：公与先曾大父交好，有诗寄怀：昔诵江门集，有怀彭泽诗。清秋萦别绪，自注：公寄诗有“别后不愁秋不清”之句。季世共忧危。已毕先生分，无惭后死时。泉台如话旧，慷慨慰相知。

天柱已教折，能无岳足倾。英风培海上，自注：公闽人。黑气满潭城。草菀涂肝地，江流厉齿声。自注：公骂贼嚼齿如睢阳故事。宁知故人裔，凭吊为凄情。

黄本骥《谒蔡忠烈墓》：千秋父老骂戎曹，忍陷书生失将韬。竟弃斑衣酬社稷，甘将碧血洒戈矛。只今抔土湘云黯，终古孤城轸宿高。几度凭临信流涕，扬风亭外雨萧骚。戎曹谓尹先民。

杨先铎《潭城怀古》：醴陵坡上吊江门，风雨溟濛楚塞昏。但以我身全赤子，还将母养报君恩。连城大帅降幡树，仗节孤臣嚼血吞。此日墓前双冢在，怒潮穿胁伴忠魂。

张九思《冬日谒蔡忠烈公墓》：飘然七尺已辞家，自注公诗“丈夫飘然七尺身，今作娥眉误嫁人”。古寺霜华拂绛纱。梅雪诗魂醒到骨，风尘血泪洒如麻。三颜白石同祠墓，自注公有白石山谒三颜祠诗。九卒青磷惨镆铘。未报国恩臣憾在，丹忱一点照长沙。

左仁《蔡忠烈公墓》：西川寇盗卷烟尘，眼见湖山痛齿唇。已分前旗无岳鄂，早拚一死誓君臣。青山暂活埋残骨，白发何惭恋老亲。降将忠魂各黄土，只今谁问尹先民。

徐受《谒蔡忠烈衣冠墓》：百年养士逋逃尽，一旅提兵战守难。当代好官忘社稷，先生终古副衣冠。魂归闽峤亲恩断，血染湘流贼胆寒。今日松楸环墓道，长悬孤月照心丹。

醴陵坡上日黄昏，便是秋风五丈原。故国山河悲杜宇，史书华衮录江门。丞僚抗节官无小，仆御同仇冢亦尊。回首卧龙遗宅在，成仁取义不堪论。

凌玉垣《谒蔡忠烈衣冠墓二首》：郭南松柏郁风涛，三丈穹碑落日高。芳草满山埋正气，长沙千里属间曹。裹创尚练睢阳卒，嚼齿空抽李令刀。此日遗黎犹有憾，登陴谁实建降旄。

擐甲苍皇已覆枰，亲恩国计即长城。眼看节钺走千骑，心许郊原有一生。谓冯介烈。寸土肯令污盗贼，孤忠犹欲计澄清。马蹄霜月寒村火，想见灵旗尚此行。

吴准展《蔡江门先生墓》：火光夜半逼城端，大吏仓皇拥壁观。一死告天知国士，先生当日是推官。涧松绕墓发犹指，湘水郁涛心尚寒。独对西风倒醽醁，九原难作立盘桓。

又《重阳日独游至蔡江门先生墓伫立移时意匆匆如有所思也》：出

郭初闻野菊香，游人散尽古碑凉。无言脱帽长松下，如此情怀正夕阳。

吴敏树《蔡忠烈墓二首》：已失岳州险，长湖走毒蛇。守官馀司理，孤节殉长沙。劲草生残血，灵风咽墓笳。如闻厉声日，忠义贼人夸。

地下田横客，累累得九人。乃公能报主，尔辈共忠臣。舆隶身躯贱，痴愚感激真。要离墓可近，谁与鬼雄邻。

举人冯一第墓

省志云：在善化县洞井铺。《明史·蔡道宪传》云：邑中举人冯一第走湘乡，将乞师他所。贼系其母与兄，招之，一第归，就缚，贼斩之。一老僧伏地请免，贼乃去其两手置当中。一夕死，母、兄获免。

国朝余廷灿撰《冯一第传》：献贼攻陷长沙，司理蔡忠烈公死城，寸磔，既骑箕尾而壮山河。是时善化举人冯一第，亦献贼百计诱胁，总穷而不能屈，与忠烈公同殉难以死节者也。

一第姓冯氏，字棂公，善化人。始祖开，本江西之清江熊氏，以木贾入楚，赘于冯，遂后冯而姓焉，父时，聘母某氏。一第朴质天然，拔去尘俗殆万丈，清修笃古，犍帷删述。尤精史学，作《史发》一书，于古今治乱得失之故，贯宗穿极，洞若观火，同时人见者，咸服其才。锋识鉴精，卓不可磨。因史而溢于诗，以所论著形为歌咏，作《代古诗》，断自虞初，迄于隋季，得入诗者四十九人。谓李唐而下变诗为律，称近体，无古诗，遂止不作《代古诗》。浏览寥邈，幽情郁韵，如诰如铨，如谣如箴，诵各随古人之时与事而升降上下。其中渊渊乎猗那之志，格近于创，绝不受汉人牢笼缰锁。其他各体诗亦奇崛黝深，排奡于边幅之外，多与陶仲调、周伯孔、郭幼隗诸子相酬唱游止。当其时，竟陵谭友夏主盟坛坫，群心折楚。一第读书寒河，入诗社，已而愆约不果。竟陵既没，一第作诗悔悼。早岁中天启丁卯乡试，忠烈之司李长沙也，心契一第，注意延宾。一夕马踏夜城巡逻，遥望南郊灯火，知为一第读书处。时漏下三鼓，忠烈下令启鱼钥，走诗索和。其诗曰："好月霜难下，孤城独马看。遥怜山影外，人在剔灯寒。"其相慕重如此。

献贼薄长沙，一第走湘乡，将乞师他所。贼下伪檄，征求甚急。一第作书却之曰："第起单寒，轸旁迂曲士也。少小诵读，叨八贤书，将近廿年，不敢尤怨。初意闭户著书，成一家言，藏之名山。讵期天步多艰，措躬无地。近挈老母入山，冒寒冲雾，吐血及斛，足折难扶。忽从邑长接捧征檄，读尹聘幡然语，殊觉延揽之诚，在古无是礼，而第又岂昧时务者乎！即万一值不偶，有强项作顽民耳！伏乞明公，置之跃冶之外，遂其野鹿之心，区区所衔结以报者。况盛世不拘逸民，天造原多隐士。有应诏之魏征，亦有不至之刘翼；有草诏之陶谷，亦有难化之韩通。稽之前代，往往而然。又第八旬老母，依子为命，正古人所谓此身未敢许人者。岂明公盛德，将置此不讲耶？或者下石之流，以誉为谤，遂使推毂之辈，索玉于瑕。专望仁慈，亟收成命，小子幸甚！老母幸甚！如必欲如明谕，岂无山之南、山之北为可托足之地者？请从此辞，幸勿复我。"又作《自吊文》，避乱改姓，文以自伤悼。贼度一第终不肯来，乃系其母与兄招之。一第不得已，就缚。贼反复谕降，坚不可，乃劫之曰："若而母与而兄何？"则曰："愿赐一死，以免母与兄。"贼将斩之，一老僧从旁伏地请免，而一第终不可屈。贼乃截鼻劓舌斫两手，骂不绝口而死，然卒义免其母与兄，死时年四十。著《史发》二十卷、《代古诗》一卷，学者私谥曰"介烈"，崇祀二忠祠。

论曰：曩闻朗轩李氏谓复校一第集，未能免文士浮华之习，而怪忠烈与友善，未能切磋补益，亦未知李氏所见何集。予考一第师友渊源，所渐或不尽粹于程、朱，要其抗响扬音，激昂清越，亦鼎波汤沸时，商声变调。不闻“繁霜”、“十月”之或删于雅，《离骚》、《天问》之不轨于经也。况宛转割据，无忝尽殿，复丹心皎日，宁为范孟博之囿，不为杨子云之通。遂与忠烈志同气合，无间死生，其节尤伟亮者。此岂可议以谷永、杜钦之伦，谈有余而谅不足哉！夫声名太盛或折减望风，蜂虿起怀，即冗豫不定。嗟呼！此固一第之人所以不可死，即一第之文所以不可朽也。

诸生吴道行墓

府志云：在岳麓山飞来石右。《沅湘耆旧集》云：道行，字见可，善化县学生。时新建惜阴书院，当事聘为山长，人称嵝山先生。献贼犯长沙，遁之万山中。甲申国变，郁郁不自得，一日趋吉藩故邸，望阙痛哭展拜。舆归山中，不食，卒。

明吴道行《自叙录略》：癸未之秋，惊魂欲绝，不即陨越者，不欲与乱胥溺也。多方持护，想见太平。甲申正月五日，即携儿辈匿影穷岩。十一日声息颇恶，更远遁。自是日移一山，火无再举。迨十九日，即石宅稍定，亦瞿瞿然风鹤时摇。二月念一日，仍还旧庄。抵庄时，虎啸深林，其声震地。予笑语洵豺虎之世耶。居亡何，传郡邑侯檄至，临抚有期，私心稍慰。三月初，周公祖首莅，爰以十二日趋府，一见欢甚，慰劳款锡有加。盖以时波溃予家，克自介全，若有天幸云。望后唐父母，复任相见，亦如之。故庐俱焚，偕儿孙辈住李公祠，极目焦土，共仰天日。堵公祖于四月中一到垂问，进而略相咨度。不数旬，而晋秩武昌矣。一时衿氓得所恃怙，愀儿亦从之去。余送至江上，惟有瞻恋殷殷耳。返至中途，惊闻北事，主亡臣辱，痛如之何。予以诸生，食恩累代，独非草莽之臣哉。居旬日，唐父母以团练乡勇，嘱愉儿促之渡江。余复念各庄荒熟不及半，西成将及，须一验视，属悭儿、讷孙辈东西去。独坐深思，杞忧戚甚，无天可问，有鬼相邻，乌能宴宴也。十之日，心愈怦怦动。十一日早起，趋吉府，望宫阙朝焉，中愤无聊，亦云寄也。十三日，荐新先人，倍觉悼痛，望之晨炷香告天，忽忽不自得。明日愉、僊两儿，讷孙辈来理生平手迹、编帙，一一付之。十六日早，速肩舆将渡而西，因走笔数言，以志予怀。十八日巳时笔搁，而舆至，将以诘旦遄归，集儿女罗拜，从此从先帝于地下矣。

堵胤锡《吴嵝山墓碑》：牧游氏曰，余自吴入楚，怀探五奇：山川郁苍，赤壁一；烟波浩渺，洞庭一；衡山名岳一；岳麓灵胜一；永州山川最奇一。此为予迹所得至，目所得经故也。予宦留长沙，岳麓遂为几案间物。拱立揖让，久之而得其性情神理之所至，固知此中必当有奇人矣。

近今以来，有嵝山吴先生，名道行，字见可，生卒之岁，相去八十有四。此八十四年间事，先生自述为年谱蔑遗也。其父兄以学行著于前，其子愉、僊、慠，孙宁讷、泰顺，又彬彬愈奇于后。先生八试于乡，两入彀而失之，遂为岳麓隐君子焉。然先生有五者而于岳麓尤奇也，夫以岳之生是人也，其人弗克副之，此非岳之所生者也。先生澹朴，麓之容坦逦，麓之质峥矗，麓之貌灵幽，（杳霭麓之胸怀）〔麓之胸怀杳霭〕，麓之所生必出于数者然后可。而予尤有怀于达者之言："瓦一压而人之识低，城一规而人之魂狭。"此好旷之偏辞，亦揽胜之快旨也。先生半亩江皋，一楼吐纳，烟晓拖而起没，岚晚带而空澄。目即手探，推襟送抱，先生乐此不疲矣。而先生非独优游容与之人，先生盖笃伦敦义、讲学穷理人也。昔宋太宗以九经造士，而岳麓与嵩阳、白鹿、睢阳并称为四大书院。朱、张倡明道统，厥后兴废靡常。万历中，张殿撰论道其中，先生大畅良知孝弟之指，一时遂相引重。而先生孝友雍睦，具见记传，事不一书。如先生者，乃真不负岳麓。

于是上溯远古，式及今兹。考神禹之形迹，怀子云之铅椠，纪昔今之日月，披贤哲之风云。厥志维勤，厥功维懋，自余著述，藏之家乘，扬之国华。而《麓志》一（编）〔篇〕，意思为宏远矣。

抑余闻韩昌黎登华山绝顶，恍惚惊惧，至于痛哭，乃至作书与家人绝，县令百计取之，乃下。使是时，昌黎终不得下，卒以登山好事，陟险探幽，委身绝壁，岂不千古一大奇。而华山不肯轻易许人。长沙之岳麓，为距于郡，为客为贤者区数，为名物景光。先生当若地近厥幽居，讲学于山堂，志纪其胜迹，而不足以竟先生之奇，毕岳麓之事。于是怀忠感赋，绝笔甲申，千秋已矣，一笑冥冥。度麓阡陌，升麓冈原。营苍筤以载魄，抱苍白而长眠。先生以岳麓为生死焉。其元配石孺人懿嘉内治，载在家谱。先生生瘗玉于兹于麓者，又二十有四年，盖岳麓之许先生甚矣。

有先生以为人祖、父，其子愉，孝而义介，以相从太守讨贼死之；其孙宁讷，好学能文，痛父愉死王事，奔走号呼，周行千里，于暍尘烈日之下，十日得遗骸，三日不食死，从祀乡贤，愉从祀蔡、周二公祠。予探麓而喜记嵝山先生而敬，附记愉、宁讷二子而悲，然皆可以无惭于岳麓。

湘城访古录卷十七

碑碣类

禹碑

省通志云：在今长沙府善化县岳麓山巅，系最初摹刻本。

宋陈田夫《南岳总胜集》：云密峰半有禹碑，禹王至此。量之高四千一十丈，皆蝌蚪之书。曩有樵者见石壁有两虬相交，碑上双睛掣电，字石光莹目，不可正视，怖畏走之不已，此后了无见者。亦犹天台之金银桥，北岳之玉梁，古今皆一见也。毕田《咏禹碑诗》一绝云："治水功成王业兴，嘉谟垂世坦然明。琰刊蝌蚪犹难识，况在深云隐不呈。"又引徐灵期《衡山记》云：云密峰有禹治水碑，皆蝌蚪文字，碑下有石坛，流水萦之，最为胜绝。

张世南《游宦纪闻》：何贤良，名致，字子一。嘉定壬申游南岳，至祝融峰下。案《岳山图》"禹碑在岣嵝山"，询樵者，谓"采樵其上，见石壁有数十字。"何意其必此碑，俾之前导，过隐真屏，复渡一二小涧，攀萝扪葛至碑所。为苔藓封，剥读之得古篆五十余，外"癸酉"二字，俱难识。韩昌黎所谓："蝌蚪拳身披薤叶，鸾飘凤泊拏蛟螭。"而其形模果为奇特，字高阔五寸许，取随行市买历碎而模之，每摹二。虽墨浓淡不匀，体画却不甚模糊，归旅舍，方凑成本。何过长沙，以一献连帅曹彦约，并柳子厚所作及书《般舟和尚》第二碑，以一揭座右自为宝玩。曹喜甚，牒衡山令搜访。柳碑本在上封寺，僧法圆申以“去冬雪多，冻裂之，禹碑自昔人罕见之”，反疑何取之他处以诳曹。何遂刻之岳麓书院后巨石，但令解柳碑来，匣之郡庠而已。

明杨慎《升庵文集》：徐灵期《衡山记》云，夏禹导水通渎，刻石书名山之高。刘禹锡《寄吕衡州诗》云：传闻祝融峰上有神禹铭，古石琅玕，姿秘，文龙虎形。崔融云：于铄大禹显允天德，龙画，傍分螺书扁刻。韩退之诗：“岣嵝山尖神禹碑，字青石赤形模奇。”又云：千搜万索何处有，森森绿树猿猱悲。古今文士称述禹碑者不一，然刘禹锡盖徒闻其名矣，未至其地也。韩退之至其地矣，未见其碑也。崔融所云则似见之，盖所谓螺书扁刻，非目睹之，不能道也。宋朱晦翁、张南轩游南岳，寻访不获。其后晦翁作韩文考异，遂谓退之诗为传闻之误，盖以耳目所限为断也。近张季文佥宪自长沙得之云：是宋嘉定中，何致子一（模）（摹）刻于岳麓书院者。斯文显晦，信有神物护持哉。余生又后三公乃得见，三公所未见亦奇矣。禹碑凡七十七字，《舆地纪胜》云七十二字，误也。

湛若水《禹碑叙》：余来为南礼部尚书之明年，传闻衡山有禹碑发于地中，即欲往观而未能。又明年，为嘉靖乙未之秋，楚士有摹神禹碑来遗者，快睹而谛观之，字画奇石，与后来篆籀手笔迥别。而碑石复剥落，虽习于古，仅能辨其一二字，既不可识其所云，独于碑末有小楷书“右帝禹刻”四字。意者必后来汉唐人因见此碑别有所考，据而题之。及考韩昌黎岣嵝山诗云云，而刘禹锡《寄吕衡州诗》亦曰尝闻云云。盛宏之《荆州记》云：南岳周回数百里，昔禹登而祭之。徐灵期《南岳记》云：夏禹导水通渎，刻石书名山之高。《南岳文》云：高四千一十丈。由数说合禹贡而观之，则大禹因岷山导江历湖入海，过南岳登祭而刻石此山，即此碑无可疑者。然韩、刘二公盖皆闻而不及见。今余幸见之，而其所谓蝌蚪拳薤，倒披鸾凤，飘拏虎螭，悉如此碑字画之形状，岂所谓道人之偶见者所为流传，而碑末四字或即此时题之欤。至于二公所云秘文秘迹则理固有然者，夫宇宙内神物，固当天宝而地藏之，岁久则必复见。而余幸当其数千载复见之会，又获观之，则是二公之不得见，而悲诧涕洏者，顾不幸欤。

熊宇《岳麓书院石壁禹碑记》：夏禹治水成绩载于书，可睹见矣。衡岳岣嵝山旧有神禹碑，唐昌黎韩子形于诗，宋嘉定壬申贤良何子一访获观焉。摹刻岳麓书院后巨石，蕴晖零露几四百年，大明嘉靖癸巳乃时出焉。郡守叠峰潘子实为明证，摹寄宫谕。龙湖张子评石鼓，未敢专奇。良史大识确然，明允郡志。适成体篆梓行，在朝在野始获共睹虞夏之书矣。仲冬宇自松江归耕麓野间，揽六艺，得宋张光叔《游宦纪闻》，开载子一摹刻年代序略。传示同好，奇欲附镌乃纪焉。正有待也，迨我郡守彭山李子师广九，京师从一正载瞻侍御，思齐朱子心，一道同获闻至教焉。二先生徽文经世，殆相得叙，畴昔之心诚乎。夫文必阜安民物，敦植纲常，经纬天地，斯为至矣。大禹行水，无事三过不入，诚以救民为心，而岂徒文哉！孔子急称大禹吾无间，然谓公正纯直，与天地同流，固不肯凿私智，务欢虞，又安忍厚自奉而或薄人也。水土既平，民居又安，稷播百谷，契敷五教，伯夷后夔，礼治乐和，放勋重华，巍巍荡荡，仁普万物，而不知功载万世而愈烈，禹之心诚而已矣。犹自孜孜不自足，昌言滋集，丰碑独存，非禹之诚为之乎！篆画不概见，世多博雅，渐有参定，尚幸来者默识。同道经世之志，推达神禹安民之谟，懋昭文明之化，期使天下万世领我帝德。如天如尧巡狩礼成，奎章炳焕，灵符协气宛在，唐虞可与龙图龟书并照日月，永正乾坤，惟无画于迹而思诚于中乎！其尚有光于天德，庶为斯文之至哉！子一，名致。光叔，名世南。碑刻序略列书左，方篆约碑额如册，书刻置近道林经正阁，广至教开来学云。

吴道行《禹碑辨》：考《吴越春秋》，载禹登衡山，梦苍水使者，授金简玉字之书，得治水之要，刻石山之高处，禹碑所从来矣。历千百年无传者，道士偶见之，韩文公、刘禹锡索之不得，致形之诗词。

宋嘉定初，何子一游南岳，遇樵者导引至碑所，拓其本。过长沙，转刻之岳麓山顶。隐避又四百年，至于国朝嘉靖初，潘太守搜得之，剔土拓传，朝野始获睹虞夏之书。故湛甘泉一见，极称篆法奇古，虽深于古篆者，仅能辨一二字，不可识其中所云。深信为禹笔，独“帝禹刻”三字则宋人所题耳。顾东桥则谓“禹精于水”，今篆体皆流水形，其出禹笔无疑，但衡石疏厉，碑必剥落，或亦宋人流传拓本。蒲阳林巽峰则谓字画奇古，非秦汉一体文字，虽石鼓文、原父鼎器铭且让焉。然古文自汉知者已稀，其义失传未详。何谓季彭山亦谓别有隐义，未可知。惟是杨升庵、沈靖阳各有译义，乃蔡、季二公随执译义，力辩其非禹笔。余尝细玩碑刻，反复古今诗词序论，益信为禹笔无疑。窃怪译词之误，适以开反古之疑局，故辨古者合宜议译词之误，不应泥译词而疑非神禹之碑。试即以后人所疑者辨之，而犹觉所疑之非也。

据蔡公以《衡岳志》载禹碑二岣嵝“云密”子一传本，后称“碧云”此非子一之言，乃张光叔代叙耳。其非一。

又以勒石见德禹所深戒古人祭告，则有之，登封镌石，则未。季公亦以周穆王、宣王始有石刻。考《白虎通》，载禹与周成王封泰山禅，会稽首社勒石，盖王者受命，必封山，增高也，禅者增厚也，刻石纪号著功绩也，又何必禹之不勒石也。其非二。

蔡又以碑勒自禹，岳麓名自宋徽宗，夫岳麓之名自宋真宗时赐额，载在《纲鉴长编》及南轩诸记，而以为宋徽宗，则岳麓旧志引《衡岳志》所传，而未之深考也。其非三。

且谓韩公索之不得，欧、赵、朱深于博古者皆未见而疑道士之见，子一之传为诳，湛甘泉所云宇宙神物固当天宝地藏，藏久则必复见，安知道士樵者非山灵异人，而使之见者也。况原碑在深山穷谷，荆莽沙土，迷覆已久，搜之人又安肯一一穷心力，而必欲得之邪。其非四。

如以此四者而疑非禹笔，恐博识者不尽然。至谓岣嵝在衡，岳麓在潭，碑勒岣嵝词称岳麓为谬戾，此其说近是。总之亦杨、沈二公译义之误。当日止从潘公获碑岳麓起见，亦不自觉碑勒岣嵝，词称岳麓之为非也。则其馀译义之误可类推已。奈何不译义之是议而徒遍执，以为非禹碑，则亦不情甚矣。况李公转以碑勒之会稽，又何过于好奇若此善乎。通志有云，是书为蝌蚪，其为禹所遗无疑，但其文义缺之可也。

国朝江有溶《大禹碑跋》：按张光叔《游宦纪闻》述，宋嘉定壬申，何贤良子一得禹碑于岣嵝峰。何过长沙，遂摹刻于岳麓书院后巨石，此禹碑至于长沙之始也。然前此碑在岣嵝时，经千馀岁，未有传者。至唐中年韩文公始述道士所见，形之于诗。此道士现身说法，非人间羽流可知。迄文公搜寻此碑，千搜万索，竟不得见。故其诗曰“事严迹秘”，盖知其为神物也。自岣嵝有此碑，仅一道士见之，告之文公，文公不得见，留此一诗，为千载后人眼目，知此碑必有出见之日也。

由唐迄宋，经数百年，何子一摹刻之后，碑仍隐秘。历宋、元、明又数百年，至明嘉靖癸巳，郡守潘公叠峰，因樵子传播，披榛剔藓，拓传世间。而长沙乡贤熊公元性，夙号淹博，于艺林中拈出张光叔《游宦纪闻》一则，然后禹碑来历确有考据，海内争奉为神物矣。溶故曰：道士也，韩文公也，何子一也，张光叔也，潘叠峰也，熊元性也，皆禹碑功臣也。今观刻禹碑石砑礴特甚，何以经久不泐。又碑在岣嵝，何以严秘不传，在岳麓则传善乎？湛甘泉云：宇宙内神物天宝而地藏之，藏久而必复见。顾东桥云：禹精于水，其篆体皆流水形。昔之人所以赞扬阐发者至矣，若其译义则有杨升庵、沈靖阳、杨时乔三家，未知孰当。今皆尊信升庵译文，并《禹碑歌》以备考云。

朱彝尊《书岣嵝山铭后》：古今杂体书势，韦续述之，凡五十六种。只云“夏禹作钟鼎书”，不言有岣嵝铭，然见于《吴越春秋》、

《南岳记》、《湘中记》、《南岳总胜集》。刘梦得《寄吕衡州》诗有云："尝闻祝融峰，上有神禹铭。古石琅玕姿，秘文螭虎形。"昌黎韩子《谒南岳庙兼赋岣嵝山》诗上言："岣嵝山尖神禹碑，字青石赤形模奇。（科斗）〔蝌蚪〕拳身薤倒披，鸾飘凤泊拏虎螭。"下言："事严踪迹鬼莫窥，道人独上偶见之。千搜万索何所有，森森绿树猿猱悲。"是韩子仅得之道人之口，而铭文仍未之见也。地志称，宋嘉定中，有何贤良致于祝融峰下，樵子导之至碑所，手（模）〔摹〕其文，以归奉曹转运彦约。时人未信，致遂刊之岳麓书院，鄱阳张世南作记，事或有之。是铭，考古家率以为伪，只因笺释者太支离，故疑信相半。蒙著于录下，配坛山之石，不亦可乎。

吴玉搢《金石存》：此碑虽载于《吴越春秋》及徐灵期《南岳记》、王象之《舆地纪胜》、陈田夫《南岳总胜集》诸书，然皆传闻，未尝实有所见。即刘梦得《奇吕衡州》诗、韩昌黎《岣嵝山》诗亦但云传闻祝融峰上有神禹铭，及道人独上偶见之。"千搜万索何处有，森森绿树猿猱悲"而已。历数千载，实未出世。逮宋嘉定中而后，贤良何致得见之，始有摹本。逮明嘉靖中而后，长沙太守潘镒得宋刻于榛莽中，摹拓始广。于是靖阳、沈镒为作释文、杨用修在滇南亦为之注，且作长歌铺张扬厉，碑乃大著。然沈镒谓始得是碑，夜梦神禹授以古瓶，下有篆文，类碑字，及早起，诵若素识，不劳思虑，遂作释文。用修亦曰，释文第十六句旧作"南暴昌言"，余疑文义不贯，字形亦不类，思之不得。是夕梦一鱼首黄衣指谓曰，此"南渎衍亨"四字也，寤而观之，形义两协。昌黎云，古书得所依据，盖可读此碑，字体奇怪，绝无偏旁义理可寻。不知二家竟何所依据，而确知为某字某字，至不得已，托诸鬼神梦寐以为征，无乃英雄欺人乎？故顾亭林辈皆訾以为伪作。余谓碑何必伪，神禹奇迹至多，玉书金简理所应有，但于古既无传文，后人断难臆识，与其支离附会，穿凿失真，不但来识者之讥，反足贻古物之累。何如阙而不识，留以俟灵威丈人于后世乎！

王昶《金石萃编》：考虞夏帝王皆尝南巡，故舜葬苍梧，二妃沉于潇湘、洞庭间，而今辰州大酉山为夏禹藏书之所。《水经注》亦谓，禹得玉简于衡山。证之，昌黎“道人登山偶见”之句，是岣嵝禹碑无可疑者。盖唐虞时去古结绳未远，《周礼》所载三皇五帝之书，其形制已不可考。即较之蝌蚪籀文，亦当有异。以四千馀年后之人，欲辨四千馀年以上摧残剥落之字，岂能别识？而好古者，或附会穿凿，或涂改窜点，致失本真，自所不免。

江昱《潇湘听雨录》：今岳麓石壁七十七字，凡九行，行九字，末行空四字处有径寸楷书刻。于字下者二行，三十二字，字刻于幅外者一行，十三字，共四十五字，云：右帝禹刻。南岳碧云峰□似壁字间，水绕石坛之上，何致子一以□禹□国□幽得之。□□□似众谓获三字夏之书刻之于此，详记在山下，是嘉靖以来升庵辈所见者，即此磨崖之刻，非碑也。

李继圣《禹碑辨》：岣嵝峰禹王碑，明世一刻于金陵新泉精舍，一刻于扬州甘泉书院，一刻于滇之安宁州法华山，俱本岳麓碑而翻刻之者。后惟新泉精舍本，有三家释文，杨升庵、沈镒、杨少宰时乔也。梁刘显《粹玑录》，萧齐高祖子铄封桂阳王时，有山人成翳游衡岳，得禹碑，摹献之王。王宝之，爰采佳石翻刻，始见于世。而徐彦五宗《禅林观空录》则云：太祖慧能法徒行思，思传希迁于湖南，迁徒永昙上衡山岣嵝峰，一夕起溺，忽见光芒彻窗壁如火，惊出，视其光发自峰，椒林草石皆赤，逾时乃灭。翌日，率徒众负锄攀援陟览得石洞，蒙茸翳蔽，斩棘而入，洞壁有蝌蚪书，字大如拳，不可识。因忆峰故传禹碑，复环觅无之，疑此是也。昙默溯上古未有碑名，皆云立石，益信大禹纪绩非碑，乃镌岩石耳。

《嘉庆通志》：今禹碑盛行于世，传摹之本甚多。所知者，新泉精舍系张襄刻，甘泉书院系容璘刻，杨慎刻于云南安宁州，又刻于四川成都，杨时乔刻于江宁栖霞山之天开岩，张应吉刻于汤阴县安如山等。又以杨时乔本翻刻于绍兴府之禹陵，又河南汲县有刻本，云是万历中潞藩所立。

国朝康熙中，毛会建刻于西安府大别山，李藩刻于黄县。又《墨林快事》载有高氏本。又济南长山及西安学、归德府署俱有重摹本。至湖南见存岳麓本外，则衡山石鼓书院有万历间副使管大勋本，已毁，知府李拔重摹。康熙初，僧道重又以管本翻刻于岣嵝峰雷祖殿。而祝融峰观日台，又有副使邓以诰于万历丙午以栖霞本重翻之，末亦有跋语，并识于此，以资博考焉。

《光绪通志》案，禹碑在衡山岣嵝峰，自《吴越春秋》、《水经注》诸书所纪，下逮刘禹锡、崔融、韩昌黎诸吟咏，皆非凭虚臆撰，昔人论之详矣。至梁刘显《粹玑录》及徐彦五宗《禅林观空录》所云，则衡岳禹碑尤为确凿。唐以前早以见而知之者，迄宋嘉定壬申，贤良何致因樵者导至碑所，始摹其文，刻之岳麓书院后巨石。逮明嘉靖间，太守潘镒剔土拓传，盛行于世。此吴、越、秦、豫、滇、蜀之禹碑所自昉，要皆本岳麓碑而翻。

运溶案，禹碑左右壁上有楷书二十七字云：嘉定壬申秋，用七十二工，长沙匠何兴、李曾美，西州王兴勒□青□□止。三字漫漶，馀俱明显。

唐道林寺碑

《宝刻类编》云：道林之寺，欧阳询书。《通志略》云：欧阳询书道林之寺在潭州。《宝章待访录》云：右在潭州道林寺，笔力险劲，勾勒而成，有刻板本。《东皋杂录》云：潭州道林寺有欧阳询书道林之寺四大字额，笔势欲飞动。《墨庄漫录》云：欧阳询道林之寺，寒俭无精神。

唐麓山寺碑

《麓山寺碑》篆书阳文

夫天之道也，东仁而首，西义而成。故清泰所居，指于成事者已；地之动也，川浮而动，岳镇而安，故耆阇所临，取于安定者已。兹寺大柢，厥旨（元）〔玄〕同。是以回向度门，躔于郭右；仰止净域，列乎岩巅。宝堂岌嶪于太虚，道树森捎于曾渚。无风而林壑肃穆，不月而相事澄明。化城未真，梵天犹俗；名称殆绝，地位尝高者，不其盛欤！

麓山寺者，晋泰始四年之所立也。有若法崇禅师者，振锡江左，除结涧旧作湖阴，尝与炎汉太宗长沙清庙栋宇接近。云雾晦冥，赤豹文狸，女萝薜带。山祇见于法眼，窭后依于佛光。至请旧居，特为新寺。禅师洎翌日弘聚，谋介众表之明诏行矣。水臬有制，丘墟尽平。太康二载，有若法导禅师，莫知何许人也，默受智印，深入证源。不坏外缘，而见心本；无作真性，而注福河。大起前功，重启灵应；神僧银色，化身丈余；指定全模，标建方面；法物增备，檀供益崇。广以凌云之台，疏以布金之地。有若法愍禅师者，江夏人也。空慧双铨，寂用同辔。慈目相视，净心相续。综核万法，安住一归。注大道经，究上乘理。永托兹岭，克终厥生。

逮宋元徽中，尚书令湘州刺史王公讳僧虔，右军之孙也。信尚敬田，作为塔庙。追存宝相，加名宝山。矧乎弓冶笔精，陶甄意匠。留书藏石，缄妙俟时。候法宇之倾住，期珍价以兴葺。远虑将久，遗事未彰。

梁天监三年，刺史夏侯公讳详，了义重元，别构正殿。绍泰二年，刺史王公讳琳、律师法贤，或在家出家，或闻见眼见。建涅槃像，开甘露门。长沙内史萧沆，振起法鼓，弘演梵言。继楗槌于景钟，纳贝叶于曾阁。陈司空吴明彻随侍中镇南晋安王、乐阳王，并佛性森然，国桢秀者。壮回廊以云构，蔚悬居以天覆。

开皇九年，天台大禅师守护法庭旧作身，澄清悲海。严幢标筜，智火融明。袭如来堂，坐法华定。四行乐而不取，三贤登而更迁。有若昙捷法师者，伐林及树，染法与衣。不坠一滴之油，有沾大根之雨。总管大将军齐郡公权公，讳武，福德庄严，喜慧方便，疏写四部，镇重百城。有若智谦法师者，愿广于天，心细于气。诵习山顶，创立花台。有若摩诃衍禅师，五力圆常，四无清净。以因因而入果果，以灭灭而会如如。有若首楞法师者，文史早通，道释后得。远涉吴会，幽寻天台。法界图于剡中，真诀论于湘上。具究竟戒，敷解说筵。一法开无量之门，一音惊无边之众。方等有以复悔，双林有以追远。并建场所，互为住持。惟慧性禅师者，迹其武，凭其高，超乎云门，绝彼尘网。深以为性有习，道有因；止于心，反于照。习也者，坐乎树，居乎山；因也者，固习而无因则不住，因而无习则不证。是以沤和正觉，阿若冥搜，想息而精进甲坚，受除而烦恼壳散。百川到海，同味于咸；千叶在莲，比色于净。起定不离于平等，发慧但及于慈悲。故能闻者顺其风，觏者探其道。牧伯萃止，皇华洊臻。启焚香之上缘，托成佛之嘉愿。上座惠杲、寺主惠亶、都维那兴哲等，皆静虑演成，妙轮转次。因差别而非法，随品类而得根。去二见而入流，率一心而办事。咸以形胜之会，修行之迹如此，而丰碑未勒，盛业不书，安可默而已哉！将何以发挥颂声，披扬宿志者也？司马西河窦公，名彦澄，硕德高闱，绍贤远识。器宇岳厚，检操冰清。属以师长阕官，摄行随手。以家而形于孝友，以己而广于诗书；以重而雅俗自兴，以明而至道丕旧作并若。且犹归心净土，膜拜旧作模范佛乘。

摧憍慢之外幢，兴开示之真语。建旧作人谋群吏，乃命下寮。顾蚊山之易疲，叹龙宫之难纪。其词曰：

天地有象，圣贤建极。宴坐中岩，成道西域。后代袭武，前良作则。安乐是依，灵鹫是式。一想冥契，三归愿塞。其一。

金方置庙，衡麓开场。龙象拥锡，人天护香。鬼神赐土，灵化度堂。重镇牧伯，上游侯王。光昭法侣，大起禅房。其二。

幽岩左豁，崇山右峙。瞰郭万家，带江千里。玉水布飞，石林云起。雷激庭际，月窥窗里。花台随足，天乐盈耳。其三。

人与地灵，心将法灭。既往在此，比明齐哲。佛日环照，牛车结辙。连率顺风，驷骊钦烈。访道追胜，形驰目绝。其四。

碑版莫建，轨物未弘。和合是请，佐贰是膺。政敷大郡，信发广乘。愿言有述，以访无能。惟石可久，与山不崩。其五。

英英披雾，其德允铄。卓立俊才，标举明略。雄辩纵横，神情照灼。备闻政理，深悟禅乐。

前陈州刺史李邕文并书。

大唐开元十八年岁次庚午九月壬子朔十一日壬戌建祖，上计于京，不偶兹会。赞曰：

江夏黄仙鹤刻。

宋欧阳棐《金石录目》：唐麓山寺碑，李邕撰，并行书，开元十八年九月。

郑樵《通志略》：李邕书岳麓山寺记，在潭州。

明赵崡《石墨镌华》：此碑，俞仲蔚谓胜云麾，王元美谓残楮断墨犹足倾倒眉山、吴兴。余初未见，一日游长安，有书贾持一碑来售，余知其为北海书，亟伸之，则岳麓寺碑也。虽漫漶，然笔意犹存，亦不能胜云麾，差伯仲耳。云麾下半已无字，上半存者乃如新。此碑虽首尾皆可读，而钩磔波撇，不复可寻，当是石理有坚脆也。

王元美《弇州山人稿》：余友俞仲蔚为予言，李北海岳麓寺碑胜云麾。余亟购得之，题名称“前陈州刺史”。案，邕谒《上泰山还献辞赋》，上悦。会有仇人发其赃者，张说忌之，下狱论死，许昌男子孔璋救之，得免。谪尉遵化，此其赴谪时道中书也，碑文颇庸陋。又于《杜拾遗集》见其一诗，稚语殆不可晓，何以负干将、莫邪称于世耶。邕以纤文获名，以虚名获死，以佳书获訾，皆所不虞者，因附识之。

国朝孙承泽《庚子销夏记》：岳麓碑虽已残剥，然其锋颖尚陵厉，不可一世。北海奇人，故所书尔。尔昔俞仲蔚谓此碑胜云麾，必有所见也。北海书，宋初人不甚重之。至苏、米而稍袭其法，又至赵文敏每作大书一意拟之矣。北海诸碑皆手自镌，所云黄仙鹤、伏苓芝，无其人而托名。欧阳公云：“李邕书，余始甚不好，好之最晚。譬犹结交，其始也难，则其合也必久全。”

钱大昕《金石文跋尾》：右麓山寺碑，在长沙府城外岳麓山，乃李北海书之，极有名者。文云，元徽中，尚书令、湘州刺史王公僧虔，右军之孙也。以晋、宋、齐史考之，僧虔为丞相，导之玄孙，于羲之为族曾孙，不当云孙也。又云，梁天监二年，刺史夏侯公讳祥，案《梁书·南史》俱作详。古书“祥”、“详”二文互通用。

姚鼐《惜抱轩文集》：李北海书岳麓寺碑，自称“前陈州刺史”，是其贬遵化尉时矣。北海死于天宝初年，年七十。碑立于开元十八年，其时殆逾五十。中有云，宋元徽中尚书令、湘州刺史王僧虔，右军之孙也。按，僧虔未尝为湘州刺史，虽为尚书令，而非元徽之年，又非右军孙。乃右军从祖兄弟中领军洽之曾孙耳。是皆用僧徒妄说以入文，故致兹失。此本婺源胡君黄海所藏，较今时本，尚为旧拓，然已经俗手刓字。其寞后依于佛光，当是渎后。又因也者，今误作同此，似皆刓改之失，非必其本然也。后见宋拓因字犹完而读作寞，则元本固误耳。

王昶《金石萃编》：案，碑在岳麓书院。昶数过长沙，渡湘江，诣书院亲至碑下。见是碑上多裂文，土人作亭，碑嵌亭壁，甚周，碑阴所题今不可复见矣。碑为李邕书，李邕自开元十三年十一月后获罪，贬遵化尉，至是盖五年矣。弇州山人谓此碑是邕赴谪时，道中所书。然则当时谪贬卑官，竟可迁延不赴？观其题衔，作“前陈州刺史”，而不云遵化尉，可见谪官亦不必入之题署矣，东林寺碑与此同。

碑云“绍泰二年，刺史王公，讳琳”，《梁书·王份传》：份长子琳，字孝章，举南徐州秀才，累出为明威将军、东阳太守，不云其为湘州刺史，则非碑所称，王琳碑所称者当是。《北齐书》所载王琳，字子珩，会稽山阴人，少好武，为将帅，迁岳阳内史，以军功封建宁县侯，拜湘州刺史。事在随王僧辩破侯景之后，与碑称绍泰年相符。碑云“陈司空吴明彻”，《陈书·明彻传》载其为司空，在太建八年。碑云“随侍中镇南晋安王、乐阳王并佛性森然，国桢秀者。《隋书》诸王传无晋安、乐阳二王”，惟《陈书》有世祖弟六子伯恭立为晋安王，而乐阳亦无考。碑云“总管大将军齐郡公权公，讳武，福德庄严，喜慧方便，疏写四部，镇重百城”。《隋书·权武传》：武字武，弄以忠臣子起家，拜开府，袭爵齐郡公。高祖受禅，拜浙州刺史，伐陈之役，以行军总管从晋王出六合，后以创业之旧，进位大将军，检校潭州总管。所载当在此时。

王弇州谓碑文庸陋，并论邕诗多稚语，诗附见《杜少陵集》，即登历下古城员外孙新亭诗。

瞿中溶《金石文编》：李北海《麓山寺碑》最为艺林所重，其笔力雄健浑厚，固能深入魏晋诸名家室。然于六书之学，颇有乖缪者，如究竟之究从穴，而碑从宀，与奸宄之宄无别。又模、标、檀等字，本从木旁，与手旁之字音义俱殊，而碑皆从手。又藏作蒇，搜作捜，闹作阐，皆缪体之不经见者。矧本作款，北海作敫，又误。欠为文，大抵书家随手结构，不谙形声之指，虽颜鲁公亦所不免耳。

此碑久已断碎不全，今仅存九百九十六字。近人以砖围之，碑阴及两侧题名俱不可见矣。予先见一旧拓整表本，文二十六行，行五十六字，又衔名一行，年月一行，共存一千二百三十一字，碑末黄仙鹤姓名已缺去。而铭辞其五之下，石亦残缺。其后一行，有“英英披雾，其德允烁。卓立隽才，标□□□”四句，可辨者十三字。后又见一裁剪装裱本，似是旧翻刻枣木本，不知在何处。首尾完善，后有“江夏黄仙鹤刻”六字，共一千四百十三字，较前本又多一百八十二字，其文仅磨灭六字，可称足本。铭后“英英披雾”四句下又多四句，标字下乃举明略三字。其下则“雄辩纵横，神情照灼，备闻政理，深悟禅乐”，十六字也，且于“英英报雾”前又有“祖上计于京，不偶兹会，赞曰”十一字，则又整表本所缺也。观此，始知此铭乃别是一人所作，非北海文，而皆北海书也。“祖”盖其人之名，惜姓已残缺，不可考矣。前辈金石家未录此碑全文，今《长沙府吕志》载此文多讹舛，又删去衔名年月刻人姓名及后铭辞，盖其所见，已非完本，以意补全者也。其讹字，如岳镇之岳作麓，森掮之掮作峭，曾渚之曾作层，湖阴之湖作涧，窦后之窦作渎，法道之道作导，证源之证作澄，宝相之宝作实，曾阁之曾作层，秀者之者作著，大根之大作六，疏写之疏作流，慧性之性作镜，固习之固作顾，不证之证作澄，是以之以作浮，发慧之慧作惠，觏者之觏作观，高闱之闱作阐，形于作刑于，至道并若作志道丕若，入谋之入作爰，衡麓之麓作岳，幽岩之岩作谷，与山之与作惟。又佛乘上二字作模范。今旧翻刻本左旁皆漫漶，下一字右旁作十不类范字。又所临之临，尝与之尝，器宇之宇，及乃命下寮，命下两字皆模糊不可辨，则未审志所录是否矣。

洪颐煊《平津读碑记》：《陈书》，高祖第十六子叔慎，封岳阳王，祯明元年出为湘州刺史。碑所称乐阳王者，当即其人。以乐为岳，盖史误。

陶澍《观李北海岳麓寺碑旧拓本诗序》：长沙麓山寺碑，唐开元十八年庚午九月李邕文并书，碑尾“江夏黄仙鹤勒石”者，即邕托名，世谓之三绝。邕书此碑原本藏寺内，夜光烛天，唐人记其事。董其昌《跋大照寺碑》尝引之论者，谓其书“雄劲胜于云麾”，殆不诬也。碑在岳麓书院右偏，有亭覆之，旁砌以砖。米元章题字碑侧，为砖所隔，毡椎不易施。碑阴列参军、主簿、县尉等姓名，各有赞语，亦邕所书。为后来庸妄人镵刻，题跋不复成文理。惟正面字体完好，千余年来艺林所宝。嘉庆初年，有达官遣吏拓取，不以法，其碑裂焉。或云达官亦欲题名，曳碑倒，将以磨刻，故遂坼裂焉。沈筠堂太守和油灰集其残字，另置碑侧，不能复旧观矣。

余家有二本，其一为先子读书岳麓时所手拓。其一为湘潭陈恪勤公家旧物，李北溟副宪督学湖南时用重价购之，乙亥秋副宪自都门归粤，举以赠余。取两本互较，则陈本“耆门”之下有“所临，取于安定者已。兹”九字；“肃穆”之下有“不月而相事澄明。化域”九字；“除结”之下有“涧阴，尝与炎汉太宗长沙清”十一字；“众表”之下有“之，明□行□。水”四字行字上下二字陈亦缺；“故能闻”之下有“者□其风，□者深其道”七字其风上下二字陈本亦缺；“非法”之下有“随品类而得根。去二”八字；“披扬”之下有“宿志者乎？司马河西窦”九字；“书。以重陈本缺重字而雅”之下有“俗字与；以明，而至道丕”九字；“模斟佛”之下有“摧怀慢之”四字；“作则安”之下有“乐是依，灵鹫是式。一想冥”十字；“人天”之下有“护”字；“禅房”之下有“其二。幽谷左豁，崇山右峙。瞰”十一字；“云起”之下有“雷激□际”三字激字下一字陈本亦缺；“齐哲”之下有“佛日还照，牛车结辙。”八字；“钦烈”之下有“访道追胜，形”五字；“无能惟”之下有“石可久，与山不崩。”七字。此外，“眼见”之上空一字；“守护法身”之下空一字；“绍贤远”之下空四字；“龙宫之难”之下、“龙象拥”之下俱空一字。碑尾年月之下缺某日建并“江夏黄仙鹤”数字，则两本皆然。

碑已残缺，世间佳本日少。先子所拓，在乾隆癸卯间，其时碑犹未裂。陈本尤完善，当为国初以前物，皆可宝也。

又《复黄楚桥书》：接来书及《麓山寺碑》双钩本，具见好古佳致，兹展阅，来本极费匠心，而仆意尚有未惬者。北海书如俊鹰，如利剑，从无一笨滞之笔，尤能化板为活，一切貌为古拙。或平板如算子者，皆其所绝无而痛除者也。此碑因模糊已久，屡为无知俗子用刀錾凿，以致间有板拙之笔，不可因其伪而成误也。

邓显鹤《沅湘耆旧集》：按，湘潭秦伟士文超《涵村诗集》北海碑诗自注云，吴门劳澂，字在兹，诗人也，工画。寓岳麓寺时，李碑周围茀草，夜值山火延烧，在兹同僧弥嵩率人运水救熄，而碑已焚毁，落石三片，上有十七字。在兹以锦囊盛之，视为至宝。后遇吴逆兵变，逃避于金，行李一无所顾，只负石囊出走，人皆笑其痴癖。桐城姚先生赠以句云："十七字留三片石，二千年遇再来人"，真艺林佳话。自在兹逝后，此三石不知落于何处。故余诗及之，据此有疑。岳麓碑系重刻者，今碑岿然古质剥落，固千馀年物，非可伪造也。或言经火后，好事者复购得十七字，胶而合之，围以砖亭。今视上方，有纵横裂痕是也。又按，秦小岘侍郎瀛按察湖南时，曾同吾县孙石溪学博起楠启视碑阴，题名其下，拓数纸出，余亲见之，字画无完者。窃疑当日遭兵燹时，碑面仆地，其阴独受燔灼，故字无一完，此真有神物护持之，惜无人详记，为可叹也。

嘉庆通志：案，嘉庆七年，此碑断裂左方一角。长沙府知府沈廷瑛以零星残石嵌立小碑，乃岩"成道西域，后代作则，安土灵化度堂，重镇牧伯，上游侯王，光昭法侣，大启禅房，〔花〕台随足，天乐盈耳。其（三）〔山〕与地灵，心将法灭，〔既〕往在此，比明齐宏，和合是请，佐贰是膺，政敷大郡，信发广乘，愿言有述，以访〔无能〕。前陈州刺史李邕文并书，大唐开元十八年"共九十四字于旧碑之左。按察使秦瀛为之记，云碑字为廷瑛（模）〔摹〕刊，误也。

罗汝怀《书秦伟士李北海碑诗注小叙后》：李北海《麓山寺碑》系二十五行，行二十五字，合衔名、年、月赞词为二十八行，旧翻木本首尾完善者，一千四百十三字。其中仅泐六字其不全者，或一千二百三十一字，今原石仅存九百九十六字。《湖南通志》载，嘉庆七年此碑断裂左角，长沙知府沈廷瑛收残石嵌立小碑于旧碑之左，凡九十四字。而未载劳君锦囊十七字一事，盖未见此诗。大抵此碑自康熙初至嘉庆初，为两大劫，而皆火使然。闻嘉庆初亦以寒天椎拓用火熁炙，故致泐也。然除两次泐字外，失字尚及三百，不可推求。殆两次之泐，不止十七字与九十四字，但各据所收得之数耳。近拟觅旧本重摹立石，别有碑考，志其详焉。

光绪通志：案，《麓山寺碑》在岳麓书院半学斋后，覆之以亭，碑石近趺处残缺纵约八寸，横约三寸，左方断裂尤甚。上半截只字不存，下半截尚存九十字。原无“大唐开元”四字，缺裂处犹存“德允”二字之半，盖“祖上计于京”以下四十三字列于年月后也，沈廷瑛以残石嵌立小碑列于左方。之前此碑共一千四百十三字，断裂漫漶者二百七十一字。道光乙未安化陶文毅澍，以家藏完整拓本摹勒上石，横列如帖式。残缺止数字，旧志讹字，得据此正之，但字法神势稍减。今嵌于书院后，复建陶桓公杉庵之壁间，亦艺林韵事也。

麓山寺碑阴

录事参军□守□

功曹参军于仙隐

功曹员外同正刘执简

功曹员外同正王大焌

仓曹参军□守道

仓曹员外同正李

户曹参军□良□

法曹参军□灵□

士曹参军魏元亨

参军赵挹

参军刘利器

参军沈□

参军尔朱绂

录事王敬琛　李公□

博士张长卿

博士王元礼

市令程秀芝

赞曰

礼乐仕门贤才君子同

官比能邻德为美坦坦

雅怀谦谦虚已有力丰

碑克□□纪

第二截

长沙宰苗理

□□□□□

□员外康楚元

□□员外同正成麟

□尉杨□晋

尉上柱国□怀靖

尉卢元庭

尉员外同正皇甫□□

尉员外同正刘思义

前主簿伍思长

赞曰

名家礼意君子德心易牙均

味众木繁林阶下无讼堂上

有琴大弦既雅小弦不淫

醴陵令李仁瓒

丞张□道　主簿张思己

员外尉李灵

尉张光庭　尉□元□

衡山令刘威之，丞刘

员外□□□

尉□之□　尉刘□□

员外尉王光大　尉周待征

湘乡令王武信

主簿　张光国

尉

益阳令孟□□

尉

浏阳令

主簿张□□

赞曰

华宗旧德利器良工□□播

政震雷和风□能识景雉不

惊童有典有则惟始惟终

第三截

朝请大夫丰城宰张守眷

睦州新安主簿盛凿虚

老□邓淇敏　卫思补　梁元则　祝仁期　张文远

石泰　张恽　朱封禅　范知□

桓嗣宗　杨庭训　罗元楷　邓希粲

王昆　王嵩　□齐物

国朝袁枚《随园诗话》：李邕所书《麓山寺碑》甚古，碑虽断，在邕所跋语百馀字。如“庭前无讼，堂上有琴”之句，极古雅，被明人以丑劣行书羼镌其上，殊可恶也。

翁方纲《送李春湖视学湖南诗注》：岳麓寺碑阴，亦李北海书。并碑侧有米襄阳题字，皆世所罕知，故属为访之。

武亿《授堂金石跋》：李北海碑旧为集录者所收，仅见碑阳而已。其阴则自予游长沙，始得之者也。此碑为世所重，然惟题曰《岳麓寺碑》，今证以题额，作方篆阳文凸起，盖为《麓山寺碑》。再证之，文内亦云麓山寺者，晋太始四年之所作也。而杜工部诗又称麓山之南，则向所名岳麓寺碑非是。又《石墨镌华》云，在岳州府。《金石文记》云，今在寺中，皆得之传闻。予以目验，睹是碑在书院之右十馀步，碑阴列衔，书名为妄，庸人题名，交午横贯，以致损蚀不可次第，予因稍就其可辨者志之。

第一层。有：功曹参军字仓部、员外同正李字、户曹参军、士曹参军、参军赵、参军刘利器字。又：录事王敬撰、博士张长卿、可见者三人。又下：博士王，独存姓而已。又：郴令，姓名阙，赞尚可寻。读成句有曰：礼乐仕门阙君子，同官比能邻阙为美，坦坦为怀，谦谦虚己，有功丰碑。下漫灭。

第二层。首行：长沙，字可辨。三行：康楚元名。四行：成麟字。五行：上柱国怀靖，字皆仿佛可辨。下数行并有：尉员外同正字，间行亦有：赞，名家阙意君子德心，阙木繁林阶下无讼堂上，有琴大弦以雅小弦不淫。又有：醴陵令李仁、丞张道、主簿张思己、尉李灵、尉张光庭、衡山令刘威之、丞刘、员外尉王光大、尉周待微，湘乡令王武信，下阙不全者。阳令孟、刘阳令、主簿张字。又：赞，华宗旧德利器，阙播政震雷，阙有典有则，字可见。

第三层。有：邓洪敏、石泰、桓嗣宗、张辉、杨庭训、朱封禅、祝仁期，姓名悉存。

此以予考之碑阴诸列名者，皆不显于唐世。而所见又剥蚀无馀，然喜由予而收录，使后世知有其名姓者，必自此发之也。坦字阙画以避睿宗讳旦，故书之如此。《地理志·衡州》下，衡山本隶潭州，神龙三年来属，今碑在开元十八年，则衡山隶衡州久矣。然衡山令犹列赞于此，何也？岂与守潭者有旧识欤？今守潭者名在碑阳，独彦澄字存百馀，有政和题名一，淳阙题名一，牛元若题名一。大书横勒者，则前明提学郭登庸也。

江昱《潇湘听雨录》：旧志称麓山碑后有"襄阳米芾同广惠道人来元丰庚申元日"十六字。案，碑题刻文多不全，谛视字迹凡十馀家，叠为三重。其最先一重，为北海所书，题名自军曹至于尉凡三十馀行，上下空不盈尺，字画俱介隐显间，左有"不图"二字，类唐人书。又稍左，有政和淳熙年月，则宋刻也。中间草隶互见，题识多阙。右草书三行，亦没其名，以笔意揣之，为明中丞顾璘题诗。其左最上一层，为嘉靖癸巳学使单北郭登庸八分书，字迹甚完。碑之左偏，有庆元戊午王容、陈扈等题名，右偏有皇庆初兵部郎中梁泉杜与可题名，下有集贤侍讲学士题名。名裂去，不可考，书法类米氏。以官证之，殆元刻也，而襄阳十六字终未之见。

瞿中溶《金石文编》：《麓山寺碑》阴刻衔名赞大略分三截。

第一截：录事参军、功曹参军、仓曹参军、户曹参军、□曹参军、士曹参军，及参军、录事、博士、市令等十七人衔名，各为一行。惟王敬琛下，又有李公□，共十八人。后赞八句，作四行，行九字。其前赞曰二字另为一行，赞之后石皆空。

第二截：长沙宰尉前主簿等十人衔名，各一行。赞后亦八句，作三行，行十一字。赞曰二字亦另为行，赞之后又列醴陵、衡山、湘乡、□阳、浏阳令丞、主簿、尉等衔名，十四行，字画多漫漶不全。可辨者第五行，下又列丞姓名。第三、第四、第七、第八，四行下又列尉之姓名。后亦有赞八句，行款同前。

以上两截之前十馀行，为明嘉靖中提学副使郭登庸加刻，隶书题名大字三行于上，故字迹多残灭难辨。

第三截：居中六行，则朝请大夫丰城宰、睦州新安主簿二人，为二行。老□邓洪敏等五人为一行，石泰等四人为一行，桓嗣宗等三人为一行，王晁等三人为一行，下已磨灭不可辨。此截之右刻“宋政和癸巳通义程皞”等大字，题名七行后，半残其左，亦刻有题名，复为后人刻草书大字四行于上，并不可审别矣。其下又有王□□等牛元若题名六行，纪年处已漫灭。又下有隶计台掾沈畴淳熙题名四行，后亦残缺，此皆宋人所续刻也。

案，碑阴三赞盖皆为窦彦澄作，彦澄，时以潭州司马摄刺史事，故北海碑文有“师长阕官，摄行随手”之语。上截同赞之录事、参军等皆其幕僚；次截同赞者乃长沙一县属官；后同赞者则皆隶潭州各邑之令丞、簿、尉，碑文所云，“入谋群吏，乃命下僚”是也。又下一截所列之人，则皆似郡之绅士矣，但有衔名而无赞语。或其前后为宋以后人题名，时磨去，亦未可定。字皆正书，径六七分，较碑面文为小，然楷法端劲，其亦出北海同时手笔无疑。

考《唐六典》，上州刺史下有司马一人，录事参军一人，录事二人，功曹参军一人，仓曹参军一人，户曹参军二人，兵曹参军一人，法曹参军二人，士曹参军一人，参军四人，市令一人，经学博士一人，医学博士一人。其中下州录事，及户曹参军、法曹参军皆止一人。中州无士曹，而以法曹兼掌。下州无功曹、兵曹，而以仓曹兼功曹，户曹兼兵曹。又参军，中州止三人，下州止二人，又中下州皆无市令。《唐书·百官志》又有田曹参军云，景龙三年初置，唐隆元年省，上元二年复置。又云，武德初置经学博士，助教学生。德宗即位，改博士曰文学。元和六年废中州下州文学，今以碑阴证之。户曹之后、士曹之前止有一官。曹上一字似法，则有士曹，而无兵曹矣。博士二人不分经学、医学之目。又考唐制，上县令丞、主簿各一人，尉二人，中下县尉亦一人。今碑在长沙宰后三行漫漶处当是丞、主簿姓名，而尉似有三人，后又有前主簿一人，盖以其去任之官而列于后也。醴陵有令丞、主簿各一人，而尉无正员。衡山有令丞、尉，而主簿石缺，不能辨其有无。湘乡有令、主簿、尉，而不见丞。□阳当是益阳，而令之后一行未辨何官。刘阳仅见令、主簿，而丞、尉皆不可考。或其时官制本有不同，或字文缺蚀耳。衔中有云员外，及员外同正者。唐初官制，有员外置，又有同正员，犹今之额外人员，故无定数也。尉有称上柱国者，乃勋级也。凡十有二，转而至上，柱国其勋级为最高。朝请大夫系隋之散官，唐制为从五品官阶。唐县令，上县令从六品，上中县正七品，上下县从七品。上此以令宰而阶五品，盖亦当时制也。汉时县置令长，王莽曾改称为宰，后代仍称令长。唐止称令，而不称长。此碑醴陵以下各属县称令，而独于长沙下及第三截有阶。朝请大夫者并称宰，可见当时又有此制，而史所未详也。其所列县，《唐书·地理志》考之，潭州县六，此无湘潭者。湘潭时隶衡州，元和后始改隶潭州也。而有衡山者，据《地理志·衡州·衡山》下云，本隶潭州，神龙三年来属，今以碑立于开元之十八年，其时犹隶潭，可证史志之言未确也。睦州唐属江南道，其属县有雉山，文明元年改曰新安，至开元二十年始改还淳，故此碑尚称新安耳。政和正书题名第二行，梁国虞王□□□下，有“男阅积”三字，独隶书，较大，盖后来续题者。至旧志所云，有米襄阳元丰庚申元日题名，则在碑之侧。近人皆言在碑阴，误也。浏阳之浏作刘，可见唐时尚无水旁。武氏《授堂金石跋》，市令误作郴令。江氏《潇湘听雨录》谓最先一层为北海书，题名三十馀行。又云“不图”二字类唐人书，皆读之未审，并未细考耳。

吴荣光《筠清馆金石记》：碑阴题名亦北海所书，《萃编》引《武授堂跋》载其略于碑后。兹据旧拓本，按行细审，较《授堂》所记为详，在今善化县岳麓书院之右。《萃编》标题下误作在长沙衡山县，而跋内不误，何也？

陆增祥《金石补正》：《萃编》未见碑阴，故未录入。碑嵌置墙内，不得拓，故碑阴罕传于世。同治戊辰重葺书院，属董其役者毁垣而洗拓之。工无善手，不甚精到，取五六本交相勘订，并参以吴氏所载，录之如右，全身毕现矣。《湖南通志》所载阙讹甚多。

《光绪通志》：案，《麓山寺碑》阴，安化陶氏亦摹勒上石，嵌于陶桓公杉庵之壁，但字画完整者仅二百五字。其宋人题名刻之碑侧者，别有拓本摹刻，悉详于宋代云。

运溶案，近得碑阴拓本，反复审定所录，较吴氏、陆氏多五十馀字，因仿原碑三截之式，著录于左。瞿氏谓浏阳之浏作刘，今细审，实多水旁，殆亦如彼。所云读之未审，并未细考耳。

唐沈传师岳麓寺诗石刻

承明年老辄自论，乞得湘守东南奔。为闻楚国富山水，青嶂逦迤僧家园。含香珥笔皆眷旧，谦抑自忘台省尊。不令执简候亭馆，直许携手游山樊。忽惊列岫晓来逼，朔雪洗尽烟岚昏。碧海回屿三山转，丹槛缭郭千艘屯。华镳躞蹀约沙步，大旆采错辉松门。樛枝竞骛龙蛇势，折干不灭风霆痕。相重古殿倚岩腹，别引新径萦云根。目伤平楚虞帝魂，情多思远聊开樽。危弦细管逐歌飘，画鼓绣靴随节翻。锵金七言凌老杜，入木八法蟠高轩。嗟余潦到久不利，忍复感激论元元。

宋欧阳修《集古录跋》：右《岳麓寺》诗，沈传师撰并书，题云“酬唐侍御、姚员外”，而二人之诗不见，不知为何人也。独此诗以字画传于世，而诗亦自佳。传师书非一体，此尤放逸可爱也。

赵明诚《金石录目》：唐沈传师《岳麓寺》诗，行书，文宗时作。

郑樵《通志略》：沈传师《酬侍御姚员外游道林岳麓寺》诗在潭州。案侍御上脱唐字。

黄庭坚题跋：沈传师《道林岳麓寺》诗字势豪逸，真复奇崛，所恨工巧太深耳。少令巧拙相半，使子敬复生，不过如此。

胡仔《渔隐丛话》：蔡宽夫《诗话》云，子美《题道林岳麓寺》诗云“宋公放逐登临后，物色分留与老夫”，宋公，之问也。此语句法清新，故为杰出。其后唐扶题诗复云“两祠物色采拾尽，壁间杜甫真少恩”，意虽相反，而语亦秀拔。乃知文章变态，初无穷尽，惟能者得之。扶，即沈传师，所谓唐侍御也。其诗，他语亦称此如“泉清或戏蛟龙窟，殿脚数尽高帆掀，即今异鸟声不断，闻道看花春更烦”之类，与子美“寺门高开洞庭野，殿脚插入赤沙湖。五月寒风冷佛骨，六时天乐朝香炉”之句几不相上下。又引《东皋杂录》云，潭州道林寺沈传师亲书诗版，遒劲妙绝，与今石本远矣。

米芾《宝章待访录》：右在潭州道林寺四绝堂，以杉版薄略布粉，不盖纹，故岁久不脱。裴休书杜甫诗只存一甫字，某尝为杜版行以纪其事。沈碑，某官潭，借留书斋半岁，拓得其石，本为（模）〔摹〕石。僧希白务于劲快，多改落笔端直，无复缥缈萦洄飞动之势。

蔡絛铁《围山丛谈》：长沙之湘西有道林、岳麓二寺，名刹也。唐沈传师有道林诗，大字犹掌书于碑，藏其寺中，尝以一小阁置之。米老元章为微官时，游宦其下，舣舟湘江，就寺主僧借观一夕。张帆携之遁，寺僧亟讼于官，遣健步追取还，世以为口实也。政和中，上命取诗碑内诸禁中，亦仿道林而刻之石，遍赐群臣，然终不若道林旧碑，要不失真。

赵德麟《侯鲭录》：长沙道林、岳麓寺，老杜所赋诗者，沈传师有诗碑见于世。其序云，奉酬唐侍御、姚员外道林寺题示，姚员外诗不复见之，今得唐侍御诗题云，儒林郎监察御史唐扶诗云云。案唐扶诗见前岳麓寺条下。

周必大题跋：道林以“四绝”名堂，沈居其一。岁久堂坏，葺而匾之。又得沈碑于公帑，移置堂上，别刻本留郡斋。

嘉庆通志：此诗据宋人题跋，道林寺既有版本，又有石本，其后政和中，又刻石于禁中。周必大又别刻本于郡斋，共有四本，今皆不存。

唐长沙高士墓志

□唐□□元年正月廿九日，长沙高士□□□通□□□□□□□□□悴芝于甘泉乡甘泉里之私第。享寿□□□□□□□高士□□也。是得录于姓，族素行以□，终□□□□□□□□□□也。夫其先安定临泾人也。晋右仆射壮□□□□□□□□□□□子孙，播迁至十八代孙，皇朝为长□□□□□□。自后子孙遂居长沙，便为郡人也。果毅生□□□□□□□□□生，试怀州武德丞，讳珍。高士则武德□□□，生而好学，□始弱冠，鼓箧郡庠，精《春秋》、《左氏传》，累□□□云用光王庭。而高士性将道合，德行天与，孜孜□□□之俦也。依乎膝下之爱，不忍离其色养，亲殁之后，□□□乃曰代与我违，夫何求哉。遂油油然耕弃于田间，□□□□永歌尧舜而已。身外之事，付乎四男，长谌、次□、□□□高士德教有令问焉。贵室朱氏自佐高士五十年，□□合和，若鸾凤翡翠之婉娈矣。柏舟之志既高，女萝之□□，有二女，皆归令德卢氏、王氏矣。嗣子谌等泣血柴骼□□□，以明年春仲月廿六日协吉，遂奉裳帷，迁神于翼□□□□山原附先夫人茔，从其礼也。天高地远□□□□□□□□以为纪，乃铭曰：凤霜上下漫漶。

国朝陆增祥《金石补正》：右长沙高士墓志，旧在南门外民舍出土，六七年矣。同治癸酉六月，舁至旅馆，手拓数十本，而移置之学官。今在长沙府学，石四周缺损，文亦漫漶陊剥，首尾不具，文中要处均经磨灭。据土人云，初出土时，志原有盖，今且不知何往。乡民用以捣衣，故多缺损，惜乎！闻之已晚，不获。据盖以知高士之姓，并令出土之后又磨灭若干字也。以十馀拓本，竭两日之目力，反复谛审，而互勘之辨，识二百八十有九言。虽纪年姓氏尚不得见，差可考证矣。

文云，其先安定临泾人也。其下见“晋右仆射”四字，射下似是壮字。考《元和姓纂》，胡、梁、皇甫、牛、邓、席六姓，郡望皆出安定。梁出安定乌氏，皇甫出安定朝那，非临泾也。邓攸为晋右仆射，乃平阳邓氏，非安定邓氏也。安定邓氏有名羌者，为符秦左仆射，非仕于晋，《姓纂》亦不言临泾。牛允仕后周，工部尚书，封临泾公，《宰相世系表》作临淮。或系表误，要为封邑，而非里贯，且在晋后，亦未为仆射。然则出自安定临泾者，惟席与胡耳。席氏无官仆射者，晋胡奋官至左仆射，谥曰壮，与志所称籍望、官阶、谥法正合。惟史称左仆射，志称右仆射，小有不符。然官职左右之分，碑与史异者，不可胜数。高士盖胡奋之后裔，姓胡无疑矣。

又案，唐避太宗讳，改世用代。文云，代与我违，则志作于太宗以后。可知敬宗名湛，凡从甚之字，皆避偏旁。郑茂谌改名茂休，高士嗣子以谌为名，则在敬宗以前。又可知文有“果毅生”字下有生“试怀州武德丞”，字下又有“高士则武德”字，盖言武德之子也。武德为高士之父，则果毅为高士之曾祖。贞观十年，改别将为果毅都尉，是其官，果毅在贞观十年后也。文又云，“贵室朱氏自佐高士五十年”是高士之卒年，在七十上下。高士为果毅之曾孙，以三十年一世约计之，自贞观间至高士之卒，在百年内外，不出元、肃、代三宗时也。惟首行“元年”之上，依稀似是宝字，又似应字、麻字，未可安定。仍当以不避谌字，系于敬宗前长庆之末可耳。“皇朝为长”下缺五字，当是“沙果毅都尉”，或是“沙府左果毅”。右果毅故下云“遂居长沙”，又云“果毅生”也。甘泉乡、甘泉里无考，今南关外有白沙泉，泉清而洌，味较醇厚，乡里之名或即以此。葬地残缺，“山原”上颇似“青”字。《湖南通志》：青山在县东北八十里。志出县南，与志不符，殆别一山也。

宋仪制令碑

仪制令大阳堠

贱避贵，少避长，轻避重，去避来。　县尉　县尉吴

《长沙县志》：清泰都大阳桥，长岳通衢桥侧田内，有大阳堠仪制令古碑。

瞿中溶《金石文编》：长沙县雾阳乡田间有一碑，上刻“仪制令大阳堠”正书六大字，作二行。字径七八寸，下刻小正书，约五行字，径七八分。前二行云“贱避贵，少避长，轻避重，去避来”，每行六字。后有一行，磨灭不可辨。又后一行，下存“县尉”二字。又后一行，下存“县尉吴”三字。馀皆漫漶，未见年月。考《宋史·孔承恭传》云，尝疏请令州县长吏询访耆老，求知民间疾苦，吏治得失，及举令文，贱避贵，少避长，轻避重，去避来，请诏京邑并诸州于要害处，设木牌刻其字，违者论如律，上皆为行之。则贱避贵云云，四句本系宋初令文碑所题仪制令是也。惟传言设木牌刻其字，而据《事物纪原》则云，刻石其说互异，今石碑见存，岂史传有误欤?

陆增祥《金石补正》：右大阳堠石刻，距嘉庆末未及周甲，而“贱避贵”数行，绝无一字可见，石固剥蚀，殆拓工率劣故耶，姑就所见录之。案，陕西洛阳有此刻，系淳熙辛丑立石。《武授堂有跋》

云，《东都事略·太宗纪》，太平兴国八年正月甲申诏曰：传云，能以礼让为国乎，何有宜，令开封府及诸州于冲要处设榜刻仪制令，论如律。《宋史·孔承恭传》：尝上疏举令，贱避贵，少避长，轻避重，去避来，请诏京邑并诸州于要害处设木牌刻其字，违者论如律。然则此令为宋律，旧文起于上旨，榜之要衢，固当宋初已有此制，然当时未刻于石也。《癸辛杂志》载，律云"去避来"之文，太宗尝问孔承恭曰："令文宗贵贱长各有相避，何必又云去避来，此义安在？"承恭曰："此必戒于去来者，互相避耳。"盖承恭又申上问，为申律，意如此。但如宗贵贱长轻于义不相属，皆传刻脱误之过，非周氏故书也。祥案，余所见木，长轻之下有重字，而承恭均作恭承，是别一本也。亦非周氏之原书矣。《金石续编》亦有跋云，此令为宋律，旧文榜诸要害通衢，始设木牌，后因刻石，详见《武授堂金石文字跋》。然则此制始于宋初太宗之诏，因承恭疏请也。予见《唐六典·礼部》载，凡行路之间，贱避贵，少避老，轻避重，去避来，宋制实仿于此。武氏未之考耳。祥案，《癸辛杂志》又云，余尝扣之棘市老吏云，所谓去避来，盖避自我后来者，以其人自后奔走而来此，必有急事故耳，故当避之也，此语亦甚有理。

宋铁佛寺塔内铁柱文

上生三皈依发愿文

南无兜率天宫慈氏如来应正等觉愿

与含识速奉慈颜

南无兜率天宫慈氏如来应正等觉所

居内众愿舍命已得生其中

南无兜率天宫慈氏如来应正等觉愿

第二截

随弥勒下阎浮提龙华三会得先授记

往生内院真言

□□□言　哩你　娑嚩诃

潭州营内观察判官李思明发心镌写

于塔普愿一切有情同生慈氏内院

第三截

千臂千眼观世音菩萨陁罗尼

大身真言

那摩萨婆若耶　那谟曷啰怛

那多啰夜也　那谟阿弭陁婆

耶怛他羯多耶　阿啰诃羝三

第四截

藐三菩陁耶　那谟阿唎耶跋

路枳帝　设嚩啰耶　菩提萨

埵耶　摩诃萨埵耶　摩诃迦

噜尼迦耶　那谟摩诃萨他摩

波啰跡踍耶　菩提萨埵耶

第五截

摩诃萨埵耶　摩诃迦噜尼迦

耶　那谟毗捕罗毗摩那　素

钵喇底瑟耻多僧弃耶　素唎

耶舍多娑呵萨啰呵羝唎迦

钵啰婆阿缚婆悉多慕嘌怛曳

第六截

摩诃末尼摩矩吒军荼罗陁嘌

泥　薄伽伐底钵摩波拏

曳萨啰婆路迦□阿跋耶　奢摩那耶　毗毗陁毒佉三摩鞞舍吠瑟吒　萨婆萨埵跛哩慕

第七截

者那耶　□侄他　唵　勃部皤　摩诃玲□□　赦　哆摩悉底弥啰　钵吒罗　毗那舍那伽啰耶　啰伽你吠沙摩诃慕诃阇　□啰迦　奢婆迦

第八截

啰讫义迦　萨婆波耶窭唎揭底　钵　舍摩那羯啰耶　萨婆怛他揭□　三摩嚩驮那羯啰　□醯　□诃菩提萨埵嚩啰驮　钵头摩路迦三步陁

第九截

摩诃迦呴尼迦　折吒摩矩吒楞讫嘌多　舍唎□摩𡰪羯那迦啰阇多跋折啰□住嘀耶楞讫嘌多舍唎啰　弭多婆视那　迦摩罗楞讫嘌多　钵啰

第十截

皤罗那啰那哩者那摩诃社那那啰那利舍多娑诃萨啰阿毗罗使多迦耶　摩诃菩提萨埵毗驮摩毗驮摩　毗那舍耶毗

那舍郎□摩诃　都鲁讫𦤷奢

第十一截

迦皤吒皤畔多僧娑啰遮啰遮
波啰摩他那　布呥沙钵头
布噜沙那伽　布噜沙娑伽啰
毗啰毗啰阇　素诞跢素诞跢
钵啰筏哩哆　驮麽驮麽　娑
摩娑摩　度呥度呥　钵啰

第十二截

奢萨耶　钵啰奢萨　祁篱祁
篱　婢犁婢犁　只离只离
姹呥姹呥　姹庾姹庾　闷遮
闷遮　度那度那　婢度那
婢度那睹噜睹噜　伽耶伽耶
伽驮耶伽驮耶　喝娑喝娑

第十三截

钵啰　诃娑钵啰诃娑　毗毗
驮　羯𦤷奢　嚩萨那　么么
写　荷啰荷啰荷啰　僧荷啰
僧荷啰　度噜征度噜征　摩
诃曼荼啰　迦啰拏　舍哆钵
啰细迦　皤婆娑　毗沙那舍

第十四截

摩迦　摩诃菩提萨埵　皤啰
娜　莎诃　进士董頀书
开福禅寺传法沙门道崧镌经

所有上件功德愿国泰民安风

调雨顺法界含灵俱登彼岸

宋淳化元年庚寅岁李升镌字

国朝乾隆四十年，觉罗敦福《重修铁佛寺塔》诗序：前中丞令少司农会稽梁公，重修长沙铁佛寺。之明年，寺既毕工，绀宇焕发，像教重辉。时则岁丰人和，百物阜成。余方摄官抚军，乃率僚属，顶礼梵王，介厘迓祉，香介清严，咸称盛举。遥见寺门左方有塔巍然，俯瞰江郭，风雨久摧，相轮隤陊。虑匠石不继，无以肃观瞻，普慈利。询谋佥同，檀施协力，鸠工庀材，将拓规而加扩焉。练日蒇事，除旧甓，启敝扃，得铁柱如幢贯塔中。长丈有四尺，围圜尺有七寸，首微锐，有穿下，砥平如截，顶刻蟠螭，重约百钧。一鼓镕成，完好无缺。爰命工剔抉（绣）〔锈〕藓，环饰文字悉露。上为宋潭州判官李思明皈依慈氏佛发愿文，下为观音大士陀罗尼咒。皆进士董頀书。寺僧曰道崧，镌工曰李升。计字七百六十有奇，楷法隽妙，得未曾有。余维颜书多宝，柳书元秘，并皆砻石垂示来兹。至于镂称坚铁，疏著夏书，铸勒铭文，功归冶氏，如景龙法性。各钟识款，靡不发金就范，倾写印成。若此大书深刻，錾凿精良，洵属奇觏。

考郡志载，唐开元时，衡岳降神，舍铁造佛，兼铸是塔。塔之铁柱，唐制无疑。末署淳化元年庚寅，岂宋修唐塔时所镂欤？又考，明成化十二年，及我朝康熙二十二年，并经重修佛寺，未及修塔。故塔柱无闻碑乘，但言铸塔，亦不言铁柱塔柱为铁。铁柱有文，至是始显。盖舍坚固金刚不坏，加以空誓秘文真言法宝，天人拥护，历劫如新。一时好古者，日就摹拓，奉为稀真，固其宜也。于是督学使李公汪度、廉使郑君大进、观察仓君、圣裔梁君敦书、汪君、新郡守王君，鸣歌咏其事，继声属和者若而人，共得诗若干首，不啻集古金石诸（编）〔篇〕，搜奇录异，提唱宗风，响达檐铎，于以首导众生，宣扬佛日。塔与寺俱复旧观，上祝圣寿，永镇江国，尤足志庆也。夫因序颠末与诗亦并勒贞珉，藉传不朽云。

钱大昕《金石文跋尾》：右铁佛寺塔柱文上镌上生三皈依发愿文，乃往生内院真言。潭州管内观察判官李思明发心镌写，下镌千臂千眼观世音菩萨陁罗尼大身真言。末题进士董䕶书，开福禅寺传法沙门道菘镌经。宋淳化元年庚寅岁，李升镌字。在长沙府铁佛寺，金石家未有著录者。今春钱塘梁侍讲山舟以家藏本见贻，盖其弟冲泉侍郎为湖南按察使，日适有修塔之役，拂拭得之，并赋诗纪其事。五金惟铁最易坏，镌刻深入匪易。古铁文之存于今者，唯南汉二塔及此柱。皆阴识，深刻点画有法，非近代镌工所及。若杨吴之大安寺香炉则阳文隐起，字亦攲斜，难楷模后世矣。

武亿《授堂金石三跋》：《陁罗尼经》寺僧镌之，率用石幢，今其存者遍天下，而颓损断仆往往为好事所收。予独以其释氏言弃之，不录也。甲辰冬，在长沙得此经文，其制用铁柱镌勒。长八尺馀，各有棱角，外覆有砖塔，盖其自护，惜如此。呜呼！三代鼎彝之文，流传及诸后世，皆铭于金刻，故虽其沉没，发见终不可知。然铭勒独较石为全，今陶铸之工日趋简易，吾侪兴役者，亦漫不知所事焉。而释氏之徒能重其师之说，独欲见诸久远，如是柱者，是可异也夫。

王昶《金石萃编》：按，铁塔在今长沙府铁佛寺，宋时谓之潭州。《潭州志》：唐开元时，衡岳降神，舍铁造佛，兼以铸塔。乾隆四十年，梁中丞阶平国治修寺工毕，次及塔，除旧甓，得塔柱如幢贯塔中。高丈有四尺，围尺有八寸。上刻三皈依发愿文，南无兜率天宫慈氏如来云云。次刻往生内院真言，后题云潭州管内观察□官阙一字当是推官李思明发心镌写于塔，普愿一切有情同生慈氏内院。次刻千臂千眼观世音菩萨陁罗尼大身真言，进士董䕶书。僧曰道崧，工曰李升。淳化元年镌，计字七百六十有奇。臬使梁君幼循敦书，拓以见遗，尝作诗题。其后按兜率天官者法念经云，若持不杀、不盗、不邪淫、不妄语，两舌恶口绮语，得生兜率陀天陀罗尼者，宋僧无畏，传夫三藏之义者，内为戒定慧，外为经律论，以陀罗尼总摄之也。陀罗尼是菩萨速疾之诠解，脱吉祥之海，三世诸佛生于此门，慧照所传一灯而已。又，佛顶心经观世音菩萨，说此（院）〔陀〕罗尼已，天雨宝花，缤纷而下云云，此即所谓观世音陀罗尼也。夫往生内院，即往生净土。净土者，各处佛国皆有之，故楞严有想多情少必生天上。又有一切净土随意往生之语，大势至五十二菩萨，亦称念佛三昧，而不专指西方。此文言慈氏居住兜率天宫，而慈氏说法有内院外院之分，是亦净土也。外院遇劫时，为水火风三灾所到。内院，则三灾所不到，是以修上生者必归之。白文公诗有“海山不是吾归处，归即要归兜率天”，谓此也。

嘉庆通志：案，乾隆乙未，布政使觉罗敦福重修寺塔。相传塔顶有铁葫芦，贮木匣内。载唐尉迟敬德督修，盖塔为贞观时建，柱文则宋淳化修塔时镌也。重修时木匣仍置塔顶，惟以塔内揭谛佛像大铁板四移于塔侧弥陀殿前，甃以砖石，高八尺许，四方各嵌铁板一，今并存。

《光绪通志》：铁佛寺塔在长沙城湘春门外，咸丰壬子粤贼寇郡城，凭高俯瞰，当事因毁寺塔。铁柱遗掷荒烟蔓草中，久之，今移至长沙学宫矣。

运溶案，铁柱系两面镌刻，每面七截，共十四截，其读法从东面至西面，以次递及。兹据旧拓本审定，故所载录，较省志、县志略多数字耳。

宋米芾麓山寺碑侧题名

襄阳米芾

同广惠道人来

元丰庚申元日

国朝孙星衍《寰宇访碑录》：岳麓寺碑侧米芾题名，行书，元丰三年。

瞿中溶《金石文编》：米襄阳题名，三行，正书左行，在麓山寺碑侧。

嘉庆通志：案，芾《浯溪》诗题于熙宁八年，此题名乃元丰三年，又在后五年。盖其时尚便，养官长沙也。

光绪通志：襄阳题名十六字，《金石文编》以为题于碑侧，近人云在碑阴。自嘉庆七年碑左方断裂，襄阳题名遂不复见。沩山黄本骥游关中，得米芾题名，并襄阳曾思等题名旧拓本，遂于咸丰四年上石，嵌岳麓书院御书楼壁间。

罗汝怀《麓山寺碑侧米襄阳题名考》：麓山寺碑侧有米襄阳题名十六字，字径寸馀。文云“襄阳米芾同广惠道人来元丰庚申元日”，作三行。左行一行署襄阳米芾。二行高一字，书“同”至来。三行书年月六字。其下有八分书题名，署绍兴八年三月晦，凡五行。是碑原有北海自书碑阴，分三截，书备列从事衔名，各有赞语四言八句，字皆正书，径六七分，较碑面书尤匀美，乃为妄人加镌题名于上。遂至参错摧残，致为可恨。而米老题名，以在碑侧，而得全也。拓碑版者常不及额与碑阴，故传本甚少，人多未见。而此碑自甃石之后，碑阴益不能拓取，故《金石萃编》云，亲至碑下，碑嵌亭壁甚周，碑阴不可得见。闻之老先云，秦小岘廉访于寒月拓碑，篝火其下，碑裂损七十馀字。今拓本另一纸，文句不完者是也。而米老题名之右，有行书六行云：湖南按察使无锡秦瀛，同新化孙起楠、攸陈圭、祁阳邓奇逢、宁乡陶章沩来，嘉庆六年七月廿六日。足证篝火裂碑，诚有其事，而其时尚得题名碑侧也。顷同治中修葺讲院，遂壢甃壁，拓取碑阴，碑侧而襄阳十六字复见于世。旋复封闭矣。

运溶按，近得碑阴碑侧题名，系同治年间拓本，自米襄阳下五种俱全。省志云已断裂，误也。惟王容等未见，岂在左方裂处耶？

宋程皞等麓山寺碑阴题名

不图下缺

昔下缺

缺

西同游鹿苑道林景欲晚□□。政和癸巳岁四月十一日度湘。梁国虞□□□□男阅积□□□。

通义程皞明迪稽山石彦和子惠

孙星衍《寰宇访碑录》：麓山寺碑阴通义、程皞等题名，正书，政和三年。

瞿中溶《金石文编》：右程皞等题名，正书，七行，左行在李北海碑阴第三截右。

陆增祥《金石补正》：程皞监荆湖南路提点，坑冶铸钱，见阳升观碑。

宋曾思等麓山寺碑侧题名

襄阳曾思、谯国盛木、东平吕美问、钱唐吴谘同游岳麓访光老为竟日留。绍兴八年三月晦。

孙星衍《寰宇访碑录》：岳麓寺碑侧襄阳曾思等题名，八分书，绍兴八年三月。

瞿中溶《金石文编》：右曾思等题名，八分书，五行，在麓山寺碑侧米襄阳题名下。

宋王仁甫麓山寺碑阴题名

王仁甫自道林拉宗室岩起，偕弟明甫、济甫、钦甫、勤甫、嘉甫、庆甫、宏甫、文甫同游岳麓观李北海碑，叹赏良久。岁在庚申五月望日牛元若题。

孙星衍《寰宇访碑录》：岳麓寺碑阴王仁甫等题名，正书，绍兴十年，在长沙。

陆增祥《金石补正》：右题名不书建元，据《访碑录》知为绍兴十年。《湖南通志》于此处未载其文，而别录王□□题名。于宋末云，在李北海碑阴第三截左下，盖即此刻也，未审出“仁甫”二字耳。《访碑录》又载有咸淳六年王仁甫岳麓寺碑阴题名，通志据以列入今碑，无之。自绍兴十年至咸淳六年，相距百三十年，疑孙氏既载此刻，复据他人录寄之本，误庚申为庚午，遂列于宋代最后之庚午。未捡石墨一勘，致涉舛错，憾不得起九原而问之。

宋沈時等麓山寺碑阴题名

计台（椽）〔掾〕保庆沈時、子麟，合肥王灏、太源高□、会稽管□□来游。宋淳熙□□□□志。

瞿中溶《金石文编》：右沈時等题名，八分书，四行，在李北海碑阴第四截下。保庆即宝庆，考《汉石经》、《春秋左氏传》，盗宝玉大弓之宝作保，乃古文也。

宋王容等麓山寺碑侧题名

王容、陈邕同游。庆元戊午十一月廿一日

瞿中溶《金石文编》：右王容等题名，正书，二行，在岳麓寺碑侧。

孙星衍《寰宇访碑录》：岳麓寺碑阴，王容等题名，行书，庆元四年。

陆增祥《金石补正》：王容，字南强，湘乡人，淳熙十四年进士，礼部侍郎。陈邕，字和父，长沙人，秘书省正字，乾道间官静江府教授。见《广西通志》。

元梁全等麓山寺碑阴题名

碑文未见

孙星衍《寰宇访碑录》：岳麓寺碑阴，梁全等题名，八分书，皇庆元年。

江昱《潇湘听雨录》：麓山寺碑右偏有皇庆初兵部郎中梁泉杜与可题名。

元集贤学士麓山寺碑侧题名

碑文未见

江昱《潇湘听雨录》：集贤侍讲学士题名，在右偏梁泉杜与可题名下，名裂去，不可考。书法类米氏，以官证之，殆元刻也。

孙星衍《寰宇访碑录》：岳麓寺碑阴康□名阙题名，行书，无年月。

运溶案，《访碑录》纪其姓，《听雨录》详其官。以意揣之，或是一人，未知然否。

元天临路学先贤祠记碑

《天临路学先贤祠记》：朝廷以湖南巨镇，盛选勋德重望抚临之，于是朔方帖木儿不花公、正议东昌王公、德新□□□□□□□□□使，既视事，念风俗之易倾，悼人材之弗植，一务兴学校，崇德教，褒节义，载瞻是祠，愓然兴怀。乃□□□□□□□公、刘公、昱、佥事锁住公、张公珪照磨于公，察罕不花协焉，遂出帑新之。且命衢龚□□□□□□□众勤民不与，不阅月而毕，瓦万计，甓千计，木十计，工则计以百。德璋实承命董是役，窃怀先正建是祠，政为风俗人材计也。不百年，几至芜没。幸一旦起废，视旧有加。则前者章，后者激，不可以不纪，敢以颠末请衢辞，再四不获，勉口于众曰：古称乡先生没，则祭于社，况道德足以绍往哲，忠义足以励薄俗，政事足以经邦国，文章足以扶垂教，其可不祀乎！

屈大夫而下，皆当祀者也，则附祠于学也。宜其出处去就节行履，历代各有史。三尺童子，有闻而习之者。第惟圣人之学，孟子没千数百年，不明于世。濂洛荐兴，粲然大明，重湖以南，家喻而户习，号称潇湘洙泗，至于今不衰。则肇于龟山至文定公父子，则彬彬矣，西山先生即学西祠之。祠之而秦汉以来，诸君子之居是郡者，咸在俾人随所择而各得其师，则人材有不盛，风俗有不美乎？天理民彝之不泯，虽万古犹一日；陵谷变迁，先生实班乎其间。而肯斋终焉，盖有不偶然者矣。

今废坠之馀，贤使者膺休命，秉宪节，振刷斯郡之人，首锐意于是，使环数千百里之胥化而成礼义之俗，将不花此举而深称盛烈，焉知不有祠西山者，出其后乎。然则是祠之兴也，孰御衢固乐为斯人书也。故记。

至正五年岁次乙酉秋八月初十吉日，中顺大夫同知天临路总管府事普颜、奉议大夫天临路总管府判官王察、罕章承务郎天临路总管府推官吕恭、承德郎天临路总管府推官宋士毅、将仕佐郎天临路总管府知事杨文质、儒学教授魏国臣、学录张允成、训导易起莘、萧颢、许岩、彭镇、周泉、王元等立石，儒生龙旗监修，何守宗刻。

运溶案，碑在长沙府学宫明伦堂侧阶墀下，苔藓延缘，无人椎拓，以故金石家从未著录。余于光绪丙戌春搜剔得之，知为元碑，因拓本以视。已截断一侧，题额系隶书，四行，行二字。“天临”字剥落一半，只存“路学先贤祠记”六字。考长沙自秦、汉以来，或称长沙郡，或称湘州，或称潭州。元至元间，改潭州路。天历二年以潜邸所幸，改天临路。故碑云“天临路学”，犹今称“长沙府学”也。碑文似完好，前半蚀去者殆题款。与共十六行，行四十二字。字大径寸，所纪职官姓名，惟帖木儿不花载在《元史》，又不一，其人莫知孰是。其余官名，虽自通志及郡县志均未列入。得此碑，可以考元代职官之遗轶、建置之荒芜，并知是祠即宋真西山所建，而此乃重新之，更立碑于其地也。作者、书者未另署名，惟碑中有“衢固乐为斯人书也”语。盖书者名衢，而其姓氏终湮没也。

明刘汝楠读禹碑歌石刻

《读神禹碑歌》：吾闻岣嵝之山图牒古，神禹按之平水土。元彝一夜发简书，海若天吴莫敢睹。金符玉册奏成功，天地成平四海同。未向会稽藏简字，先勒名岳播神工。衡山古镌今明灭，吊古雄才空填咽。千秋万载不复闻，七十余字谁称说。近年至宝出人间，此碑乃落岳麓山。神物守护在苍莽，霜凌雨溜赤石斑。樵人亟见不相识，太守闻之长太息。披榛剔藓叹大奇，岂是苍冥移鬼力？鬼力谁能移，神理空自知。鸾轩凤举翩然下，虎攫龙腾争为驰。我昔持之不能读，空堂一幅开岳渎。即今倚石摹赤文，海水欲翻泰山覆。山阿含睇已无人，洞庭萧萧落黄木。

嘉靖十有九年冬至，湖广按察司提学佥事，闽中刘汝楠题。善化生员张僎书。

光绪通志：案，右刻在岳麓山禹碑左石壁，八分书，诗题款共十四行。考禹碑自宋嘉定中，长沙贤良何致得之衡山岣嵝峰，摹刻于岳麓，世无知之者。逮明嘉靖九年，长沙太守婺源潘镒始得之榛莽中，（模）〔摹〕拓渐广。诗中“太守闻之”云云，固纪琅玕之骤获，而实禹碑遍刻之权舆也。

明郭登庸麓山寺碑阴题名

明嘉靖癸巳春二月晦，提学副使单北郭登庸谒岳麓书院祠。是日潇湘雨歇，青草连云，所望远矣。

运溶按，题名系径三寸，隶书，四行，加刻于碑阴衔名之上。第一截，从录事参军起至参军沈某止。第二截，从长沙宰起至名家礼意止。均十二行，字迹多被摧残，隐约难辨。本不欲著录其名，因庸妄可恨，著其名，正所以声其罪也。

湘城遗事记

自叙[1]

遗事记以补访古录而作也。彼纪故迹，此著轶闻，两书参观，源流方澈。兹纪其目，厥有九类。惟人物游宦，所纪稍刻，或钞从史传，或录自载记。事迹可稽，乃为详述。方志不典，因附阙如。间录一二，确有依据，借材异地，庶无讥焉。其馀各类，稍宽限制。事出近代，亦为搜罗。过时不采，恐化烟尘。核之全编，斯实变例尔。光绪二十一年乙未重午，善化陈运溶谨叙。

①标题为编者所加。

湘城遗事记卷一

人物类

祝良

章怀太子注引《续汉书》曰：祝良，字邵卿，长沙临湘人。

谢承《后汉书》云：祝良，字邵平，长沙人。聪明博学，有才干，以廉平见称也。

《后汉书·南蛮传》云：长沙祝良，性多勇决。前在益州，有破虏之功，即拜为九真太守。良到九真，单车入贼中，设方略，招以威信，降者数万人。皆为良筑起府寺，由是岭外复平。

《后汉书·庞参传》云：太尉庞参夫人疾，前妻子投于井而杀之。参素与洛阳令祝良不平。良闻之，率吏卒入太尉府，案实其事，乃上参罪，遂因灾异策免。有司以良不先闻奏，辄折辱宰相，坐系诏狱。良能得百姓心，洛阳吏人守阙，请代其罪者日有数千万人，诏乃原刑。

谢承《后汉书》云：长沙祝良为洛阳令，常侍樊丰妻杀侍婢置井中，良收其妻，杀之。

《长沙耆旧传》云：祝良，字（召）〔邵〕卿，为洛阳令。岁时亢旱，天子祈雨不得，良乃曝身阶庭，告诫引罪，自晨至日中，紫云水起，甘雨登降。人为歌曰："天久不雨，烝人失所。天王自出，祝令特苦。精符感应，滂沱下雨。"

刘寿

《长沙耆旧传》云：刘寿常梦乘通幰车飞渡北门，后果至司徒。

又云：刘寿少时遇相师曰，君脑有玉枕，必至公也，后至太尉。

又云：太尉刘寿少遇相师曰，耳为天柱，今君耳有城郭，必兴邦家。

又云：太尉刘寿少遇相师曰，凡鼻为气户，君鼻大贵之象也。

文虔

《长沙耆旧传》云：文虔，字仲孺。为郡功曹吏时，霖雨废人业，太守忧悒，召虔补户曹。虔奉教斋戒，在社三日。夜梦白头翁，谓曰，尔来何迟？虔具白所梦，太守曰，昔禹梦青绣衣男子，称苍水使者，禹知水脉当通，若（椽）〔掾〕此梦，将可比也。明日果大霁。

虞芝

《长沙耆旧传》云：虞芝，州命辟南阳从事。太守张忠连姻王室，罪名入重，芝依法按。刺史畏势召芝，芝曰，吾年往志尽，譬如八百钱马，死生同价，且欲立效于明时耳。遂投传去。

又云：虞芝为南阳郡从事，太守芮氏亲连王室，自恃豪援，芝依法执案。

又云：虞芝转郡从事，太守芮氏不遵法度，芝乃讽谏，威厉冰霜。

又云：虞芝为郡从事，万里肃清。

陈平子

《后汉书·独行传》云：范式会汝南张邵葬后，到京师受业太学。时诸生长沙陈平子亦同在学，与式未相见。而平子被病将亡，谓其妻曰，吾闻山阳范巨卿，烈士也，可以托死，吾没后但以尸埋巨卿户前，乃裂素为书以遗巨卿。既终，妻从其言。时式出适还，省书见瘗，怆然感之，向坟揖哭，以为死友。乃营护平子妻儿，身自送丧于临湘。未至四五里，乃委素书于柩上，哭别而去。其兄弟闻，寻求不复见，长沙上计掾吏到京师表式行状。

夏侯叔仁

《长沙耆旧传》云：夏侯叔仁，氏族单微，丁母忧，居丧过礼，同郡徐元休，弱冠知名，闻而吊焉。旬日之中，积刺盈案。

吴巨

王氏《交广春秋》云：建安十六年，吴遣临淮步骘为交州刺史，将武吏四百人之交州，道路不通。苍梧太守吴巨拥众五千，骘有疑于巨，先使谕巨。巨迎之于零陵，遂得进州。巨既纳骘而后有悔，骘以兵少恐不存立，巨有都督区景，景勇略，与巨同，士为用。骘恶之，阴使人请巨。巨往告景，勿诣骘。骘请不已，景又往，乃于厅事前中庭俱斩，以首殉众。

桓阶

《三国魏志本传》云：桓阶，字伯绪，长沙临湘人也，仕郡功曹。太守孙坚举阶孝廉，除尚书郎。父丧还乡里，会坚击刘表战死，阶冒难诣表，乞坚丧，表义而与之。

后太祖与袁绍相拒于官渡，表举州以应绍。阶说其太守张羡曰：“夫举事而不本于义，未有不败者也，故齐桓率诸侯以尊周，晋文逐叔带以纳王。今袁氏反，此而刘牧应之，取祸之道也。明府必欲立功，明义全福远祸，不宜与之同也。”羡曰：“然，则何向而可。”阶曰：“曹公虽弱，仗义而起，救朝廷之危，奉王命而讨有罪，孰敢不服？今君举四郡保三江以待其来，而为之内应，不亦可乎。”羡曰：“善。”乃举长沙及旁三郡以拒表，遣使诣太祖，太祖大悦。会绍与太祖连战，军未得南，而表急攻羡，羡病死，城陷。阶遂自匿，久之，刘表辟为从事祭酒，欲妻以妻妹蔡氏。阶自陈已结婚，拒而不受，因辞疾告退。太祖定荆州，闻其为张羡谋也，异之，辟为丞相掾主簿，迁赵郡太守。

魏国初，建为虎贲中郎将侍中。时太子未定，而临菑侯植有宠。阶数陈文帝德优齿长，宜为储。副公规密谏前后恳至，又毛玠、徐奕以刚蹇少党，而为西曹掾丁仪所不善。仪屡言其短，赖阶左右以自全，保其将顺，匡救多此类也。迁尚书，典选举。曹仁为关羽所围，太祖遣徐晃救之，不解。太祖欲自南征，以问群下，群下皆谓王不亟行，今败矣。阶独曰：“大王以仁等为足以料事势，不也曰能，大王恐二人遗力耶。”曰：“不然，则何为自往？”曰：“吾恐虏众多而晃等势不便耳。”阶曰：“今仁等处重围之中，而守死无贰者，诚以大王远为之势也。夫居万死之地，必有死争之心。内怀死争，外有强救，大王案六军以示馀力，何忧于败，而欲自往。”太祖善其言，驻军于摩陂，贼遂退。文帝践阼，迁尚书令，封高乡亭侯，加侍中。阶疾病，帝自临省，谓曰：“吾方托六尺之孤，寄天下之命于卿，勉之。”徙封安乡侯，邑六百户，又赐阶三子爵关内侯。祐以嗣子不封，病卒，又追赠关内侯。后阶疾笃，遣使者即拜太常。薨，帝为之流涕，谥曰贞侯。子嘉嗣以阶弟纂为散骑侍郎，赐爵关内侯，嘉尚升迁亭公主。会嘉平中，以乐安太守与吴战于东关，军败没，谥曰壮侯，子翊嗣。

裴松之注引《魏书》称：阶谏曰："今太子位冠群子，名昭海内，仁圣达节，天下莫不闻，而大王甫以植而问臣，臣诚惑之。"于是太祖知阶笃于守正，深益重焉。

《桓阶别传》云：桓阶，长沙人，为赵郡太守。在郡时俸尽食酱彝，上闻之，数戏之曰："卿家酱得不减邪。"乃诏曰："昔子文清俭，朝不谋夕，而有脯粮之秩；宣子守约，军食鱼餐，而有加粱之赐。岂栋宇大臣而有蔬食，非吾所以礼贤之意。"其赐射鹿师二人并弩。

《长沙耆旧传》云：桓阶为赵郡太守，尝有遗囊粟于路者，行人挂囊粟于树，莫敢取之。

《长沙耆旧传》云：桓阶，字伯绪，为丞相主簿功曹，每事谘焉，乃叹曰：昔文帝与贾生共谈，不觉膝前于席也。

《金石萃编》云：晋任城太守夫人孙氏之墓碑曰，九岁丧父，时未□继室，长沙人桓伯序，有寡妻伏氏，魏文帝以用妻之。伏氏柔少，有国色，□非所好，而顾违尊命，莫之能定。夫人谓父曰："何不以尝同僚辞之。"父意乃寤。

《晓读书斋杂录》云：伯序即桓阶。《魏志列传》：阶，字伯绪，长沙临湘人，碑以绪为序，古字通。阶传言：刘表辟为从事祭酒，欲妻以妻妹蔡氏。阶自陈已结婚，拒而不受，因辞疾告退。传所云已结婚者，当属阶之元配。碑所载伏氏者，既云柔少，则或是阶之继室，书此亦可补裴松之注之缺。

桓超　桓胜

裴松之引《魏书》云：阶祖父超，父胜，皆历典州郡，胜为尚书，著名南方。

桓彝

《三国吴志》云：吴大将军孙綝议废其主亮，以亮罪状班告远近，尚书郎桓彝不肯署名，綝怒杀之。

裴注引《汉晋春秋》云：桓彝，魏尚书令，阶之弟。

又引《吴录》云：晋武帝问薛莹吴之名臣，莹对称彝有忠贞之节。

徐熙

《水经注》云：赣水又历白社西，有徐孺子墓。吴嘉禾中太守，长沙徐熙于墓隧种松。

夏隆

《长沙耆旧传》云：夏隆仕郡时，潘浚为南征太守，遣隆修书致礼。浚飞帆中流，力所不及，隆乃于岸边拔刀大呼，指浚为贼，因此被收。浚奇其以权变自通，解缚，赐以酒食。

虞授

《长沙耆旧传》云：虞授，字承卿，善易学，说易不殆。时人语曰，不读经，视虞生。

《三国吴志》云：吴天纪三年夏，郭马反攻，杀广州都督虞授。

桓陵

裴松之引《世语》云：阶孙陵，字元徽，有名于晋武帝世，至荥阳太守卒。

王昌

《北史·隋刘子翊传》云：昔长沙人王毖，汉末为上计诣京师，既而吴魏隔绝。毖在内国更娶，生子昌，毖死后为东平相始知，吴之母亡，便情系居重，不摄职事。

《晋书·礼志》云：太康元年，东平王楙上言，相王昌父毖，本居长沙，有妻息。汉末使入中国，值吴叛，仕魏，为黄门郎，与前妻息死生隔，更娶昌母。今江表一统，昌闻前母久丧，言疾，求平议。朝议以昌之前母宜依叔隗为比，若亡在昌未生之前者，则昌不应复服，生及母存，自应如礼，以名服三年。辄正定为文章，下太常报楙奉行。制曰：凡事有非常，当依准旧典，为之立断，今议此事称引赵姬、叔隗者，粗是也。然后狄与晋和，故姬氏得迎叔隗而下之。吴寇隔塞，毖与前妻终始永绝，必义无两嫡，则赵衰可以专制隗氏。昌为人子，岂得擅替其母，且毖二妻并以绝亡，其子犹后母之子耳，昌故不应制服也。

桓龙

《长沙耆旧传》云：桓龙迁鲁令，明断朗然，狱无停系，安贫乐道。内无儋石之储，门绝鱼米之馈，故清廉训于百里，仁惠洽于所莅。黎元饮其德泽，遐迩称其节概。

桓雄

《晋书本传》云：桓雄，长沙人也，少仕州郡。谯王承为湘州刺史，命为主簿。王敦之逆，承为敦将魏乂所执。佐吏奔散，雄与西曹韩阶、从事武延并毁服为僮竖，随承向武昌。乂见雄姿貌长者，进退有礼，知非凡人，有畏惮之色，因害之。

韩阶

《晋书本传》云：韩阶，长沙人也，性廉谨，笃慎，为闾里所敬爱。刺史谯王承辟为议曹祭酒，转西曹书佐。及承为魏乂所执，送武昌，阶与武延等同心随从，在承左右。桓雄被害之后，二人执志愈固。及承遇祸，阶、延亲营殡敛，送柩还都，朝夕哭奠，俱葬毕乃还。

虞悝

《晋书本传》云：虞悝，长沙人也，弟望，字子都，并有士操，孝悌廉信，为乡党所称。而俱好臧否，以人伦为己任。少仕州郡，兄弟更为治中别驾。元帝为丞相，招延四方之士，多辟府掾，时人谓之百六掾。望亦被召，耻而不应。谯王承临州知其名，檄悝为长史，未到，遭母丧。会王敦作逆，承往吊悝，因留与语曰："吾前被诏遣镇此州，正以王敦专擅，防其为祸，今敦果为逆谋。吾受任一方，欲率所领驰赴朝廷，而众少粮乏，且始到贵州，恩信未著。卿兄弟南夏之翘俊，而智勇远闻。古人墨绖即戎，况今鲸鲵塞路，王室危急，安得遂罔极之情，忘忠义之节乎？如今起事将士，器械可以济不。"悝、望对曰："王敦居分陕之任，一旦构逆，图危社稷，此天地所不容，人神所忿疾。大王不以猥劣，枉驾访及，悝兄弟并受国恩，敢不自奋！今天朝中兴，人思晋德。大王以宗子之亲，奉信顺而诛有罪，孰不荷戈致命！但鄙州荒弊，粮器空竭，舟舰寡少，难以进讨。宜且收众固守，传檄四方，其势必分，然后图之，事可捷也。"承以为然，乃命悝为长史，望为司马，督护诸军。湘东太守郑澹，敦之姊夫也，不顺承旨。遣望讨之，望率众一旅，直入郡斩澹，以徇四境。及魏乂来攻，望每先登，力战而死。城破，悝复为乂所执，将害之。子弟对之号泣，悝谓曰：“人生有死，阖门为忠义鬼，亦何恨哉？”及王敦平，赠悝襄阳太守，望荥阳太守，遣谒者至墓祭以少牢。

邓骞

《晋书·本传》云：邓骞，字长真，长沙人，少有志气，为乡邻所重，常推诚行己，能以正直全于多难之时。刺史谯王承命为主簿，便说甘卓。卓留为参军，欲与同行，以母老辞卓而反承，为魏乂所败。以虞悝兄弟为承党，乂尽诛之，而求骞甚急，乡人皆为之惧。骞笑曰：“欲用我耳，彼新得州，多杀忠良，是其求贤之时，岂以行人为罪。”乃往诣乂。乂喜曰：“君所谓古之解扬也，以为别驾。”骞有节操，忠信兼识量宏远，善与人交，久而益敬。太尉庾亮称之以为长者，历武陵、始兴太守，迁大司农，卒于官。

《太平御览》引《晋中兴书》云：邓骞，字长真，长沙人。谯王承为魏乂所败，乂求骞甚急，乡人为之惧。骞笑曰：“欲用我耳，乃往诣乂。”乂喜谓曰：“君可谓古之解扬也。”

邓粲

《晋书本传》云：邓粲，长沙人，少以高洁著名，与南阳刘驎之、南郡刘尚公同志友善，并不应州郡辟命。荆州刺史桓冲卑辞厚礼，请粲为别驾。粲嘉其好贤，乃起应召。驎之、尚公谓之曰：“卿道广学深，众所推怀，忽然改节，诚失所望。”粲笑答曰：“足下可谓有志于隐，而未知隐。夫隐之为道，朝亦可隐，市亦可隐。隐初在我，不在于物。”尚公等无以难之，然粲亦于此名誉减半矣。后患足疾，不能朝拜，求去职，不听，令卧视事。后以病笃乞骸骨，许之。粲以父骞有忠信言，而世无知者，乃著《元明纪》十篇，注《老子》并行于世。

《太平御览》引《晋中兴书》云：长沙邓粲，高洁著名，桓冲召粲为别驾。粲起就职时，南郡刘尚公亦治操不仕。粲既就职，尚公语粲曰："卿道广学深，众所推怀，忽然改节，诚失所望。"粲笑答曰："足下可谓有志于隐，而未知隐之为道，朝亦可隐，市亦可隐，隐初在我，不在于物。"尚公无以难之，然粲名誉亦减半矣。

《文心雕龙》云：按春秋经传举例发凡，自史汉以下，莫有准的。至邓粲《晋纪》，始立条例，又撮略汉魏，宪章殷周，虽湘川曲学亦有心典谟，及安国立例，乃邓氏之规焉。

王机

《晋书·本传》云：王机，字令明，长沙人也。父毅，广州刺史，甚得南越之情。机，美姿仪，倜傥有度量。

陈恢之乱，机年十七，率众击破之。尝慕王澄为人，澄亦雅知之，以为已亚，遂与友善。内综心膂，外为牙爪，寻用为成都内史。机终日醉酒，不存政事，由是百姓怨之，人情骚动。会澄遇害，机惧祸及，又属杜弢所在发墓，而独为机守冢，机益自疑。就王敦，求广州，敦不许。会广州人背刺史郭讷迎机，为刺史。遂将奴客、门生千馀人入广州，州部将温邵率众迎机。敦遣参军葛幽追之，及于庐陵。机叱幽曰："何以敢来，欲死耶。"幽不敢逼而归。郭讷闻邵之纳机也，乃遣兵击邵，反为所破。讷又遣机父兄，时吏距之咸倒戈迎机，讷众皆散。乃握节而避机，机遂入城，就讷求节。讷叹曰："昔苏武不失其节，前史以为美谈。此节天朝所假，义不相与，自可遣兵来取之。”机惭而止。

机自以篡州，惧为王敦所讨，乃更求交州时杜弢馀党。杜宏奔临贺，送金数千两与机，求讨桂林贼以自效。机为列上，朝廷许之。王敦以机难制，又欲因机讨梁硕，故以降杜宏之勋，转为交州刺史。硕闻而遣子侯，候机于郁林。机怒其迎迟，责云须至州当相收拷。硕子驰使报硕，硕曰：“王郎已坏广州，何可复来破交州也。”乃禁州人不许迎之，府司马杜赞以硕不迎机，率兵讨硕，为硕所败。恐诸侨人为机，于是悉杀其良者，乃自领交阯太守。机既为硕所（距）〔拒〕，遂住郁林。

时杜宏大破桂林贼还，遇机于道。机劝宏取交州，宏素有意，乃执机节曰：“当相与，迭持何可独捉。”机遂以节与之，于是机与宏及温邵、刘沈等并反。寻而陶侃为广州，到始兴州，人皆谏不可轻进。侃不听，及至州，诸郡县皆已迎机矣。侃先讨温邵、刘沈，皆杀之。遣牙门屈蓝还州，诈言增粮，密招诱所部，欲以（距）〔拒〕侃。侃即收蓝斩之，遣督护许高讨机。走之，病死于道。高掘出其尸斩首，并杀其二子焉。

王矩

《御览》引《晋中兴书》云：王矩，字令式，美容貌，每出行，观者盈路。

《晋书·本传》云：机兄矩，字令式，美姿容，每出游，观者盈路。初为南平太守，豫讨陈恢有功，迁广州刺史。将赴职，忽见一人持奏谒矩，自云京兆杜灵之。矩问之，答称天上京兆，被使召君为主簿，矩意甚恶之，至州月馀卒。

《通鉴·晋惠帝纪》云：南平内史长沙王矩起兵江东，以讨石冰。

徐伟

《长沙耆旧传》云：徐伟，有奴善逃，知识欲为伟售之。伟曰："奴往当复逃，岂可虚受其偿。"廉平正直若此。

尹虞

《晋书·吾彦传》云：吾彦为南中都督、交州刺史，重饷陆机兄弟，机将受之。云曰："彦本微贱，为先公所拔，而答诏不善，安可受之。"机乃止，因此每毁之。长沙孝廉尹虞谓机等曰："自古由贱而兴者乃有帝王，何但公卿。若何元干、侯孝明、唐儒宗、张义允等并起自寒微，皆内侍，外人无讥者。卿以士则士则吾彦字也。答诏，小有不善，毁之无已。吾恐南人皆将去卿，卿便独坐也。"于是机等意始解，毁言渐息矣。

《太平御览》引邓粲《晋纪》云：滇阳令羊嗣贪而不治，县功曹共逐嗣，嗣饶须，乃以嗣内羊阑中。始兴太守尹虞闻，大怒，手剑功曹。虞，字壬卿，长沙人也。

《御览》又引邓粲《晋纪》云：前始兴太守尹虞起兵于巴陵，日号监军以讨杜弢，连战稍胜。遂进，为弢所没。初败，略虞二女，皆国色也，将妻之。女不肯曰："我父二千石，终不为贼作妇，有死而已。"及虞攻贼，贼杀之。

《晋书·列女传》云：尹虞二女，长沙人也。虞前任始兴太守，起兵讨杜弢，战败。二女为弢所获，并有国色，弢将妻之。女曰："我父二千石，终不能为贼妇，有死而已。"弢并害之。

徐普济

《梁书·滕昙恭传》云：梁天监时，有徐普济者，长沙临湘人。

居丧未及葬，而邻家火起，延及其舍。普济号恸伏棺上，以身蔽火，邻人往救之，焚炙已，闷绝，累日方苏。

欧阳𬱟

《陈书·本传》云：欧阳𬱟，字靖世，长沙临湘人也。为郡豪族。祖景达，梁代为本州治中。父僧宝，为屯骑校尉。𬱟少质有思理，以言行笃信著闻于岭表。父丧，毁瘠甚至。家产累积，悉让诸兄。州郡频辟不应，乃庐于麓山寺傍，专精习业，博通经史。年三十，其兄逼令从宦，起家信武府中兵参军，迁平西邵陵王中兵参军事。

梁左卫将军兰钦之少也，与𬱟相善。故𬱟常随钦征讨。钦为衡州，仍除清远太守。钦南征夷獠，擒陈文彻，所获不可胜计，献大铜鼓，累代所无，𬱟预其功。还为直阁将军，仍除天门太守，伐蛮左有功。刺史庐陵王萧续深嘉之，引为宾客。钦征交州，复启𬱟同行。钦度岭以疾终，𬱟除临贺内史，启乞送钦丧还都，然后之任，时湘、衡之界五十馀洞不宾，敕令衡州刺史韦粲讨之，粲委𬱟为都督，悉皆平殄。粲启梁武，称𬱟诚干，降诏褒赏，仍加超武将军，征讨广、衡二州山贼。

侯景构逆，粲自解还都征景，以𬱟监衡州。京城陷后，岭南互相吞并。兰钦弟前高川刺史裕攻始兴内史萧绍基，夺其郡。裕以兄钦与𬱟有旧，遣招之，𬱟不从。乃谓使云："高州昆季隆显，莫非国恩，今应赴难援都，岂可自为跋扈。"及高祖入援京邑，将至始兴，𬱟乃深自结托。裕遣兵攻𬱟，高祖援之，裕败。高祖以王怀明为衡州刺史，迁𬱟为始兴内史。高祖之讨蔡路养、李迁仕也，𬱟率兵度岭，以助高祖。及路养等平，𬱟有功，梁元帝承制以始兴郡为东衡州，以𬱟为持节、通直散骑常侍、都督东衡州诸军事、云麾将军、东衡州刺史，新丰县伯，邑四百户。

侯景平，元帝遍问朝宰，“今天下始定，极须良才，卿各举所知”。群臣未有对者。帝曰：“吾已得一人。”侍中王裒进曰：“未审为谁。”帝云：“欧阳頠公正有匡济之才，恐萧广州不肯致之。”乃授武州刺史，寻授郢州刺史，欲令出岭，萧勃留之，不获拜命。寻授使持节、散骑常侍、都督衡州诸军事、忠武将军、衡州刺史，进封始兴县侯。

时萧勃在广州，兵强位重，元帝深患之，遣王琳代为刺史。琳已至小桂岭，勃遣其将孙玚监州，尽率部下至始兴，避琳兵锋。頠别据一城，不往谒勃，闭门高垒，亦不拒战。勃怒，遣兵袭頠，尽收其资财马仗。寻赦之，还复其所，复与结盟。荆州陷，頠委质于勃。及勃度岭出南康，以頠为前军都督，顿豫章之苦竹滩，周文育击破之，擒送于高祖。高祖释之，深加接待。萧勃死后，岭南扰乱。頠有声南土，且与高祖有旧，乃授頠使持节、通直散骑常侍、都督衡州诸军事、安南将军、衡州刺史，始兴县侯。未至岭南，頠子纥已克定始兴。及頠至岭南，皆慑伏，仍进广州，尽有越地。改授都督广、交、越、成、定、明、新、高、合、罗、爱、建、德、宜、黄、利、安、石、双十九州诸军事，镇南将军、平越中郎将、广州刺史，持节、常侍，侯并如故。王琳据有中流，頠自海道及东岭奉使不绝。永定三年，进授散骑常侍，增都督衡州军事，即本号开府仪同三司。世祖嗣位，进号征南将军，改封山阳郡公，邑一千五百户，又给鼓吹一部。

初，交州刺史袁昙缓密以金五百两寄頠，令以百两还合浦太守龚芳，四百两付儿智矩，馀人弗之知也。頠寻为萧勃所破，资财并尽，惟所寄金独在。昙缓亦寻卒，至是頠并依信还之，时人莫不叹服，其重然诺如此。

时頠弟盛为交州刺史，次弟邃为衡州刺史，合门显贵，名振南土。又多致铜鼓、生口，献奉珍异，前后委积，颇有助于军国焉。頠以天嘉四年薨，时年六十六。赠侍中、车骑大将军、司空、广州刺史，谥曰穆。子纥嗣。

纥，字奉圣，颇有干略。天嘉中，除黄门侍郎、员外散骑常侍。累迁安远将军、衡州刺史，袭封阳山郡公，都督交、广等十九州诸军事，广州刺史。在州十馀年，威惠著于百越，进号轻车将军。

光大中，上流蕃镇并多怀贰，高宗以纥久在南服，颇疑之。太建元年，下诏征纥为左卫将军。纥惧，未欲就征，其部下多劝之反，遂举兵攻衡州刺史钱道戢。道戢告变，乃遣仪同章昭达讨纥，屡战兵败，执送京师，伏诛，时年三十三。家口籍没。子询以年幼免。

欧阳询

《旧唐书·儒林传》云：欧阳询，潭州临湘人，陈大司空頠之孙也。父纥，陈广州刺史，以谋反诛。询当从坐，仅而获免。陈尚书令江总与纥有旧，收养之，教以书。计虽貌甚寝陋而聪悟绝伦，读书即数行俱下，博览经史，尤精三史。仕隋，为太常博士。高祖微时引为宾客，及即位，累迁给事中。

询初学王羲之书，后更渐变其体，笔力险劲，为一时之绝。人得其尺牍文字，咸以为楷范焉。高丽甚重其书，尝遣使求之。高祖叹曰："不意询之书名远播夷狄，彼观其迹，固谓其形魁梧耶。"武德七年，诏与裴矩、陈叔达撰《艺文类聚》一百卷，奏之，赐帛二百段。贞观初，官至太子率更令、宏文馆学士，封勃海县男，年八十馀卒。

子通，少孤，母徐氏教其父书。每遗通钱，给云质汝父书迹之直。通慕名甚锐，昼夜精力无倦，遂亚于询。仪凤中，累迁中书舍人。丁母忧，居丧过礼，起复本官。每入朝，必徒跣至皇城门外，直宿在省则席地籍槁，非公事不言，亦未尝启齿。归家必衣缞绖号恸无恒。自武德已来，起复后而能哀慽合礼者，无与通比。年凶未葬，四年居庐不释服，家人冬月密以毡絮置所眠席下，通觉大怒，遽令彻之五迁。垂拱中，至殿中监，赐爵勃海子。天授元年，封夏官尚书。二年，转司理卿判纳言事，为相月馀。会凤阁舍人张嘉福等，请立武承嗣为皇太子。通与岑长倩固执以为不可，遂忤诸武意，为酷吏所陷，被诛。神龙初，追复官爵。

《新唐书·宰相世系表》云：晋顿丘太守建为赵王所杀，兄子质，字纯之，居长沙临湘。七世族孙景达，字敬远，齐本州治中。生荔浦令僧宝，字士章，僧宝生梁阳山穆公颇，字靖世。颇二子纥、约。

纥字询字少信　长卿

奉圣率更令渤　肃颉

广州海县男伦

刺史　通，字通师幼明昶，字子愿璟字相武后字仲渤海子崇文

廉，侯官令

琮吉琮八世孙雅字效，字德用谟、邺

州刺万，安福令正言韶阳簿

史托，字达明鄠

郴

邦

达、铉

楚、鄂

成

幼让

亮

德

器

约、胤光谌，巩令祯、何

州刺、价

史南、机什琟，字琟商嵩

海郡、邡令州刺史岧

公 按颜真卿峰

撰碑琟作

稚，字子琟

宋欧阳修撰《欧阳颖墓志》云：渤海之欧阳，有仕晋者曰建，所谓渤海赫赫、欧阳坚石者也。建遇赵王伦之乱，其兄子质南奔长沙。自质十二世生询，询生通，仕于唐，皆为长沙之欧阳，而犹以渤海为封。通又三世而生琮，琮为吉州刺史，子孙家焉。自琮八世生万，万生雅，雅生效，效生托，托生郴，郴生仿，皆家吉州，又为吉州之欧阳。

元张起岩撰《欧阳龙生墓志》云：琮八世孙万，为安福令。安福府君而下四世曰效，三子，谟、托、诜。托徙吉水后，吉水析置永丰，传二世，是为宋太师，兖国文忠公之考崇国公，其他子孙散处安福邑境。雍熙初，割安福置分宜县，隶宜春郡。故居安福永丰者，籍庐陵。居分宜防里者，籍宜春。而安福、分宜地相去不满五十里。公防里族也，别号防里欧阳氏。曾祖安时及祖新皆漕试湖南，爱浏阳山水之胜，又徙居焉。

欧阳玄撰《欧阳南谷墓志》云：居士先世由庐陵之安福义历，

迁今防里。八世有府君讳俙，在诸昆弟中子孙最多，迁居外郡。有复迁安福之早禾田，有迁潭州之浏阳马渡者，若是者不一。居士亦俙后于防里其处者也，元之于浏阳迁者也。

王璘

《唐摭言》云：王璘，长沙人，词学富赡。詹事崔铉廉问湖南，表荐于朝，试于使院。璘请十书吏，皆给笔札。璘衫缔扪腹，往来口授，十吏笔不停缀。首题《黄河赋》三千字，数刻而成，复为《鸟散馀花落》诗二十首。时未停午，忽风雨暴至，数幅为回飙所卷，泥滓沾渍。璘复另构十馀篇，约已七千馀言。铉语试官曰："万言不在试限，但请召来饮酒。"《黄河赋》复有僻字百馀，请璘对众朗宣，旁若无人。时路岩当轴，遣一介召之。璘意在沽激，曰："请候见帝。"岩大怒，亟命奏废万言科。

璘杖策而归，放旷杯酒间。一日，与李群玉遇岳麓，群玉曰："公何许人？"璘曰："日试万言王璘？"群玉待之甚浅，因相与联句。群玉破题授之，璘略不伫思，至"芍药花开菩萨面，棕榈叶散夜叉头"，群玉始屈。

刘蜕

《北梦琐言》云：唐荆州衣冠薮泽，每岁解送举人，多不成名，号曰"天荒解"。刘蜕舍人以荆解及第，号为"破天荒"。

《唐摭言》云：荆南解比号"天荒"。大中四年，刘蜕以是府解及第，时崔铉以"破天荒钱"七十万资蜕。蜕谢书略曰："五十年来自是人废，一千里外岂曰天荒。"

《北梦琐言》云：刘蜕，桐庐人，早以文学应进士举，其先德戒之曰："任汝进取，穷之与达，不望于汝。吾若没后，慎勿祭祀。”乃乘扁舟以渔钓自娱，竟不知其所适。紫薇历登华贯，出典商于，霜露之思，于是乎止。竟不知其所止，临终亦戒其子如先考之命。蜀礼部尚书纂，即其息也，尝为同列言之。君子曰：“名教之中，重丧祭。刘氏先德，是何人斯？苟同隐逸之流，何伤菽水之礼？紫薇以儒而进，爵比通侯，遵乃父之绪言，紊先王之旧制，报本之敬，能便废乎？通人抑有其说，时未谕也。”

《唐阙史》云：裴休尚古好奇，曲阜土人垦田得古器，曰：“盎腹容三斗，朴素古丑，有篆字九，邑宰不能辨。”兖州书生能八体书，宰召至，出盎示之。曰，此大篆也，文曰：“齐桓公会于葵丘岁铸。”宰大奇其说，乃辇致裴公之门。公以为麟经时物，可以言古矣，宝之。后公掌贡举，出以示诸门生。离立环观，迭辞以赞。惟长沙刘舍人蜕，以为非当时之物，近世矫作也。公不悦，曰：“果有说乎？”蜕曰：“某幼专丘明之书，具载小白，桓公九合诸侯，葵丘是第八盟。又案《礼》经，诸侯五月而葬，同盟既至，然后于于然卒哭。卒哭然后定谥，则是葵丘之役，实在生前，不得以谥称。”公悟，命击碎，乃举爵尽欢而散。

《北梦琐言》云：宣宗以政事委令狐绹，君臣道契，人无间然。舍人刘蜕者每讦其短，密奏之。宣宗留中，但以其事规于令狐绹，而不言其人。其间以丞相子不拔解就试，《疏略》云，号曰“无解进士”。又以子弟纳贿，《疏》云：白日之下，见金而不见人。令狐憾之，乃俾一人，为其书吏，谨事之。刘托以腹心，都不疑虑。因为经业举人致名第，受赂十万，为此吏所告，由是贬焉。君子曰：“彭城公将欲律人，先须洁己。安有自负赃污，而发人之短乎？宜其不跻大位也。”

《直斋书录解题》云：《文泉子》，唐中书舍人长沙刘蜕复愚撰。自为序云：覃以九流之旨曰文，配以不竭之义曰泉。有文家铭甚奇，大中四年进士，其为西掖，在咸通时。

《唐摭言》云：刘纂者商州刘蜕之子也，亦善为文。乾宁中，寒栖京师，偶与一医士为邻，纂待之甚至，往往假贷之。其人即枢密使门徒。嗣薛王为大京兆，医工，因为知柔诊脉，从容之际，盛言纂之穷且屈，知柔甚领，览会试官以解送等第，禀于知柔。知柔谓纂是开府门前人，医者言之，必开府之意也。非解元不可，由是以纂居首送，纂亦莫知其由。自是纂落数举，方悟，竟无以自雪。

《唐文释》云：刘蜕聚生平所作文草，掘土埋之，且封焉，号曰文冢。因作《文冢铭序》曰：文冢者，长沙刘蜕，复愚，为文不忍弃其草，聚而封之于梓州兜率寺中也。

《香祖笔记》云：刘蜕《文冢铭》，自评其文粲如星，光如贝，气如蛟宫之水，此喻最妙。文冢在潼川州，予康熙壬子过之，为赋一诗。唐末古文并称樵、蜕。蜕，文泉子，予所手录也。

《沅湘耆旧集·前编》云：案《摭言》载，刘纂者，商州刘蜕之子。又孙光宪《北梦琐言》载，刘蜕桐庐人，官至中书舍人，有从其父命，死不祭祀一事。《四库总目》或疑为别一刘蜕是也。考文冢在梓州，即今潼川。由复愚贬山阳令时寓居潼川，垂老，瘗文潼之兜率寺。射洪属潼川，故又以为射洪人。蜕以荆解及第，文冢自称长沙，其为长沙人万无可疑者。

罗绍威

《新五代史》云：罗绍威，字端已，其先长沙人。祖让，北迁为魏州贵乡人。父宏信，为牧马监，卒后共立为留后。宏信死，绍威好学，工书，颇知属文，聚书数万卷，开馆以延四方之士。宏信在唐，以其先长沙人，故封长沙郡王。绍威袭父爵长沙。

蒙延永

《舆地纪胜》云：蒙延永，长沙人，伪刘时知宾州。其弟延锡，以捍贼死节。

王世则

《画墁录》云：王世则，长沙人，冠岁辞亲入南岳读书。其父遗之钱二千，居数年还家宁亲。既而出二千，封识如故。明年状元及第。

《青箱杂记》云：太宗御试进士，乃以《六合为家》为赋题。时王世则遽进赋曰："构尽乾坤，作我之龙栖凤阁；开穷日月，为君之玉户金关。"帝览之大悦，遂擢为第一人。

《渑水燕谈录》云：希夷先生陈抟语，祸福若符契。王世则与韩见主、赵给谏同诣先生。世则伪为仆，拜于堂下。先生笑曰："侮人者自侮也。"揖世则坐于诸坐之右，"将来之名，君为首冠，诸君之次正如此会。"明年，世则举进士第一，馀如坐次。

毕赞

《宋史·孝义传》云：潭州长沙人毕赞，仕郡，为引赞吏。性至孝。父母皆年八十馀，转运使表其事，诏赞解职终养。

毕田

《明统志》云：毕田，长沙人，博学有文，尤工于诗。真宗朝，以吏部兼王府侍讲。一日居经筵，值天寒，奏蠲临湘七都科调，里人德之，因祀焉。

《宋史·艺文志》云：毕田诗一卷。

胥偃

《宋史·本传》云：胥偃，字安道，潭州长沙人，少力学。河东柳开见其所为文，曰："异日必得名天下。"举进士甲科，授大理寺评事，通判湖、舒二州，直集贤院同判、吏部南曹、知太常礼院，再迁太常丞，知开封县。与御史高升试府进士，既封弥卷，首辄发视择有名者居上，降秘书省著作佐郎。监光化军酒，起通判邓州，复太常丞林特知许州，辟通判州事，徙知汉阳军，还判三司，度支句院修起居注。累迁尚书刑部员外郎，遂知制诰。迁工部郎中，入翰林为学士，权知开封府。

忻州地震，偃以为地震阴之盛，今朝廷政令不专，上出而后宫外戚恩泽日蕃，此阳不胜阴之效也。宜选将练师，以防边塞。赵元昊朝贡不至，偃曰："遽讨之太暴，宜遣使问其不臣状，待其辞屈，而后加兵，则其不直者在彼，而王师之出有名矣。"又奏："戍兵代还，宜如祖宗制，阅其艺后，殿次进之。"会有卫卒赂库吏，求拣冬衣，坐系者三十馀人。时八月霜雪暴至，偃推《洪范》，急恒寒若之咎，请从末减，奏可。西塞用兵，士卒妻子留京师者，犯法当死。帝不忍用刑，或欲以毒置饮食中，令得善死。偃极言其不可。帝亦悔而止。宦人程智诚与二班使臣冯文显八人抵罪，帝使赦智诚三人，而文显五人坐如法。偃曰："恤近遗远，非政也。况同罪异罚乎！"诏并释之。未几卒。偃未仕时，家有良田数十顷，既贵，悉以予族人。初天下职田无日月之限，而赴官者多以前后为断，偃请水陆田各限以月，因著为令。尝与谢绛受诏试中书吏，而大臣有以简属偃者，偃不敢发视，亟焚之。

欧阳修始见偃，偃爱其文，召置门下，妻以女。按，偃女适欧阳修，早卒。修志其墓云：胥氏女既贤，又习安其所，见故去其父母而归。其夫不知其家之贫，去其姆傅，而事其姑，不知为妇之劳云。

偃纠察刑狱，范仲淹尹京，偃数纠其立异不循法者。修方善仲淹，因与偃有隙。子元衡，有学行，能自立，为尚书都官员外郎，并其子茂谌，咸早卒。偃妻直史馆刁约之妹，与元衡妇韩茂谌妇谢，皆寡居。丹阳闺门有法，江淮人至今称之。

刘次庄

《宋诗纪事》云：刘次庄，字忠叟，长沙人。以开梅山入峒晓谕得官，熙宁六年，赐同进士出身。崇宁中，官御史江西漕史。

《郡斋读书志》云：《淳化法帖》既已焚板，元祐中有刘次庄者，（模）〔摹〕刻之石，复取帖中草书世所病读者，为释文行于世。

《直斋书录解题》云：刘次庄，元祐中为官，帖释文，刻石临江，而武冈又尝传刻绛州民潘氏帖。嘉定中，汪立中取刘本分二十卷中官帖所无者，增附之。

又云：《乐府》集十卷题刘次庄中兴书目，直云次庄撰取前代《乐府》分类为十九门，而各释其命题之意。

孙方武

《明统志》云：孙方武，长沙人，为州学正。金人入城，方武率居民连日巷战。金人四面纵火，方武挺身骂不绝口，死之后祀于学。

王观国

《四库全书总目》云：《学林》十卷，宋王观国撰。观国，长沙人，其事迹不见于《宋史》，《湖广通志》亦未之载。惟贾昌朝

《群经音辨》载有观国所作后序一篇，结衔称左承务郎，知汀州宁化县，主管劝农公事，兼兵马监押。末题绍兴壬戌秋九月中浣，则南渡以后人也。考晁公武、陈振孙两家书目及《宋史·艺文志》，是书俱未著录。吴曾《能改斋漫录》、赵与时《宾退录》引之，均称曰《学林新编》。而今所传本，但题学林，无新编二字。考袁文《瓮牖闲评》、王楙《野客丛书》，亦只称王观国《学林》，则当时已二名兼用矣。书中专以辨别字体、字义、字音为主，自六经、史汉旁及诸书，凡注疏笺释之家，莫不胪列异同，考求得失，多前人之所未发。论其大致，则引据详洽，辨析精核者十之八九。以视孙奕示儿编，殆为过之。南宋诸儒讲考证者不过数家，若观国者，亦可谓卓然特出矣。

刘翰

《绝妙好词笺》云：刘翰，字武子，长沙人，吴云壑居父之客，有《小山集》一卷。

《南宋群贤小集》云：长沙刘翰，撰《小山集》一卷。

《后村诗话》云：元祐间，最为本朝文章盛其后，有刘翰武子，尤为叶水心赏重。

丁开

《谷音集》云：丁开，字复见，长沙人，负气敢言。安抚向士璧被问，开独诣阙上疏，具陈士璧有大功，军府小费不宜推究。书奏，羁管扬州，岁馀卒。

杨勋

《舆地纪胜》云：杨勋，潭之善化人，宰新化以善政，闻金人犯顺，勋亲率民兵勤王，民乐从之。昼夜疾驰至襄阳，以困踣于军。邑人德勋深，不听其柩归葬长沙，愿留葬邑中，争负土成冢，而后去。

尹谷

《宋史·本传》云：尹谷，字耕叟，潭州长沙人。性刚直庄厉。初处郡学，士友皆严惮之。宋以词赋取士，季年，惟闽、浙赋擅四方。谷与同郡邢天荣、董景舒、欧阳逢泰诸人为赋，体裁务为典雅，每一篇出，士争学之，由是湘赋与闽、浙颉颃。中年登进士第，调常德推官，知崇阳县，所至廉正有声。

丁内艰，居家教授，不改儒素，日未出，授诸生经及朱氏四书。士虽有才思而不谨饬者，摈不齿诸生。隆暑必盛服端居终日，夜灭烛，始免巾帻。早作必冠，而后出帷。行市中，市人见其举动有礼，相谓曰：是必尹先生门人也。诘之果然。

晚入李庭芝制幕，用荐擢知衡州。需次于家，潭城受兵，帅臣李芾礼以为参谋，共画备御策。时城中壮士皆入卫临安，所馀军仅四百五十人，老弱大半。芾纠率民丁，奖励以义，人殊死战，三月城不下。大军断绝险要，援兵不至。谷知城危，与妻子诀曰：“吾以寒儒受恩典，方州谊不可屈，若辈必当从吾死耳。”召弟岳秀，使出以存尹氏祀，岳秀泣而许之。已乃积薪扃户，朝服望阙，拜已，先取历官告身焚之，即纵火自焚。邻家救之，火炽不可前。但于烈焰中，遥见谷正冠端笏危坐，阖门少长皆死焉。芾闻之，命酒酹谷，曰：“尹务实男子也，先我就义矣。”

务实，谷号也。初潭士以居学肄业为重，州学生月试积分高等，升湘西岳麓书院生。又积分高等，升岳麓精舍生。潭人号为三学生，兵兴时，三学生聚居州学，犹不废业。谷死，诸生数百人往哭之，城破多感激死义者。

宋季《昭忠录》云：尹谷，字耕叟，潭州人，登科入仕，乙亥岁差知衡州。迓吏及门，潭已受兵，帅守李芾屈赞兵。明年正月，芾死城破。谷取平生所受诰敕置庭中，具衣冠望阙再拜，谓其弟岳秀曰："弟宜急走，不可使尹氏无后。吾受国恩义，当死。"岳秀曰："兄死，弟安往，愿得俱死。"于是全家四十馀口老幼环坐，婢仆席地锁其门，纵火自焚死。

李元开

《胜朝殉节诸臣录》云：李元开，善化人，官吏科给事中。

《通鉴辑览》注云：元开谥曰烈愍。

《明史·吴贞毓传》云：明桂王谋召李定国入卫，马吉翔闻之，告孙可望，可望遣将郑国收系吴贞毓等。李元开以亲试予美官，为马党所忌，亦在其中。诸人就刑神色不变，各赋诗，大骂而死。其家人合瘗于安龙北关之马场，已而建庙，勒碑大书"十八先生成仁处"，以旌其忠。

湘城遗事记卷二

游宦类

郅恽

《后汉书·本传》云：郅恽，字君章，汝南西平人也。迁长沙太守，后坐事左转芒长。

《后汉书》注引《东观记》云：坐前长沙太守张禁多受遗送千万，以恽不推劾，故左迁也。

《北堂书钞》引华峤《后汉书》云：郅恽，拜长沙太守，崇教化，表异行。

任嘉

《风俗通义》云：蜀郡任嘉，年三四岁时，父腾为诸生，于汉中就师。有盗贼，道路断绝，蜀亦覆没，客处长沙，为州郡吏掾。嘉为长沙太守，腾为奏曹掾，默知嘉实其子也。嘉母语次谓嘉曰："奏曹任掾则汝父也，但差老耳。"嘉曰："天下岂独有，一任夫人何以老更生淫意。"母曰："咄！我守养汝数十年，无嫌讥，岂以垂没更失计哉！顾实真父不可弃捐。"后嘉问掾，声音可类太守，何州里耶？掾曰："本犍为武阳人，蓬转流宕到此。"母察审谛，又识左耳前赘，因出抱持，对之流涕，嘉自投榻，（戏）〔嘘〕欷哽咽。

任循

《华阳国志》云：长沙太守任循，字伯度。注云：成都人，少失父，后为长沙守。父流离，远届长沙，为郡五官，父之母识知。是事在精通也，无传。

按，任循与任嘉，名虽各别，而姓氏、籍贯、事迹俱同，疑是一人，岂纪载者误耶。

周规

《会稽典录》云：周规为临湘令，长沙太守丹阳徐祝二月行县，以草秽敕县除道路。规以方农作时损夫力，拒而不听，遂弃官而去。

《太平御览》引华峤《后汉书》云：周规除临湘令，长沙太守程徐二月行县，敕诸县治道。规以方春，向农民多剧务，不欲夺人良时。徐出督邮，规即委官而去。徐抚然愧色，遣功曹赍印绶，檄书谢请还。规谓功曹曰："程府君爱马蹄，不重民力，径逝不顾。"

徐相

谢承《后汉书》云：吴郡徐相为长沙太守，常食干饭，不发烟爨。

宗庆

谢承《后汉书》云：宗庆迁长沙太守，人多以乏衣食，产乳不举，庆切让三老，禁民杀子。比年之间，民养子者三千馀人，男女皆以宗为名。

虞诩

司马彪《续汉书》云：虞诩从弟逊，客长沙，诩迎。与俱江水县堕船，诩投水中救之。一浮一没，遇沙得皆不死。

孙坚

《三国·吴志》云：孙坚，富春人，中平间拜议郎。时长沙贼区星自称将军，众万馀人攻围城邑，乃以坚为长沙太守。到郡亲率将士，设施方略，旬月之间克破星等。周朝、郭石亦帅徒众起于零陵，与星相应。遂越境寻讨，三郡肃然。汉朝录前后功，封坚乌程侯。裴松之《三国志注》云：魏书曰，坚到郡，郡中震服，任用良吏。敕吏曰，谨遇良善，治官曹文书必循治，以盗贼付太守。

诸葛亮

《蜀志本传》云：诸葛亮，琅琊人。先主收江南，以亮为军师中郎将，使督零陵、桂阳、长沙三郡，调其赋税以充军实。

廖立

《三国·蜀志》云：廖立，字公渊，武陵临沅人。先主领荆州牧辟为从事，年三十，擢为长沙太守。

张承

《三国吴志·张昭传》云：张承，字仲嗣，彭城人。昭长子，少以才学知名。权为骠骑将军，辟西曹掾，出为长沙西部都尉。讨平山寇，得精兵万五千人。后为濡须都督、奋威将军，封都乡侯。

应詹

《晋书·本传》云：应詹，字思远，汝南南顿人，魏侍中璩之孙也。为南平太守，寻与陶侃破杜弢于长沙。贼中金宝溢目，詹一无所取，惟收图书，莫不叹之。

陶侃

《晋书·本传》云：陶侃，字士行，鄱阳人。以吏部令史黄庆荐补武冈令，历荆州刺史，坐军贩免官。王敦表以侃白衣领职。侃率周访等进军入湘，击杜弢，大破之。敦于是奏复侃官。弢将王贡精卒三千出武陵江，诱五溪夷，以舟师断官运。侃使郑攀、陶延夜趣巴陵，潜师掩其不备，大破之。贡遁还湘城，侃令谕之，截发为信。贡遂降，弢败走。进克长沙，寻转都督湘州刺史，迁都督荆、雍等州军事，荆州刺史，封长沙郡公，加都督交、广等州军事，以江陵偏远，移镇巴陵。

司马承

《北堂书钞》引何法盛《晋中兴书》云：谯闵王承，字敬才，为两州刺史。帝谓承曰：湘州南楚险固，在上流之要，控三州之会，是用武之国也，今以叔父居之。

《太平御览》引《晋中兴书》云：谯王承镇湘州，至武昌，释军备见王敦。敦因宴集，谓承曰："大王雅素佳士，非将帅才也。"承曰："公未尽耳，安知铅刀不能一割。"承以敦欲测其情，故发此言。敦果谓钱凤曰："彼不知惧而学壮语，此之不武，何能为听承之镇。"

《御览》又引《晋中兴书》云：谯王承为湘州刺史，王敦遣参军桓罴说承，以刘隗专宠，令讨之。请承为军司，承叹曰：吾其死矣，地荒民鲜，势孤援绝，赴君难忠也，死王事义也，死忠与义亦复何求。便倡义聚众，府长史长沙人虞悝慷慨有志节，共盟誓，囚桓罴，驰檄湘州，于是一州之内并皆同赴。

《晋书·本传》云：承，字敬才，谯刚王逊子。为湘州刺史时，湘土荒残，公私困弊。承躬自俭约，乘苇茭车，而倾心绥抚，甚有能名。敦寻构难，承与府长史虞悝及弟前丞相掾虞望、建昌太守长沙王循、衡阳太守淮陵刘翼等，共盟誓，囚桓罴，驰檄湘州，指期至巴陵。零陵太守尹奉首同义谋，出军营阳。于是一州之内皆同义举，乃使虞望讨诸不服，斩湘东太守澹。澹，敦姊夫也。敦遣南蛮校尉魏乂、将军李恒、田嵩等，甲卒二万以攻承。承且战且守，待救于尹奉、虞望。而城池不固，人情震恐。乂等攻战日逼，敦又送台中人书疏，令乂射以示承。城内知朝廷不守，莫不怅惋。刘翼战死，相持百馀日，城遂没。乂槛送承，荆州刺史王廙承敦旨，于道中害之。时年五十九。敦平，诏赠车骑将军。

孙盛

《晋书·本传》云：孙盛，字安国，太原中都人。为长沙太守，以家贫颇营赀货。从事至郡，察知之，服其高名而不劾之。盛与桓温笺而辞旨放荡，称州遣观采风声，进无威凤来仪之美，退无鹰鹯搏击之用。徘徊湘川，将为狂鸟。温得盛笺，复遣从事重案之，赃私狼籍，槛车收盛，到州舍而不罪。

阮孝绪

《南史·隐逸传》云：阮孝绪，字士宗，陈留尉氏人。十馀岁随父为湘州从事，不书官纸，以成父之清白。

顾凯之

《宋书·本传》云：顾凯之，吴郡人。孝建泰始间，两为湘州刺史，善于莅民，治甚有绩。

王僧虔

《南齐书·本传》云：王僧虔，琅琊临沂人。宋明帝时，持节都督湘州诸军事。湘州刺史所在以宽惠著称，巴峡流民多在湘土。僧虔表割益阳、罗、湘西三县缘江民，立湘阴县。太祖受禅，复迁征南将军。湘州刺史清简无所欲，不营财产，百姓安之。

张邵

《宋书·本传》云：张邵，吴郡人，悉心政事，精力绝人，临事不挠，有大臣体。武帝时分荆州，立湘州，以邵为刺史。将署府，邵以为长沙内地，非用武之国，置署妨人，乖为政要，帝从之。

裴昭明

《南齐书·本传》云：裴昭明，河东闻喜人，宋松之孙也。元徽中，出为长沙郡丞，罢任。刺史王蕴谓之曰："卿清贫，必无还资，湘中人士有须一体之命者，我不爱也。"昭明曰："下官忝为邦佐，不能光益上府，岂以鸿都之事仰累清风。"

吕安国

《南齐书·本传》云：吕安国，广陵人。宋元徽中，沈攸之事起，太祖以安国为湘州刺史。先是王蕴罢州南中郎将，南阳王翙未之任，蕴宁朔长史庾珮玉权行州事。朝廷先遣临湘令韩幼宗领军防州，二人各相疑，阻佩玉，辄杀幼宗。平西将军黄回遣军主任侯伯行湘州事，又杀佩玉。安国至镇，收侯伯诛之。永明二年，仍为都督湘州刺史。四年湘州蛮动，安国督兵讨之。

刘坦

《梁书·本传》云：刘坦，字德度，南阳安众人。南康王为荆州刺史，坦为西中郎中兵参军，领长流。义师起，迁谘议参军。时辅国将军杨公则为湘州刺史，帅师赴夏口，西朝议行州事者。坦谓众曰："湘境人情易扰难信，若专用武士，则百姓畏侵渔；若遣文人，则威略不振。必欲镇静一州城，军民足食，则无逾老臣。先零之役，窃以自许。"遂从之，乃除辅国长史、长沙太守，行湘州事。

坦尝在湘州，多旧恩，道迎者甚众。下车简选堪事吏，分诣十郡，悉发人丁，运租米三十馀万斛，致之义师，资粮用给。时东昏遣刘希祖破西台所选太守于平都，移檄湘部，始兴内史王僧粲应之，自号平西将军、湘州刺史。自是湘部诸郡蜂起，惟临湘、湘阴、浏阳、罗四县犹全。州人咸欲泛舟逃走，坦悉聚船焚之，遣将尹法略拒僧粲。前湘州镇军钟元绍潜谋应僧粲，要结士庶数百人，皆连名定计，刻日反州城。坦闻其谋，伪为不知。因理讼至夜，而城门遂不闭以疑之。元绍未及发，明旦诣坦，问其故。坦久留与语，密遣亲兵收其家书，元绍在坐未起，而收兵已报具得其文书本末。元绍即首伏，于坐斩之，焚其文书，其馀党悉无所问，众愧且服，州部遂安。法略与僧粲相持累月，建康城平，公则还州，群贼始散。

萧象

《梁书·本传》云：萧象，字世翼，长沙宣武王第九子。桂阳简王无子，乃诏象为嗣。袭封爵，持节湘州刺史。湘州旧多虎暴，及象在任，为之静息，故老咸称德政所感。

张缵

《梁书·张缅传》云：张缵，范阳人。大同九年，使持节湘州刺史，述职经途作《南征赋》。至州，停遣十郡慰劳，解放老疾吏役，及关市戍逻先所防人，一皆省并。州界零陵、衡阳等郡，有莫瑶蛮者，依山险为居，历政不宾服，因此向化。在政四年，流人自归，户口增益十馀万，州境大安。

萧修

《南史·鄱阳王恢传》云：萧修，鄱阳王恢子，拜湘州刺史。长沙频遇兵荒，人户凋敝。修劝穑，务分，未期，流人至者三千馀家。

夏侯详

《梁书·本传》云：夏侯详，字叔业，谯郡人。天监三年，迁湘州刺史。详善吏事，在州四载，为百姓所称。州城南临水有峻峰，旧老相传云，刺史登此山辄被代，因是历政莫敢至。详于其地起台榭，延僚属，以表损挹之志。

杨公则

《梁书·本传》云：杨公则，字君翼，天水西县人，持节湘州刺史。湘州寇乱，累年民多流散。公则轻刑薄敛，顷之户口克复。为政虽无威，然保己廉慎，为吏民所悦。湘俗单家以赂求州职，公则至，悉断之。所辟引皆州郡著姓，高祖班下诸州以为法。征中护军代至，乘二舸便发，赆送一无所取。

王琳

《南史·本传》云：王琳，会稽人，太平二年拜湘州刺史。倾身下士，所得赏物不以入家。

吴明彻

《陈书·本传》云：吴明彻，秦郡人，湘州刺史。华皎阴有异志，诏授明彻都督湘、桂、武三州军，湘州刺史，率兵讨皎。皎平，进爵为公。

陈叔慎

《陈书·本传》云：陈叔慎，字子敬，高宗第十六子，封岳阳王。祯明初，出为使持节都督湘、衡、桂、武四州军事，湘州刺史。三年隋师破台城，杨素遣别将庞晖略地，至湘州。城内将士莫有固志，克日请降。叔慎乃置酒会文武僚吏，酒酣，叔慎叹曰："君臣之义尽于此乎！"长史谢基伏而流涕。湘州助防、遂兴侯正理在坐，乃起曰："主辱臣死，诸君独非陈国之臣乎！今天下有难，实是致命之秋也。纵其无成，犹见臣节，青门之外有死不能。今日之机，不可犹豫，后应者斩。"众咸许诺，乃刑牲结盟，仍遣人诈奉降书于庞晖。晖信之，克期而入，叔慎伏甲待之。晖令数百人屯于城门，自将左右数十人入于厅事。俄而伏兵发，缚晖以徇，尽擒其党，皆斩之。

叔慎坐于射堂，招合士众，数日之中，兵至五千人。衡阳太守樊通、武州刺史邬居业皆请赴难。未至，隋遣中牟公薛冑为湘州刺史，闻庞晖死，乃益请兵。隋又遣行军总管刘仁恩救之，未至。薛胄兵次鹅羊山，叔慎遣正理及樊通等拒之。因大合战，自旦至于日昃，隋军迭息迭战，而正理兵少不敌，于是大败。冑乘胜入城，生擒叔慎。是时，邬居业率其众自武州来赴，出横桥江，闻叔慎败绩，乃顿于新康口。隋总管刘仁恩兵亦至横桥，据水置营，相持信宿。因合战，居业又败。仁恩虏叔慎、正理、居业及其党与十馀人，秦王斩之于汉口，叔慎时年十八。

张谓

《一统志》云：张谓，唐玄宗时潭州刺史，有善政。著《长沙风土碑记》。

《直斋书录解题》云：《长沙风土碑记》一卷，唐潭州刺史河南张谓撰。前有碑铭，后有湘中记载事迹七十件。

《全唐文》引《长沙风土碑记》云：天文长沙一星在轸四星之侧，上为辰象，下为郡县。《循甲》所谓“沙土之墟，可以逃难，可以隐居”者焉。其山麓山，其水湘水。其畜宜鸟兽，其谷宜粳稻，厥草惟繇，杜若、荃、蘅、留荑揭车出焉；厥木惟乔，椅、桐、桂、柽、贞松、文梓生焉。篥簩婵娟于原野，碔砆照耀于崖谷。昔熊绎始在此地，番君因之而后定王国焉。汉道凌迟，董卓狼顾，文台以三湘之众，绩著勤王。梁朝覆没，侯景虎视，僧辨以一州之人，勋成定国。桓文之举，亦何加焉！至于致礼旧君，请尸归葬，桓氏之子可谓忠也；殒身强寇，有死无辱，尹氏之女可谓贞也。式邓粲之宅，足以厚儒风；表古初之坟，足以敦素行。齐鲁之俗，其何远哉！

巨唐八叶，元圣六载，正言待罪湘东。郡临江湖，大抵卑湿，修短疵病，未违天常，而云“家有重腿之人，乡无（颁）〔斑〕白之老”，谈者之过也；地边岭瘴，大抵炎热，寒暑晦明，未愆时序，而云“秋有赫羲之日，冬无凛冽之气”，传者之差也。巴蛇食象，空见于图书；鵩鸟似鸮，但闻于词赋。则知前古之善，凡今之毁誉，焉可为信哉？因征故者之言，用纪仙山之石。辞曰：

舜去黄屋，于焉巡游。禹逢玄夷，于焉滞留。五岭南指，三湘北流。邻联沧浪，边遥岣嵝。湖湘之下，青青众草。有蕙有兰，在江之岛。烟雨冥冥，波澜浩浩。不采不撷，弃捐远道。湘山之丘，青青众木。有柏有松，在岩之麓。风霜凄凄，柯叶沃沃。不榱不栋，老死空谷。陆有玉璞，水有珠胎。隋侯云亡，卞氏不来。湘云莽苍，湘月徘徊。贞石纪事，层城之隈。

庞承鼎

《唐书·吕諲传》云：庞承鼎，上元间为潭州刺史。妖人申泰芝用左道事李辅国，置军邵、道二州间，以泰芝总之。纳群蛮金赏以绯紫，群蛮怵于赏而财不足，更为剽掠，吏不敢制。承鼎疾其奸，因泰芝过潭，缚付吏，劾赃巨万，得左道谶记，并奏之。辅国矫诏追泰芝还京，谮承鼎。诏江陵府尹吕諲按罪，暴泰芝恶，帝不省，赐承鼎死。后泰芝终以赃徙死，追原承鼎诬。

按，唐代湖南观察使治衡州，与潭州无涉，故不录。

何承矩

《宋史·何继筠传》云：何承矩，字正则，河南人，知潭州凡六年。囹圄屡空，诏嘉奖之，入为六宅使。

马知节

《宋史·马全义传》云：马知节，幽州人，监潭州兵时，何承矩为守镇。以文雅饰吏治，知节慕之，因折节读书。

朱洞

《一统志》云：朱洞开宝中知潭州，始创岳麓书院。陈傅良言，自朱守作书院五六十载之间，教化大洽，学者振振，雅驯行艺修好，庶几于古为吏者。

魏廷式

《宋史·本传》云：魏廷式，大名人，太平兴国五年释褐，至道初知潭州。湖南地土衍沃，民喜讼产，其根柢巧伪难辨者，廷式立裁之，吏民咸服。

刘审琼

《宋史·本传》云：刘审琼，琢州范阳人，知潭州。州素多火，日调民积水为防，民甚劳之。审琼至，悉罢之，以为民便。

马亮

《折狱龟鉴》云：马亮，尚书，知潭州。属县有亡命卒，剽攻为乡村患，或谋杀之，在法当死者四人。亮谓其僚属曰："夫能为民除害，而反坐以死，岂法意耶。"乃批其案，悉贷之。

李沆

《宋史·本传》云：李沆，字太初，洺州肥乡人。又《赵昌言传》云：沆通判潭州时，赵昌言掌漕。湖外谓沆有台辅之量，表闻于朝，后为贤相。

李昭述

《宋史·本传》云：李昭述，饶阳人，由河北转运使徙湖南潭州。戍卒愤监军酷暴，欲构乱，或指昭述谓曰，如李公长者，何可负其谋，遂寝。昭述闻之以戒监军，自是不复为暴。比去，众遮道罗拜，指妻子曰，向非公无噍类矣。

齐廓

《宋史·本传》云：齐廓，会稽人，提点荆湖南路刑狱。潭州鞫系囚七人为强盗，当论死。廓讯得其状非强，付州使劾正，乃悉免死。

刘师道

《宋史·本传》云：刘师道，字损之，一字宗圣，开封东明人，大中祥符二年知潭州。师道敏于吏事，所至有声，吏民畏爱。长沙当湖岭都会，剖析滞案无留，事岁满，复加枢密直学士，换左司郎中。留一任，七年，李应机代还，应未至郡。六月，师道暴病卒。

杨覃

《宋史·本传》云：杨覃，字申锡，知潭州。王师讨宜贼，军须多出长沙。曹利用以闻，诏书褒劳，加刑部郎中。

刘元瑜

《宋史·本传》云：刘元瑜，字君玉，河南人，以天章阁待制知潭州。徙桂州，固辞，降邓州。坐在潭州擅补画工易元吉为画助教，降知随州。

王罕

《宋史·本传》云：王罕，字师言，成都华阳人。知潭州，擢户部度支副使，复为潭州。为政务适人情，不加威罚。有狂妇数诉事，无章却之，则勃骂前守，每叱逐之。罕独引至前，委曲徐问，久稍可晓。乃本为人妻，无子。夫死，妾有子，遂逐妇，而据家资。屡诉不得直，因愤恚发狂。罕为治妾，而反其资，妇良愈。郡人传为神明，监司上治状，敕书褒谕，赐绢三百。

《折狱龟鉴》云：王罕大卿，知潭州，民有与其族人争产者，辨而复诉，前后十馀年。罕一日悉召立庭下，谓曰："诸家皆里富人，无乃厌追逮之苦，今无状子，饥寒不能以自存，况析产之券有不明，以故久不决。人能少资之，令其远出复何后患乎。"皆泣，听罕命。自言方对吏时，虽欲求为此顾不可得，于是迁所诉者于旁，州狱讼为之衰止。

李允则

《东都事略》云：李允则，字垂范，太原人，太平兴国中知潭州。湖南民岁输绢，谓之地税绢。又屋每间出绢一丈二尺，谓之屋税绢。始户给一牛，岁输米四斛，牛毙犹输，谓之枯骨税，皆马氏暴敛之馀。允则治潭州，悉奏除之。湖湘山田民不耕垦，允则下令给诸刍皆输粟藁，由是山田遂无遗地。

《宋史·本传》云：李允则，济州团练使谦溥子，累迁供备库副使，知潭州。将行，真宗谓曰："朕在南衙，毕士安尝道卿家世，今以湖南属卿。"初马氏暴敛，州人出绢，谓之地税。潘美定湖南，计屋输绢，谓之屋税。营田户给牛，岁输米四斛，牛死犹输，谓之枯骨税。民输茶，初以九斤为一大斤，后益至三十五斤。允则请除三税，茶以十三斤半为定制，民皆便之。湖湘多山田，可以艺粟，而民惰不耕。乃下令月所给马刍，皆输本色，由是山田悉垦。湖南饥，欲发官廪，先赈而后奏。转运使执不可，允则曰："须报逾月，则饥者无及矣。明年荐饥，复欲先赈。转运使又执不可，允则请以家资为质，乃得发廪贱粜。"

《画墁录》云：李允则，再守长沙，裁供备库副使也。至今湖南兵政、财用、农田、学校，询之莫非其事。湖湘之地，下田艺稻谷，高田水力不及，一委之蓁莽。允则一日出令曰："将来并纳粟米秆草。"湖湘之农夫以为捷，且未知粟米秆草为何物也。或曰"惟襄州有之，可构致也。"湘民皆往襄州，每一斗一束，至湘中为钱一千。自尔誓以田艺粟，至今湖南无荒田，粟米妙天下焉。秆草湖北就湖南致粟米马秣茭也。

乐黄目

《宋史·本传》云：乐黄目，字公礼，抚州宜黄人。仁宗升储，拜给事中，降左谏议大夫知荆南府。明年复为给事中，徙潭州。长沙月给减于荆诸州，特诏增之，又谕以兵赋繁综寄任之意。

任颛

《宋史·本传》云：任颛，字诚之，青州寿光人。侬贼犯岭外，以颛知潭州。宣抚司以宣毅卒有功，檄补军校。颛察其色动曰，必有异志，执案之，具服。为贼内应，搜其家，得所记潭事甚急，枭首以徇。诏书褒激，赐白金五百两，进龙图阁直学士，知渭州。坐在潭日贱市死商珠，降为待制。

唐介

《宋史·本传》云：唐介，字子方，江陵人，通判潭州。

《湘山野录》云：唐质肃公介，谪潭州。一巨商私藏蚌胎，为关吏所搜。太守以下轻其估，悉自售焉。分珠事发，奏方入，仁宗谓近侍曰，唐介必不肯买。案且奏复，览之果然。

《问奇类林》云：唐介为御史，以言事谪潭州倅，改知复州。未至，召充言事御史。帝曰："知卿被谪以来，未尝以私书至京师，可谓不易所守。"公顿首谢退，就职言事，无避如前。

李丕绪

《胡宿内制集》云：李丕绪，潭州通判兼都大提举，修筑子城，甃砌完备。知州任颛奏上，仁宗敕云："汝受任湘中，服劳官下。志存经远，虑及居安。能协守官，率和旅力。增完城壁，就浚池隍。悦使有宜，乐成无射。条闻来上，嘉叹良多。"

陈希亮

《东都事略》云：陈希亮，字公弼，眉州青神人。举进士，知长沙县事。浮图有海印国师者，出入章献明肃皇后家，与诸贵人交通，恃势据民地。希亮捕治置诸法，一县大耸。

范纯仁

《宋史·本传》云：范纯仁，字尧夫，仲淹子。哲宗时，忤章惇意，贬武安军节度副使，安置永州。时病失明，怡然就道，每戒诸子毋小不平。闻诸子怨章惇，必怒止之。江行贬所，舟覆，扶起衣尽湿，顾诸子曰："此岂章惇为之哉！"

《何氏语林》云：范忠宣谪永州，夫人不如意，辄骂章惇。舟过橘洲，大风雨，船破，仅得及岸。正平持盖，原注正平，字子夷，忠宣次子。公自负夫人以登，燎衣民舍，公顾曰，岂亦章惇所为耶。

包繶

《宋史·本传》云：包繶，合肥人，尚书包孝肃拯子也。娶崔氏，通判潭州。卒，崔守死不更嫁。拯尝出其媵，在父母家生子，崔密抚其母，使谨视之，繶死后取媵子归，名曰綖。

李南公

《宋史·本传》云：李南公，字楚老，郑州人，知长沙县。有嫠妇携儿以嫁，七年儿族取儿，妇谓非前子，讼于官。南公问儿年，族曰九岁，妇曰七岁。问其齿，曰："去年毁矣。"南公曰："男八岁而龀，尚何争。"命归儿族。

《折狱龟鉴》云：李南公尚书，初知长沙县。诸村各有诡名户，税存而户亡，每年户长代纳之。南公悉召其豪右谓曰："此田不过汝曹典买耳，与汝一月，限为我推究出，不然汝曹均分输纳。"及期尽得其人，使之承税。

陈庸

黄庭坚撰墓志云：陈庸，眉州人，潭州观察推官。长沙县有孤女，父时田产为其族亲所冒没，诉于州县，部刺史累岁不得直。庸被檄按之，一语而决，尽归所侵地。以故湖湘间田讼皆诣所部来决于庸，在湖南凡决疑狱二十二。

何正臣

《宋史·本传》云：何正臣，字君表，临江新淦人。知潭州时，诏州县听民以家资易盐，吏或推行失指正臣条上其害，谓无益于民，亦不足以佐国用，遂寝之，民以为便。

黄庭坚

《山谷诗注》云：黄庭坚，字山谷，分宁人。有“晚泊长沙，示秦处度”。湛范元实《温诗任渊注》云：处度，少游之子也。当是护少游丧，留长沙，而元实来会于此，山谷在宜州有答。《长沙平老帖》云：秦处度遂不成归淮南得安居否。元实，范祖禹字，淳夫仲子也。山谷题秦、苏诗卷有“长眠橘洲风雨寒”句。注云：少游北归至藤州，卒于江上，其子处度护丧藁殡于潭，故有“长眠橘洲”之句。

吴中复

《东都事略》云：吴中复，字仲庶，兴国军人也。通判潭州，孙抃未识中复，即举为监察御史，里行或问其故。抃曰：“昔人耻呈身御史，今岂荐识面台臣耶。”后又知潭州。

蒋元振

《山堂肆考》云：蒋元振，淳化中知廉州，清苦励节，家属悉住潭州。在任啜粥饮水，自奉甚薄，为政简易，民甚爱之。

吴靖

《山堂肆考》云：吴靖为长沙令，一日自叹曰："读五车书，辛苦十年，不得缀鸳鹭，班发已垂白，尚为百里陶元亮，复何人耶。"

李纲

《宋史·本传》云：李纲，字伯纪，邵武人。绍兴二年除观文殿学士、湖广宣抚使兼知潭州。是时荆湖江湘之间，流民溃卒群聚为盗贼，不可胜计，多者至数万人，纲悉荡平之。

向子諲

《宋史·本传》云：向子諲，字伯恭，临江人，知潭州。禁卒为乱，纵火掠市出浏阳，子諲遣通判孟彦卿等进及攸县平之。金人破江西，移兵湖南。子諲闻警报，率军民以死守。宗室成忠郎聿之隶东壁，子諲巡城，顾谓曰："君宗室不可效此曹苟简。"聿之感激流涕。金人围八日，登城纵火。子諲率官吏夺南楚门遁，城陷。坐敌至失守，落职，罢转运副使。贾收言子諲督兵巷战，又收溃卒，复入治事。帝亦以子諲与他守臣望风遁者殊科，诏复职。

孟彦卿

《宋史·本传》云：孟彦卿，忠厚从父也，颇知兵，通判潭州。建炎三年，潭城中叛卒焚掠，自东门出。彦卿领兵追之，招安其众。未几，溃兵杜彦自袁州入浏阳，遂犯善化、长沙，彦卿率民兵拒之。贼挫，退浏阳，彦卿追之。俄兵有自溃者，贼遂乘之斩彦卿。添差通判赵民彦以兵赴之，鏖战浏阳城南南流桥，众溃为贼所得。邑士谢淳以才勇，众推之为前锋，助民彦战，力屈亦被执，贼并杀之。事闻，彦卿、民彦并赠直龙图阁，官其家各三人。淳字景祥，赠成忠郎，官其子晞古。朱熹帅湖南，请为彦卿、民彦立庙，以淳侑之。

赵聿之

《宋史·赵士䜣传》云：赵聿之，安定郡王叔东子也。建炎中为（诚）〔成〕忠郎，守潭城东壁。金兵登城纵火，帅臣向子諲突门出，城遂陷。聿之巷战，大骂而死。事闻，赠左监门卫大将军，其后朱熹为请立庙，赐号忠节。

刘玠

《宋史·赵士䜣传》云：金人陷潭州，将官武经郎刘玠死之。事闻，赠玠武经大夫，官其家。

韩纫

《云麓漫钞》云：韩纫，字子礼，父盈胄，祖蹈之荆南，曾祖公彦。绍兴八年任潭州判官，上书论和议之非。知州李昭祖得其副本申朝廷，得旨：韩纫小官，动摇国是，降官编管循州。告词云：守臣坐汝之罪来上。及到贬所，又为将官韩京所招，举家死。

梁焘

《孙公圃谈》云：公既责归州，路逢梁焘。焘时贬化州，分其子孙一半在郓。梁有幼子八岁，孙三岁，至潭州，为知州喻陟所逼，家人数日环聚泣别。至是梁奋然掷其子于地，其孙方挽衣不肯去，梁掣其手而行。雨中徒步而出，道路为之泣下。

黄钧

宋楼钥撰《王正功墓志》云：王正功，鄞人，为湖南转运司主管帐司。给事黄钧主漕计，以严明称，僚属仅取充位。正功果于立事，滞讼见属，剖析无留难，钧取以厉同列之持两端者。

黄洧

朱子撰墓志云：黄洧，建宁人，湖南转运判官。首论诸州以租米馈荆鄂诸军，地里远近不同，则运载之费出于民者宜有多寡。今诸州悉以远地为准取其费，如潭州岁输二十万斛，则税外当输钱十万缗，民力安得不困？宜诏诸州随远近以收运费，庶以稍苏民力。异时郡县预借民田租税，及非法取民，如茶租、甲札户帖、乳香茶引之属，一禁绝之。

刘珙

朱子撰墓志云：刘珙，宗安人，乾道间为湖南安抚知潭州。受命即行，未至，湘阴乔口群盗数百人乘乱窃发。珙简役兵击之，募民得盗斩首者皆厚赏，不数日悉捕斩。于是信赏刑威，士气大震。

辛弃疾

《宋史·本传》云：辛弃疾，字幼安，历城人，知潭州兼湖南安抚帅长沙。时士人或诉考试官滥取第十七名春秋卷，弃疾察之，信然。索亚榜春秋卷两易之，启名，则赵鼎也。弃疾怒曰：“佐国元勋忠简一人，胡为又一赵鼎？”掷之地。次阅礼记卷，弃疾曰："观其议论必豪杰士也，此不可失。"启之，乃赵方也。

《鹤林玉露》云：辛幼安在长沙，欲于后圃建楼赏中秋。时已八月初旬矣，吏白他皆可办，唯瓦难办。幼安命于市上每家以钱一百赁檐前瓦二十片，限两月以瓦收钱，于是瓦不可胜用。

李椿

《宋史·本传》云：李椿，字寿翁，洛州永平人，知潭州兼湖南安抚。岁旱，发廪劝分蠲租十一万，粜常平米二万，活数万人。潭新置飞虎军，或以为非便。椿曰："长沙一都会，控扼湖岭，镇抚蛮瑶，二十年间大盗三起，何可无一军。"

曾从龙

《宋季三朝政要》云：知潭州曾从龙，置惠民仓。

孙逢吉

楼钥撰神道碑云：孙逢吉，龙泉人，郴州司户参军。校试长沙，场屋喧动，同列逾垣，逢吉谕以义理，众方帖息。沈介为帅，黄钧领漕计，相与爱敬，留置幕府，自以受知之深，知无不言，未始一语诡随。豪民匿罪越诉，捕之不获，吏执其子于岳麓书院。介怒甚，既得其父，欲并杖之。逢吉独不佥书，且曰："父有罪，子不知情，何可从坐？"争之数日而后得。

周必大

汪藻撰神道碑云：周必大，吉州人，以观文殿学士判潭州。亲理郡政，不以简贵自居，罢倍税、牙契钱二十万缗。

张孝祥

《宋史·本传》云：张孝祥，字安国，历阳乌江人，知潭州。为政简易，时以威济之，湖南遂以无事。

王师愈

朱子撰墓志云：王师愈，婺州人，知长沙县。楚俗尚巫鬼，穷山中有丛祠号“影株神”。愚民千百，操兵会祭，将欲为乱，郡议发兵讨。师愈密召一二土豪，帖以射士，出其不意，悉擒其魁以送州，而散其党。因撤其庙，禁勿复祠。民间疾病、婚嫁旧皆决于巫，史官利其多鬻乳香，不之禁。师愈下令毋以香市于巫，其为奇衺惑众者，罚无赦，俗为少变。

陈傅良

《宋史·本传》云：陈傅良，字君举，温州瑞安人，知桂阳军，稍迁提举常平茶盐转运判官。湖湘民无后以异姓为嗣者，官利其资，辄没入之。傅良曰：“绝人嗣，非政也。”复之几二千家。

朱熹

《宋史·本传》云：朱熹，字元晦，一字仲晦，徽州婺源人。除荆湖南路副使，辞，未几，差知潭州。再辞，有旨：长沙巨屏，得贤为重，遂拜命。会同獠扰属郡，熹遣人谕以祸福，皆降之。申敕令，严武备，戢奸吏，抑豪民，所至兴学校，明教化，四方学者毕至。

《楚宝》云：朱子知潭州，以年谱考之，绍兴四年十二月，除湖南安抚使，辞。五年正月再辞，二月诏疾之任。会同苗獠扰属郡，恐其滋炽，遂拜命。四月起行，五月至镇，八月即召入经筵，是在潭甫两月耳。

《长沙府志》云：朱子帅潭，一日得赵丞相简，已立嘉王为上，当首以经筵召公。朱子藏简袖中，竟入狱取大囚十八人立斩之。才毕而登极，赦至。盖恐赦至，而大恶脱网也。

真德秀

《宋史·本传》云：真德秀，字景元，后更为景希，建之浦城人，湖南安抚使知潭州，以“廉、仁、公、勤”四字励僚属，以周敦颐、胡安国、朱熹、张栻学术勉其士。罢榷酤，除斛面米，申免和籴以苏民。民艰食，力赈赡之。立惠民仓五万石，使岁出籴。又易谷九万五千石，分十二县置社仓，以遍及乡落。别立慈幼仓，立义阡，惠政毕举。月试诸军射，捐其回易之利及官田租，凡营中病者、死未葬者、孕者、嫁娶者，赡给有差，朝廷从寿昌朱橐请，以飞虎军戍寿昌，并致其家口，力争止之。著有《星沙集志》。

《文献通考》云：社仓之法，嘉定末真德秀帅长沙行之。

《长沙府志》云：真德秀《湘亭谕属檄》：

律己以廉，凡士大夫万分廉止是小善，一点贪便是大恶。不廉即他美莫赎，故为政者首廉云。

抚民以仁，天地好生父母，保赤何所不周浃。一毫惨刻非仁，一毫疾愤亦非仁也。如伤切身随宜置腹，然后可谓民之父。

存心以公，公生明，私成蔽。蔽则自己主张不定，是非易位欲事之当理得乎？

莅事以勤，当官少怠，下必有受其弊者。古人日昃不遑，坐以待旦，况其馀乎！今有勤政者反云俗吏，而疏旷者谓之高雅，此政之所以多疵，民之所以受害也，讵可忽诸。右政训四要。

断狱不公，狱者民之大命，少有私，天谴随之矣。

听讼不审，讼有虚实，不平心细审，则虚实混淆，致滋冤，抑其可有哉。

淹延囚系，一夫在囚，举室废业。囹圄之苦，度日如年，若复淹延，谓哀矜何。

惨酷用刑，刑者不得已而用，同是体肤也，忍以惨刻加乎！或以喜怒用甚，以关节用微。论刑为国家之纪，不可逞愤行私，亦知天刑之更赫乎？

泛滥追呼，一夫被追，举室皇扰。有持引之需，有出官之费。贫者不免举债，甚者必至破家，可泛滥乎？

招引告讦，告讦乃败俗乱化之原，犯者应治，尚可引乎。除巨奸，听人公举首理。若潜发阴私实封告讦非法也。

重叠催税，税出于田，一岁一收，其可再乎。有税而不输，民户之罪也。输已而复，责是谁之罪乎？已纳再追，不胜其扰，甚至重纳而后已，破家荡产，鬻妻卖子，往往由之。有人心者岂忍为此。

科罚取财，民间自正供外，分毫不当妄取。乃有科罚之条，又有法外横敛者，皆民之深害，所宜痛革。

纵吏下乡，乡村小民畏吏如虎，吏下乡，虎出柙也。弓手士兵，尤当禁戢，皆不可轻易差出。

低价买物，物同则价同，岂有公私之异。今乃有市令司，又有行户，每官买视市直率减半，或不即还。民户本几何，何以堪此！右政害十戒。

区区于四事敢不加勉，若僚属之贤固不待勉者矣，亦岂无当勉而未能者乎！至十害有无所未详知，万一有之，当亦拯溺救焚，不俟终日，毋狃因循，毋牵利害。抑官僚一体，若长吏偃然自尊，下僚退然自默，则上下痞塞、政疵民隐，何从理乎？愿请虚怀听受，凡利病当知者，愿以告焉。某行不当者，愿以告焉。往复周悉，则湖湘九郡庶乎蒙赐，而某亦庶其寡过矣。

向士璧

《宋史·本传》云：向士璧，字君玉，常州人，知潭州，顷之升湖南制置副使。大元将兀良哈觪兵自交阯北还，前锋至城下，攻围甚急。士璧极力守御，闻后队且至，遣王辅佑率五百人往觇之，以易正大监其军，遇于南岳市，一战有功，潭州围遂解。

《宋季三朝政要》云：理宗开庆元年，鞑兵破衡州，围潭州，边报转急。向士璧帅潭，北兵至。向亲帅军民且战且守，既置飞虎军，又募斗弩社。朝夕亲自登城慰劳，潭城固守，斗弩之力居多。会南来二哥元帅卒，潭围先解。

《钱塘遗事》云：开庆己未秋九月，北朝宪宗皇帝亲率大军入蜀，势欲顺流东下。一军自大理因斡腹南来，历邕桂之境，以至靖江府。广帅李曾伯闭门自守，北兵遂至潭州。吴潜入告理宗皇帝，以向士璧帅潭。适南来二哥元帅遇宋候骑而死，潭围遂先解。

《钱塘遗事》又云：向士璧帅长沙，北兵已围鄂、岳。方措置间，皮泉渌家居，访之，问所以为守城之计。向曰："正为眼中无可任之人。"皮恙之。北兵至，向亲率军民且战且守，既置飞虎军，又募斗弩社。朝夕亲自登城慰劳，卒能保潭，斗弩之力居多。皮入朝，百计毁短，似道妒贤嫉能，嗾台谏孙附凤劾之。辛酉诏夺向士璧从官恩数，令临安府追究侵盗、掩匿情节，竟坐迁谪挤之死地，天下冤之。

汪立信

《宋史·本传》云：汪立信，六安人，知潭州。至官供帐之物，悉置官库，所积钱连岁代纳潭民夏税。贫无告者予钱粟，病者加药饵。雨雪旱潦，军民皆有给与。学校士习为变，以潭为湖湘重镇，创威敌军。所募精锐数千人，后来者果赖其用。

王迈

《宋史·本传》云：王迈，字贯之，仙游人，潭州观察推官，夺势家冒占田数百亩以还民。易袚戒潭人曰："此君不可犯。"

魏良臣

《宋史·食货志》云：绍兴二十九年，知潭州魏良臣言，本州归业之民，以熟田为荒不输租，今令给甲输税。自明年始，不实，许人告，以其田赏之。户部议，期逾百日，依匿税法，诏可。

欧阳守道

《宋史·本传》云：欧阳守道，字公权，一字迂父，吉州人，湖南转运副使。吴子良聘守道为岳麓书院副山长。守道初升讲，发明孟氏正人心、承三圣之说，学者悦服。宗人新及子必泰，先寓居长沙，闻守道至，往访之，初犹未识也。晤语相契，守道即请于子良，礼新为岳麓书院讲书。新讲《礼记》"天降时雨山川出云"一章，守道起曰："长沙自有仲齐，吾何为至此？"仲齐，新之字也。逾年新卒，守道哭之恸，自铭其墓，又荐其子必泰于当途子良代，守道后还吉州。

潘牥

《宋史·本传》云：潘牥，字庭坚，福州闽人，通判潭州。日食，应诏上封事曰：熙宁初元，日食，诏郡县掩骼，著为令，故王一抔浅土，其为暴骸亦大矣，请以王礼改葬。又移书丞相游似申言之，似心善其言，方将收用之，而牥卒。

文天祥

《信国公集》跋道士《娄君复诗卷》云：余去年行岳麓山下，遇山人谭弥明，出处谓八桂尧庙有弥明题墨在焉。世见石鼎联句高古奇崛，谓是昌黎寓言。今观娄君三卷，则知弥明嫡孙，正自堂堂也，何寓言之有之疑？

李芾

《宋史·忠义传》云：李芾，字叔章，亦字肯斋，衡州人，知潭州兼湖南安抚使。德祐元年七月至潭。潭兵调且尽，仓卒召募不满三千人。九月，元兵围城，芾慷慨登陴，与诸将分地而守。民老弱亦皆出结保伍助之，不令而集。十月，兵攻西壁，刘孝忠辈奋战，芾亲冒矢石以督之。城中矢尽，有故矢皆羽败，芾命括民间羽扇，羽立具。又苦食无盐，芾取库中积盐席焚，取盐给之。有中伤者躬自抚劳，日以忠义勉其将士。死伤相藉，人犹饮血，乘城殊死战。有来招降者，芾杀之以徇。十二月，城围益急，孝忠中炮风不能起，诸将泣请曰："事急矣，吾属为国死可也，如民何？"芾骂曰："国家平时所以厚养汝者，为今日也，汝第死守，有后言者，吾先戮汝。"除夕，大兵登城，战少却，旋蚁附而登。衡守尹谷及其家人自焚，芾命酒酹之。因留宾佐会饮，传令犹手书“尽忠字”为号。饮达旦，诸宾佐出，参议杨震赴园池死。芾坐熊湘阁，召帐下沈忠命刺死。

《钱塘遗事》云：丙子正月，大兵破潭州，李芾守潭，竭力备御。凡八阅月，其间出战屡捷。而大兵之攻日增，芾不能支。城破之日，命积薪楼下。于是携家人尽登楼大宴，积金银于两畔，李与馆客上坐，其馀列坐左右，数杯后，命唤二刽子来，既至，则令将此金银去与你家口，取法刀来，一不肯受，一会意竟受之，携去分付家人后，须臾将法刀至。李帅呼之至前，分付先从头杀入到尾。杀我，待我点头时下手。复饮酒，良久点头，惟馆宾与一妾坠楼而走，妾折一足，最后李帅伸头受刃。此刽子遂四面放火，自刭其腹而死。

既潭陷，衡州、茶陵军、袁州相继而下。其后李两山有诗题潭州驿怀李肯斋曰：“天运由来有废兴，义无两大一身轻。封疆社稷若不死，妇女须眉何用生。纽解纲常重接续，灰寒万劫独光明。便当配食三闾庙，启迪民彝开太平。”自注云，三闾水死，肯斋火死。

杨霆

《宋史·本传》云：杨霆，字震仲，德祐初起复奉议郎，湖南安抚司参议，与安抚使李芾协力战守。霆有心计，善出奇应变。帅府机务，芾一以委之。城初被围，日夜守御。数日西北隅破，霆麾兵巷战。抵暮增筑月城，比旦城复完，策厉将士以死守之。城既破，霆赴水死。妻妾奔救无及，遂皆死。

崔斌

《元史·本传》云：崔斌，字仲文，马邑人，拜行中书省参知政事，随阿尔哈雅定湖南。克潭州，诸将欲屠城，斌力阻，乃止。

潭人德之，为立生祠。

贾文备

《元史·本传》云：贾文备，字武仲，祁州蒲阴人，中统十二年从平章政事阿尔哈雅趋湖南，至潭州城下。文备冒锋镝，炮伤右手，流矢中左臂。攻战愈急，宋臣李芾死之，转运判官钟蜚英等以城降。

《元史·阿尔哈雅传》云：元兵攻潭，守臣李芾力屈，及转运使钟蜚英、都统陈义皆自杀。

按，钟蜚英、陈义，《省通志》据《阿尔哈雅传》列入名宦。而《元史·贾文备传》又云：钟蜚英等以城降。是贰臣也，何史、传之疏舛若此耶。

和尚

《元史·本传》云：和尚，玉耳别里伯牙吾台氏，从国兵围潭州。潭守臣李芾坚守，攻之三月不下。城破，芾死。诸将利于虏掠，欲屠其城。和尚宣言曰："拒我师者宋将耳，其民何罪。既受其降，即是吾民，杀之何忍。且今列城多未附，降而杀之是坚其效死之心也。"左丞崔斌曰："郎中言是。"平章阿尔哈雅意亦与合，遂从之，一城之人赖以全活。由是湖南诸郡闻风皆下，世祖闻之，赏赐加厚。

乌克逊泽

《元史·本传》云：乌克逊泽，字润甫，临潢人，其先女（直）〔真〕乌克逊泽部，因以为氏。以母年逾八十求，归养长沙。岁馀，母卒，泽以哀毁卒。

智受益

虞集撰神道碑云：智受益，字仲谦，邓州南阳人，元贞初官湖南宣慰副使。皇庆元年服阕，除潭州路总管。宣慰湖南者数年，潭人素服其威信。守潭之命下，民甚悦，而豪纵者望风避去。

虞集

《元史·本传》云：虞集，字伯生，蜀郡人，宋丞相允文五世孙。父汲为黄冈尉，宋亡，侨居临川。尝起家长沙教授，避乱，趋岭表。干戈中，无书可携，集母杨氏，祭酒杨文仲女也，口授集《论语》、《孟子》、《左氏传》、欧、苏文，过耳辄成诵。比还长沙，就外傅，始得刻本，则已尽读诸经，通大义。

陈钢

《明史·循吏传》云：陈钢，字坚远，应天人，由黔阳知县迁长沙通判。监修吉王府第，工成，王赐之金帛，不受。请王故殿材，修岳麓书院，王许之。

孙存

张治撰墓志铭云：孙存，字性甫，世家滁阳丰乐山下，自号丰山，正德甲戌进士，丙戌守长沙。长沙赋重而善讼，公芮褥而发栉之，岁馀疲瘁愉愉然。乃修岳麓，躬督诲，潭之士由是斌斌称盛矣。吉藩有田万馀顷，入供鸡鹅，佃诸民间，民亦有假王田以逃差役者。每秋，府校县吏并征，民其苦之。公奏以其租使赋于有司而纳焉，租亩三分诸不便者，讼不已。铨部遂从巡抚议，调公守荆州。

陆相

明黄宝《贾谊新书·序略》云：正德甲戌，余致政，家居长沙。郡守陆公以谊谪于长沙，去今千有馀岁，国朝既崇祀享之礼，但傅长沙时所著《新书》独无传焉。乃检阅郡斋故牍，中得版刻数十片，计其脱落尚多，因询于予。予即出是本补刻，遂成完书，属予为序。自宋淳熙辛丑，提学漕使程公版刻之后，三百馀祀得一陆公补辑残缺，为书再行。公名相，字良弼，弘治癸丑进士，累官南京吏曹郎中。英名伟绩，有所自也。政尚平恕，有古循吏风。今观是，益可见其知所择，而其蕴蓄之富未可量也。

蔡道宪

《明史·忠义传》云：蔡道宪，字元白，晋江人，崇祯十年进士，为长沙推官。十六年五月，张献忠陷武昌，以八月陷岳州，直犯长沙。先是巡按御史刘熙祚令道宪募兵，得壮丁五千训练之，皆可用。至是亲将之，与总兵官尹先民等扼罗塘河。湖广巡抚王聚奎闻贼逼，大惧，撤兵还城。道宪曰："去长沙六十里有险，可栅以守，毋使贼逾此。"不从。时知府堵胤锡入觐未返，通判周二南摄攸县事，城中文武无几，贼薄城，士民尽窜。聚奎诡出战，遽率所部遁，道宪独拒守。贼绕城呼曰："军中久知蔡推官名，速降，毋自苦。"道宪命守卒射之毙。越三日，先民出战，败还，贼夺门入，先民降。道宪被执，贼陷以官，嚼齿大骂。释其缚，延之上坐，骂如故。贼曰："汝不降，将尽杀百姓。"道宪大哭曰："愿速杀我，毋害我民。"贼知终不可夺，磔之其心，血直溅贼面。健卒凌国俊等九人随，不去。贼亦令说道宪降。国俊曰：

"吾主畏死去矣，不至今日。"贼曰："尔主不降，尔辈亦不得活。"国俊曰："我辈畏死亦去矣，不至今日。"贼并杀之。

《广阳杂记》云：蔡道宪，晋江人，崇祯丁丑进士，辛巳改长沙推官。时堵公牧游为长沙守。公尝梦李芾来拜，自以为芾之后身云。

《池北偶谈》云：蔡道宪，闽人，以进士为长沙推官，数梦与李忠节公芾酬酢。后流贼寇湖南，蔡殉节。潭人岁时报赛，常见二公往来车骑甚盛，全州谢石臞良琦记其事云。

堵胤锡

孙顺撰墓表云：堵胤锡，字仲缄，明崇祯十五年官长沙知府。长沙土地广饶，藩封吉府在焉，宗支蔓延、长善田并吉者近十之三。官豪又机肉视百姓，百姓汹汹欲为难。至是郡宗与民争田，民聚而哗，丛词讼王及诸蠹校不法事。公袖词谒王，遽出词朗声为王诵，诵讫，即为请王："摘词中所指名，及稔为奸利任守治厥辜，反民产及子女，王可保国及身。守今入，不可出。"立摘数人杖于殿阶，讼乃销。又定钦案，讼狱纷嚣，难制者如科臣史可镜，构难词犯数千人，一日剖析，由是人民乐业，境内帖然。

案，《明史·张鹏翼传》云：其他文武将吏非降则逃。长沙史可镜官给事中，丁艰归，降贼，贼用为湖广巡抚。及贼弃湖广入四川，李乾德复还长沙，执可镜加榜掠械，送南都伏法。又，史惇《痛馀杂录》云：长沙史可镜，登戊辰进士，为工垣长，艰归，被察扼腕不平，贼到即降，授伪巡抚。贼去，团兵获之，以献偏沅治院，得其《致刘铁棍书》，劝刘降贼。乃痛杖五十，发沅州详审。狱具又杖二十，欲其速毙，而顽钝不死，想天厌其恶也。刘铁棍时为副将，驻武冈州，有勇名，靖州一带赖以保全，随升总兵。

湘城遗事记卷三

诗话类

欧阳询

《隋唐嘉话》云：太宗宴近臣，戏以嘲谑，赵公无忌嘲欧阳率更曰：“耸膊成山字，埋肩不出头。谁家麟阁上，画此一猕猴。”询应声曰：“索头连背暖，侥裆畏肚寒。只由心溷溷，所以面团团。”帝改容曰：“欧阳询岂不畏皇后?”闻赵公，后之弟也。

《天中记》云：唐宋国公萧瑀不能射，太宗赐射，俱不着垛。欧阳询作诗嘲曰：“急风吹缓箭，弱手驭强弓。欲高翻覆下，应西还更东。十回俱着地，两手并檠空。借问谁为此，多应是宋公。”后帝见此诗，谓萧瑀曰：“此乃四十字章疏也。”由是与询有隙。

郭绍兰

《开元天宝遗事》云：长安豪民郭行先有女子绍兰，适巨商任宗，为贾于湘中，数年不归，复音信不达。绍兰目睹堂中有双燕戏于梁间，兰长吁而语于燕曰：“我闻燕子自东海来，往复必（径）〔经〕由于湘中，我婿离家不归，数岁蔑有音耗，生死存亡弗可知也，欲凭尔付书于我婿。”言讫泣下，燕子飞鸣上下，似有诺。兰后问曰："尔若相允，当泊我怀中。"燕遂飞于膝上，兰遂吟诗一首云："我婿去重湖，临窗泣血书。殷勤凭燕翼，寄与薄情夫。"兰遂小书其字，系于足上，燕遂飞鸣而去。任宗时在荆州忽见一燕飞鸣于头上。宗讶视之，燕遂泊于肩上。见有一小封书系在足上，宗解而视之，乃妻所寄之诗。宗感而泣下，燕复飞鸣而去。宗次年归首，出诗示兰。后文士张说传其事，而好事者写之。

道林岳麓寺诗

《杨升庵诗话》云：长沙道林、岳麓二寺之胜甲于天下，盖因杜工部之一诗也。杜公之后有沈传师二诗、崔珏韦蟾一诗，皆效工部之体。余旧见家藏石刻有之，近阅《长沙志》，已失其半，今具录于此云云。

案，后录诗四首，其一系唐扶作，专属沈者，误也。四诗除沈诗外，皆无石刻。升庵之说不足信也。

张为

《全唐诗话》云：杜光庭载，毛仙翁事，名干，字鸿渐，元和间，刘禹锡、白乐天先辈皆赠诗，至大中戊寅，五十馀年矣。是岁，诗人张为薄游长沙，不汲汲随计，获女奴于岳麓山下，惑之。岁馀，成羸疾。偶遇毛仙翁，知其为妖所祟，以药一粒授为，焚之，气郁烈，闻之百步，魅妾一号而毙，乃偶人也。又吞以丹砂，如是者二三，疾遂瘳，为作诗别之。诗曰："羸形感神药，削骨生丰肌。兰炷飘灵烟，妖怪立诛夷。重睹日月光，何报父母慈。黄河浊（衮衮）〔滚滚〕，别泪流澌澌。黄河清有时，别泪无收期。"为后入钓台山，访道而去。

李翱

《云溪友议》云：李八座翱，在潭州席上有舞柘枝者，匪疾而颜色忧悴。殷尧藩侍御当筵而赠诗曰："姑苏太守青蛾女，流落长沙舞柘枝。满座绣衣人不识，可怜红脸泪双垂。"翱诘其事，乃姑苏台韦中丞爱姬所生之女也。亚卿之胤正卿之侄。曰："妾以昆弟夭丧，无以从人，委身乐部，耻辱先人。"言讫涕咽，情不能堪。亚卿为之吁叹曰："吾辈与韦族其姻旧矣。"速命更其舞服，饰以袿襦，延与韩夫人相见。夫人吏部之子，顾其言语清楚，宛有冠盖风仪，抚念如其所媵，遂如宾榻中选士而嫁之。元舆侍郎闻之，自京驰诗赠李公曰："湘江舞罢忽成悲，便脱蛮靴出绛帷。谁是蔡邕琴酒客，魏公怀旧嫁文姬。"

杜蕴

《太平广记》云：唐中书令白敏中镇荆南，杜蕴廉问长沙，请从事卢发致聘焉。发酒酣，傲睨公。少不怿，因改著词令曰："十姓胡中第六胡，也曾金阁掌洪炉。少年从事夸门地，莫向樽前气色粗。"发答曰："十姓胡中第六胡，文章官职胜崔卢。暂来关外分忧寄，不称宾筵语气粗。"公极欢而罢。

谭意歌

《唐百家小说》云：谭意歌者，丧亲流落长沙，八岁寄养竹工张文家。官妓于婉卿，见其资艳，乃厚资求售。年未笄，独步一时，车马如市，尤工诗笔。会汝州张正字为潭茶使，相得甚欢，意乃归之。后张调官，意饯别曰："尔本名家，我乃娼类。今之分袂，决无后期。腹有君之息数月矣，君宜念之。"别后寄诗曰：

"潇湘江上探春回，消尽寒冰落尽梅。愿得儿夫似春色，一年一度一归来。"张内逼慈亲，外畏物议，约孙殿丞女为姻，不敢作书报意。后三年，孙氏谢世，有客自长沙来云，意掩户不出，买田百亩自给，亲教其子。张乃如长沙，意不肯见，曰："子已有室，宜去，毋浼我。"张曰："吾妻已亡矣。"意云："通媒妁行六礼，乃敢闻命。"张如其请，挈归京师。意闺门有礼法，其子以进士及第。

王佐

《齐东野语》云：王佐宣子，帅长沙日，茶贼陈丰啸聚数千人出没旁郡，朝廷命宣子讨之。时冯太尉湛谪居在焉，宣子乃权宜用之。谍知贼巢所在，乘日晡放饭少休时，遣亡命卒三十持短兵以前，湛自率五百人继其后，径入山寨。丰方抱孙独坐，其徒皆无在者，卒睹官军，错愕不知所为，亟鸣金啸集已无及矣，于是成擒，馀党亦多就捕。宣子乃以湛功闻于朝，于是湛以劳复元，自宣子增秩。辛幼安以词贺之，有云："三万卷，龙头客。浑未得，文章力。把诗书马上，笑驱锋镝。金印明年如斗大，貂蝉元自兜鍪出。"宣子得之，疑为讽己，意颇衔之。

侯彭老

《清波杂志》云：侯彭老，长沙人，建中靖国时以太学生上书得罪，诏归本贯，缀小词别同舍云："十二封章，三千里路，当年走遍东西府。时人莫讶出都忙，官家送我归乡去。三诏出山，一言悟主，古人料得皆虚语。太平朝野总多欢，江湖幸有宽闲处。"虽曰小挫，而意气安闲如此。辉顷得于故老。此词既传各斋，厚贶其行。亦传入禁中，即降旨令改正，属同获谴者不一乃格，后由乡贡竟登科甲。

胡天俊

《异闻总录》云：潭州有清净觉地，宋咸淳间游士胡天俊寓焉。月夜抚琴梅树下，遥见美女欲前且却。胡作意三弄，女迤逦近前。胡迎揖之，女曰："声虽和，哀怨多，有所欲不能直遂耳。"胡执其手曰："举世无知音，今夕相逢，岂天假真缘耶？"女敛衽而去，曰："后夜月明当赴子约。"翌日，朋友拉入城游饮，忘归者两宿，大悔失期。亟归于树下，得一白罗帕，上题诗云："萧萧风起月痕斜，露重云环压玉珈。望断行云凝立久，手弹珠泪湔梅花。"胡怅然而寝，明日以帕示人，赵冰壶骇曰："吾亡妾杭人乔氏名望仙，贵妃侄女也，去年暴亡，殡梅树后，正其笔迹也。"以酒酹之，且成诗云："王孙自恨负佳期，夜醉长沙偶忘归。应想芳魂踏残月，瀼瀼露湿去时衣。"

案，《沅湘耆旧集》云，赵冰壶即赵溍也，岂后人以此语污之耶。

四通馆

《浩然斋雅谈》云：潭州四通馆梁间有云："蜗角名蝇头利。老天术何巧，以此役斯世。昨日一替死，今日一替生。暗里唤人人不悟，门前每日见人行。"是皆警世之辞也。

长沙太守

《长沙府志》云：近世传奇，有长沙太守事，托为贾谊。偶有郡人出家藏缮本。宋咸平时，郡有太守某仁爱民人，年八十尚无子，士民旦夕祷祝。逾年，侍妾生一子，尽郡之人欢呼传诵，云：

"八十老翁生一娃，笑杀长沙十万家。"太守闻其言，讶之。至晚微行遍里巷，又无不诵此语。偶一老妪疾声呼众曰："语云不怕天干，只要地润，而辈何笑焉。"太守遂抚掌续之曰："果是老夫真血脉，他年仍旧镇长沙。"越三十馀年，其子果来官长沙。郡人士交相庆喜，第岁久逸，其名与乡贯，或传为宗姓张姓，俱不可考。

蔡京

《长沙府志》云：蔡京南窜道中，市食饮之类，问知蔡氏，皆不肯售。至于诟骂，无所不道，州县吏为驱逐，稍息。京于轿中独叹曰："京失人心一至于此。"至潭州，作词曰："八十一年住世，四千里外无家。如今流落向天涯，梦到瑶池阙下。玉殿五回命相，彤廷几度宣麻。止因贪恋此荣华，便有如今事也。"后数月卒，门人吕川卞老醵钱葬之。

张孝祥

《能改斋漫录》云："去年今日从驾游，西苑彩仗压金波。看水戏鱼，龙曼衍宝。津南殿宴，坐近天颜。金杯酒，君王劝，头上宫花颤。六军锦绣，万骑穿扬箭。日暮翠华归，拥钧天笙歌一片。如今关外，千里未归人。前山雨，西楼晚，望断思君眼。"此陈济翁《蓦山溪》也。舍人张孝祥知潭州，因宴客妓有韵，此至"金杯酒，君王劝，头上宫花颤"，其首自为之摇动者数四，坐客忍笑指目者甚众，而张竟不觉也。

僧惠洪

《苕溪渔隐丛话》引《冷斋夜话》云：山谷南迁，与余会于长沙，留碧湘门一月。李子光以官舟借之，为憎疾者腹诽，因携十六口买小舟，余以舟迫窄为言。山谷笑曰："烟波万顷，水宿小舟，与大厦千楹、醉眠一榻何所异。"道人谬矣，即解绛去。闻留衡阳作诗写字，因作长短句寄之曰："大厦吞风吐月，小舟坐水眠空。雾窗春晓翠如葱，睡起云涛正涌。往事回头笑处，此生弹指声中。玉笺佳句数惊鸿，闻到衡阳价重。"时余方还江南，山谷和其词曰："月仄金盆堕水，雁回醉墨书空。君诗秀绝雨园葱，想见衲衣寒拥。蚁穴梦魂人世，杨花踪迹风中。莫将社燕笑秋鸿，处处春山翠重。"

《许彦周诗话》云：洪觉范在潭州水西小南台寺。觉范作《冷斋夜话》有曰："诗至李义山，为文章一厄，仆读至此，蹙额无言，渠再三穷诘，仆不得已曰：'夕阳无限好，只是近黄昏。'"觉范曰："我解子意矣。"即时删去，今印本犹存之，盖已前传出者。

湘中邮亭

《苕溪渔隐丛话》云：余顷岁过湘中邮亭，壁间有左鄯绝句云："叠叠山腰系冷云，疏疏雨脚弄黄昏。松声更带溪声急，不是行人也断魂。"

吴仲庶

《苕溪渔隐丛话》云：《王直方诗话》曰，送吴仲庶守潭诗云："自古楚有材，醽醁多美酒。不知樽前客，更得贾生否。"盖贾谊初为河南吴公召置门下，而后谪长沙，其用事之精如此。

蒋扩

范公称《过庭录》云：邓璋德甫，永州人，乡举八行。忠宣谪永，馆门下教授诸孙，后过长沙，与故人蒋扩充之遇。蒋有送诗云："高谈耳冷几经秋，邂逅长沙得少留。莫畏洞庭风浪险，主翁元是济川舟。"蒋由是诗名播湖湘间。后零陵簿李良辅媚附蔡京，以蒋诗闻于上，蒋被贬窜，守倅举邓八行者皆谴诎，李阶此进。靖康间，吕元直执政，良辅至堂干禄，吕偶记昔事云，尔非陷范忠宣者耶？命左右毁其朝服，缙绅莫不快之。

万春池

《三蕉馀话》云：予应童子试时，偕一友僦居黄氏宅，其前后左右地明藩殿基也。宅邻一废园，短垣隔之。秋雨，园垣坏，主人邀往游观，棘刺攫帽，长过人头，紫荆三五株，为宫树由孽。假山半角，颓卧地上。小竹数丛，点缀石侧。幽华泫露，泣不胜情。主人因吟骆苑游诗，友爱其"永巷无人吹玉笛，断墙有鬼泣香囊"句，洛诵不已。是夕友归，寝耿不成寐，忽距墙外几步有往还低唱者，急起伏枨间，谛听得七绝句曰："十五学吹笛，高楼明月多。清霜裂紫玉，长罢踏云歌。　暮鸦寒有声，风萤澹无影。梦倚玉阑干，却愁罗袖冷。　梁棁珊瑚毁，帘栊翡翠抛。可怜旧宫燕，各处定新巢。　拾得后庭瓦，片片鸳鸯偶。飞去万春池，东西不回首。　不省旧颜色，弓鞋印井苔。谩言侬善记，粉镜不将来。　太恨西风急，新凉早晚加。吹侬裙上蝶，飞散作秋花。　劝客莫哦诗，哦诗令侬苦。星前一个行，石罅草虫语。"节拍酸楚，不可卒闻。开户即之，馀音历历，越垣而去。遥望前径，阴惨逼人，不敢寻而返，促予醒，挑灯录其词。明日告主人，主人曰，此不怪也，每漏沉月黑，园内青磷如豆，闪闪出游，但未闻一唱鲍家诗耳，因出诗详说。主人曰，万春池，吉王凿，即今大四方塘，惟踏云歌不审何典，想是宫中逸事也。

王素音

《坚瓠集》云：长沙女子王素音题良乡琉璃河馆壁诗并序：妾生长江南，摧颓冀北，豺狼当道，强从毳帐偷生，鸟鼠同居，何啻将军负腹悲难自遣，事已如斯，因夜梦之迷离，寄朝吟之哀怨。嗟乎！高楼坠红粉，固自惭石崇。内院之姝，匕首耀青霜，当誓作兀朮帐中之妇。天下好事君子，其有见而怜予乎！许虞侯可作沙吒利，终须断头陷胸；昆仑客重生，红拂妓不难，冲垣破壁是所愿也，敢薄世上少奇男。其亟图之，应有侠心怜弱质。诗云："愁中得句失长途，女伴相携听鹧鸪。却是数声吹去角，醒来依旧酒家胡。朝来马上泪沾巾，薄命轻如一缕尘。青冢莫生殊域恨，明妃犹是为和亲。多慧多魔欲问天，此身已判入黄泉。可怜魂魄无归处，应向枝头化杜鹃。"和者甚众，苍书叔父次韵哀之云："楚山行尽总征途，谁向黄陵唱鹧鸪。烟火不禁愁日暮，江乡还忆煮雕胡。"

新城王阮亭士祯赠之以词《调寄减字木兰花》："离愁满眼，日落长沙秋色远。湘竹湘花，肠断南云是妾家。掩啼空驿，魂化杜鹃无气力。乡思难裁，楚女楼空楚雁哀。"

麻潭山

《湖南通志》引《湖阴笔记》云：省城北关外四十里有麻潭山，距湘岸二里许。滨湘一带，如丁字湾、大字岭，连延数里，居民鸠工凿石，日数百人。临水矶头壁立，今铲成平地，更深入寻丈，利之所在，人竞趋之。迩年凿及麻潭山麓，形家言，麻潭峙立湘东城外，望之如在湘西，盖其回顾曲抱，特为省会保障大有关系。倘不禁止凿石，地脉伤残，亦形胜之忧矣。

山中有白云庵、福兴庵、观音寺、和尚洞、灵仙洞诸胜。灵仙洞口石门正方窥之中空，上生异木，秋深叶落，从龙潭浮出，知此洞与龙潭通。龙潭，湘水最深处也。

邑人邹南英石湖有《游灵仙洞述异诗》云："何处见灵仙，洞中有石室。奇木生洞口，洞深不可测。秋高叶落时，远自龙潭出。仿佛巴陵道，包山通地脉。又如昭潭水，旋涡常潗潗。伏流连洞庭，时见昭潭叶。昔闻一奇士，欲穷洞深入。防患先戒徒，鸣钲慎勿息。又置草屦二，钲鸣当跃跃。叶、翟。但当有此戒，虽凶亦化吉。装束入洞去，洞门盖已辟。豁达虚无人，跂脉蛇鼠迹。迤迤数十里，窘步渐逼仄。钩心复斗角，棱棱列奇石。石户次第开，别有灵仙宅。白玉铺作堂，黄金叠为壁。床列珊瑚枝，室围锦绣帟。入室见美人，对客逡巡立。风微罗带飘，发溜宝钗植。舒腕掠双鬓，含睇若羞涩。久久乃出语，吹气芳兰袭。天孙幸有耦，匏瓜尚无匹。郎自世间来，此与天台一。冶荡献百媚，撩人不惟色。妖术固已穷，斯人弗可逼。忽然见怪异，睒睒目光射。变幻不一态，夔魖互腾掷。倏如浑沌凿，头大洞欲塞。抖擞运神力，化鸭生羽翼。趁罅达洞底，水声听激激。遽与龙潭通，遂免穷途泣。既出问其徒，胡为钲罢击。争言见屦跃，轰然哭咥咥。顿忘师所戒，乃致师受厄。此事甚怪诞，宛然搜神述。迄今白云间，洞门长寂寂。游者但（裴回）〔徘徊〕，孰是探奇客。"

彭岳放

《广阳杂记》云：彭岳放，住善化县右鸡公坡，门径幽寂，有山林之致。书其门曰："白发消穷达，青山傲古今。"读此联，可想见其人矣。

药王宫

《广阳杂记》云：长沙药王宫，后有竹圃小亭，幽寂可爱。亭联集杜句云："身世双蓬鬓，乾坤一草亭。"甚佳。

赵开心

毛国翰《麋园诗集》云：《过田家张氏宅书感并序》：予偶至东崦，憩田家，见都御史赵公洞门开心木主在焉。询之，知是其七叶女孙张氏宅，其父则余外祖母胡氏弟也。卒而无后，女奉其主以适张，今予外家亦式微矣。抚事增感，不能无言。诗云："偶从东崦游，谷口见田园。园外绕山硎，数家成一村。修竹静可憩，主人迎到门。堂小荫茅茨，中有木主存。细书赵公字，都宪官位尊。逡巡讯颠末，主人不能言。幼妇前致词，欲语声复吞。自先中丞来，无复乘华轩。况今溯华胄，萧条难具论。远近百馀年，不见子姓繁。七叶女孙在，零落田家婚。此语不忍闻，潸然添泪痕。赵衰自尔祖，我亦曾外孙。盛族不再振，清门无后昆。请从外家说，寂寞经寒暄。江总但怀旧，魏舒空负恩。内外同式微，何以庇本根。贱子自糊口，壮年已邅迍。纷纭四海内，十载尚崩奔。时会有兴替，世事如波翻。赫赫卿相宅，瞥眼为颓垣。物理故有常，造化归一元。委心任大化，俯仰此乾坤。"

郭焌

《滦阳消夏录》云：莆田林教谕霈以台湾俸满北上，至涿州南，下车便旋，见破屋墙匡外有磁锋划一诗曰："骡纲队队响铜铃，清晓冲寒过驿亭。我自垂鞭玩残雪，驴蹄缓踏乱山青。"款曰"罗洋山人"。读讫，自语曰："诗小有致，罗洋是何地耶？"屋内应曰："其诗似是湖广人。"入视之，惟凝尘败叶而已，自知遇鬼，惕然登车，恒郁郁不适，不久竟卒。

按，罗洋山人乃善化郭焌昆甫别号也。

李四眺

唐仲冕《陶英江诗集·叙》云：余少时闻善化李四眺先生以清狂死，其诗富而饱于牛腹，犹记其一句云"夜不关门贫壮胆"。

张烈妇

《麋园诗钞》云：《题张烈妇墓并序》：烈妇湖北兴国州人，其夫挈之，事候补知府某。某挑妇，妇拒之，以告其夫。舟至长沙，将夜偕窜，先送妇岸傍，回舟取行橐。有巡役姚太与乞人李某，见妇询之得实，绐之，易其处。乃曰，我与若觅夫。见其夫，复绐之他往，且云代觅其妇，恐不相识，其夫乃解所佩玉蟾蜍为信。太至妇所，则曰，尔夫被追，已渡江矣，令迎汝。示以蟾蜍，信之，与俱登舟。中流调之，其妇知不免，乃赴水死。太遂并其子置水中，将逃，遇其夫于岸，诘之，诡言不见。其夫不释，太大窘，因曰此必死于水，因于浅处觅得其子。太冀可脱去，其夫持之益急，旦鸣诸官。鞫之，尽得其实。既获妇尸于水，其夫亦死，因合葬之城南，树碑以纪其事。此嘉庆十三年十一月二十九日事也。

哀之以诗，诗云："沄沄湘水拍寒沙，尽室依人计悔差。生识罗敷原有婿，死殊德耀已无家。拚从帝子沉鱼腹，曾向夫君赋鼠牙。肠断掌珠同一掷，孤鸿犹怨月西斜。惊飙夜落楚江虚，断送人间比目鱼。伍伯托名真魍魉，姮娥有信待蟾蜍。幸无东海三年雨，几枉燕台一纸书。自此碧湘门外水，龙舟不独吊三闾。别鹤凄凉感故雄，甘随巢卵委西风。一家骨肉魂犹聚，千里亲朋梦不通。恰喜招魂来宋玉，仍教举案遇梁鸿。莫悲藁葬他乡地，犹胜生前逐断蓬。石碣金生姓字香，澧兰沅芷共芬芳。青陵应有连枝化，桂树宁无比翼翔。自古浪传沙叱利，只今遗恨宋康王。城南抔土留遗蜕，长得游人吊夕阳。”

湘城遗事记卷四

书画类

欧阳询

《隋唐嘉话》云：虞秘监草行本师于释智永，尝楼上学书，业成方下，其所弃笔头至盈瓮。褚遂良问虞秘监曰："某书何如永师?"曰："闻彼一字直钱五万，官岂得若此。"曰："何如欧阳询?"曰："闻询不择纸笔，皆能如志，官岂得若此。"褚恚曰："既然，某何更留意于此。"虞曰："若使手和笔润遇合作，亦深可贵尚。"褚喜而退。

《国史异纂》云：率更令欧阳询，行见古碑，晋索靖所书。驻马观之良久。而数百步复下马，伫立疲倦，则布毯坐观。因宿其下，三日而去。今开元通宝钱武德四年铸，其文乃欧阳率更书也。

《南部新书》云：武德四年，废五铢钱，行开元通宝钱，欧阳询制及书。回环读之，其义皆通。初进钱样，文德皇后掐一甲迹，故钱背上有掐文。

《书薮》云：欧阳率更未尝择笔而皆得佳趣，盖其所寄者，心耳。论者谓其飞白冠绝，有龙蛇战斗之象、云雾轻飘之势，真行森森焉。若武寿矛戟，至使和永夺气，盖绝艺也。

欧阳肃

《大业拾遗》云：隋大业中，命虞世基等修《十郡志》，基图上山水城邑题书，字极细，并用欧阳肃书。即率更令询之长子，攻于草隶，为时所重。

《大业杂记》云：大业六年四月，帝幸陇川宫避暑，敕撰《区宇图志》一千二百卷。卷头有图叙山川则，卷首有山川图叙郡国则，卷首有郭邑图叙城隍则。卷首有公馆图，上题书，字极细，并是欧阳肃书，即率更令询之长子，别造新样纸张。

欧阳通

《朝野佥载》云：欧阳通，询之子，善书，瘦怯于父。常自矜能书，必以象牙犀角为笔管，狸毛为心，覆以秋兔毫，松烟为墨，末以麝香，纸必须坚薄白滑者，乃书之，盖自重其书。薛纯陀亦效欧阳，草伤于肥钝，亦通之亚也。

《清异录》云：欧阳通善书，修饰文具，其家藏通物尚多，皆就刻名号。研室曰“紫方馆”，金苽盛砚滴曰“金小相”，镇纸曰“套子龟小”、连城千钧，史界尺曰“由准氏芒”，笔曰“畦宗郎君”，夹槽曰“半身龙”。

张璪

《寓简》云：天宝中，有尚书郎张璪，性善，绘画多出意象之表，松石尤奇。东宫庶子毕宏亦以韵度擅名一时，然每见璪翰墨，未尝不心服，因问璪笔法所授。璪曰：“吾外师造化，中得心源。”宏惊叹而已。

按，李群玉有《题长沙元门寺张璪员外壁画诗》，则长沙亦有璪之遗迹矣。

易元吉

《南宋杂事诗注》云：后村题跋，易元吉以画猿，光尧赐以诗。案都穆铁网珊瑚，易元吉画猿猱择虱图，有东坡题则。元吉，北宋人。或光尧跋其画，不则另有一人。又云元吉画二猿，俱有白牙，识者云，母猿方有白牙。

昌上座

山谷题跋云：会稽昌上座作橘洲图，余方自尘埃中来，观此已有馀清。然古人作画，若不作小李将军真山真水、草木楼台、人物皆令如生，则须荆浩关同李成，木石瘦硬，烟云远近，一以色取之，乃毕其能事。

张魏公

《格古要论》云："城南书院"四大字，"临湘门"三字，俱魏公张紫岩得意之笔。

长沙富民

《画史》云：长沙富民收水鸟芦花六幅，乃唐人手笔，妄题作韦偃，押字后题也。

何澄

《图绘宝鉴》云：何澄，长沙人，工画神佛。因其祖曾收武洞清本甚多，观习久之，得其遗意，然后落笔。自幼至长，无日不作。老而愈勤，传染简净，不假重色。

《元史·岳柱传》云：岳柱，性颖悟，方八岁，观画师何澄画《陶母（翦）〔剪〕发图》。岳柱指陶母手中金钏，诘之曰："金钏可易酒，何用（翦）〔剪〕发为也?"何大惊，即异之。

宋庆历长沙帖

《集古录》云：太宗皇帝万几之馀，留情翰墨，尝诏天下购募钟王真迹，集为《法帖》十卷，（模）〔摹〕刻以赐群臣。往时故相刘公沆在长沙以官，《法帖》镂版，遂布于人间。后有尚书郎潘师旦，又择其尤妙者别为卷，第与刘氏本并行。至余《集古录》古文不敢辙以官本参入私集，遂于师旦所传。又取其尤者散入录中，俾夫启卷者，时一得之把玩，欣然所以忘倦也。

秦观《法帖通解序》云：太宗皇帝时，遣使购募前代法书，集为十卷，摹刻于板，藏之禁中。大臣初登二府，诏以一本赐之，其后不复赐世，号《官帖》。故丞相刘公沆守长沙日，以赐帖摹刻二本，一置郡帑，一藏于家，自此《法帖》盛行于世。士大夫好事者，又往往自为别本矣。今可见者，潭、绛二郡，刘丞相家、潘尚书师旦家、刘御史次庄家、宗将世章家，凡六本。虽有精粗，然大抵皆《官帖》之苗裔也。

《法帖谱系》云：丞相刘公沆帅潭日，以淳化《官帖》命慧照大师希白摹刻于石，置之郡斋，增入《霜寒十七日》、王濛、颜真卿等诸帖，而字行颇高，与淳化阁本差不同，逐卷各有岁月。第一卷题云"庆历五年季夏，慧照大师希白摹勒"，第二卷"庆历八年重冬月慧照大师希白摹勒"，第三卷则"五年六月"。第四卷"八年重冬月"，第五卷"戊子岁孟冬"，第六卷"五年季夏"，第七卷"五年重秋月"，第八卷"五年季夏月摹勒上石"，第九卷

"八年重冬月"，第十卷"五年重秋月"。每卷各有"庆历及慧照大师希白重摹"字，不复赘录。

《容斋随笔》云：《潭州石刻法帖》十卷，盖钱希白所镌，最为善本。吾乡程钦之待制，以元符三年帅桂林，东坡自儋耳移合浦，得观其藏帖，每册各题其末。

第二卷云，唐太宗作诗至多，亦有徐、庾风气，而世不传，独于《初学记》时时见之。

第四卷云，吴道子始见张僧繇画，曰："浪得名耳。"

已而坐卧其下，三日不能去。庾征西初不服逸少，有家鸡野鹜之论，后乃以为伯英再生。今观其书，乃不隶子敬远甚，正可比羊欣耳。

第六卷云，宰相安和殷生无恙，宰相当是简文帝，殷生则渊源也邪。

第八卷云，希白作字，自有江左风味，故长沙法帖比淳化待诏所摹为胜。世俗不察，争访阁下本，误矣。此逸少一卷，尤妙。庚辰七夕，合浦官舍借观。

第九卷云，谢安问献之："君书何如尊公？"答曰："故自不同。"安曰："外人不尔。"曰："人那得知！"

以上所书，今麻沙所刊《大全集·老林》中或有之。案庾亮及弟翼俱为征西将军，坡所引者翼也。坡又有诗曰："暮年却得庾安西，自厌家鸡题六纸。"盖指翼前所历官云。此帖今藏余家。

《石刻铺叙》云：《长沙帖》十卷，实秘阁前帖翻本，内羲、献帖略有增入。庆历间，慧照师钱希白摹镌。自五年乙酉至八年戊子讫事。尝观杂文中载东坡自儋耳移合浦，见桂帅程钦之《潭帖》册，各题其后，案，此下与前《容斋随笔》第二卷云云同，故不录。今刻皆不曾以坡书添入。逐卷要是当时题于程所藏碑刻，潭无真迹，故阙如也。但二卷郄愔书第三卷帖，何以断？当字分两行，希白善书者于此，殆不可晓。又有山谷评释，今《长沙帖》间不存希白临摹岁月，或云土人又私翻本版，有纹可辨。《容斋随笔》谓坡仙遗墨，今藏其家，有数字差异。

刘后村《题跋旧潭帖》云：《潭帖》，尤为坡公所赏，以为希白作字，自有江左风味，比淳化待诏所摹为胜。世俗不察，争求阁下本，误矣！以余所见《潭帖》，凡有数本，有绝佳者，有稍残缺者，有行数不同者，有漏落数行者。谓刘相刊二本，一留郡，一藏家，而后翻刻于黔、和等州者又不知几本。于十卷之末或题云"庆历五年"，或云"八年"；或云"六月"，或云"季夏"；或云"摹勒上石"，或无"上石"二字；或云"重摹"，若以八年为重摹，则"五年"下亦有"重摹"字，不应一年内已模而复摹也。

内第三卷□□《山涛帖》，末有"风笔恻感"之语，《容斋随笔》已叹其不成文。容斋知其一尔。此卷《谢发》云"执笔恻感"，今至"执"字止；《涛帖》云"风尚所劝"云云，今至"风"字止，却移"笔恻感"三字在《涛帖》之后。移"尚所劝"以下十九字在《欣帖》之后。又第六卷右军字，先后失次尤甚。帖字屡经临摹，固已失真。刘次庄释文虽有未尽，亦十得五六，加以陈去非、黄长睿、施武子更迭考辨，十得八九。若《潭帖》，乃悉颠倒而错乱之，几成异域神咒矣。往往刊帖之时，不敢比拟，尚方欲自为帖。但异其行数可也，乱其文理不可也。岂刘公本非博雅，或贵重不暇参校，或希白虽工于摹字而拙于寻行数，墨与镌刻虽工，如不可读，何坡既推"潭"胜"阁"？

近时陈师复善书，亦于《阁帖》有异论。余恐苏、陈所见，非真阁本尔！真者或七八行为一版，或十六七行为一版，皆李廷珪墨摹印。其墨如漆，字尤丰艳有精神，盖熙陵八法既高王著辈，亦精其技。标题可见，非希白敢望。“旧临江”非不善，失之险薄刻削，去阁本远矣。

帖家故当以“阁”为祖，“绛”次之，“旧临江”次之，“潭”又次之，“武冈”又次之。“临江”佳者可乱“阁”，“武冈”佳者可乱“绛”，“汝”、“鼎”拙野，无以议为也。余晚得一本，乃以“旧潭”剪碎，案释文排比装表，历历可读，必一老士人旧物，惜不令希白见之。

《石林燕语》云：太宗留意字书，淳化中，尝出内府及士大夫家所藏汉、晋以下古帖，集为十卷，刻石于秘阁，世传为阁帖是也。中间晋、宋帖多出王贻永家。贻永，祁公之子，国初藏名书画最多，真迹今犹有为李驸马公照家所得者，实为奇迹。而当时摹勒出待诏，手笔多凝滞，间亦有为伪本。如李斯书，乃李阳冰、王密德政碑石本也。石后禁中被火焚，绛人潘师旦取阁本再摹，藏于家，为绛本。庆历间，刘丞相沆知潭州，亦令僧希白摹刻于州廨，为潭本。绛本杂以五代近世人书，微出绛。希白善书潭本，差能得其行笔意。元祐间，徐王府又取阁本刻于木版，无甚精彩。

《渊鉴类函》云：黄思伯跋法帖，逸少书后曰，玉局翁云，希白作字，自有江左风味，故《长沙法帖》比淳化待诏所摹为胜。世俗不知，争购秘阁本，误矣。白摹书真似骑生马不暇施鞚勒，时有骤跌，不害其妙处，但拓字要当，如陶华阳摹杨许书法，乃佳耳。

长沙帖刘丞相私第本

《法帖谱系》云：刘丞相既刻法帖于郡斋，复依仿前本刻石十卷，以归私第。余顷在九江得见，故家所藏一本与长沙本绝相似而小异。后人有跋云，此先丞相私第本也，疑即刘氏子弟所跋，后复见一本于姑苏，与九江所见同纸墨，皆与南碑不类。而庆历等题字止三两卷有之，盖即刘氏本也。

长沙帖碑匠家本

《法帖谱系》云：旧传长沙官本扃钥不可常得，碑匠家别刻一本以应求者。余顷收一本，与长沙古本首尾略无小异，而字体小小不同，疑为碑匠家本。顷又收一本，凡旧刻损阙者，皆别刻数行以易之，其馀却只是旧石，此必碑匠所为也。

长沙帖南宋新刻本

《法帖谱系》云：旧刻毁于郁攸之变，中兴以后复刻新石。其间凡遇旧刻阙损处，并不复刻字。亦无卷尾岁月，刻手甚缪，殊不足观。

长沙帖碑房断石本

《法帖谱系》云：嘉定间，先君帅长沙，余随侍焉。碑房中有断石一片，乃《法帖》第一卷尾段，字行高低，正与淳化帖同，而绝不类古《潭帖》。末后亦有淳化篆字，此石实不知所从来，近岁三山林凤伯重刻于家，直指为古《潭帖》，余未敢臆断也。

长沙帖汤正臣重摹本

山谷题跋秦氏《法帖》云：巴蜀自古多奇士，学问文章，德慧权略，落落可称道者，两汉以来盖多，而独不闻解书。至于诸葛孔明，拔全蜀之士，略无遗材，亦不闻以善书名世者。此时方右武人不得雍容笔砚，亦无足怪。唐承晋宋之俗，君臣相与论书，以为能事，比前世为盛，亦不闻蜀人有善书者，何哉？东坡居士出于眉山，震辉中州，蔚为翰墨之冠，于是两川稍稍能书。然其风流不被于巴东、黔安，又斗绝入蛮夷中，颇有以武功显者。天下一统，盖百馀年，而文士终不竞。黔人秦子明魁梧喜攻伐，其自许不肯出赵国珍下，不可谓黔中无奇士也。子明尝以里中儿不能书为病，其将兵于长沙也，买石摹刻长沙僧宝月古《法帖》十卷，谋舟载入黔中，壁之黔江之绍圣院，将以惊动里中子弟耳。目他日有以书显者，盖自我发之。予观子明欲变里中之俗，其意甚美。书字盖其小小者耳，他日当买国子监书，使子弟之学务实事求是，置大经论，使桑门道人皆知经禅，则风俗以道术为根源，其波澜枝叶乃有所依而建立，古之能书者多矣，磨灭不可胜纪其传者，必有大过于人者耳。子明名世章，今为左藏库副使东南第八将。绍圣院者，子明以军功得请于朝，为阵亡战士追福作佛祠也。刻石者，潭人汤正臣父子，皆善摹刻，得于手而应于心，近古人用笔意云。

《法帖谱系》云：秦子明尝以里中儿不能书为病，其将兵长沙也，买石摹刻僧宝月古《法帖》十卷，舟载入黔江，壁之黔江绍圣院，刻石潭人汤正臣父子。详见《山谷集》中，其卷帙之多寡，次第之先后，字行之长短，悉同《淳化阁帖》。其所以异者，第一卷有篆书三行，其后有楷书一行云，“降授供备库副使充东南第八副将，训练潭州诸军，潭州驻扎，秦世章家本。”其后又二行云，“长沙汤正臣重摹”七字，男仙芝、灵芝镌。第二卷至八卷尾，各题“长沙汤正臣重摹”七字，却无淳化篆书及世章衔位。又第八卷，《取卿女婿帖》，内第二行休字立人作两点。第二卷《钟繇宣世帖》，再世荣名作荣名，正与《戏鱼帖》同。第九卷尾题“长沙汤正臣摹勒”七字。第十卷题“长沙汤正臣重摹，男仙芝”，为一行。

《格古要论》云：宋秦子明于长沙摹刻僧宝月希白古《法帖》十卷，载入黔江绍圣院，乃潭人汤正臣父子刻石。

长沙帖刘御史次庄家本

《独醒杂志》云：刘殿院次庄，长沙人，自幼喜书，寓于新淦，所居民屋墙壁窗户题写殆遍。临江郡庠有《法帖》十卷，释以小楷，他《法帖》之所无也。所善毛公弼、何君表皆里中先达。两家碑志，多其所书者。

万福禅林

《广阳杂记》云：长沙万福禅林主僧素默，以藏字画一束求售。董元宰临二王帖一卷，破门石浪和上临智永千字文，陈正言水墨花鸟一卷，魏国公徐瞻草书大幅一纸。董字极佳，真迹无疑。破门石浪住南岳飞来船下，深入晋、唐阃奥，绝无近人蹊径。黄慎轩而后，不可多得。陈正言，近时湖南人，笔墨有士夫气，非工匠手所能。徐瞻，不知魏国公第几世字，亦雄伟可观。此皆铁目和（上）〔尚〕所遗以镇山门者。素师索价过高，余不能酬也，遽返之。又有石浪草书，其自作山居诗二十二首，别为一体，佳绝。乃为俗僧借去临摹，数日而还，则于每字之旁皆以恶札书楷字以释之，如杨升庵之释岣嵝禹字碑者然。见之令人骇绝、笑绝、恨绝，此罪当加于焚琴煮鹤数等。昔有人以方竹杖赠一僧，后问之，则已规而漆之矣。古今蠢人，未尝无对也。

山居即事诗，自写性灵，不落体格，绝无烟火气。今录其十八首。

一间茅屋不堪夸，不是云埋雾便遮。幸得老来无个事，扫些竹叶煮松花。—

门径深深路又荒，草头多露月来光。其中亦有忘年者，日日焚香坐草堂。二

年来无事可当心，一把锄头斫古今。翻转溪云睡去好，长留明月伴松阴。三

山中日日有云飞，飞的飞来归的归。惟有这些归不得，留为山寺补僧衣。四

小桥流水入山幽，一径松阴脚底收。处处白云堆谷口，家家黄叶堕枝头。五

一村深树一村烟，村树深烟断欲连。不断不连分野色，浓浓淡淡夕阳边。六

昨来相送出柴扉，冷雾寒烟湿我衣。一路脚尖深冻里，溪声踏作雪声归。七

十年无梦到乡关，为个蒲团债未还。幸有月来常问问，不知身在几重山。八

幸得为僧不甚贫，东来西去若云屯。其中滋味无端的，手指青山一故人。九

山中有事不寻常，云满溪来月满床。处处花枝皆梵字，山山鸟语说文章。十

一间茅屋住山湾，烟雾层层石上斑。几日欲消消不得，看来身在米家山。十一

红霞远散夕阳残，日暮还家鸟雀寒。茅屋半间云外出，梅花一树月中看。十二

沿门竹外种芭蕉，嫩绿分阴过小桥。乍得一番新雨后，明朝色亦胜今朝。十三

一山黄叶唤秋风，阵阵飞来诗眼中。不是老僧吟不得，溪边送出曲无穷。十四

春到春山草木齐，清泉白石燕衔泥。有时步出溪头看，片片春云拄树枝。十五

踏断云根问路忙，春风阵阵野花香。无心石上看流水，不觉穿云到草堂。十六

山中十月正飞寒，打煞梅花雪一团。不及故园青竹子，枝枝叶叶好相看。十七

白日山窗梦不惊，床头书卷半公卿。山僧未醒禽先醒，过我篱边三两声。十八

湘城遗事记卷五

仙释类

成武丁

《太平广记》引《神仙传》云：成仙公者，讳武丁，桂阳临武乌里人也。后汉时年十三，身长七尺，为县小吏。先被使京，还过长沙郡，投邮舍不及，遂宿于野树下。忽闻树上人语云："向长沙市药。"平旦视之，乃二白鹤。仙公异之，遂往市，见二人罩白伞，相从而行。先生遂呼之设食，食讫便去，曾不顾谢。先生乃随之行数里，二人顾见先生语曰："子有何求而随不止？"先生曰："仆少出陋贱，闻君有济生之术，是以侍从耳。"二人相向而笑，遂出玉函，看素书，果有武丁姓名。于是与药二丸，令服之。二人与先生曰："君当得地仙。"遂令还家。

许逊

《太平广记》引《十二真君传》云：许真君名逊，字敬之，汝南人也。举孝廉，拜蜀旌阳令。于豫章遇一少年，自称慎郎。与之谈，知非人类。谓门人曰，是乃蛟蜃之精，恐为害。逐之，径归潭州，却化为人。先是，蜃精化为美少年，知潭州刺史贾玉，有女端丽，欲求贵婿。蜃精乃广用财宝，赂贾公亲近，获为伉俪焉。自后与妻于衙署后院而居，每至春夏之间，常求旅游江湖，归则珍宝财货万计。贾使君之亲姻僮仆，莫不赖之。至是，蜃精一身空归，且云被盗所伤。举家叹惋之际，典客者报云，有道流姓许字敬之，求见使君。贾公遽见之，真君谓贾公曰："闻公有贵婿，略请见之。"贾公乃命慎郎出与道流相见，慎即畏怖，托疾潜藏。真君厉声而言曰："此是江湖害物，蛟蜃老魅，焉敢遁形。"于是蜃精复变本形，宛转堂下，寻为吏兵所杀。真君又令将其二子出，以水噀之，即化为小蜃。妻贾氏，几欲变身，父母恳真君，遂与神符救疗，仍令穿其宅下丈许，已旁亘无际矣。真君谓贾玉曰："汝家骨肉几为鱼鳖也。今须速移，不得暂停。"贾玉(苍黄)〔仓皇〕徙居，俄顷之间，官舍崩没，白浪腾涌。今旧迹宛然在焉。

陶淡

《太平御览》引《晋中兴书》云：陶淡，字处静，年至十五六，便服，食绝谷。家累千金，僮客百数。淡终日端拱，绝不婚娶。居长沙临湘县山中，立小草屋，才足容身。时还家，设小床，常独坐不与人共。

《御览》又引《晋中兴书》云：陶淡，字处静，侃之孙，雅好仙道，年十五六，便服，食于山中，立小草窟，设小床独坐。故旧入山候者，辄移渡涧，莫得近之。本州举秀才，淡闻遂逃罗县山中，终身不返，莫知所终。

《事类赋》引《晋中兴书》云：陶淡，侃之孙，雅好导养，年十五六，便服，食绝谷，得白鹿子驯养之。常与俱往还家，后遂不复还家。

瓦棺僧

《搜神记》云：西晋永兴年中，长沙城河陆地生青莲两朵。官司掘得一瓦棺，开见僧，形貌俨然。其花从舌根顶颅生出，父老曰昔有一僧诵《法华经》万馀卷，临终葬以瓦棺。

邓郁之

《湖南通志》云：邓郁之，字彦远，与徐灵期为友，周游灵山。宋元徽中，诏赐药物于岳麓山，置上中下三观，为郁之修炼所。有神人语之曰，洞门之中是招福之乡，延生之地，善记弗忘。丹成复居紫盖峰。

田良逸蒋含宏

《唐语林》云：元和初，南岳道士田良逸蒋含宏有道业，远近称之，号曰田蒋良逸，天资高峻，虚心待物，不为表饰。吕侍郎渭、杨侍郎凭观察湖南，皆师事之。潭州旱，祈雨不应。或请邀之，杨曰，“田先生岂为人祈雨者耶。”不得已迎之，良逸蓬发敝衣，欣然就舆到郡，亦终无言，即日降雨。

圆观

《冷斋夜话》云：《唐忠义传》，李澄之子源，自以父死王难，不仕，隐居洛阳惠林寺，年八十馀，与道人圆观游甚密，老而约自峡路入蜀。源曰“予久不人繁华之域，”于是许之。观见锦裆女子浣，泣曰：“所以不欲自此来者，以此女也。然业影不可逃，明年某日，君自蜀还，可相临以一笑为信。吾已三生为比丘，居湘西岳麓寺。寺有巨石，林间尝习禅其上。”遂不复言，已而观死。明年如期至锦裆家，则儿生，始生三月，源抱临明檐，儿果一笑。却后十二年，至钱塘孤山月下，闻扣牛角而歌者曰：“三生石上旧精魂，赏月临风不要论。惭愧情人远相访，此身虽坏性常存。”东坡删削其传而曰，圆泽而不书岳麓三生石上事，赞宁所录为圆观。东坡何以书为泽，必有据，见叔党当问之。

按，《太平广记》引《甘泽谣》载《圆观传》甚长，与此稍异，亦无岳麓三生石上事，不知惠洪所引《忠义传》果何所据。然《广记》又引《独异志》作《李源传》，其略云，李源，洛城北惠林寺，住有一少年，至曰武十三，源叔父为福建观察使。源修觐礼武，与同舟东去，行及宋之谷熟桥，武曰：“与子诀矣。”源惊讯之，即曰，某今夕托质张氏为男子，后七年复与君相见。言讫，抵村户，张氏新妇适诞一男。后源自闽还，省前事，复诣村户，见一童，形貌类武，乃呼曰：“武十三相识耶?”答曰：“李七健乎。”此事与《圆观》辞虽不同，而事颇相类，岂传闻异词耶，亦纪载失实也。今孤山有三生石，屡经题咏。考《甘泽谣》未曾及此，惟所歌有“三生石上旧精魂”之句，实言前世其不在孤山，明矣。当以《冷斋夜话》所引，在岳麓为是。

岳麓僧

《北梦琐言》云：唐广南节度卞元随军将钟大夫，忘其名，晚年流落，旅寓陵州，多止佛寺。仁寿县主簿欧阳衎，愍其衰老，常延待之。三伏间患腹疾，卧于欧阳舍，逾月不食。虑其旦夕溘然，欲其陈牒州衙，希取钟公一状，以明行止。钟曰：“病即病矣，死即未也。即此奉烦，何妨申报。”于是闻官，尔后疾愈。孙光宪时为郡倅，钟惠然来访，因问所苦之由。乃曰：“曾在湘潭，遇干戈不进，与同行商人数辈，就岳麓寺设斋。寺僧有新合知命丹者，且云服此药后，要退即饮海藻汤。或大期将至，即肋下微痛，此丹自下，便须指挥家事，以俟终焉。遂各与一缗，吞一丸。他日入蜀，至乐温县，遇同服丹者商人寄寓乐温，得与话旧，且说所服之效。无何，此公来报肋下痛，不日其药果下，急区分家事，后凡二十日卒。某方神其药，用海藻汤下之，香水洗沐却吞之。昨来所苦，药且未下，所以未死。”兼出药相示，然钟公面色红润，强饮啖，似得药力也，他日不知其所终。以其有验，故记之焉。

侯仙姑

《太平广记》引《墉城集仙录》云：侯仙姑，长沙人。入道，居衡山。年八十馀，容色甚少。于魏夫人仙坛，精修香火十馀年，孑然无侣。坛侧多虎，游者须结伴执器而入，姑隐真其间，曾无见畏。数年后，有一青鸟如鸠鸽，红顶长尾，飞来所居，自语云：“我南岳夫人使也，以姑修道精苦，独栖穷林，命我为伴。”他日又言：“王母姓缑氏，乃姑之祖也。闻姑修道勤至，将有真官降而授道，但时未至耳，宜勉于修励也。”每有人游山，必青鸟预报姓字。

岑禅师

《传灯录》云：长沙岑禅师偈曰：“百丈竿头须进步，十方世界现全身。”

《南部新书》云：长沙岑和尚因问话，踢倒仰山，仰山曰：“直下似个大虫。”自此诸方号为岑大虫，长沙嗣，南泉法名景岑也。

齐己

《唐宋遗史》云：齐己居湘西道林寺，乾康往谒之，齐己使谓曰："我师门非诗人不游，大德来，非诗人耶？请为一诗，以代门刺。"康吟云："隔岸红尘忙似火，当轩清嶂冷如冰。烹茶童子休相问，报到门前似衲僧。"己大喜，及别，送之以诗。

报恩寺长老

《五代史补》云：文昭王夫人彭氏封秦国夫人，常往城北报恩寺。烧香时僧魁谓之长老问曰："夫人谁家妇女？"彭氏大怒，索檐子疾驱而归。文昭惊曰："何归之速也？"夫人曰："今日好没兴，被个老秃兵问妾是谁家妇女，且大凡妇女皆不善之辞，安得对妾而发。"文昭笑曰："此所谓禅机也，夫人可答'弟子是彭家女马家妇'，然则通其理矣，何怒之有乎。"夫人素负才智，耻不能对，乃曰："如此则妾所谓无见性也。"于是惭赧数日。

吕洞宾

《东轩笔录》云：潭州士人夏钧罢官过永州，谒何仙姑而问曰："世人多言吕先生今安在？"何笑曰："今日在潭州兴化寺设斋。"钧专记之，到潭日首于兴化寺取斋，历视之，其日果有华州回客设供。

《全唐诗话》云：洞宾游长沙，持小瓦罐乞钱无算，而罐常不满。有僧驱一车钱戏曰："汝罐能容之不及。"推车入罐，戛戛有声，俄不见。僧曰："神仙耶！幻术耶？"吕仙口占答之："非神亦非仙，非术亦非幻。天地有终穷，桑田几迁变。身固非我有，财亦何足恋。曷不从吾游，骑鲸腾汗漫。"

刘海蟾

《东轩笔录》云：尚书郎李观自言为进士，时往游南岳，道过潭州圣旗亭买酒，忽有一人荷竹夌持钉校之具，径至问观曰："闻君将之南岳，颇识养素先生蓝方。"观将往见之。其人曰："奉还寄声云刘处士奉问先生，十月怀胎如何出得?"言讫，径出不顾。观至南岳访方，具道其语。方愸然惊异，因问曰："其人眉间得无有白（诔）〔痣〕乎?"观曰："然。"方大惊，叹曰："吾不遇是人，命也，此所谓刘海蟾者也。吾养圣胎已成，患无术以出之，念非斯人不足以成吾道。今声闻相通，而不得接吾之道，不成矣。"观急回访于潭州，已亡所在，是年方卒。

《湖南通志》云：刘元英为相，一旦忽有道人来谒，自称丐阳子，索鸡卵十枚、金钱十枚。以一枚置几上，累十卵于钱，若浮图之状。海蟾惊叹曰："危哉!"道人曰："人居荣乐之场，履忧患之地，其危有甚于此者。"复尽以其钱擘为二，掷之而去，海蟾由此大悟，遂易服从道。宋仁宗天圣九年，游历名山，所至多有遗迹。一日于潭州寿宁观，题古诗十韵云："醉走白云来，倒提铜尾柄。引个碧眼奴，担着独壶瘿。自言秦世事，家住葛洪井。不读黄庭经，岂烧龙虎鼎。独立都市中，不爱俗人请。欲携霹雳琴，去上芙蓉顶。吴牛买十角，溪田耕半顷。种秫酿白醪，总是仙家境。醉眠松阴下，闲过白云岭。要去即便去，直入秋霞影。"仍自写真其旁，撮襟书"龟鹤齐寿"四字，题云"广宁闲民刘某书丹"。成尸解，至元六年，赠海蟾明悟宏道真君。

文玉

《夷坚志》云：潭州城北开福寺，五代马王时所建。殿宇宏丽，唯经藏未作转轮，邦人前后欲营之，辄不果。政和四年甲午，住持僧文玉始折旧藏一新之。于栋间得一板，题四十五字云："吾造此藏一新之，多初欲为转轮，众议不可，后二百年当有成吾志者。是时住院者荆山璞，化缘者中秋月，匠人弓长。"玉传示众，莫能晓有识者。解之曰："荆山璞，即文玉也。中秋月，即化缘僧智圆也。弓长者，张其姓也。"推考立寺之岁，当梁正明元年己亥，正马氏有国时，恰二百年。

林灵素

《清波杂志》云：宣和崇尚道教，林灵素为之宗主，官至大中大夫，宣和间死于温州。后数年，内侍刘太尉之侄避地长沙，于酒肆见一驼裘丈夫负壁而坐。熟视，乃灵素也。刘叩先生何为至此，灵素曰："吾亡命尔，向不早为此，身首异处矣。"倏失所在。

洪蕴

《宋史·方技传》云：沙门洪蕴，本姓蓝，潭州长沙人。母翁初以无子，专诵佛经，既而有娠。洪蕴年十三，诣郡之开福寺沙门智巴，求出家习方技之书。后游京师，以医术知名。太祖召见，赐号"广利大师"。

卖药道人

《清异录》云：长沙狱掾任福祖拥驺吏出行，有卖药道人行吟曰无字歌："呵呵亦呵呵，哀哀亦呵呵。不似荷叶参军子，人人与个拜□木，大作厅上假阎罗。"福祖审思，岂非异人？急遣访求，已出城矣。

鲁妙典

《云笈七签》云：九嶷山仙女鲁妙典，捣药铁臼重二百五十斤。延唐令王翺尝令人强取之，行未及县，翺举家皆病。其臼今在潭州麓山寺，有犯之者辄病，极灵验。

希白

《一统志》云：希白，字宝月，潭州人，作书有晋人风度。庆历中，尝以《淳化阁帖》摹刻于潭之郡斋，有古《法帖》十卷。

崇宁平老

《黄山谷尺牍·答崇宁平老书》云：贵院既作万寿崇宁，诸事一新，亦不许阘茸辈安下，道众雍肃，净人如云，想何子玉、秦处度时来破妙钵耳。汝用"既罢长沙闻作莲"句，是否开福北禅，龙兴东明，道林、岳麓鹿苑相见皆为致千万亿，化主须到砂监款，曲方士人作书，津挽去不肖。昨到宜州，以道中冒热饮冷病，滞二三下，行既又作暴下，亦半月馀方少，今幸复完矣。骨肉寓永州，亦时得书，承见问故一二，具之。

《山谷诗注》云：徽宗崇宁三年，诏天下置崇宁寺观，为上祈年。

向子文

《南岳总胜集》云：向子文，长沙人，宝历中得官衡州，贫不能归。爱山水之胜，一旦谒岳神庙，时当盛暑，留宿旬馀，忽有一人青巾紫裘，面如琢玉，神色威整，须眉如画。子文异之骨相非凡，翊旦往见，问之乃曰："余龚庆长也，世家洛阳，少遇司马隐元于鸣皋山下。”隐元者，自是委羽洞天之灵官也。凡四渎五岳，洞天福地，各有灵官主之，较量功罪，采访善恶，闻于九天使者府。隐元谓庆长曰：“汝宿生常居要职，有辩冤雪死之劳，常时士民阴受汝赐，逮朱泚潜逆仗节死事忠情之爰，毅然不衰，故得再生为人。他时通悟，必能记忆矣。九天使者录汝之功，命我授汝石精金光藏景、录形神剑之法、中黄太一默朝之道，因得度世。”近登紫霄峰望气，见岭外妖气氛，欲往禳除，经过岳祠，故来朝谒子文，为之致躬。庆长顾侍者取琴鼓之，其曲名曰“金鲸跃海雨滴秋、荷醉淘月白云引”之类，音韵清越，非凡声也。陪从连日，临别，子文再拜言曰：“幸得际遇，欲从先生南游可乎。”庆长曰：“未可也，汝当仕进，更十八年，中条山相见。”子文再拜，乞言。庆长曰：“学先乎功行，逢时得志，汝宜勉之。至于吐纳服饵，乃其馀事。”子文恳请再三，庆长曰：“当俟后会。”子文曰：“更有教戒，誓当禀奉。”庆长沉思良久，云：“汝父祖旅殡僧舍，颇苦鬼役，早卜吉壤，以终大事。”子文流涕拜谢，翩然而去。

潇湘子

《南岳总胜集》云：寿涧径寿圣观前，下合灵涧，流注平野。唐懿禧中，有轩辕弥明隐此，年久复抱黄洞。太平兴国中，有跛仙遇吕洞宾于君山，后亦隐此。行灵龟吞吐之法，功成回岳麓，自号“潇湘子”。常云：“我爱潇湘境，红尘隔岸除。南山七十二，惟喜洞真墟。”元祐间，尝有白鹤栖鸣于杉松之上，三日而去。

普润

虞集《普润禅寺诗序》云：抚州城南八十里，唐普润禅师道场。师姓翁氏，元和元年二月八日坐化于潭州。有灵异，州人就肉身装塑后现梦，抚州太守迎归建寺。至今遗体坚固如初，灵应尤著。

周福

《湖南通志》云：周福居长沙，缚竹为庵，精持戒律。一日沐浴毕，积柴数丈，端坐其上，击木鱼，诵经琅琅。火益烈，犹不辍。嘱诸徒遇大旱呼其名，当为霖以济，后屡祷必应，风雨中时闻木鱼诵经声。

缶庵

《长沙府志》云：缶庵幼颖慧，梵经坟史过目不忘。因乱弃功名，落发寿隆山，遍参名宿，拈偈有得。住锡长沙高峰寺，大畅宗风。巴陵、无等、大梅、松竹等处，争迎恐后。后主智度，平居运畚埴土，质朴无文，及登坛树拂，出入百家，悬河莫遏。尤工吟咏，俯视齐己辈。或曰其先通城人，俗姓杨，父伯先，官武昌都阃，幼喜佛，出家。然其诗有曰："霅溪旧有家声在。"则浙人也，登鸣凤台诗曰："秦桧孙枝犹有绿，曹瞒台榭不经秋。"其他寄感甚多，则上人必有所托而然也。

彭祖师

《长沙府志》云：彭祖师不知何许人，元时以七岁来善化长乐乡之天台山。为人牧牛，于一松上开数孔，时叱牛令入。俄而其主寻牛至山，见牛在孔中，因大骇异，祖师乃拽出之。岁旱，语人曰："能以糍醮供我，当得水。"人如其言。即以杖掘泉，水出如涌。又田禾若虫蝗鬼火，乃燃一灯于田中，以米筛罩之，即止。栖止山阿，居民日供食。随以双筋插地，自誓云："我成圆正宗师，此筋复生。"后果发生枫树一株，中分上合。乃于树下化去，肉身至今供奉。元大德中，建寺山顶。殿左有龙井，相传每五月二十，井水涌出，洗涤殿宇。祖师生于元宵，化在中秋。每值二日，各省朝谒不绝，叩应如响。隆庆初，毁于火，其灵遂泯。

易公仙

《长沙府志》云：易公仙□□□，父老相传，居长沙雾阳乡影珠山下，壮年时惟执畚修路，岩上镌"至治壬戌易公修路"八字，今尚存。及老，结茅官道旁，织草履易食，有馀则以惠人，不求值。日负秆于坐旁，焚之，且织且烧，盛暑不废。人问之，辄以寒暑疾对。如是数年，昼夜不辍。一日秆烟不散，结为白云，乘之而去。今名其地为草鞋湾，山曰易公山。后人造石屋祀之，旱年祈祷辄应。

李仙女

《湖广通志》云：李氏女，长沙人，生而能言，自云麻姑化生。宅后有飞来石，年十二游其下，拾一桃食之，遂不火食。构亭于石上，日坐蒲团，年三十六仙去。商张某过洞庭，遭风覆舟，忽一女子驾一艇救之。张问从何来，曰："吾家石飞亭，昨来会湘君，适逢汝溺，故相援尔。"张心异之，访至亭前，为立庙祀焉。

鸦葬婆

《长沙府志》引《宋劝善书》云：廖等观知潭州，善化县有一婆，日诵《金刚经》于市，乞食，夜则归宿山阿。忽数日，不见行乞。群鸦集于上，令人往视，见怀《金刚经》傍岩而化，群鸦衔土覆之。

湘城遗事记卷六

鬼神类

区回

《续齐谐记》云：屈原以五月五日投汨罗而死，楚人哀之，每于此日以竹筒贮米投水祭之。汉建武中，长沙区回白日忽见一人，自称三闾大夫，谓回曰：“闻君尝见祭，甚善，但常年所遗并为蛟龙所窃。今若有惠，可以练楡叶塞上，以五色丝转缚之，此物蛟龙所惮。”回依其言。世人五月五日作粽，并带五色丝及练叶，皆汨罗之遗风。

王僧虔

《太平广记》引《湘中记》云：晋王僧虔秉政，使从事〔宗〕宝，统作长沙城。忽见一传教语曰：“君何敢坏吾宫室?”司命官相诛，寻时宗宝乃坠马。其夜，僧虔梦见一贵人来通，宾从鲜盛，语僧虔曰：“吾是长沙王吴君，此所居之处，公何意苦我。若为我速料理，当位至三公。”僧虔于是立庙，自后祈祷无不应。

彭子乔

《法苑珠林》云：宋彭子乔者，益阳县人也。任本郡主簿，事太守沈文龙。建元元年，以罪被系。子乔少年尝出家，还俗后常诵《观音经》。时文龙盛怒，防戒稍急，必欲杀之。子乔忧惧，无复馀计，唯至诚诵经，至百馀遍，疲而昼寝。同系者有十许人，亦俱睡。有湘西县吏杜道荣，亦系在狱，乍寐乍寤，不甚得熟。忽有双白鹤集子乔屏风上。有顷，一鹤下至子乔边时，复觉如美丽人。道荣起，见子乔双械脱在脚外，而械痕犹在焉。道荣惊视。子乔亦悟，共视械，咨嗟，问道荣曰："有所梦不?"答曰："不梦。"道荣以所见说之，子乔虽知必己，尚虑狱家款其欲叛，乃取械着之，经四五日而蒙释放。

王矩

《太平广记》引《幽明录》云：衡阳太守王矩，为广州。矩至长沙，见一人长丈馀，着白布单衣，将奏。在岸上呼："矩奴子过我!"矩省奏，为杜灵之，入船共语，称叙希阔。矩问："君京兆人，何时发来?"答矩朝发。矩怪问之，杜曰："天上京兆，身是鬼，见使来诣君耳。"矩大惧，因求纸笔，曰："君必不解天上书。"乃更作，折卷之，从矩求一小箱盛之，封付矩曰："君今无开，比到广州，可视耳。"矩到数月，悁悒，乃开视。书云："令召王矩为左司命主簿。"矩意大恶，因疾卒。

《艺文类聚》引王隐《晋书》云：镇南刘弘以故刺史王毅子、衡阳太守矩为广州。矩至长沙，见一人长大，着布单衣，自持奏在岸上。矩省奏云，京兆杜灵之，仍入船共语，称叙希阔。矩问："君京兆人，何时发来?"答曰："朝发。"矩怪，京兆去此数千〔里〕，那得朝发今到。杜答云："仆天上京兆，去此乃数万，何止数千乎?"

临湘令

《太平广记》引《幽明录》云：隆安初，陈郡殷氏为临湘令。县中一鬼，长三丈馀，跂足上屋，犹垂脚至地。殷入，便来命之，每摇屏风，动窗户，病转甚。其弟观，亦见，恒拔刀在侧，与言争。鬼语云："勿为骂我，当打汝口破。"鬼忽隐形，打口流血。后喎偏，成残废人。

陈秀远

《太平广记》引《冥祥记》云：宋陈秀远，颍川人，尝为湘州西曹，居临湘县，少奉三宝，年过耳顺，笃业不衰。元徽二年七月中，宴卧未寝，叹念万品死生，流转无定，惟将已从何来？一心祈念，冀通感梦。时夕结阴，室无灯烛。有顷，见枕边如萤火者，明照流飞。俄而一室尽明，连空如昼。秀远遽兴，合掌喘息。见庭中四五丈上，有一桥阁，危栏彩槛，立于空中。秀远了不觉升之，坐于桥侧。见桥上士女往还，衣裳不异世人。末有一妪，年可三十，青袄白裳，行至秀远而立。有顷，又一妇人纯衣白布，遍环髻，持香花，前语秀远曰："汝前身即我也，以此花供养佛故，得转身作汝。"复青白妪曰："此即复是我前身也。"言殚而去，后指者亦渐隐。秀远忽不觉还下，下时，光亦寻灭。

成珪

《太平广记》引《卓异记》云：成珪者，唐天宝初为长沙尉。部送河南桥木，始至扬州，累遭风水，遗失差众。扬州所司谓珪盗卖其木，拷掠行夫，不胜楚痛，妄云破用。扬州转帖潭府。时班景倩为潭府，严察之吏也。长沙府别将钱（堂）〔塘〕杨觐，利其使，与景倩左右构成。景倩使觐来收珪等，觐至扬州，以小枷枷珪，陆路递行。至宁江，方入船，乃以连锁锁枷，附于船梁，四面悉皆钉塞，唯开小孔出入饮食等。珪意若至潭府必死，发扬州，便心念救苦观音菩萨。恒一日一食，但饮水清斋。经十馀日，至滁口。夕暮之际，念诵恳至，其枷及锁忽然开解，形体萧然，无所累著。伺夜深，舟人尽卧，乃折所钉拔除，出船背至觐房上，呼曰："杨觐，汝如我何！"觐初惊起，问何得至此。珪曰："当葬江鱼腹中，岂与汝辈成功耶！"因决意赴水，初至潭底，须臾遇一浮木，中有竖枝，珪骑木抱得至水面。中夜黑暗，四顾茫然。木既至潭底，又复浮出。珪意至心念观世音，乃漂然。忽尔翻转，随水中木而行，知已至岸，便芦中潜伏。又江边多猛兽，往来顾视，亦不相害。至明，投近村，村中为珪装束，送至滁州。州官僚叹美，为市驴马粮食等。珪便入京，于御史台申理。初，杨觐既失珪，一时溃散，觐因此亦出家。

潭州海藏神

《曲洧旧闻》云：晁之道尝言，蔡侍郎准，少年时，出入常有二人，见于马首或肩舆之前，若先驱者，或前或却。问之从者，皆无所睹。准甚惧，谓有冤魂，百方禳禬，皆不能遣。既久，亦不以为事。庆历四年生京，而一人不见。又二年生卞，乃遂俱灭。元符末，都城童谣有"一家两子萝卜精"之语。语多不能悉记，而其末章云："撞着潭州海藏神。"至崇宁中，卖酸馅者又有一包菜之语，其事皆验。而京于靖康初贬死长沙，岂潭州海藏亦应于此耶？

全皇后

《宋史·后妃传》云：度宗全皇后，会稽人，幼从父昭孙知岳州。开庆初，秩满归，道潭州时，大元兵自罗鬼入，破全、衡、永、桂，围潭州。人有见神入卫城者，已而潭独不下。

俞允

《献征录》云：明初俞允，字嘉言，华亭人也，以礼部主事谪判长沙。未至，会道病暴卒，已而复苏。先是允病，既革，以易箦待椓于沙门七日矣。忽有医者贸药而至，或戏之曰："寺有死者，可复生否?"曰："可。"人取青囊一粒，纳允口中。有顷，得哑数声，竟起不死。于是家人大喜，竞以金帛酬医，医无所受。询其姓名，亦不答也。第云长沙有白鹤大仙庙，盍往修之，俄失所在，众皆骇然。然后知其为白鹤仙神也。或以问允，允始为言畴昔事，谓我实神游其地而未尝死也，往而复还，而未尝生也。及至官访之，果得白鹤庙重建焉，盖儒而自托于仙者。

欧阳古愚

《湖南通志》云：欧阳古愚与庄冲虚学士同肄业寺中，至夜分未寝。窗外有人出对云："半夜二更半。"庄逡巡未对，欧应声云："中秋八月中。"窗外人笑曰："一翰林乃不如进士。"二公愕然，盖神告以一功名定数也。

按，《长沙府志》云：欧阳启，字省微，号古愚，长沙人，家贫好学，联捷进士，授河南中牟知县。

庄天合

明洪云蒸书《庄学士集》后云：吾乡先达，如刘公三吾、李公东阳、夏公元吉、王公伟、李公棠，皆有声朝野，造福乡间。及冲虚公出，立心制行不愧前贤，诚得衡岳之精英。相传先生住新开门内，有楼高三层，奉屡锡恩纶其上，名即府城隍祠。先生丁外艰日，偶于楼下假寐，梦城隍神告云："丝纶在前，予不敢宁居。自楼建三年，予立亦三年矣。"先生惊寤，亟徙诰敕他所。而卑其楼之一层，夫丝纶固咫尺天威，然非先生正气磅礴，王言无溢美，承恩无愧色，安能使鬼神敬畏如此？若近日恩宠滥觞，以至尊夸谀，臣工大奸巨憝，冒窃褒荣，城隍之神将蔑视之矣。其肯伫立三年之久，而后以梦告，听其从容，徙敕卑楼。或曰先生以是岁梦，即以是岁殂，疑神之降祸，恐未必然。夫人生平正，直死后为神，俗谓宋潭州守李芾死，封疆甚烈，历代为城隍神守兹土。然则先生固芾异代之声气也。如以私忿而中伤之，是岂忠臣烈士之所为乎？里巷相传，承讹袭谬，予不可以不辩。

杨晋叔夫人

《广阳杂记》云：杨晋叔夫人，郭氏也，父名郭羲，与陈秀皆飞虹同时人，鼎足而立者也。后不相能，归诚后皆世袭精尼哈番。夫人因长沙之乱，合家避居于官山。四王兵至搜山，家人皆走，夫人独不去，自缢死。后晋叔于星沙大作佛事，以资冥福。僧以幡往官山招魂，有鸟如燕而长尾，随幡飞至星沙，栖庭树上。每幡绕坛，鸟辄随幡飞转。毕，复栖树上，凡三日夜。佛事既毕，化纸送佛讫，即飞向官山而去。夫人平日事姑夫，孝谊备至，宜乎有此灵异也，涵斋尝为之立传。

湘城遗事记卷七

怪异类

石虎

影宋本《寰宇记》云：石虎在长沙县东四里，每食仓廪。当吴芮为王之时，仓廪废耗，芮以生肉祭之。后截其头，截其身，由是长沙人谣曰："石虎头截，仓廪不阙。"

桓氏

《后汉书·本纪》云：献帝初平二年，长沙有人死，经月复活。

《续汉书·五行志》云：献帝初平中，长沙有人，姓桓氏。死，棺敛月馀，其母闻棺中声，发之，遂生。占曰：至阴为阳，下人为上，其后曹公由庶士起。

孙坚得葬地

《异苑》云：孙坚丧父，行葬地，忽有一人曰："君欲百世诸侯乎？欲四世帝乎？"答曰："欲帝。"此人因指一处，喜悦而没，坚异而从之。时富春有沙涨暴出，及坚为监丞，邻党相送于上。父老谓曰："此沙狭而长，子后将为长沙矣。"果起义兵于长沙。

长沙大饥

《太平广记》云：吴太平二年，长沙大饥，杀人不可胜数。孙权使赵达占之云："天地州泽相通，如人四体鼻衄炙脚而愈。今馀干水口忽暴起一洲，形如鳖，食彼郡风气，可祠而掘之。"权乃遣人祭以太牢，断其背。故老传云，饥遂止。其水在饶州馀干县也。

妖蟒

《岳麓志》云：晋时，德润门外有白鹤观，观有高楼，与麓山抱黄洞相对。有妖蟒能吐舌为桥，奋须为仗，竖角为门，张目为炬，作声为八音。每岁七月十五夜，飞瞯楼上，羽流被惑，以为导引升仙。岁推一人斋沐，以俟其徒醮而送之。晋陶侃镇长沙，弗信，引弓射其炬，即时猝灭，洒血如雨。次日踪迹，得蟒毙于洞，剖其腹，人骨羽冠斗许。

昙椿

《异苑》云：浔阳昙椿，世居长沙，宅有古井。每夜辄闻有如爆竹声，承谓为龙吒。

王叟

《太平广记》引《宣室志》云：宝历初，长沙有民王叟者，家贫，力田为业。一日耕于野，为蚯蚓螫其臂，痛楚，遂驰以归。其痛不可忍，夜呻而晓，昼吟而夕，如是者九旬馀。有医者云："此毒之甚者，病之始庶药有及，状且深矣，则吾不得而知也。"后数日病益甚，忽闻臂有声，幽然而微若蚯蚓者。又数日，其声益大，如合千万音，其痛亦随而多焉，是夕乃卒。

高昱

《太平广记》引《传奇》云：元和中，有高昱处士，以钓鱼为业。尝舣舟于昭潭，夜仅三更不寐。忽见潭上有三大芙蕖，红芳颇异，有三美女各踞其上，但衣白，光洁如雪，容华艳媚，莹若神仙，共语曰："今夕阔水波澄，天高月皎，怡情赏景，堪话幽玄。"其一曰："旁有小舟，莫听我语否？"又一曰："纵有，非濯缨之士，不足惮也。"相谓曰："昭潭无底橘洲浮，信不虚耳。"又曰："各请言其所好何道。"其次曰："吾性习释。"其次曰："吾习道。"其次曰："吾习儒。"各谈本教，迨理极精微。一曰："吾昨宵得不祥之梦。"二子曰："何梦也？"曰："吾梦子孙仓皇，窟宅流徙，遭人斥逐，举族奔波，是不祥也。"二子曰："游魂偶然，不足信切。"三子曰："各算来晨得何物食。"久之曰："从其所好，僧、道、儒耳。府君适来所论，便成先兆，然未必不为祸也！"言讫，逡巡而没。昱听其语，历历记之。

及旦，果有一僧来渡，至中流而溺。昱大骇曰："昨宵之言不谬耳。"旋踵，一道士舣舟将济，昱遽止之。道士曰："君妖也？僧偶然耳，吾赴知者所召，虽死无悔，不可失信。"叱舟人而渡，及中流又溺焉。续有一儒生，挈书囊径渡。昱恳曰："如前去，僧、道已没矣！"儒正色而言："死生命也！今日吾族祥斋，不可亏其吊礼。"将鼓棹。昱挽书生衣袂曰："臂可断，不可渡！"书生方步于岸侧，忽有物如练，自潭中飞出，绕书生而入。昱与渡人遽前捉其衣襟，漦涎流滑，手不可制。昱长吁曰："命也！顷刻而没三子。"

而俄有二客乘叶舟而至，一叟一少。昱遂谒叟，问其姓字。

叟曰："余祁阳山唐勾鳖，今适长沙，访张法明威仪。"昱久闻其高道，有神术，礼谒甚谨。俄闻岸侧有数人哭声，乃三溺死者亲属也。叟诘之，昱具述其事。叟怒曰："焉敢如此害人！"遂开箧，取丹笔篆字，命同舟弟子曰："为吾持此符入潭，勒其水怪，火急他徙。"弟子遂捧符而入，如履平地。循山脚行数百丈，观大穴明莹，如人间之屋室。见三白猪寐于石榻，有小猪数十，方戏于旁。及持符至，三白猪忽惊起，化白衣美女，小者亦俱为童女，捧符而泣曰："不祥之梦果中矣。"曰："为某启先师，住此多时，宁无爱恋，容三日徙归东海，各以明珠为献。"弟子曰："吾无所用。"不受而返，具以白叟。叟大怒曰："汝更为我语此畜生，明晨速离此，不然，当使六丁就穴斩之！"弟子又去，三美女号恸曰："敬依处分。"弟子归。明晨，有黑气自潭面而出。须臾，烈风迅雷，激浪如岛，有三大鱼，长数丈，小鱼无数周绕，沿流而去。叟曰："吾此行甚有所利，不因子，何以去昭潭之害！"遂与昱乘舟东、西耳。

戈戟有光

沈约《宋书》云：晋惠帝永兴元年，成都王伐长沙，每夜戈戟锋有火光，如悬烛。

亭长化虎

《搜神记》云：长沙居民作槛捕虎，槛发。明日众往格之，见一亭长，赤帻大冠，在槛中坐，大怒曰："昨被县中召，夜避雨，误入此中，急出我。"民曰："君见召，当有文书。"即出怀中文书，于是出之，寻化为虎，走矣。

浣纱女子

《续搜神记》云：长沙有人家住江边，有女子渚次浣纱，觉身中有异，复不以为患，遂娠生三物，皆如鲼鱼，甚怜异之。着藻盘水中养之，经三月遂大，乃是蛟子。字大者为当洪，次者为破沮，小者为操岸。一日，天暴雨水，三蛟俱去，遂失所在。后天欲雨辄来，女亦知当来，便出望之，蛟子亦出头望母良久方后去。女亡，三蛟子至墓所哭之，径日乃去，闻其哭声如号犬。

潭州灾

《新唐书·五行志》云：唐玄宗开元五年，潭州灾，延烧州署。州人见有物赤而暾暾飞来，旋即火发。

土龙

《稽神录》云：楚王马希范修长沙城，开濠毕，忽有一物长十馀丈，高丈馀，无头尾手足，状若土山，自北出，游泳水上，久之入南岸而没。出入俱无踪迹，或谓之土龙，无几何而马氏亡。

徐仲宝

《稽神录》云：徐仲宝，长沙人，所居道南有大枯树，合数大抱。有仆夫洒扫其下，沙中获钱百馀，以告仲宝。仲宝自往，亦获数百。自尔，每须钱即往扫其下，必有所得。如是积年，凡得数十万。仲宝后至扬都选授舒城令，暇日与家人共坐地中，忽有白气甚劲，裂斜飞向外而去。中若有物，其妻以手攫之，得一玉蛱蝶，制作精妙，人莫能测。后为乐平令，家人复往于厨侧鼠穴中得钱甚多。仲宝即率人掘之，深数尺，有三白雀飞出，止于庭树，其下获钱至百万。钱尽，白雀乃去，不知所之。

潭州火

《宋史·五行志》云：宋乾德四年三月，潭州火，燔民舍五百馀区。逾月，民周泽家火，又燔仓廪民舍数百区，死者三十六人。

潭州府治

《夷坚志》云：黄继道枢密，乾道初知潭州，其侄瑰并妇侍行。黄公无子，瑰每夕陪随，率二更始反室。一夕归差晚，妇已就寝，见一男子立帐外，异之，且疑为外间卒史窃入。乃趺坐户侧，潜伺所为。其人已觉，踸踔而去。急逐之，过窗下，见彼处有芭蕉数十丛，高出屋檐，遮荫甚广，晴昼蔽亏，不睹天日。瑰意其幽阴古怪，悉命芟除，独馀根株。至暮，其长如初。凡三伐三生，于是炽火焚之，臭彻于外。发其下，得大穴一所，光洁如扫，颇为深回，盖蛇蜃辈所居也。运士筑塞使平，怪不复作。

赵宅

《夷坚志》云：江陵张拱之，世以富雄州里。政和中，梦白衣人二十馀辈拜揖于床下，问其何人，皆不答。旋没于地心，虽怪之，亦不以为绝异。已而每夕皆然，于是命仆掘于所没处。才深三尺，得大银二十枚，各重五十两，其制甚古，料以为千岁前物。一一花书之，而藏于箧笥，不为子弟言，亦未尝非时阅视也。他日又梦来别，云欲往长沙助赵官人宅造屋，奈不得久从君游，然终当复来。张疑焉，旦而发笥，空无所见矣。始大骇，欲穷其验，专诣长沙访之。果于善化县傍有赵宅，方兴工创大第治厅事。张老纳谒赵伯，闻其名，亟出迎。坐少定，张起白曰：“君家治第时于土中获何物？”赵不复隐，告以得白金千两。张曰：“乃我家故所蓄，每锭有花书。”取而视之，信然。张乃话前梦，愿以他银换易，赵欣然许之。张携归，唤锻匠镕为一巨球，当中穿窍，用铁索羁縶，置床脚，使不可复动。入夜，常闻泣声。后经兵盗，不知所在矣。俗云“循王在日家多银，每以千两镕一球”。目为不奈何，正此类也。

苦竹村

《夷坚志》云：潭州善化县苦竹村所事神曰：苦竹郎君里中余生，妻唐氏微有姿色，乾道二年，邀邻妇郊行，至小溪茅店饮酒，店傍则庙也。酒罢，众妇人皆入观。唐氏素淫冶，见土偶，素衣美容，悦慕之，瞻玩不能已，众已出，犹恋恋迟留。还家数日，思念不少置，因如厕，望一好少年张青盖而来，绝类庙中像。径相就语，即与归房共寝，久乃去。自是数日一至，家人无知者，遂有娠。过期不产，夫怪之。召巫祝治禳，弗效。唐氏浸苦腹胀，楚痛不可堪忍。始自述其本末，疾益困，腹裂而死，出黄水数斗。

燕子楼

《夷坚志》云：潭州府舍后燕子楼，去宅堂颇远，家人不能至，守帅某卿游其上。卿晚得良家女为妾，名之曰酥酥儿，嬖宠殊甚。一日，亦登楼，问其所以来，答曰：“愿见主翁，心不惮远。”卿益喜，留连经时，使之去。薄晚卿还，酥迎于堂。卿顾曰：“适归无它否？”妾愕然曰：“今在房中，足迹未尝出外，安有是耶。”卿怒曰：“汝来燕子楼视我，我与汝语良久乃去，何讳之有？”酥面发赤曰：“素不识楼上路，何由敢独行，公特戏我。”傍人尽证其不然。卿惘惘不乐，入燕寝径卧，疑向者所见，定鬼物也。少时，酥入室，拊其背，掖之使起坐，曰："我真至公所，恐他人知之，故匿不言，亦因以恼公尔，何以戚戚为。"卿意方自解，又与嬉笑。忽曰："今以实告公，我非酥酥也，请细视我。"视之，则一大青黑面，极可憎怖。卿拊床大叫，外人疾趋至，无所睹，即抱病，遂卒。

雨毛

《宋史·五行志》云：熙宁元年三月丁酉，潭州雨毛。

枫

《明史·五行志》云：弘治八年，长沙枫生李实，黄莲生黄瓜。

冬雷

《明史·五行志》云：弘治八年十二月丙子，长沙大雷霆，雨雪。

老猴

但明伦《聊斋志异新评》云：长沙有猴，颈系金链，尝往来于士大夫家，见之者必有庆幸之事。予之果亦食，不知其何来，亦不知其何往也。有九旬馀老人言，幼时犹见其链上有牌，有前明藩邸识记，想亦仙矣。

《潇湘听雨录》云：长沙有长须老猿，极大，毛色苍白，项馀金索一截，传为明时藩邸逸出，至今尚在。暮夜则出，亦不为扰，见人则上墙屋，捷疾，不知所之。蔗畦判长沙时，曾一至署中。

《湖南方物志》云：长沙老猴非猿也，乃明吉藩马厩中物。藩女适善化李氏，赠以马而猴与焉。亲迎之日，其婿坠马死，故女未行，而猴逸。李住河西之曲潭，藩邸在今长沙皇仓，相去三十五里，中隔湘江。猴常往来两地，略无所阻。余少日寄居碑市，与李邻近，猴亦常至，余宅家人咸见之。猴项旧系金链，行则琅琅有声，尝跪乞。行夜僧解其链，僧谓去链则能变形，仍留其半，故猴历三百馀年而不为人祟。近四十年来，见者颇少。猴毛色纯黑，而躯甚瘦小。江宾谷所记，未得其详。宾谷名昱，仪征人，蔗畦，其兄恂也。

长沙申氏女子

明王夫之《分体诗集·诸皋诗自注》云：长沙申氏女子，年十七，化为男子。诗曰：“天女俄然鹫子身，乾坤无据尽翻新。凭谁触破髑髅面，尽洗妖狐粉黛春。”

李氏女

《广阳杂记》云：长沙有李氏女，其母尼也。年将二十，已许字人矣。忽变为男子，往退婚。夫家以为诈，讼之官。官令稳婆验之，果男子矣。遂薙发留辫，解足缠，易男子装。学剃头取耳以为业，今三年馀矣。列肆于市，质人使人招之剃头，不来，盖闻其为当道，寓中人客杂沓，羞赧不前耳。虞臣同紫华、尔声往其肆，令其剃发。归言其声音相貌，举止意态，犹俨然是一女子。因细询其原委，果然也。余忆泰西人身之说，言女变为男，只内肾脱出便是，若男变为女，则决无此理矣。说在《脉络图说》中，可检也。

粮道署

国朝谢梅庄《杂著》云：湖南粮道署有祟，予出辄作，一夕凭病婢诉而求食。予归，使人赏以酒肉，给以路引，焚而遣之曰："李杨氏，汝失身于懦夫，而毙命于悍妇。懦夫死归，悍妇生归，汝留此何也？岂死夫死妾犹畏生妻，不敢相从，抑吾土地之神误羁縻汝耶。人情有仇思报，有家思归，汝不归杨，当往蜀，此官舍，非地狱也。"祟遂绝。

开福寺火药灾

《湖南通志》云：出湘春门外五里，开福寺者，马希范会春园旧址也。后有山曰"紫薇"，佳木蓊郁，虬枝攫拿。旁有湖曰"碧浪"，桥通湘水，弥望皆荷花、菱芡。乾隆间平大金川，征省兵会剿，催办火药于寺之旁舍。火起，焚毙多人。嘉庆丙辰，五溪苗未靖，仍造药其地。一老僧夜闻墙外鬼忽哭忽笑，虽钟声不畏。钟曰幽明，午起子止，四时不间者也。云昔有士人驱马过，天昏黑鬼出，捉马尾，令不得行寺内。蒲牢一吼，鬼即一合掌拜，马可走数步，及连撞十数杵，士脱身而去，后因捐金，令寺僧长叩焉。逮是僧告典务者，请停三日。然羽书驰促不容缓，火果又起，惨较前少杀，而头额焦烂，活亦鲜矣。

蛇狱

国朝杨彝珍《移芝室集》云：某令初纳姬周贤，继纳骆艳，而狡令嬖之以为继室。适令以艰归，骆日嬉歌童于室。周窥之，骆怒，以计蔑周而逐之，令归主。骆言阱于室，幽周其中，断餐七日未绝，生瘗之。臬使徐公发其事，论如律。方谳狱时，有蛇见厅事前。公曰："若为是狱来，则左之。蛇应而之左。"公又曰："其然，曷折而右焉。"蛇应而之右，一时莫不以为神云。

按，某令即杨国棻，四川人。徐公，名泽醇，汉军旗人。事在道光二十六年也。

湘城遗事记卷八

方物类

连锡

《史记·货殖传》云：长沙出连锡，然堇堇物之所有，取之不足，以更费。

鵩鸟

《西京杂记》云：贾谊在长沙，鵩鸟集其承尘而鸣。长沙俗以鵩鸟至人家，主人死。谊作《鵩鸟赋》，齐死生，等荣辱，以遣忧累焉。

《艺文类聚》引盛宏之《荆州记》云：巫县有鸟，似雌鸡。其名为鸮，楚人谓之鵩。

《文选注》引《晋灼》云：《巴蜀异物志》曰，有鸟小如鸡，体有文色，土俗因形名之曰鵩。不能远飞，行不出域。

《太平御览》引《书仪》云：谊在湘南，六月三庚日鵩鸟来时，以南方毒恶，以助太阳销铄万物。

按，《御览》所引一条，系录自冯浩樊《南文集注》，今考《御览》原书，未见是文。不知冯氏何据，录以俟考。

长沙米

《初学记》引《魏文帝与朝臣书》云：江表惟长沙名，有好米，何得比新城粳耶？上风吹之，五里闻香。

青龙

《三国志注》云：吴嗣主太平六年，青龙见于长沙。

白鹿

《宋书·符瑞志》云：晋成帝咸和九年八月己未，白鹿见长沙临湘。又云：宋明帝泰始五年二月乙亥，白鹿见长沙，湘州刺史刘韫以献。

《齐书·武帝纪》云：齐永明九年，临湘获白鹿。临湘今长沙县。

蒲鲊

《齐民要术》云：作长沙蒲鲊法，治大鱼，洗令净，厚盐。令鱼不四五宿，洗去盐，炊白饭，渍令见水中盐饭，穰清多饭，无若此。

犀角

《淮南子》高诱注云：长沙湘南有犀角、象牙，皆物之珍也。

李树

《齐书·祥瑞志》云：齐武帝永明四年二月，甘露降临湘县李树。

千叶蔷薇

《太平寰宇记》云：梁元帝竹林堂中，种长沙千叶蔷薇，芬芳袭人。

《群芳谱》云：长沙千叶蔷薇开时，连春接夏，芳馥可人，结屏甚佳。

长沙酒

《湖南方物志》云：长沙之酒自古著名。谢惠连《雪赋》所谓"酌湘吴之醇酎"是也。近日商贾以碧湘门外江水造酒，不减吴中佳酿。

野苏

郭璞《方言注》云：长沙呼野苏为蓍。其小者，谓之薷菜。

九头鸟

《夷坚志》云：淳熙初，李寿翁守长沙。恶鬼车中夜鸣噪，募得之，身圆如箕，十脰环簇，其九有头，其一独缺，而鲜血点滴。一脰各生两翅，当飞时，十八翼霍霍而动，亦有所向不同，更相争拗，用力竞进，而翅翮有伤折者。类野狐而黑嘴，长洛中呼为渠逸鸟，血落人家，皆为灾咎，遽推门作犬吠，以恐之，责令速祸。

《齐东野语》云：鬼车俗称九头鸟，陆长源《辨疑志》又名渠逸鸟。李寿翁守长沙日，常募人捕得之。身圆如箕，十脰环簇，其九有头，其一独无，而鲜血点滴。每脰各生两翅，当飞时，十八翼霍霍竞进，不相为用，至有争拗折伤者。

钟

《天中记》云：祁阳县白鹤观有钟，重数百斤。唐末一夕，有雷雨，忽钟吼，跃入江中。后有客夜宿昭潭，夜梦一道流曰："吾祁阳县白鹤观道士，欲归久矣，幸附后载。"客诺之，迟明解缆，忽有钟卧水次。有文曰："祁阳县白鹤观钟，客传载归。"

监军廨竹

《宋史·五行志》云：宋至道元年十一月，潭州监军廨生竹一本，长二尺许，叶万馀，尤为殊异。

胆铜

《建炎以来朝野杂记》云：潭州贡胆铜三千四百斤。

芝

《宋史·五行志》云：太平兴国七年，潭州民欧阳进、夏侯敏园中芝三本。

草兰

《花谱》云：长沙山谷中产草兰，有一茎一花者，有一茎九花者，有同心者，有并蒂者，有素心者，种类不一。

长沙菊

《花史》云：长沙菊多品，品如黄色曰"御爱笑靥孩儿黄、满堂金小、千叶丁香、寿安"；珍珠白色曰"叠罗艾叶球白、饼十月白、孩儿白"；银盆大而色紫者曰"荔枝菊"。

榉柳

《天中记》云：尚书李南公知长沙县，日有斗者，甲强乙弱，各有青赤伤。南公召使前自以指捻之曰“乙真甲伪也”，讯之果然。盖南方榉柳，以叶涂肌，则青赤如殴伤者。剥其皮，横置肤上，以火熨之，则如捧伤者，血聚则硬，伪者不硬耳。

石楠

《吴淑事类赋》引《茶谱》云：长沙之石楠，采芽为茶。湘中人以四月四日摘杨桐叶，捣其汁，拌米而蒸，犹蒸糕糜之类。必啜此茶，乃去风，尤宜暑月饮之。

影宋本《寰宇记》云：长沙之石楠，其树如棠楠，采其芽，谓之茶。湘人以四月摘杨桐叶，捣其汁，拌米而蒸，犹糜之类。必啜此茶，乃其风也，尤宜暑月饮之。

相如锦

《清异录》云：相如、文君用鹔鹴裘贯酒，长沙浪士王渲与名倡董和、仙客为丽服，涂鹔鹴状，号相如锦，久而都下亦效之。

竹几

《甲申杂记》云：湖南提刑唐桎，字硕夫，过高邮，谓余曰：治平二年九月，自吉州作邑过长沙，一老人以扁舟载竹几。予就舟货，见其竹如白牙，因买之。至四年，摄事京局，因上马，马蹶其几，坏竹脚。中内破，有雕刻字曰某年月日造、某年月日破。桎押与破之日，无差其字。以朱涂之，既骇前识之异，而竹未破时，其心安得而书之，竹工必异人也。

桐华烟墨

陆友《墨史》云：胡景纯，潭州人，专取桐油烧烟，名曰“桐华烟”。其制甚坚薄，不为外饰，以眩俗眼。大者不过数寸，小者圜如钱大。每磨砚间，其光可鉴，画工宝之，以点目，瞳子如点漆。

右军砚水盂

《洞天清录》云：余尝见一长沙故官，家有小铜器，形如桶，可容一合，号“右军砚水盂”。其底内有“永和”字，此必晋人贮水以添砚池者也。

木芙蓉

《清异录》云：许智老君，长沙有木芙蓉二株，庇可亩馀。一日盛开，宾客盈溢坐中。有王子怀言，花不逾万，若过之受罚。指所携妓贾三英、胡锦鼎文，被以酬直智老。命仆厕群采，凡一万三千馀朵。子怀褫被纳，主人觍而默遁。

茶器

《清波杂志》云：长沙匠者，造茶器极精致，工值之厚，等所用白金之数，士大夫家多有之。置几案间，但知以侈靡相夸，初不常用也。

《癸辛杂识》云：长沙茶器精妙甲天下，每副用白金三百星或五百星，凡茶之具悉备，外则以大镂银合贮之。赵南仲丞相帅潭日，尝以黄金千两为之以进尚方，穆陵大喜，盖非内院之工所能为也。

酤户

《续文献通考》云：潭州税酒之法，实起于绍兴元年。建议于州，募酤户造酒城外，而募酒户卖之城中。

长沙鳖

《周书·王会解》云：长沙鳖，注曰："特大而美，故贡也。"王应麟补曰："《湘川记》，秦分黔中以南长沙乡为长沙郡。"

蛲蜋

《政和本草》引《名医别录》云：蛲蜋生长沙池泽，五月五日取，蒸藏之。临用当炙，勿置水中，令人吐。

斑竹

《明统志》云：长沙各县出斑竹。

芝草

《明史·五行志》云：明正统三年、成化元年，长沙文庙芝草生。

海金砂

《明统志》云：长沙善化出海金砂。

黄芽菘

《湖南通志》云：黄芽菘，种来安肃，惟长沙能种之。一岁即变种，善化同城，便不能种。

鲥鱼

《潇湘听雨录》云：湘江鲥鱼，开网之期必于五月杪、六月初方有，不过小孤之言，殆非实也，然上及衡州而止。

湘江石子

《潇湘听雨录》云：湘江石子极坚，刀斧不能入。召工剖之，外肤粗犷，中则莹润，与玉无异。有斑点者，俨然汉沁。

麻石

《湖南方物志》云：长沙金紫湾出麻石，铺阶琢础，其用甚广。大者可为堂柱坊梁，皆砂颗结成，初生时捏之如熟饭。

鹿含草

《广阳杂记》云：岳涛持小叶鹿含草一握来，此草性同肉桂，有引血归经之功，佳品也，星沙在处有之。

义象

《广阳杂记》云：文墨师说湖南义象事。吴三桂之来湖南，有象军焉，有四十五只，多曾见之。象各有一奴守之，与奴最有情。奴死，人为之制棺讫，象必来亲殓，以鼻卷奴尸，置棺中而盖之。不下钉，人先于旷野中掘地为坎，告象以其处，则以鼻卷棺而来。自置坎，复为掩土，徘徊留恋，垂涕而去。一二日后必复来，去土开棺，谛视其尸，重为掩盖。嗣后或一日来，或三五日一来，必待其尸腐烂，人形脱尽而后已，凡象之于奴皆然也。

有一奴牧象，私与一妇戏，偕入草屋中。象见之怒，以鼻扃其门。奴恐，逾垣而出。象以鼻卷奴掷之，颠扑而下。复以牙触奴，糜烂而死。象忽自杀其奴，乃从来未有之事。官司拘象而问之，象忽奔逸而去，人皆披靡，以为其逃也。少焉，卷一妇人来，置之官前，而自跪其官，以鼻触妇人使言。妇人战悸失音，久之始吐其实。官义之，贷其罪，别选奴以牧之。余谓此象可以为刑官，可以为律师。世人目乱男女之伦者曰禽兽，象独非兽耶，胡可以之而詈人也？叹息者久之。

湘城遗事记卷九

故实类

长沙

影宋本《寰宇记》云：甄烈《湘州记》曰，秦始皇二十五年，并天下，分黔中以南之沙乡为长沙郡，以统湘川。《史记·天官书》云，翼轸为楚分，傍一小星，为长沙星。星分之南，谓之南楚。今州，即秦之长沙郡。青阳，按《郡国志》云，炎帝神农氏葬于长沙。长沙之尾，东至江夏，谓之沙，羡是其地。又，《始皇本纪》，荆王献青阳以西，即此。《阚骃十三州志》云，西自湘江至东莱万里，故曰长沙。又，《遁甲经》所谓，长沙土之福地，云阳之墟，可以避难，可以隐居。

《晓读书斋杂录》云：东莱郡曲（成）〔城〕有万里沙祠，见《史记》、《汉书》。人或不知命名之义，今考《御览》所引《十三州志》，西自湘江至东莱万里，故名长沙；首起湘江尾，东至海，故一名长沙，一名万里沙也。

桓阶

《初学记》引《桓阶别传》云：阶为尚书令，文帝幸见诸子，少子元禅上搏手曰："长者子元禅。"是日拜二子为黄门侍郎。

萧詧

《梁书·河东王萧詧传》云：梁太清三年，世祖遣信州刺史鲍泉讨詧军于石椁寺。詧率众逆击之，不利而还。泉进军橘洲，詧士卒疲敝。泉出击，大败之，斩首三千级，溺死者万馀人。詧于是焚长沙郭，徙民城内。泉围之不克，又遣领军王僧辩代泉攻詧益急。詧将溃围出，其麾下慕容华引僧辩入城，遂被执，斩之。

欧阳询

《太平广记》引《谈宾录》云：文德皇后丧，百官缞绖。率更令欧阳询状貌丑异，众或指之。中书舍人许敬宗见而大笑，为御史所劾，左授洪州司马。

长沙市肆

《图书集成·职方典》引《时镜新书》云：四月，长沙市肆之人无子者，是月供寺阁下羊肉薄饼，乞儿，往往有验。

乡社

《建炎以来朝野杂记》云：湖南乡社者旧有之，领于乡之豪酋，或曰弹压，或曰缉捕。大者所统数百家，小者所统三二百，自长沙以及连、道、英、韶，而郴、桂、宜章尤盛。乾道七年春，知衡州王琰者言，湖南八郡，三丁取一，可得民兵万五千人。帅臣沈德和不可，乃止。淳熙七年，言者奏乡社之扰，请尽罢之，事下安抚司。已而帅臣辛幼安言，乡社皆杂处深山穷谷中，其间忠实、狡诈者有之，但不可一切尽罢。今欲择其首领，使大者不过五十家，小者减半，属之巡尉，而统之县令。所有兵器，官为印押，上从之。

秦观

《王会新编》云：义倡，长沙人，虽流落乐籍，而性好文墨，尤嗜秦观乐府。观南谪，道经长沙，偶访及，见几上有己词，戏曰："愿见其人否?"曰："使得见秦学士，愿奉箕帚。"已而知为观，乃大惊喜，临别嘱曰："妾誓洁身以报。"因杜门谢客。后观卒于藤州，倡梦观来，别泣曰："秦学士其死乎!"遂衰服赴，抚棺一恸而绝。

湘赋

《宋史·尹谷传》云：宋以词赋取士，季年惟闽、浙赋擅四方。长沙尹谷与同郡邢天荣、董景舒、欧阳逢泰诸人，为赋体裁务为典雅，每一篇出，士争学之，由是湘赋与闽、浙颉颃。

赵葵

《钱塘遗事》云：信庵赵葵，忠肃公幼子，归领（乡）〔湘〕郡，推心爱民，一鞭不妄施。暇日过岳麓精舍，舍长刘某，年差长，将坐，揖曰："相公主席。"公摇手曰："这里说甚。"相公竟就宾席，取酒尽欢而去。

余文起

《萤雪丛说》云：余文起主泮湘潭，尝宿岳麓书院，梦见朱晦翁与张南轩同在郡庠，作意主明道学。忽伊川、横渠先生从外来云："政不须如此，这道理常使得，何恤乎人言。"须臾，闻东廊有人诵《中庸》、《大学》二篇。觉来鸡唱，遥想二公，卫道如此之切。

潭州志

《清波杂志》云：近时州郡皆修《图志》，志之详略，系夫编摩者用力之精粗。辉尝言于故人王锡老，深以为然，且有此意，未几锡老为潭州之志。

长沙志

《直斋书录解题》云：《长沙志》五十二卷、《续志》十一卷，郡守赵善俊以绍熙二年命教授褚孝锡等七人撰。时止斋持漕，相与考订商略，故序言当《长乐志》并也。《续志》不著名氏，录绍熙以后事。

李正之

《夷坚志》云：李正之，提点坑冶巡历广西，过长沙，郡僚具迎。牍称曰提点大正，盖不知其名，而亦误以为官称若正之类者。李怒，移文潭府治诸曹书吏。时张钦夫居于潭，其缄亦如是。府主刘共甫笑曰：“他容，容或不晓，君何为尔？”张愧笑，及李至引咎，谢不敏焉。

李蒙

《夷坚志》云：澧州士人李蒙，绍兴十七年，与辰、沅、靖州举子会试于武陵。未引保间，梦省榜到。省元曰“李用之”，又有人从傍言曰“只候举”。使回，明日急取家保状，改名“用之”。先是蒙已两请交解，其友谓之曰：“彦发已是得解举人，若更今名，则遽舍前来举数，似为可惜。”蒙断然不疑，及秋闱揭榜，用之预荐。来春省试，边白侍郎方奉使金国，遂知贡举，尽如其梦。有种道人者善相，留诗四句与之云："道成元未是，再至却须成。但看西行日，归来一饷荣。"是岁，于王佐榜，登乙甲，调潭州善化主簿之官，三月而卒。一饷荣之兆，其亦浅矣。

王容

《夷坚志》云：王南强，容，潭州湘乡人，原名午，淳熙壬寅岁肄业于岳麓书院。尝与同舍小有竞，既而悔之，谋欲更名，以示佩韦之义。其兄弟皆连之字，乃改曰"容之"。且取"宽柔以教，不报无道"之说，仍字南强。癸卯春，书院待秋试，其兄为诣本县，投家保状。及试前数日，将纳卷而视，县所解簿，则为王容。方以为疑，而兄至谓曰："我今以适为名，汝不必二名，径已除去之字，兹即汝也。"遂用此入试，是举预荐。甲辰省试毕，闻兄亡而归。既到家，报榜人至，既奏名矣。旧师舒谊、周仁来贺云："二年前，有术士来湘乡，游县学，自言能相夫子像，而知士人登科之多寡。今圣像开口而笑，合主两士登科。如此举只一人，则后当有继之者。"去岁初春，学长王仲淹汾叟亲书桃符曰："竞说素王颜有喜，定知黄甲捷先通。吾尝思之王者，君之姓。颜者，容也，实君之名。素王者，其丧之戚也。黄甲捷先通，今岁阻廷对□举还试，必居黄甲，乃先通吉耗也。"其说颇传于士林，□□□县学补试，王伯仁者易名颜，遂中首选。丙午之春，舒周仁入府，语南强曰："王汾叟又书桃符"，更有句曰："素王颜色津津喜，黄甲科名鼎鼎来。"汾叟□□惊悟曰："前年为南强作先兆，今复为王伯仁作先耶。吾独以为不然，是亦南强先谶耳。鼎鼎者三名前也。"是岁，王颜为解魁，满意巍级已乃下，第南强果魁天下，所谓术者不复至，惜不记其乡里姓名。

长沙古语尝有“骆驼嘴断状元出”之谣。驼嘴者，山也。其形似之，在州北，正直水口。其下曰“麻潭”，皆巨石屹立。淳熙七年，辛幼安作守，创始营作，广辟衢陌，许僧民得以石赎罪，皆凿于潭中，所取不胜计。后帅林黄中又增益南街，取石愈多。迨丙午之夏，驼嘴中断为两。不一岁，而南强应之桃符证应，已载于《癸志》。比得南强笔示本末，始知前说班班，得其粗要，为未尽，故再纪于此。而《癸志》既刊于麻沙书坊，不可芟去矣。

张义伦

《宋史·度宗纪》云：咸淳七年七月丁丑，湖南转运司访求先儒张栻后人，义伦以闻，诏补将仕郎。

明季兵燹

省志引汪辉《湘潭脱难录》云：明崇祯十六年八月，献贼破长沙，在城之民，杀虏逃亡者无算。贼众四掠，名为讨马。是年赤旱千里，贼所过境，血染枯禾。堆手如山立，剐桩二三百，无一桩未剐人。国朝顺治四年，潭民逃差者众，田地无人承买，贱不可言。冬月，淮盐八钱一包长起，至三两一包止。五年，吴、楚不通，米价贱至石五六百钱无买者，遂腐坏不可食，时呼为“鸡见退”。六年，湘潭瘟疫大行，四乡传染，甚至一门瘟绝。药肆中大黄、羌活、黄芩俱卖尽。乌梅二三分一两，葱、姜药引二三分一剂。噫！此何等时也。屠戮之骸不及埋，而瘟疫之尸又遍积于河干矣。

长沙江口

史惇《痛馀杂录》云：长沙与衡州接壤，守长沙江口，贼不得渡。八月间，桂府募兵六千，将尹先民颇骁勇，统兵据浮渡，施炮设栅，业有次第。而抚治王聚奎，联珠，郿县人，戊辰，必欲调兵守城。尹痛言守江为上，守城非策。王刚愎自用，不用其谋。贼侦无备，果一拥而入。王先遁，尹战死。道臣冯云起，长洲人，乙丑，遁免。节推蔡道宪，晋江人，丁丑，殉难。邑令吴应恂，宜兴人，丁丑，亦先遁。蔡骂贼不屈，被磔。楚抚王聚奎随惠、桂两藩奔广西梧州。

案，堵胤锡撰《蔡道宪墓志》云：贼缚公，公益骂，释而又缚者三，乃嗾降将尹款语公。公瞪目直视曰："尔为卫律耶，朝廷何负尔。"而反奋缚，揕尹胸而搏之。据此，则尹实降贼。堵公先后同官一城，见闻必确，战死之说误也。

小西门

《广阳杂记》云：长沙小西门外，望两岸居人，虽竹篱茅舍，屋皆清雅淡远，绝无烟火气。远近舟楫，上者下者，饱张帆者，泊者，理楫者，大者小者，无不入画。天下绝佳处也。

吴三桂

《广阳杂记》云：吴三桂据湖南，兵驻松滋久。乙丙之间，和硕安亲王统大兵自江西袁州直趋湖南。兵至长沙之东，三桂闻穆将军为战将，不敢轻敌。丙辰二月，自松滋退军长沙（距）〔拒〕战，梁质人自江西为韩非有求援，三桂之意先败安王而后援吉安，订三月初一日合围。留质人曰："汝于壁上观吾军容，归以语东方诸豪杰也。"官山在长沙东南，与浏阳相值。安亲王军长沙东，官山之后。按，长沙无官山，大兵既由袁州来，必经醴陵、湘潭入善化境之龙头铺，此地亦与浏阳相值。又四十里，至关山，山势雄峻，为古塞垣。官山疑即关山之讹，以音相近而误耳。三桂军长沙西，连营岳麓山，亘数十里，军容之盛，近古未有也。三桂欲自与安亲王决战，诸将苦谏而止，皆誓死以战。三桂坐浏阳门楼，质人以三桂命立城上。安亲王发兵十九路，自城北铁佛寺后布阵至城之西南，长数十里。三桂亦发兵十九路以应之。将军王绪先陷阵，清兵合围之数重，旗帜尽偃，金鼓无声。城上人尽失色，以为此军全没矣。少顷，闻交枪连发如急鼓，清兵纷纷堕骑。王绪军冲突无前，莫有撄其锋者，深入敌境，获全胜而返。

伪将军吴应贵者，三桂之侄也，搏战为流矢所中，贯腮堕马。夏国相力战，救之而归。穆将军追至城下，三桂于近城设伏以防。巨象伏冈下，敌至，起而冲之，清兵披靡而走。交锋者凡三路，马宝军大捷，馀杀伤略相当。呼声动天地，血战至日中，天忽大雨，交枪不得开，各敛军而退。三桂初意气吞官山，先发十九路，馀军驻岳麓，留为更番地，不胜则后军继之，必平官山而后已。及见应贵伤，复值大雨，为之夺气。曰“天意不测”，遂入城而守。清兵亦掘濠不复出，未几应贵死。

《杂记》又云：甲寅康熙十三年，伪周元年，三桂之变，郴已归周，三桂兵距江与清兵相持。乙卯春，康熙十四年，伪周二年，扬威将军和硕亲王在吉安，为韩大任所败，走取萍乡。时大任进取吉安，而夏国相留守萍乡。萍乡城南有七星台，高出城上，上列三营以守。清兵卒至，于二月十四、十五日与国相连战。十六日，国相掣七星台兵以助战。清兵乘隙取七星台，下临萍乡而攻，国相不支，弃萍乡西走。时马宝自岳州来援萍乡，留长沙高会三日。兵出至半途，值国相兵败，即与偕走。巡抚方云鹤、布政李子受一阳、总统将军高起龙亦随出城，至涝阳河阳当作塘而止。使反觇之，七门大开，空城无人，清兵犹未至也。盖十六日夜，长沙、湘潭人闻清兵且至，于二日中已逃尽。然清兵力竭，亦不能乘胜席卷而前。十八日夜，马宝、国相等复入长沙守城。未及浚濠，而清兵于二十二日至城下，围攻三日不克。有王子擐金甲登云梯而上，与㑩㑩相持。马宝自后并㑩㑩斩于城下，而断其梯。清兵竟抢王子之尸，致毙数百人，退于七里山阿弥岭，掘濠而守之，自此吉安之援绝矣。

至丁巳春，康熙十六年，伪周四年，将军穆占至，与扬威将军兵合攻长沙。占骁勇善战，三桂闻之惧。自澧州、常德来长沙，三月初一日有官山之战。先是，穆占自陕西来至岳州，将攻之。贝勒以三桂所筑土城不可攻，不与占偕。占知不能取，即由平江走湘阴、浏阳山中至官山，与扬威兵合取长沙。官山之战，杀伤相当。穆占军为平西战象之所蹴踏，亦不战而退守。

《湖南通志》云：康熙十八年正月，贝勒察尼围岳州，伪将吴应祺食尽，弃城遁，复岳州。长沙伪将闻岳州恢复，相率奔溃。大兵入城，长沙平。

图书在版编目(CIP)数据

湘城访古录·湘城遗事记/(清)陈运溶编纂;陈先枢校点.
—长沙:岳麓书社,2008
ISBN 978-7-80761-092-2
Ⅰ.①湘…②湘… Ⅱ.①陈…②陈… Ⅲ.湖南省—地方史—
史料 Ⅳ.K296.4
中国版本图书馆 CIP 数据核字(2008)第 170353 号

湘城访古录·湘城遗事记

据湖南图书馆藏本校点
编　　纂　〔清〕陈运溶
点 校 者　陈先枢
责任编辑　马美著
特邀编辑　蔡志斌
整体设计　郭天民
出版发行　岳麓书社
地　　址　湖南省长沙市爱民路 47 号
电　　话　0731—8885616(邮购)
邮　　编　410006
网　　址　www.yueluhistory.com
印　　刷　唐山楠萍印务有限公司
装　　订　唐山楠萍印务有限公司
版　　次　2024 年 10 月第 1 版第 3 次印刷
开　　本　960×640　1/16
印　　张　39
字　　数　454 千字
书　　号　ISBN978-7-80761-092-2/G·691
定　　价　98.00 元